es 1624

edition suhrkamp

Neue Folge Band 624

W0059830

Das Thema »Kinderwelten« löst eine mit Sehnsucht und Verlusterinnerungen verbundene Nachdenklichkeit über die Tatsache aus, diesen Lebensabschnitt endgültig hinter sich gelassen zu haben.

»Kinderwelten« signalisieren für dieses Verständnis dann primär die Orte, an denen sich Kinder aufhalten, wir sie aufsuchen, beobachten und erziehen, allerdings ohne zu fragen, ob es sich dabei um Welten *der* Kinder oder nicht vielmehr um von Erwachsenen präformierte Welten *für* Kinder handelt. Für eine interdisziplinäre Sozialisationsforschung, die alltags- und lebensweltliche Aspekte im Wandel individueller Lebensführung und kollektiver Verhaltensmuster thematisiert, umfassen »Welten« aber noch mehr, nämlich das gesamte Ensemble von komplexen Lebensbedingungen und Lebenswirklichkeiten, enthalten also viele Orte, Räume, Zeiten, Personen, Inhalte, Wahrnehmungen, Erfahrungen, Orientierungen, auch Konstrukte, wie Kinder zu sein hätten. Berücksichtigt werden muß außerdem, daß Kinder unter sich, nur im Umgang von Kindern mit Kindern, ihre eigenen Selbst- und Lebensorientierungen suchen und finden. Auch diese Welt der Kinder wird im vorliegenden Band zum Thema, ebenso wie die defensive Ausgrenzung normabweichender Kinder.

Christa Berg ist Professorin für Pädagogik an der Universität Köln.

Kinderwelten

Herausgegeben von
Christa Berg

Suhrkamp

edition suhrkamp 1624
Neue Folge Band 624
Erste Auflage 1991
© Suhrkamp Verlag Frankfurt am Main 1991
Erstausgabe
Alle Rechte vorbehalten, insbesondere das der Übersetzung,
des öffentlichen Vortrags
sowie der Übertragung durch Rundfunk und Fernsehen,
aus einzelner Teile.
Satz: Hümmer, Waldbüttelbrunn
Druck: Nomos Verlagsgesellschaft, Baden-Baden
Umschlagentwurf: Willy Fleckhaus
Printed in Germany

2 3 4 5 6 – 96 95 94

Inhalt

Das Thema

»Kinderwelten« lösen mit ihrem kosmologisch-metaphorischen Klang in den unmittelbaren Assoziationen wohl weniger wissenschaftliche Neugier als vielmehr eine in Emotionen zwischen Sehnsuchtsgenuß und Verlustreminiszenzen schwingende, unklare Nachdenklichkeit aus. Aus solchen schwelgend-schweifenden Kindheitserinnerungen nähern wir uns selbst konkreten Phänomenen der Kindheit immer auch mit einem Bedauern, denn sie konfrontiert uns – unfähig, das ehemalige Kind in uns zu leugnen – mit der »*Diskontinuität der Zeit* in vielfältigen Brechungen« (Richter 1987, 314), mit der »Erfahrung eines irreversiblen Bruchs zwischen ›Kindsein‹ und ›Erwachsensein‹« (ebd. 315). Die Zeit ist endgültig vorbei, in der Kinder kleine Erwachsene sein mußten – Ariès würde vorziehen zu sagen: sein durften –, und wenn Erwachsene sich als große Kinder gebärden oder ertappen lassen, können sie bestenfalls auf die lächelnde Duldsamkeit ihrer seriösen großen und kleinen Mitmenschen rechnen. In unserer aufklärungs- und erziehungssüchtigen Zeit haben wir eine Entwicklung erreicht, »in der, wer Mensch werden will, als Kind verschwinden muß« (ebd. 315). Die Kindheit ist offenbar unwiderruflich so perfekt institutionalisiert und in Entwicklungsphasen segmentiert, daß wir sie, von wissenschaftlichen Argumenten gestützt, erziehungspolitisch und -praktisch gut in den Griff zu bekommen meinen.

»Kinderwelten« signalisieren für dieses Verständnis dann primär die Orte, an denen sich Kinder aufhalten, wir sie aufsuchen, beobachten und erziehen, allerdings ohne zu fragen, ob es sich dabei um Welten *der* Kinder oder nicht vielmehr um von Erwachsenen präformierte Welten *für* Kinder handelt. Für eine interdisziplinäre Sozialisationsforschung, die alltags- und lebensweltliche Aspekte im Wandel individueller Lebensführung und kollektiver Verhaltensmuster thematisiert, umfassen »Welten« aber noch mehr, nämlich das gesamte Ensemble von komplexen Lebensbedingungen und Lebenswirklichkeiten, enthalten also viele Orte, Räume, Zeiten, Personen, Inhalte, Wahrnehmungen, Erfahrungen, Orientierungen, auch Konstrukte, wie Kinder zu sein hätten. Die Vielfalt, die sich allein schon auf der Personenebene des geöffneten Binnenraums Familie auftut (Eltern, Geschwister, Großeltern, Verwandte, Nachbarn, Sozialkontakte, die die Familie im geselligen Verkehr pflegt und auf Reisen gewinnt), diese Vielfalt spannungsreicher Personenvernetzungen wiederholt sich, wenn neben den »Wohnwelten« auch noch die »Spielwelten« in den verschiedenen Sozialmilieus betrachtet werden. Auch institutionalisierte Lernorte – Kindergarten, Hort, allen voran die Schule – geben sich viel Mühe in pädagogischer Kopfarbeit und bewußter Kinderliebe, als »Welt der Kinder« von diesen akzeptiert zu werden. Ob »Rituale im Schulalltag« diesem Bemühen um ein kindgerechtes Image förderlich sind? Ob nicht vielmehr eine »Schulkultur«, die auf solche subkutanen Wirkungen von Ordnungsprinzipien verzichtete, mit größerem Recht reklamieren dürfte, Welt des Kindes zu sein?

Die Lebensräume der Kinder, die auch zugleich die der Erwachsenen sind – also Stadt oder Dorf, Kleinstadt oder Großstadt, Industrieregion oder Stadtrandsiedlung, Eigenheim oder Etagenwohnung, Reihenhaus oder Hochhaus –, eröffnen Kindheitsperspektiven, bedeuten aber auch Kindheitsverluste in den sozialisatorischen Interaktionen zwischen Arbeit und Spiel, Lernangeboten und -verboten, die zudem noch unter Aspekten wie Konsum, Feste und Feiern, Verkehr, Reisen, Raum- und Zeiterfahrungen, Ernährung und Hygiene, Disponierung für Leistungsverhalten und bestimmte Konfliktregelungen, Vorbilder und Leitbilder, Medien – die Liste ließe sich leicht verlängern – zu analysieren wären. Jedoch bliebe, selbst wenn es gelänge, vergangene und gegenwärtige Lebenswelten und Lebensweisen in kindspezifischer und lebensgeschichtlicher Bedeutsamkeit zu beschreiben, noch unausgemacht, in welchen Anteilen die impliziten Kinderwelten von den Betroffenen wenigstens *mit*gestaltet, wenn schon nicht *selbst*gestaltet sind. Was tun Kinder, was erfahren oder erleben sie auf ihre Weise, wenn sie sich in ihre selbstgebauten Buden zurückziehen oder auch nur die Kinderzimmertür hinter sich zumachen? Genießen sie, leben sie dort ihre »geheime Stelle«, wie Langeveld dies eindrücklich ([2]1963, 74 ff.) beschrieb, ihre seelische Autonomie, die die reale Gegenständlichkeit zugunsten phantasievoll verwandelter Eigenprodukte aufhebt?

»In meinem Kinderzimmer stand ein schöner hoher Schrank aus poliertem Nußholz, den meine Mutter für den täglichen Wäschebedarf benützte. Seine ganze Vorderseite war eine von schmalen Säulen umrahmte Tür, aus zwei spiegelgleichen Brettern zusammengefügt, und ihre vielschichtige, malerische Maserung glich einem riesigen finsteren Löwenkopf. Ich entsinne mich dunkel, daß es mir vor dem Einschlafen ein liebes Spiel war, bei dem flackernden Kerzenlicht auf die große, mächtige Mähne zu sehen, bis mir schien, als bewege sie sich und der Löwe gewaltig ins Zimmer trat. Dies Phantasiespiel war merkwürdigerweise nie von irgendeinem Gefühl des Schreckens oder der Angst begleitet.« (v. Müller 1952, 15)

Es wäre diese »geheime Stelle« vielleicht auch als ein Fluchtpunkt aus einer Kindheit zu interpretieren, die nicht mehr als »natürliches Schicksal« (Bitz 1986, 52 ff.), sondern nur noch als »pädagogisches Machsal« (ebd. 168 ff.) empfunden wird. Für eine dramatische Zuspitzung gegenwärtiger Kindheiten sprechen jedenfalls ebenso griffige wie populäre Reiztitel: »Das Verschwinden der Kindheit« (Postman 1983), »Kindheit als Fiktion« (Hengst u. a. 1981), »Kinder ohne Kindheit« (Winn 1984), die allerdings nichts daran ändern, daß Kindheit
– ein historisch gewordenes, darum wandelbares und veränderbares Kulturprodukt ist,
– gesellschaftliche Wirklichkeit ist und bleibt,
– mithin nur als eine bestimmte historische Form verschwinden könnte,
woraus allemale folgt, daß Kindheit nicht ein Naturzustand *vor* dem eigentlichen Leben ist, wie ihn die Unsinns-Metapher vom »Schritt ins Leben« suggerieren wollte.

Mit Kindheit bleibt Erziehung! »... es gibt keine Möglichkeit, diese gesellschaftliche Reaktion auf die Entwicklungstatsache ... zu *vermeiden*« (Oelkers im Anschluß an Bernfeld 1987, 207). Und wie es wohl wünschenswert, aber »nicht möglich ist, Menschheitsziele mit pädagogischen Mitteln zu erreichen«, so auch nicht, »vom Ideal des Besserwerdens Abstand zu nehmen« (ebd. 206).

Was aber unserer Kindheitsforschung immer noch fehlt, ist die »Erlebnisperspektive der Betroffenen«, der Kinder, der Heranwachsenden, auch ihrer Eltern und Erzieher. Die »›Innenansicht‹ der Erziehung fällt den methodischen Skrupeln zum Opfer«, stellte Wiersing (1989, 103) fest und hielt darum erneut ein Plädoyer für eine »Subjektgeschichte der Erziehung« (ebd. 104 f.). Mit Recht, denn wo Kindheit in den Schnittpunkt vielfältiger Forschungsbemühungen, allen voran der Sozialisations-, (Auto-)Biographie-, Alltags- und Lebenslaufforschungen (vgl. Teil I dieses Bandes), und zwar unter namhafter Beteiligung zünftiger Historie und Volkskunde gerückt worden ist, ist doch die *Kinder-Kindheit,* also jener Bereich, wo *Kinder unter sich,* nur im Umgang von Kindern mit Kindern ihre eigenen Selbst- und Lebensorientierungen suchen und finden, selten thematisiert worden. In dieser außerhalb oder jenseits professioneller pädagogischer Zugänglichkeit gelegenen Welt der Kinder, die sie allein und unter sich ausmachen, also in ihren unkontrollierten geheimen Spielwelten, deren Prototyp die Straßenkindheiten sind, wird gleichwohl viel erlebt und gelernt. Sie sollen in diesem Band ebenso Thema werden wie die defensive Ausgrenzung normabweichender Kinder, denen in einem höchst problematischen, aber verhängnisvolle Kontinuität bildenden Zugriff von »Sozialpädagogik« ein »Genius des Bösen« unterstellt wird. Dabei wird für alle Beiträge Kindheit in der Industriekultur den zeitlichen Rahmen abstecken, vor allem mit einem Brückenschlag von der Jahrhundertwende (Teil II) in die Gegenwart (Teil III). Zugleich wird Kindheit in Stadt-Land-Verhältnissen, in verschiedenen Sozialmilieus und unter politischen Indoktrinationsversuchen dargestellt. Sollte darüber der Eindruck entstehen, daß alle gegenwärtig noch wirksamen Vorstellungen von Kindheit mit dem Anspruch bzw. Zugeständnis »eigener Welten für Kinder« primär ein Produkt bürgerlicher »Schönwetterkultur« sind, bleibt festzuhalten, daß es doch noch genug Kinder dieser Welt gibt (und zwar erst recht, wenn man die ethnozentrische Brille abnimmt), denen es guttäte, an dieser »Errungenschaft« zu partizipieren, ohne daß damit platten Verbürgerlichungstheoremen das Wort geredet wäre.

Die meisten der hier aufgenommenen Beiträge gehen auf die Tagung »Kinderwelten« zurück, die im Juli 1988 im Rahmen der 600-Jahr-Feier der Universität zu Köln von mir initiiert und organisiert wurde. Noch einmal sei an dieser Stelle allen Referenten und Teilnehmern der Tagung für Anregung und Widerspruch gedankt, zugleich auch noch einmal dem Team, ohne das die Tagung nicht zum Erfolg hätte geführt werden können. Nicht nur den überaus häufigen Anfragen nach den Manuskripten dieser Tagung möge dieser erweiterte Band zum gleichen Thema entgegenkommen.

Köln   *Christa Berg*

Literatur

Bitz, Ferdinand, *Kinder der Angst. Studie zum anthropologischen Phänomen der Angst im historischen Wandel der Erlebniswelt des Kindes,* Bonn
1986.

Hengst, Heinz u. a., *Kindheit als Fiktion,* Frankfurt/M. 1981.

Langeveld, Martinus, *Die ›geheime Stelle‹ im Leben des Kindes,* in: ders.,
Die Schule als Weg des Kindes, Braunschweig ²1963, 74 ff.

von Müller, Karl Alexander, *Aus Gärten der Vergangenheit. Erinnerungen
1882–1914,* Stuttgart 1952.

Oelkers, Jürgen, ›*Kindheit‹ und ihre Kritik,* in: *Neue Sammlung* 27 (1987),
193–211.

Postman, Neil, *Das Verschwinden der Kindheit,* Frankfurt/M. 1983.

Richter, Dieter, *Das fremde Kind. Zur Entstehung der Kindheitsbilder des
bürgerlichen Zeitalters,* Frankfurt/M. 1987.

Wiersing, Erhard, *Die Gesellschaftsgeschichte der Erziehung. Bemerkungen aus Anlaß des Erscheinens von Heinz-Elmar Tenorths ›Geschichte
der Erziehung‹,* in: *Neue Sammlung* 29 (1989), 89–106.

Winn, Marie, *Kinder ohne Kindheit,* Reinbek 1984.

I

Christa Berg
Kinderleben in der Industriekultur
Der Beitrag der Historischen
Sozialisationsforschung

»Von Kindheit... haben wir keine Begriffe«

Mit diesen Worten rückte der Dichter Hölderlin (*Hyperion*, 1797–99) den doch allseits bekannten und vertrauten lebensgeschichtlichen Tatbestand »Kindheit« in jene Verfremdung, die einen verlorenen, aber gleichwohl ungelösten Problemgehalt erst wieder erkennen läßt: Alle Vorstellungen und Entwürfe von Kindheiten sind Erwachsenenbilder, da sie von Erwachsenen erinnert und nicht ohne diese Erinnerung für Kinder projektiert werden können. Dabei ist hier nicht an jene auch heute wieder beliebte Spurensuche gedacht, durch die verlorene, aber erinnerte Kindheit auf den Weg der Selbstvergewisserung und Ichfindung führen soll (Brettschneider 1982). Dieser Spurensuche – Christa Wolf hat schon von einem »Tourismus in halbversunkene Kindheiten« gesprochen – gilt Kindheit oft als das Paradies vor dem Sündenfall, die dann – bereits seit Rousseau – gern heiliggesprochen wird. Es geht vielmehr um einen allerdings nur scheinbar schlichteren Tatbestand, aus dem ein pädagogisches Dilemma resultiert: daß Kindheitsbilder, nämlich die, die die Kinder von sich selbst haben, nicht per se deckungsgleich sind mit jenen, aus denen die Erwachsenen gleichwohl Erziehungsprogramme schmieden. »Kinder erleben unendlich vieles für sich allein« (Bäumer 1953, 11). Ihre Sichtweise von sich und der Welt sind nicht die Sichtweisen der Erwachsenen, selbst wenn diese ihnen den Status »Kindheit« etwa seit der beginnenden Moderne einräumten oder zumuteten, schließlich aber auch so pädagogisierten und kolonisierten, daß das, was als Freiraum des Kind-sein-Dürfens und der Selbst-Sozialisation einmal modellhaft konzipiert worden war, heute in der Hektik eines keineswegs mehr kindgemäßen Terminkalenders verschiedener Betreuungsmaßnahmen und verabredeter »dates« unterzugehen droht. Es kann nicht bestritten werden, daß Kindheit mehr denn je zur Kunstfigur elterlicher Ambitionen geworden ist. Und dennoch bleibt Kindheit immer auch noch eigene

Welt der Kinder, unbegriffen in ihrer Eigendynamik, unbekannt in ihren Krisen, in ihrem Glück oder Unglück, das von Erwachsenen nicht vordefiniert werden kann. Selbst dort, wo die reformpädagogische Bewegung in bester Absicht kulturkritisch und kindgemäß die Erlebniswelt der Kinder respektieren, Kinder nicht länger als Objekte, sondern als Subjekte der Erziehung betrachten wollte, war die Verlegenheit groß, das »Selbst-Erleben« und die »Selbsttätigkeit« wirklich statthaben zu lassen, denn es entzog sich der theoretischen Begrifflichkeit und erst recht der pädagogischen Praktikabilität. In Konsequenz dieser theoretischen und praktischen Unsicherheit[1] kam immer wieder nur ein Szenario sogenannter »pädagogisch vorbereiteter Welt des Kindes« – von Rousseau bis Montessori – heraus. Selbst dort, wo man heute euphemistisch von Kinderkultur redet, inventarisiert diese meist auch nur vermeintlich zum Kindsein gehörige Warenprodukte und läßt unentschieden, was dabei Kultur *für* Kinder bzw. Kultur *der* Kinder ist. Im einen wie im anderen Fall wird die Angst der Erwachsenen verbrämt, daß ohne diese »Kultur« die »kleinen Wilden« den pädagogischen Fortschritt leugneten und das pädagogische gute Gewissen beleidigten. Irritiert wurde darum schon gefragt: »Müssen uns die Dichter sagen, was ›Erziehung‹ ist?« (Oelkers 1981), als Peter Handkes *Kindergeschichte* vorübergehend Konjunktur hatte, die die Erziehungswissenschaftler daran erinnerte, daß es primär darum geht, ein Kind in *seiner* Wirklichkeit zu akzeptieren und sich nicht durch noch so kluge »soziologische und psychologische Determinationstheorien« aus den »sinnhafte[n] Erfahrungen« im »geduldige[n], sorgende[n], aber auch leitende[n] Umgang« mit Kindern davonzustehlen (ebd. 273, 278 f.).

Einschlägige Anthologien von Kindheitsbeschreibungen und Kindheitserinnerungen gibt es genug, aber sie sind kaum mehr als eine bunte Palette individueller Lebensgeschichten. Einer von den vielen Kindheitsdichtern und -autobiographen, Peter Härtling, brachte den Befund auf die ebenso lapidare wie treffende Formel: »Kindheiten sind, wie alle Anfänge, einander ähnlich und dennoch unvergleichbar« (²1988, 10). Unerschrocken trug trotzdem ein Pädagoge die dichterisch erfaßten, offenbar »Zeiten überdauernden Merkmale der Welt des Kindes, der eigenartigen Erlebnisweisen von Kindern« zusammen: »das Glück der Erstmaligkeit; die Grenzenlosigkeit der Zeit; die Erkundung und spielerische

Umgestaltung von Räumen; die Phantasie des geistigen Abenteuers, aber auch der emotionalen Angst; die Anhänglichkeit an Menschen und Tiere; die Wißbegierde« (Liegle 1987, 25). Schon Langeveld hatte in der ihm eigenen pädagogischen Sensibilität und von seiner Anthropologie des Kindes her dafür plädiert, das »Unbestimmte« der Kindheit, darum Unbegriffene und Unbegreifbare des Kindseins nicht nur zuzulassen, sondern auch und gerade als Pädagoge auszuhalten. »Dieses Unbestimmte hat in seiner Unberührtheit vom alltäglichen Nützlichen und Bekannten etwas von Geheimnis. Es lockt an – aber es herrschen dort noch keine bekannten Determinanten« (Langeveld 1963, 73 f.). Oelkers hat diese Position wiederholt (1981). Was aber, wenn Kinder in der Industriekultur nicht einmal die Gelegenheit haben, »*sich* in der Welt auszudrücken oder aufgabenfrei bei sich zu sein«, man dem Kind nicht einmal die Initiative überläßt, »das Unbestimmte so zu gestalten, wie es will« (Langeveld 1963, 73) – wenn es den Reichtum des Dachbodens, bei Langeveld Inbegriff der geheimen verborgenen und bergenden Eigenwelt des Kindes, nicht mehr gibt, nicht mehr den als Unterschlupf dienenden Raum selbst, und in der Konsum- und Wegwerfgesellschaft erst recht nicht mehr sein unerläßliches herrliches Gerümpel?

So gesehen ist die wissenschaftliche Beschäftigung mit Kindheiten, die ja in den letzten Jahren einen wahren Boom an einschlägigen Literaturen hervorbrachte, *Auf*bruch in festzustellende Gegenwart und Zukunft, und zwar nicht nur der Kinder, aber auch *Aus*bruch aus bedrohten und bedrohlichen Wirklichkeiten, ebenfalls nicht nur der Kinder. Es widerspricht nicht wissenschaftlicher Ernsthaftigkeit und wissenschaftsmethodischer Akribie festzustellen, daß die belletristische oder wissenschaftliche Zuwendung zum Thema »Kinderwelten« oder »Kinderleben in der Industriekultur« auch eine Chiffre von Hoffnung impliziert, nämlich die Chance eines besseren Neuanfangs, geht es doch immer noch und immer wieder um den ebenso trivialen wie anspruchsvollen Sachverhalt, die Perspektiven auf ein »gutes«, ja »besseres« Leben für alle *unter* den Bedingungen und *gegen* die Bedingungen der Industriegesellschaft offenzuhalten.

Kinderleben in der Industriekultur

Eine solche Themenstellung hat in stiller Übereinkunft nahezu aller sozial-, human- und geisteswissenschaftlichen Darstellungen zum gesellschaftlichen Wandel der letzten 150 Jahre mit einem Lamento darüber zu beginnen, daß die Industrieentwicklung mit Kulturverlusten einhergehe und inkohärente, dramatische Konfliktkonstellationen schaffe, die den Untergang des Abendlandes einläuteten: Nichts ist mehr so, wie es sein sollte! Aber ebenso schablonisierte die Zivilisationskritik die Konturen eines neuen Aufbruchs aus der Dekadenz der Verstädterung in die sogenannte freie Natur, zu grüner, gesunder Lebensreform und hellen »Lichtgestalten« – man denke an Fidus' jugendstiliges »Lichtgebet«, die Ikonostase der Jugendbewegung. »Die Großstadt verschandelt die Jugend, verbildet ihre Triebe, entfremdet sie immer mehr einer natürlichen, harmonischen Lebensweise. Aus den großen Häusermassen steigt das neue Ideal. Erlöse dich selbst, ergreife den Wanderstab und suche da draußen den Menschen wieder, den Du verloren hast, den einfachen, schlichten, natürlichen« (zit. nach Korff/Rürup 1987, 353) – rief Karl Fischer 1896 seinen der familialen Nestwärme und schulischen Einschnürung überdrüssigen bürgerlichen Wandervögeln entgegen. Seine Worte fielen bekanntlich auf fruchtbaren Boden, bei den jungen Menschen selbst, aber auch bei deren Eltern, Lehrern und Ärzten. »Eine von dem Arzt Dr. Ebeling im Jahre 1912 durchgeführte Untersuchung an Berliner Volksschulen ergab, daß 70 % der Kinder keine Vorstellung von einem Sonnenaufgang hatten, 54 % keinen Sonnenuntergang, 76 % keinen Tau kannten; 82 v. H. hatten nie eine Lerche, 49 nie einen Frosch gehört; 53 hatten keine Schnecke, 87 keine Birke, 59 nie ein Ährenfeld gesehen . . .« (ebd. 311). Am Tenor solcher von Großstadtphobien und von Klagen über Kindheitsverluste bestimmten Schilderungen der Industriekultur hat sich bis heute wenig geändert, wenn auch gleichzeitig das Bemühen groß ist, einer industriellen Verfallsgesellschaft zumindest erträgliche Symptome oder sogar Fortschrittsmomente abzugewinnen.

Als Produkt einer »Gesellschaft im Widerspruch« wurde schließlich während der letzten Jahre in einer allseits wohlfeilen, weil jedermann exkulpierenden Rede der sogenannte »Neue Sozialisationstyp« auf den Schild gehoben. Selbst wer dieser namentlich unter jungen Pädagogen und unter Jugendlichen populären

Etikettierung nicht zustimmen wollte, fand – wie H. v. Hentig –
doch immerhin gute neue Eigenschaften von Kindern und Jugendlichen der Gegenwart wenigstens als »Kehrseite« ihrer »Schwierigkeiten«:

»Natürlich haben sie auch liebenswerte, ja bewundernswerte neue Eigenschaften, aber diese sind meist die unmittelbare Folge und Kehrseite einer
ihrer Schwierigkeiten: aggressiv wie sie sind, können sie Erwachsenen frei,
ungebeugt begegnen; indifferent, unkooperativ, unkritisch wie sie sind,
können sie diese Schwächen ehrlich eingestehen und sehr beredt anklagen;
ungeordnet wie sie sind, können sie in bestimmten Lagen sich selbst und
ihren Anspruch zurücknehmen, fast ohne es zu merken. Liebenswert
kommt uns Erwachsenen auch vor, daß und in wie hohem Maße sie uns
brauchen: unsere bloße Gegenwart scheint Frieden zu stiften; sie leisten
uns selten Widerstand, sie weichen allenfalls aus« (v. Hentig [2]1977, 36).

Wer gegenwärtig Kinderleben in der Industriekultur mit negativen
Akzenten belegt, läuft Gefahr, sich im Lager der Nostalgiker und
Kulturpessimisten wiederzufinden, in das er eigentlich nicht gehören möchte (Rolff 1982, 207–235). Dazu gerät er auch noch in
den erkenntniskritischen Streit um subjektive Schönfärberei bzw.
versprochene Authentizität, wenn Autobiographen lichtlose Hin-
terhöfe zu nachbarschaftsintimen Binnenräumen, asphaltierte
Bürgersteige zu idealen Himmel-Hölle-Hüpfkastenflächen und
selbst Trümmer zu reichen Arsenalen für Vater-Mutter-Kind-
Spiele, jedenfalls zu geliebten Spielorten ihrer glücklichen Kindheit verklären.

Der großen Zahl vorhandener Definitionen von Industriekultur
soll keine weitere hinzugefügt werden, geht es hier doch vielmehr
darum, aus den hinreichend bekannten Elementen

Urbanisierung, Technisierung, arbeitsteilige Massenproduktion, hohe
Mobilität bei starker Konzentration der Menschen in Industrieregionen
und Ballungsräumen; neue Herrschafts- und Organisationsstrukturen mit
viel Bürokratismus und Anonymisierung in den Arbeitsabläufen, wachsendem Leistungsdruck bei größerer Arbeitseffizienz in kürzerer Zeit;
Klassenverhältnisse zwischen »Feudalisierung« und »Verbürgerlichung«,
kollektive Interessenvertretungen in Form von Großorganisationen; Ka-
nalisierung der Städte, Hygienisierung, Medikalisierung, Verdichtung des
sozialen Netzes, das aber dennoch grobmaschig bleibt; Beschleunigung
der Geschwindigkeiten auf Schienen, Straßen, in der Luft, bis hin zur
entmaterialisierten Gestalt der elektronischen Medien; Verkürzung der Ar-
beitszeiten bei gleichzeitiger Zeit-Not, Hektik und Streß, wachsende Ver-
kehrs- und Kommunikationsdichte, begleitet von spezifischen Formen

moderner Nervosität; Modernisierung des Alltagslebens: z. B. durch Elektrifizierung, Technisierung, Automatisierung selbst des Haushalts bei gleichzeitiger Expansion des Warenuniversums; neue Zeitbudgets und Lebensrhythmen: Feierabendgefühle, Wochenendbedürfnisse, Urlaub mit Reisezwang, Vorliebe für veranstaltete Kultur, kurzfristige, flüchtige Beziehungen zur materiellen und symbolischen Umwelt; neue Frauenrollen: die berufs-, nicht nur erwerbstätige Frau, die politisch interessierte, aktive, organisierte Frau, die studierte Frau; Pluralisierung und Individualisierung der Lebensstile; Fragilität der familialen, überhaupt sozialen Beziehungen, Enttraditionalisierungen, Entkonventionalisierungen, soziale Suchbewegungen, individuelle Vereinsamung

jene herauszuheben, die vor allem das Leben der Kinder in seiner inneren Struktur veränderten oder tangierten. Allem dramatischen Wandel zum Trotz ist dabei immer noch davon auszugehen, daß jede Kindergeneration unverdrossen erst einmal die sich ihr darbietende Welt annimmt, selbst wenn kluge Ältere sie längst als einen »zivilisatorischen Vulkan« (Beck 1986) bezeichnen. Und ebenso gilt auch auf der Spur zu den eigenen Welten der Kinder, daß Kinderleben, zumal in der Industriekultur, kein »autonomes Sonderleben« darstellt. Benjamin meinte zu Recht, daß nicht einmal das Spielzeug nach Begriff und Wirklichkeit »einzig aus dem Geist der Kinder zu erklären« ([6]1982, 65) sei. So werden ohne Epochen-, Regional- oder Generationsspezifikationen, auch ohne jeden Anspruch auf Vollständigkeit, immer wieder[2] folgende Tendenzen bzw. Phänomene im Wandel der Lebensbedingungen von Kindern der letzten 150 Jahre festgestellt[3]:

– Statt scharfer Trennlinien zwischen bürgerlicher und proletarischer, städtischer und ländlicher, männlicher und weiblicher Kindheit sind die Klassen- und Geschlechtertrennungen heute weniger eindeutig;

– statt der Gegenbildlichkeit von gefährdeten Stadt- und idyllischen Landkindheiten werden diese alten Dichotomien von den Kindern heute eher als »Nahtstellen« verschiedener Lebenswelten individuell erfahren (vom Trecker in den Schulbus);

– statt Aufenthalt in Nahräumen von Familie und Wohngegend wird den Kindern heute einerseits das Fernsehen zum »Fenster zur Welt«, erfolgt aber andererseits eine »Fixierung von Handlungsvorgaben« durch die »materiale Gewalt« veränderter, vor allem spezialisierter, monofunktionaler räumlicher Lebensbedingungen und dies unter neuen Zeitmustern (Zeiher 1983, 1988);

– statt in »Gassenfreiheit« (Behnken u. a. 1983) leben die Kinder
heute in »Verhäuslichung« mit »verinselten« Aktivitäten und entwickeln bei der schnellen Überwindung großer Entfernungen vor
allem ein panoramatisches Sehen und Raumerleben;
– statt in Eigentätigkeit leben die Kinder heute in konsumieren-
dem Umgang mit Vorfabriziertem;
– statt sich frei bewegen und in selbst eroberten Geländen spielen
zu können, befinden sich Kinder heute in der Einhegung von organisierten Spielmöglichkeiten und Sportvereinen (selbst der
Bolzplatz hat noch Zäune); besonders in Großstädten ist für Kinder nur noch die Parzellierung letzter Freiräume in TÜV-abge-
nommene »Abenteuer«-Spielplätze von »gnadenloser Einfallslo-
sigkeit« (Harms u. a. 1985, 318) vorgesehen. Es gibt offenbar nicht
nur Parkbuchten für Autos, sondern auch für Kinder! Wie anregend, faszinierend waren da vergleichsweise Hauseingänge, Tor-
durchfahrten, Hohlwege und Büsche;
– statt Unmittelbarkeit der Erfahrungen erleben Kinder »Wirklichkeiten aus zweiter Hand« durch Mediatisierung und Kommerzialisierung der symbolischen Kultur bis hin zum »digitalen
Hirnfraß« (Mahr 1985, 114) und Computerwahn;
– statt »Nahpersonen des persönlichen Umgangs« haben Kinder
heute »medienöffentliche Bekannte«;
– statt erlebnissättigender Teilhabe und Sinnerfahrung im gelebten Leben auch und gerade der arbeitenden Erwachsenen teilen
Kinder die Desorientierung im Sinndefizit marktgängiger Massen-
kultur mit Konsumdruck.
  Auch die Einstellung der Erwachsenen hat sich verändert:
– Statt konventioneller, konformistischer Verhaltensstile gegenüber Kindern finden wir viel Verunsicherung bei Erwachsenen
und demzufolge eine große Liberalisierung und Neigung zu argu-
mentierendem, verhandelndem Umgang mit Kindern;
– statt individualisierter Interaktionsmuster zwischen Eltern und
Kindern durch persönlich formulierte und kontrollierte Gebote
und Verbote, z. B. zur Konfliktregelung oder Herstellung von
Machtbalancen, bevorzugen Eltern Regulierungen durch anony-
misierte Strukturbedingungen von Räumen und Zeitplänen (Disziplinierung durch Räume);
– statt Familiarität als Gegenwelt zum inszenierten, Lebenswelt
nur simulierenden Lernen in der Schule zu kultivieren, wird die
Familie mehr und mehr zum »geheimen Zweitschulsystem«. Müt-

ter leisten Hausaufgabenhilfe nach dem Muster unbezahlter Hauslehrertätigkeit, sind noch dazu die Taxifahrerinnen ihrer Kinder im »verinselten« Lebensraum der diversen zusätzlichen, zeitregulierten Lern-, Sport- und Musikaktivitäten. Die allerdings in anderer Weise problematische Hochhauskindheit oder Kindheit mit berufstätigen oder alleinerziehenden Müttern/Vätern darf über diesem Bild von Mütter-Kinder-Aktivismus freilich nicht vergessen werden;

– statt Erziehung nach traditionellen reflektierten oder gänzlich unreflektierten Erziehungsvorstellungen und (Rollen-)Verhaltensmustern erleben wir heute eine Expansion wissenschaftlicher, pädagogischer, kindertherapeutischer Zuständigkeiten mit fortschreitender Professionalisierung und Ausgrenzung der Kinder in spezialisierte Institutionen;

– statt Kindzentrierung im Schonraum von Familie und pädagogischen Institutionen wird Kindheit mehr und mehr als Störfaktor empfunden.

Bevor ob solcher Aussagen ein Nebel von Kulturpessimismus in die Kindheitsforschung dringt, sei festgehalten, daß eigene, selbst alternative Lebenspläne und Lebenskonzepte in zwar verwirrend vielfältigen, widersprüchlichen, fragilen, aber immerhin doch auch demokratisierten Lebensverhältnissen eher zu entwerfen sind als in festgefügten, ständischen, schicksalhaften Ordnungsstrukturen, die nur das Prinzip von Anpassung und Imitation zulassen. Die Kinder selber geben außerdem zu Hoffnungen Anlaß, beobachtet man sie nur dabei, wie sie zweckentfremdende Rückgewinnung von verbotenem Terrain mit unerschrockener Phantasie weiterhin betreiben (Jacob 1984). Das Rollschuh- und Skateboardfahren findet z. B. mit Vorliebe auf »heiligen« Plätzen und vor Luxushotels mit ihren dazu besonders geeigneten glatten Flächen statt; die Kinder lassen sich nicht vertreiben, so daß ob solcher Hartnäckigkeit die Ordnungshüter schließlich die Segel streichen. Helga Zeiher hat mit Recht darauf hingewiesen, daß selbst die »Gestalt des verinselten Lebensraums« in ihrer »Kombination von Elementen« »erst aktiv hergestellt werden muß«, mithin den Zugewinn an individueller Autonomie »gegenüber jedem Modell eines einheitlichen Lebensraums nicht bestritten« (Zeiher 1983, 188). Es bleibt darum auch für das Kind der Gegenwart jene neuzeitliche Herausforderung in Kraft, die das hereditäre Ordnungsprinzip angestammter einheitlicher Lebensformen zugunsten eigen-williger Lebensgestaltung aufkündigte. Sich selbst zu initiieren, ist die Folgelast des freigesetzten Individuums, aber auch seine Chance.

So ist die Geschichte der Kindheit nicht polar nach Theoremen der Reduktion oder Verarmung bzw. des sukzessiven Fortschritts zu beurteilen, sondern eher als ein Wandel in widersprüchlichen Verhältnissen, nicht zuletzt darum auch offenen Möglichkeiten der Entscheidung und Entwicklung, so daß jedes eindeutige Urteil nur fehlginge, zumal die genannten Entwicklungslinien noch auf viele uneingelöste Forschungsaufgaben (Erklärung der Ursachen, theoretische und praktische Einschätzung der Folgen) verweisen, derer sich speziell die Historische Sozialisationsforschung seit gut 15 Jahren angenommen hat, nachdem die Historische Pädagogik sich zunächst in einer ersten Revision als Folge des großen wissenschaftsmethodologischen Streites der sechziger und siebziger Jahre mit Gewinn einer »Sozialgeschichte der Erziehung« (allgemein: Kocka 1977, ²1986; spezifiziert: Berg 1978, Cloer 1978) geöffnet hatte. Inzwischen geht es aber in einem weiteren Entwicklungsschritt vor allem darum, Kindheiten nicht mehr nur aus der Perspektive von Erwachsenen, sondern in den je eigenen Konturen zu erfassen. Damit ist eine Forschung verlangt, die die allein sozialstatistische und -strukturelle, system-, milieu- und faktorenanalytische Betrachtung von Kinderwelten überwindet und um die Erschließung der kindeigenen Perspektiven erweitert.

Es ist dies nun schon mehrfach vor allem als Aufgabe der auch historisch ambitionierten Sozialisationsforschung reklamiert worden, die über ihre ersten programmatischen Formulierungen hinaus und nach eher zaghaften Realisierungen inzwischen ihr Netz von Fragen und Theorieanleitungen immer engmaschiger spinnt und jetzt wieder die Subjektorientierung vor alle anderen leitenden Kategorien der Betrachtung von Aufwachsen im Umgang mit sich selbst und anderen wie anderem rückt. Dieses Problembewußtsein darf aber nicht darüber hinwegtäuschen, daß es namentlich für die Kindheitsforschung, weniger für die Jugendforschung, kaum Systematik und Interdisziplinarität gibt. In wissenschaftlicher Randlage, trotz (oder wegen) eines immensen Bedarfs an Orientierungswissen, folgt die Forschung ohne große übergreifende Fragestellungen eher Einzelaspekten einer fragmentarisierten Alltagswirklichkeit von Kindern im Raster sozialökologischer Konzepte oder punktuellen Enquete-Aufträgen. So konstatierte

Tenorth: »Methodische Probleme und Defizite des Forschungsstandes lassen gegenwärtig eine Geschichtsschreibung aus der Perspektive des Kindes noch gar nicht zu« (1988, 181). Dem kann leider noch nicht widersprochen werden.

Der Beitrag der Historischen Sozialisationsforschung

Die Historische Sozialisationsforschung[4] thematisiert, zunächst ausgehend von einem sehr allgemein gefaßten Begriff der Sozialisation, menschliches Aufwachsen und menschliches Leben im Kontext eines bestimmten historisch-gesellschaftlich vermittelten Systems. Mit »Sozialisation« wird dabei zunächst die Vergesellschaftung der menschlichen Natur durch individuelle Aneignung der gegenständlichen und symbolischen Kultur zu erfassen versucht. Partielle Übernahme der in einer Gesellschaft bestehenden Denk- und Handlungsmuster, aber auch produktive Verarbeitung und Anverwandlung seiner Lebenswelt sind der Weg, auf dem das Subjekt die Handlungsfähigkeit einer selbständigen Persönlichkeit gewinnt bzw. gewinnen soll. Der Prozeß der gesellschaftlichen Teilnahme und Teilhabe ist allerdings nie abgeschlossen, weshalb sich Sozialisationsforschung, angeregt von der historischen Anthropologie (Lepenies 1977; Süssmuth 1984), zur (Auto-)Biographie- (Dittrich/Jacobi-Dittrich [2]1984) und Lebenslaufforschung (Kohli 1978) in sich ändernden gesellschaftlichen Wirklichkeiten erweitert. »Auch Lebensgeschichte ist Geschichte« (Wappelshammer/Weber 1985).

Nur sehr zögernd haben Pädagogen Probleme der Soziogenese des Menschen, erst recht die der Personagenese unter dem Terminus Sozialisation neu akzeptiert und dann auch zu ihrem Thema gemacht. Zwar war auch ihnen geläufig, daß sich Aufwachsen und Erziehen in keiner Dimension gesellschaftsfrei vollziehen, aber im Sinne einer freilich verengten geisteswissenschaftlichen Tradition galt der Pädagogik Erziehung primär als eine intentionale Handlungsweise innerhalb eines höchst subtilen und von pädagogischem Takt geleiteten Erzieher-Zögling-Verhältnisses. Die außerhalb dieses personalen Bezugs liegenden funktionalen, vom Erzieher ungesteuerten sozialisierenden Prozesse gehörten, noch dazu in ihren unbewußten Anteilen, nur bedingt in den Verantwortungsbereich der Pädagogik. Diese enge Auslegung von Erziehung und Bildung blendete die gesellschaftliche Bedingtheit aller Erziehung tendenziell aus, machte sie jedenfalls als Faktor des sozialen Wandels selbst nicht mehr bewußt. Der traditionellen, als Ideen- und Institutionengeschichte reich entfalteten Historischen Pädagogik öffnete sich mit der Historischen Sozialisationsforschung ein erweiterter, durch die Sozialwissenschaften angeregter und methodisch (zuletzt u. a. durch die oral history[5]) angereicherter Fragehorizont: Auch die realen, jeweils zeittypischen Bedingungen der Lebenssituationen, Lernerfahrungen und -verarbeitungen eines Menschen müssen geklärt werden, um den Weg zu einem kindlichen, jugendlichen, erwachsenen Selbst- und Wirklichkeitsverständnis überhaupt begreifbar zu machen. Ohne die soziale, wirtschaftliche, politische, kulturelle, ideologische Kontextualisierung des individuellen Lebenslaufs, dann aber auch typisierter Lebensläufe für Altersjahrgänge, Gruppen, Generationen, Sozialschichten und Sozialmilieus, kann fortan Identitätsentwicklung und Mentalitätsbildung nicht mehr zureichend beschrieben werden, was nicht verabschieden heißt – ganz im Gegenteil –, daß Ich-Findung nicht ohne personale Konstellationen, inneres Erleben (Freude, Hoffnungen, Enttäuschungen, Leid, Erfolgs- oder Mißerfolgsverarbeitungen) sowie Sinnzuschreibungen, -auslegungen und -setzungen in den historisch konkreten Wirklichkeiten statthaben kann. Es geht also nicht nur um das Nachzeichnen individual-biographischer Entwicklungen, sondern auch um Lebensweltanalysen, die typische Verlaufsformen des Erwachsenwerdens in einer Epoche, Region, Sozialschicht, Generation bis hin zu immer kleinräumigeren Erziehungs*wirklichkeiten* herausarbeiten.

In der Sozialhistorie und Sozialökologie (v. a. Bronfenbrenner 1976, Baacke 1988) des Kinderalltags in der Industriegesellschaft heißt das konkret, Kindheit als eine Lebensphase anzusehen, in der materielle Ressourcen, soziale und kulturelle »Kapitalien« – z. B. sichtbar im Lebensstil der Familie – Lebenslauf *und* Lebenskonzept des Kindes, auch im Sinne der Selbst-Sozialisation entscheidend bestimmen. Selbst wenn es verpönt ist, jeder versteht und gebraucht sogar gelegentlich, selbstverständlich nicht in öffentlich-wissenschaftlicher Rede, die Formeln der Konvention, wenn er sich kurz fassen will in der Beschreibung gelungener, in diesem Fall bürgerlicher Sozialisation: Dies ist ein Kind »aus gutem Haus«, das eine »gute Kinderstube« hatte, eben nicht zu den

»Schmuddelkindern« gehörte, hinter der Mülltonne groß wurde, vielmehr sein Leben lang habituell kundtun wird, wes »Geistes Kind« es ist. Das sagt zunächst nur, wes Geistes seine Eltern waren, die ihm Wege früher kultureller Kompetenz ebneten, und zwar nicht nur durch Einschleusung in Bildungswissen und Karrierechancen vermittelnde Schullaufbahnen, sondern gerade durch Anregung und Bedienung in jenen Kulturhaushalten alltäglicher Lebens- und Umgangsformen (gemeint sind nicht nur gute Manieren), die nach wie vor als spezifische Erziehungs- und Bildungsleistung des Bürgertums gelten.

In solchen Analysen wird intentionalem sozialen Handeln oft weniger Bedeutung beigemessen als funktionalen, gleichwohl ebenfalls normativ besetzten Handlungsverläufen, die erst als solche, zudem in ihren Wirksamkeiten und Folgen zu bestimmen wären (z. B. die schon genannten Umgangsformen, vor allem auch Sanktionsmechanismen, Strategien der Anpassung und Integrierung, der subkutanen Politisierung und vieles andere mehr). Es könnte nämlich sein, daß gerade die unterschwellige Sozialisation der »geheimen Miterzieher« wirkungsvoller den sozialen Wandel eines Gesellschaftssystems und implizit seiner Kindheiten determiniert als verdeckte oder offene Absichtserklärungen. Die Historische Pädagogik lernte dazu: Es war ihr geläufig, nach dem Sinn und Zweck des Erziehungsprozesses zu fragen und dafür Postulate wie Aufklärung, Selbstbestimmung und Emanzipation einzuspielen. Nunmehr aber auch noch die konkreten Bedingungen und Konsequenzen sich ändernder Lebenswelten aufzuzeigen, in denen diese Postulate für individuelle wie kollektive Biographien bestimmend wurden oder eben nicht maßgeblich werden konnten bzw. durften, schließlich die gesellschaftliche Funktion dieser Postulate als regulative Prinzipien erzieherischen Handelns selbst auszuloten, diese Aufgaben waren ihr weniger vertraut. Die allem Nachdenken über Sozialisation impliziten Fragen, ob der je anders akzentuierte Vorgang der Vergesellschaftung des Menschen etwas in diesem hervorbringe oder nur bearbeite, unbegrenzte Möglichkeiten einschränke oder begrenzte erweitere, ob der Mensch in diesem Prozeß etwas von seinem Menschsein aufgebe oder erst gewinne, solche Fragen drohen nun allerdings in der Konzentration auf die historischen Fakten ihre grundsätzliche anthropologische Brisanz leicht zu verlieren. In der Rekonstruktion des sozialgeschichtlichen Bedingungsfeldes von Sozialisationsprozessen wird das Individuum nämlich tendenziell immer als »gesellschaftliches Resultat« und nicht als handelndes »produktiv realitätverarbeitendes Subjekt« (Hurrelmann 1983, 91–103) verstanden. Seine Individualkategorien werden dem Interesse am Typischen und Generalisierbaren, die Individualgenese der Gruppen- und Kollektivgenese nachgeordnet. Es gilt darum, gegen jeden Determinismus geschichtlicher Entwicklung der Gesellschaft und des Menschen festzuhalten: »Die Menschen machen ihre Geschichte nicht aus freien Stücken, aber sie machen sie selbst« (Niethammer u. a. [3]1988) – sie sind die »Konstrukteure« ihrer eigenen Biographien (Bittner 1979). Gerade in *bildungs*geschichtlicher Absicht, die gegen die Determination von Bedingungsgeflechten, von »Habitus«rekursen (Bourdieu) oder »Figurations«teilhaben (Elias) an den je eigenen Sicht-, Erlebnis- und Verarbeitungsweisen der aus vorgegebenen Orientierungs- und Denkmustern potentiell ausscherenden, darum letztlich autonom handelnden Subjekte festhält, wird es vorrangig bleiben, die Prozesse der Selbstfindung des geschichtlichen Subjekts durch Sinnerfahrungen und Sinnzuschreibungen, durch Interpretationen der vorgefundenen Welt und des reflektierten Ich-Selbst in der Welt nachzuvollziehen. In der Balance von Individualität und Sozialität findet das Individuum aus der Teilhabe am Allgemeinen zu einem unverwechselbaren Ich-Selbst im je eigenem Lebenslauf, zu seiner eigenen Geschichte, in der sich die Disjunktion von Individuum und »einzelnes Allgemeines« aufhebt. In diesem Sinne ist zweifelsohne auch das Kind und seine »Instanz des Ich« bereits ein soziales Produkt. Damit wird nicht grundsätzlich unerläßlichen Autonomiepostulaten widersprochen, wohl aber einer Verherrlichung individueller kindlicher Kreativität, die vom Kontext interpersonaler Beziehungen im gesellschaftlichen Raum absieht.

»Aus der Sicht des Kindes« ist und bleibt darum vor allem ein Korrektiv an allein strukturfunktionalistischen Erklärungsmustern. Deshalb gilt auch für die Erforschung der Kindheitsgeschichte: »Eine Geschichte der Erziehung, die nur den gesellschaftlichen Zugriff auf die noch unmündige Generation und nicht auch die Erlebnisperspektive der Betroffenen, die Wege der selbstinitiierten Aneignung und Verwandlung der Welt thematisiert, ist nur eine halbe, ist bloß eine Geschichte der ›Außenansicht‹ der Erziehung, der zu ihrer Vollständigkeit eine solche der ›Innenansicht‹ der Erziehung angefügt werden muß« (Wiersing

1989, 97). (Vgl. den folgenden Beitrag von Ulrich Herrmann in diesem Band.)

Die Historische Sozialisationsforschung steht in diesem Bewußtseinsstand vor der in der Forschungspraxis oft entmutigenden Aufgabe, sozialhistorischen Forschungsstand mit sozialwissenschaftlichen Analysemodellen und bildungstheoretischen Überlegungen zu verbinden und integrativ, nicht einfach additiv oder eklektizistisch fruchtbar auf spezifische, oft sehr konkrete und subtile lebensgeschichtliche Fragestellungen, vor allem auch aus der Sicht der Subjekte, zu beziehen. Der Haushalt dafür bereitgehaltener Bezugstheorien aus dem *Verbund* von Gesellschafts-, Umwelt- und Persönlichkeitstheorien, speziell aus Theorien zur Identitätsentwicklung oder aus kultursoziologischen Aneignungstheorien bzw. struktur- und rollenfunktionalistischen oder interaktionistischen Sozialisationstheorien ist ungemein groß.[6] Deshalb bleiben bisher noch oft die Probleme einer kritischen Theorie der Sozialisation ungelöst bestehen, die Lebensläufe auch als Selbstkonzepte produktiv verarbeiteter, nicht nur rezeptiv integrierter Sozialisationserfahrungen und -zumutungen interpretierte und dabei divergierende Forschungsansätze samt ihrer sie steuernden Erkenntnisinteressen in die Bedingtheit der eigenen geschichtlichen Reflexibilität forschungspraktisch einbände. Doch zumal in kritischer Absicht darf auch die Historische Sozialisationsforschung die »Bestimmung des Menschen« nicht aus dem Blick verlieren, wenn anders sie die Dimension seiner Zukunft aufgäbe zugunsten einer konservativen Bestätigung dessen, was war und ist. Diese Absicht enthält zugleich eine politisch-pädagogische Stoßrichtung: In der Analyse von Sozialisationsprozessen stellt sich immer auch die Frage nach deren Veränderbarkeit im Sinne eines Progresses, der die Forderungen nach mehr Selbstbestimmung, Emanzipation oder Freiheit des Menschen einlösen würde. Es spricht vieles dafür, daß eine subjektorientierte Historische Sozialisationsforschung, erst recht eine Kindheitsgeschichte aus der Perspektive des Kindes, immer noch in den Anfängen steckt[7], keinesfalls so erprobt ist, daß man diesen Anlauf bereits wieder stoppen könnte, schon gar nicht zugunsten irgendeiner abstrakten oder wertpädagogischen bildungstheoretisch-normativen Wende, die die Personagenese ohne die empirische Rekonstruktion von Lebenssituationen und Verhältnissen wieder aus dem Interdependenzgefüge von Politik, Ökonomie und Kultur herauslöste – was einem Rückfall vor allem hinter Schleiermacher und Pestalozzi gleichkäme.

Das interdisziplinär gefällige Beispiel

Für ein gutes, auch gefälliges Beispiel interdisziplinärer Kindheitsforschung dürfte Rudolf Schenda (1985), Volkskundler und Literaturhistoriker, den Anstoß gegeben haben.[8] Er klärte, quasi als Nebeneffekt seiner Forschungen, die Pädagogen über »Fröbels freundliche Fälschungen«[9] auf, indem er sich ins »kleinste Kindertheater der Welt, bestehend aus einer Handteller-Bühne mit fünf Gliederpuppen«, begab. Dort inszenierte er, »in fünf Aufzügen« und als Gastspiel durch europäische und deutsche Provinzen, in jeweiliger Landessprache das uns allen vertraute Volksstück und Kinderfingerspiel: »Das ist der Daumen, der schüttelt die Pflaumen, der hebt sie auf, der trägt sie nach Haus, und der kleine Lümmel frißt sie alle auf!« Bei Schenda kann man viele verschiedene – elsässische, schwäbische, schweizerische, neapolitanische, spanische, französische... usw. – Fassungen nachlesen. Verständlich wird dabei, daß um die Sittlichkeit ihrer Zöglinge besorgte ängstliche Pädagogen manche Version als jugendgefährdend einstuften. Entscheidend ist hier aber vielmehr der sozialhistorische und sozialisatorische Zusammenhang.

Die Pflaumen des Reims können auch durch Anspielungen auf Brot, Brotkrusten, sogar Brotkrümchen ersetzt werden; die Aufforderungen zum Stehlen haben gewisse Hemmschwellen zu überwinden, gewärtigen Sanktionen – doch wie vielfältig auch die Namen der einzelnen Finger sind und wie variabel die Handlungsabläufe arbeitsteilig übernommen werden, stereotyp bleibt: »Die Finger haben Hunger.« Oft hat der Kleinste das Nachsehen, das er durch besondere Pfiffigkeit oder durch Anschwärzen kompensieren muß. Angesichts der erdrückenden Armut großer Bevölkerungskreise und der immer wiederkehrenden Hungerkrisen auch des Industriezeitalters, über die die Sozialhistoriker in den letzten Jahren im Zuge ihrer Erforschung des Alltagslebens aufklärten, wird deutlich, daß Kinder spielend, oft genug den Hunger mit symbolischer Sättigung überspielend, und das nicht etwa mit Spielzeug, sondern mit ihren eigenen Händen und Fingern, aber auf dem Schoß der Mutter, den Kampf ums alltägliche Sattwerden als Realität ihres Lebens kennenlernten. Armutserziehung im schlichtesten Kinderspiel – offenkundig eine Folge und Notwendigkeit ökonomischer, sozialer und politischer Lebensbedingungen. In Zeiten der Sattheit eine um so angenehmere Unterhaltung! So sind Fingertheaterstücke »nicht einfach naive Volkspoesie: Sie hatten (und haben, C. B.) eine bestimmte Funktion (hungerndes Warten auf die Mahlzeit, Ablenken von diesem Unlustgefühl, symbolisches Ausagieren von verbotenem oder verunmöglichtem Tun) in einer realen sozialhistorischen Situation« (Schenda 1985, 160). Darüber hinaus verweist Schenda auf eine lange Tradition, in der Finger als »Sinnbild von naturgegebenen Hierarchien« dienen. Selbst intrafamiliäre Rangordnungen und Konfliktkonstellationen lassen sich in Fingertheaterspielen darstellen, was einschließt: funktional lernen. Vom Stärksten, Mächtigsten, auch Dicksten und Fettesten (Gott Vater, der Padrone oder der Familienvater als Daumen . . .) geht es immer die soziale Leiter herab bis zum Kleinsten, Gefährdetsten, Geknechtetsten und Magersten, der nicht mithalten kann und darf, wenn er nicht sein Recht einfach einfordert: »Und der Klitzekleine ißt sie alle auf« – womit das soziale Drama durch einen Streich gegen die auf das »feudalherrschaftliche Recht des Stärkeren« pochenden »gefräßigen Bösewichter« für diesmal einen guten Ausgang genommen hätte. Die soziale Ungleichheit mit ihren Folgeerscheinungen, Hungern und Stehlen, wird so wenigstens punktuell besiegt.[10]

Es wird deutlich, daß jenseits des spaßigen, aber »dümmlichen Reimzwangs Daumen-Pflaumen«, »Däumchen-Pfläumchen«, das simple »naive« Fingerspiel in seiner sozialisierenden, ja politisierenden Wirkung nicht so harmlos ist, wie es erscheinen mag. Es erlaubt Rückschlüsse auf Erziehungsverständnis und -ziele – »der Theater-Jüngste hat gleichsam die Wahl zwischen Gehorsam und Unterwerfung, Hinterhältigkeit und List oder aber Revolte und Eigenregie« (Schenda 1985, 165) – und bildet politische, soziale und familiale Konstellationen ab, die den Anachronismus nicht scheuen. Es sollte in einer Sozialisationsforschung, der es auch um die beiläufigen mentalen Wirkungen selbst der scheinbar unbedeutendsten, freundlichsten, emotional gesicherten Szenerien geht, ernsthaft einbezogen, jedenfalls nicht als irrelevant betrachtet werden. Selbst die empirische Feststellung, daß junge Mütter heute über ein Repertoire von Reimen und Fingerspielen gar nicht mehr verfügen, läßt Sozialisationsforschung zunächst nur auf einen medialen, nicht inhaltlichen Wechsel des Rollenspiels unter Starken und Schwachen, Satten und Hungrigen usw. schließen.

Damit aber nicht genug. Eine Historische Sozialisationsforschung mit dezidiert *bildungs*geschichtlichem Interesse, bei der das produktiv verarbeitende und eigenmächtig handelnde Subjekt nicht aus dem Blick verloren gehen soll, müßte weiter fragen, würde sich aber in immer noch sehr unwegsames Gelände, in dem es bisher wenige musterhaft ausgetretene Pfade gibt, begeben. Nicht abstrahiert in theoretisierendem Gedankenspiel mit Erziehungskonzepten und mehr geforderter als eingelöster Realitätskontrolle, sondern am genannten konkreten Fall sollen die weiterführenden Fragen historischer subjektorientierter Sozialisationsforschung gestellt werden, die sich in bewährter Manier von außen nach innen bewegen. Dabei bleiben jene Kategorien rollentheoretisch-interaktionistisch akzentuierter Sozialisationstheorie, nämlich ehemals Arbeit, Sprache, Interaktion, jetzt gefaßt als Reproduktion, Interaktion, kommunikatives Handeln maßgeblich, in denen ein Ich-Selbst sich und seinen Weg in reflexiver Weltauslegung findet.

In welchen Sozialschichten und -gruppen waren solche Reime und Fingerspiele verbreitet, wenn sie schon mit Wortgleichklang und ähnlichen Inhalten als europäisches Phänomen bewiesen sind? Es könnte sein, daß Kinder (und deren Eltern) verschiedener sozialer Herkunft Verschiedenes verschieden präferieren oder rezipieren: die einen das Spiel mit dem Hunger, weil sie ihn kennen und vertreiben müssen; die anderen, weil sie satt sind, aber Hackordnungen schon erfahren haben, die soziale Hierarchie; die einen, satt und »oben« auf der sozialen Leiter, erfahren nur die Lust an den »Gliederpuppen-Fingern«, unterlegt mit einem Reim, der nichts als Spaß macht (jedenfalls noch nicht sichtbar die sogenannte Eselsbrücke für kopfrechenschwache Erstkläßler bildet); die anderen kombinieren vielleicht diese Sinngebung mit einer anderen usw. Auch wäre zu klären, mit welchen reflektierten Intentionen Erwachsene (Mütter, Väter, Großmütter, größere Geschwister, Kindermädchen) den Reim spielen. Was haben sie für sich als Lebenswahrheit erkannt, die sie ihren Kindern vermitteln möchten, etwa über Sozialordnungen, Arbeitsverhältnisse und -teilungen?

Der Part der Kinder ist in diesem Spiel behütet; sie erfahren selbst Zuwendung, Nähe und körperliche Interaktion, lernen aber zugleich, mehr und mehr im Verständnis der Worte über den Kopf, zwischenmenschliches Handeln, das Lösen von Konflikten, das Aushalten von Anpassungsdruck und Repression, den Spielraum menschlicher Entscheidungen. Die Sprache kann dabei variieren zwischen Tadel, Aufforderung, Ermutigung; Sprechen/Nachsprechen und Hören können einswerden. Beiläufig wird in ein Normen- und Wertsystem eingeführt und die Grenze zwischen Normierung bzw. »Normalität«, Abweichung und Übertretung mit ihren Folgen deutlich gemacht, dies alles nicht ohne den Reiz der Spitzbüberei, der aber die Strafe folgt.

Weit schwieriger beantwortet sich die Frage nach den Wirkungen für das Kind: Was internalisiert es mit emotionaler oder kognitiver Bedeutsamkeit für sich selbst, für die Befriedigung seiner momentanen Gegenwart, für seine zukünftige Entwicklung, für den Aufbau seines Welt- und Selbstverständnisses? Von den politischen und sozialen Lern*angeboten* war schon die Rede; ihnen korrespondieren immer auch die Lern*verbote* des Nichtgesagten, des zufällig oder absichtlich Übergangenen. Nach dem bisherigen Entwicklungsstand der subjektorientierten Historischen Sozialisationsforschung in Programmatik und Einlösung scheint sich nach wie vor Klarheit über die Hilfen und Unterstützungen, aber auch Ausblendungen und Gegenwirkungen solcher Spiel- und Lernerfahrungen für Selbstentwicklung und Selbstkonzeptualisierung des heranwachsenden Menschen nur über die Erinnerung der Autobiographie[11] gewinnen zu lassen, die in der Korrelation mit der Fülle prüfender und korrigierender zeitgleicher Fakten ein zutreffendes, aussagekräftiges Bild hergeben mag, dessen »Wahrheits«gehalt zumindest reflektierte Objektivität in der Geltung der Aussage für das redende und handelnde Subjekt verspricht.

Nicht verschwundene, sondern noch zu entdeckende Welten der Kinder

Kinderwelten müssen studiert werden, so weit, so differenziert, so perfekt in den wissenschaftlichen Standards wie möglich; das ist der Pädagogik aufgegeben, seit sie sich als Anwalt des Kindes versteht. In die große »Magna Charta Libertatis« wollte Janusz Korczak deshalb (1967, 40) die »Grundrechte des Kindes« aufgenommen wissen, darunter »das Recht des Kindes, so zu sein, wie es ist«. Zugleich warnte er: »Man muß die Kinder kennen, um bei der Gewährung dieser Rechte möglichst wenig falsch zu machen«, und blieb doch zuversichtlich bei den Irrtümern: »das Kind selbst wird sie mit erstaunlicher Wachsamkeit korrigieren, wenn wir seine unschätzbaren Fähigkeiten und mächtigen Abwehrkräfte nicht schwächen« (ebd.). Die Trennlinie zwischen Kindsein und Erwachsensein ist aber auf jeden Fall bewußt zu halten. Denn das Bedauern über den irreversiblen Bruch zwischen beiden ist zugleich die Garantie für jene Sensibilität, die Kinder anders, nämlich auch für sich sein läßt, was ihnen ermöglicht, der Welt, ihrer und unserer, auch der beschädigten und beschädigenden Industriekultur, auf neue und unverbrauchte Weise, also auch gegen uns, die wir selbst schon beschädigt und verbraucht sind, begegnen zu können.

»Neue eigenständige Momente in den Auseinandersetzungen der Kinder mit ihrer Umwelt sind zunächst einmal dort wahrscheinlich, wo sie die Rahmenbedingungen ihres Tuns beeinflussen können, in den pädagogisch verdünnten Zonen außerhalb der Schule« (Hengst 1987, 403). – Wird damit der Entpädagogisierung hier oder gar generell das Wort geredet? Man möchte auf jeden Fall ergänzen: Diese Eigenständigkeit darf nicht nur zugestanden werden, sondern muß als anthropologicum anerkannt und auf alle Bereiche kindlichen Lebens ausgedehnt werden. Sie ist zudem eine Forderung bester pädagogischer, aber immer wieder vergessener Tradition – zugestanden: mehr der Theorie als der Praxis.

Diese Auffassung widerstreitet zugleich jedem defätistischen Gerede vom Verschwinden der Kindheit. Sie will auch nicht »aus dem Denken in das Wissen… fliehen« (H. v. Hentig), sondern vielmehr festhalten an der allerersten Prämisse aller Beschäftigung mit »Kinderwelten«, nämlich Kinder zu lieben, was jenseits satter bürgerlicher Wohl(an)ständigkeit keine sentimentale, sondern primär eine politische Aussage ist. In jedem Kinde ist zudem jener »Bildungsprozeß des Subjekts neu zu sehen, in dem sich zugleich die Gattung in ihren besseren Möglichkeiten reproduziert« (Tenorth im Anschluß an Benjamin 1988, 63). Und eben darum ist das Denken an die Kinder und über sie zu vertiefen, das Wissen vielleicht ein wenig zu vermehren, auch wenn das immer noch nicht verspricht, die zureichenden Begriffe von Kindheit zu finden, und nicht beabsichtigen will, Kinder durch Begriffe in den »Griff« zu kriegen.

Hermann Bausinger ist darum zuzustimmen, wenn er Neil Postmans »Globalthesen« vom Verschwinden der Kindheit nicht als »marktgängige Todesurteile«, sondern als Provokation nehmen will: »Sie fordern Phantasie und Gegenstrategien, Ausweichmanöver und Trotz. In der hintergründigen Sprache des Kinderspiels:

> Wer hat Angst vor Neil Postman?
> Niemand.
> Wenn er aber kommt?
> Dann laufen wir davon.
> Soll er kommen?
> Ja...«

(Bausinger 1987, 17)

Es scheint, daß die Pädagogik diesen Kindern eher nachlaufen als nur nachhinken sollte, um zu entdecken, was ihre Welt ausmacht und welcher Mut ungebrochen in ihnen liegt, zumal auch noch gilt – hier schließt sich der Kreis hilfreicher Auskünfte der Dichter –: »Niemand will so viel Reformen durchführen wie Kinder.«[12]

Anmerkungen

1 Über das »Theorieloch« einer »Pädagogik vom Kinde aus« vgl. Oelkers 1988.

2 Zinnecker 1979; Hengst u. a. 1981; Rolff 1982, Rolff/Zimmermann 1985; Zeiher 1983, 1988; Behnken u. a. 1983, 1987, 1989; Harms u. a. 1985; Ledig u. a. 1987; Spanhel 1988.

3 Hier wird überdeutlich »statt damals...« »gibt es heute...« kontrastiert, was aber nicht ausschließt, daß das »Damals« im »Heute« enthalten ist. Die Prozesse haben langsame und schnelle Fließgeschwindigkeiten, Schübe und Staus, auch noch nicht jeden Winkel und jedes Kind erreicht.

4 Wegweisend: Herrmann 1974, 1980, 1984, 1987; zuletzt für die Jugendforschung als Teildisziplin der Historischen Sozialisationsforschung Krüger 1988.

5 Grundlegend: Niethammer 1980, darin mit Beispielen zu Sozialisationserfahrungen Steinbach 291 ff.

6 Vgl. die einschlägigen Handbücher mit einführenden Aufsätzen in die jeweiligen Theorieansätze und Methodendiskussionen: Hurrelmann/

Ulich (Hg.) 1980; Krüger (Hg.) 1988, darin besonders hilfreich: Heitmeyer/Hurrelmann, *Sozialisations- und handlungstheoretische Ansätze in der Jugendforschung*, 47–70; Baacke, *Sozialökologische Ansätze in der Jugendforschung*, 71–94.

7 Forschungsergebnisse zur Kindheitsgeschichte müssen weitgehend noch als Implikate der Familien- und Jugendgeschichte gesucht werden: v. a. Weber-Kellermann 1974, 1979; Rosenbaum 1982; Mitterauer 1986; Arbeiten speziell zur Kindheitsgeschichte aus der Epoche der Industriekultur der letzten 150 Jahre, die sich auch als Beitrag zu einer Historischen Sozialisationsforschung verstehen: Flecken 1981; Hardach-Pinke 1981; Behnken u. a. 1983, 1987, 1989; Mutschler 1985; Seyfarth-Stubenrauch 1985; Klika 1990.

8 Bereits Klaus Mollenhauer ließ sich von Schendas Hinweisen anregen, und zwar zu pädagogisch-anthropologischen Überlegungen über die »Eigentümlichkeit« des »Bildungsereignisses« in Fingererzählungen, die ihm »mit Bezug auf Leib, Du, Sprache und Naturbeherrschung« »die Geburt des Ich« repräsentieren (1986, 379, 380).

9 Fröbel hat in Pädagogenmanier, da ihm Abzählreime aus dem Volks- und Kinderleben, auch der Reim »dieß ist der Daumen«, manches enthielten, »was ich eben nicht den Kindern gesagt wissen möchte«, eine gereinigte Fassung publiziert, die ebenso unsinnlich, unkörperlich wie betulich und kindertümelig die hierarchische, konfliktfreie Gesellschaft an 5 Fingern als Modell spielerisch und scheinbar zweckfrei vermittelt (vgl. *Mutter-, Spiel- und Kose-Lieder* (1844), Reprint Berlin (DDR) 1984, 51 ff.; das Zitat S. 52).

10 Es sei nicht verschwiegen, daß sich im Repertoire der Fingerspiele auch solidarisches Handeln üben läßt: »Der ist ins Wasser gefallen / der hat ihn rausgeholt / der hat ihn abgetrocknet / der hat ihn ins Bett gelegt / und das kleine Spitzbübchen hat's dem Vater gesagt« – womit der Kleinste allerdings wieder einmal eine Sonderrolle spielt.

11 Zur Problematik der Autobiographie vgl. u. a. Dittrich/Jacobi-Dittrich ²1984.

12 Franz Kafka, *Fragmente aus Heften und losen Blättern*, in: ders. *Hochzeitsvorbereitungen auf dem Lande und andere Prosa aus dem Nachlaß*, Ges. Werke, hg. v. Max Brod, Frankfurt 1989, 166.

Literatur

Baacke, Dieter, *Sozialökologische Ansätze in der Jugendforschung*, in: Heinz-Hermann Krüger (Hg.), *Handbuch der Jugendforschung*, Leverkusen 1988, 71–94.

Bahrdt, Hans Paul *Sozialisation und gebaute Umwelt*, in: *Neue Sammlung* 14 (1975), 211–230.

Bäumer, Gertrud, *Im Lichte der Erinnerung*, Tübingen 1953.

Bauer, Karl W./Hengst, Heinz, *Wirklichkeit aus zweiter Hand. Kindheit in der Erfahrungswelt von Spielwaren und Medienprodukten*, Hamburg 1980.

Bausinger, Hermann, *Kultur für Kinder – Kultur der Kinder*, in: *Kinderkultur.* 25. Deutscher Volkskundekongreß in Bremen vom 7.–12. Oktober 1985, Bremen 1987, 11–18.

Beck, Ulrich, *Risikogesellschaft. Auf dem Weg in eine andere Moderne*, Frankfurt/M. 1986.

Beck-Gernsheim, Elisabeth, *Die Kinderfrage. Frauen zwischen Kinderwunsch und Unabhängigkeit*, München 1988.

Behnken, Imbke/Zinnecker, Jürgen, *Vom Straßenkind zum verhäuslichten Kind. Zur Modernisierung städtischer Kindheit 1900–1980*, in: *Sozialwissenschaftliche Informationen* 16 (1987), 87–96.

Behnken, Imbke/du Bois-Reymond, Manuela/Zinnecker, Jürgen, *Stadt und Quartier als Lebensraum von Kindern, Jugendlichen und ihren Pädagogen. Eine historisch-interkulturelle Studie*, Wiesbaden-Leiden 1900 bis 1980. Leiden, Marburg, Wiesbaden 1983.

Dies., *Stadtgeschichte als Kindheitsgeschichte*, Opladen 1989.

Benjamin, Walter, *Über Kinder, Jugend und Erziehung*, Frankfurt/M. ⁶1982.

Berg, Christa, *Zur Revision der Historischen Pädagogik*, in: *Die deutsche Berufs- und Fachschule* 74 (1978), 323–334.

Dies., *Familie – Kindheit – Jugend im Wandel von der Agrar- zur Industriegesellschaft*, in: *Liberal* 25 (1983), 418–432.

Dies., *Ansätze zu einer Sozialgeschichte des Spiels*, in: *Zeitschrift für Pädagogik* 29 (1983), 735–753.

Dies., *Von Kindheit haben wir keine Begriffe*, in: *Welt des Kindes* 67 (1989), 7–11.

Dies., *Familie – Kindheit – Jugend*, in: Dies. (Hg.), *Handbuch der deutschen Bildungsgeschichte*, Bd. IV. München 1991.

Bittner, Günther, *Zur psychoanalytischen Dimension biographischer Erzählungen*, in: Dieter Baacke/Theodor Schulze (Hg.), *Aus Geschichten lernen*, München 1979, 120–128.

Bitz, Ferdinand, *Kinder der Angst. Studie zum anthropologischen Phänomen der Angst im historischen Wandel der Erlebniswelt des Kindes*, Bonn 1986.

Brettschneider, Werner, ›*Kindheitsmuster‹. Kindheit als Thema autobiographischer Dichtung*, Berlin 1982.

Bronfenbrenner, Urie, *Ökologische Sozialisationsforschung*, Stuttgart 1976.

Ders., *Die Ökologie menschlicher Entwicklung*, Stuttgart 1981.

Büchner, Peter, *Vom Befehlen und Gehorchen zum Verhandeln. Entwicklungen von Verhaltensstandards und Umgangsnormen seit 1945*, in: Ulf Preuss-Lausitz u. a., *Kriegskinder. Konsumkinder. Krisenkinder*, Weinheim, Basel 1983, 196–212.

Cloer, Ernst, *Ausgewählte systematische Fragestellungen der Geschichte der Kindheit und der historischen Familien- und Sozialisationsforschung*, in: *Neue Sammlung* 18 (1978), 519–539.

Dittrich, Eckhard/Jacobi-Dittrich, Juliane, *Die Autobiographie als Quelle zur Sozialgeschichte der Erziehung*, in: Dieter Baacke/Theodor Schulze (Hg.), *Aus Geschichten lernen*, München [2]1984, 99–119.

Doderer, Klaus (Hg.), *Walter Benjamin und die Kinderliteratur. Aspekte der Kinderliteratur in den 20er Jahren*, Weinheim, München 1988.

Flecken, Margarete, *Arbeiterkinder im 19. Jahrhundert*, Weinheim, Basel 1981.

Flitner, Andreas, *Konrad, sprach die Frau Mama... Über Erziehung und Nichterziehung*, Berlin [2]1982.

Härtling, Peter, *Felix Guttmann*, Darmstadt [2]1988.

Hardach-Pinke, Irene, *Kinderalltag. Aspekte von Kontinuität und Wandel der Kindheit in autobiographischen Zeugnissen 1700 bis 1900*, Frankfurt/M., New York 1981.

Harms, Gerd/Preissing, Christa/Richtermaier, Adolf, *Kinder und Jugendliche in der Großstadt*, Berlin 1985.

Heitmeyer, Wilhelm/Hurrelmann, Klaus, *Sozialisations- und handlungstheoretische Ansätze in der Jugendforschung*, in: Heinz-Hermann Krüger (Hg.), *Handbuch der Jugendforschung*, Leverkusen 1988, 47–70.

Hengst, Heinz u. a., *Kindheit als Fiktion*, Frankfurt/M. 1981.

Ders., *Geschwindigkeit und Vergänglichkeit. Zentrale Dimensionen des Kinderalltags als Ansatz für eine Neuorientierung der (Kinderkultur-) Forschung*, in: *Kinderkultur*, 25. Deutscher Volkskundekongreß in Bremen vom 7.–12. 10. 1985, Bremen 1987, 401–408.

von Hentig, Hartmut, *Was ist eine humane Schule?* München, Wien [2]1977.

Ders., *Das allmähliche Verschwinden der Wirklichkeit*, München 1984.

Herrmann, Ulrich, *Historisch-systematische Dimensionen der Erziehungswissenschaft*, in: *Wörterbuch der Erziehung*, hg. v. Christoph Wulf, München 1974, 283–289.

Ders., *Probleme und Aspekte historischer Ansätze in der Sozialisationsforschung*, in: Klaus Hurrelmann/Dieter Ulich (Hg.), *Handbuch der Sozialisationsforschung*, Weinheim 1980, 227–252.

Ders., *Neue Wege der Sozialgeschichte. Zur Forschungspraxis der Historischen Sozialisationsforschung und zur Bedeutung ihrer Ergebnisse für pädagogische Theoriebildung*, in: *Pädagogische Rundschau* 38 (1984), 171–187.

Ders., *Das Konzept der ›Generation‹. Ein Forschungs- und Erklärungsan-*

satz für die Erziehungs- und Bildungssoziologie und die Historische Sozialisationsforschung, in: Neue Sammlung 27 (1987), 364–377.

Honig, Michael-Sebastian, Kindheitsforschung: Abkehr von der Pädagogisierung, in: Soziologische Revue (1988), 169–178.

Hurrelmann, Klaus (Hg.), Sozialisation und Lebenslauf, Hamburg 1976.

Ders., Das Modell des produktiv realitätverarbeitenden Subjekts in der Sozialisationsforschung, in: Zeitschrift für Sozialisationsforschung und Erziehungssoziologie 3 (1983), 91–103.

Hurrelmann, Klaus/Ulich, Dieter (Hg.), Handbuch der Sozialisationsforschung, Weinheim, Basel 1980.

Jacob, Joachim, Umweltaneignung von Stadtkindern. Wie nutzen Kinder den öffentlichen Raum? in: Zeitschrift für Pädagogik 30 (1984), 687–697.

Kinderkultur. 25. Deutscher Volkskundekongreß in Bremen vom 7.–12. 10. 1985. Im Auftrage der Deutschen Gesellschaft für Volkskunde hg. von Konrad Köstlin, Bremen 1987.

Klika, Dorle, Erziehung und Sozialisation im Bürgertum des wilhelminischen Kaiserreichs, Frankfurt/M., Bern, New York 1990.

Kocka, Jürgen, Sozialgeschichte. Begriff, Entwicklung, Probleme, Göttingen 1977, ²1986.

Kohli, Martin (Hg.), Soziologie des Lebenslaufs, Darmstadt 1978.

Ders., Lebenslauftheoretische Ansätze in der Sozialisationsforschung, in: Klaus Hurrelmann/Dieter Ulich (Hg.), Handbuch der Sozialisationsforschung, Weinheim, Basel 1980, 299–320.

Korczak, Janusz, Wie man ein Kind lieben soll, Göttingen 1967.

Korff, Gottfried/Rürup, Reinhard (Hg.), Berlin, Berlin (Katalog), Berlin 1987.

Krüger, Heinz-Hermann (Hg.), Handbuch der Jugendforschung, Leverkusen 1988.

Ders., Theoretische und methodische Grundlagen der historischen Jugendforschung, in: ders. (Hg.), Handbuch der Jugendforschung, Leverkusen 1988, 207–230.

Langeveld, Martinus, Die ›geheime Stelle‹ im Leben des Kindes, in: ders., Die Schule als Weg des Kindes, Braunschweig ²1963, 74f.

Ledig, Michael/Nissen, Ursula, Kinder und Wohnumwelt. Eine Literaturanalyse zur Straßensozialisation, München 1987.

Lepenies, Wolf, Probleme einer Historischen Anthropologie, in: Reinhard Rürup (Hg.), Historische Sozialwissenschaft, Göttingen 1977, 126–159.

Liebau, Eckart, Sozialisationstheorie und Pädagogik, in: Neue Sammlung 28 (1988), 156–167.

Liegle, Ludwig, Welten der Kindheit und Familie. Beiträge zu einer pädagogischen und kulturvergleichenden Sozialisationsforschung, Weinheim, München 1987.

Lippitz, Wilfried, *Okkupation, Exil und Phantasiewelt. Räume der Kindheit in (auto-)biographischer Perspektive,* in: Dieter Spanhel (Hg.), *curriculum vitae. Beiträge zu einer biographischen Erziehungstheorie,* Essen 1988, 36–47.

Ders., *Räume – von Kindern erlebt und gelebt,* in: ders./Christian Rittelmeyer (Hg.), *Phänomene des Kinderlebens. Beispiele und methodische Probleme einer pädagogischen Phänomenologie,* Bad Heilbrunn 1989, 93–106.

Loch, Werner, *Lebenslauf und Erziehung,* Essen 1979.

Mahr, Bernd, *Lego, Logo und die Aufklärung,* in: *Kursbuch* 80, Mai 1985, 103–117.

Mitterauer, Michael, *Sozialgeschichte der Jugend,* Frankfurt/M. 1986.

Mollenhauer, Klaus, *Fingererzählungen – eine pädagogische Spekulation,* in: *Neue Sammlung* 26 (1986), 368–380.

Muchow, Martha/Muchow, Hans Heinrich, *Der Lebensraum des Großstadtkindes* (1935), Reprint Bensheim ²1980.

Mutschler, Susanne, *Ländliche Kindheit in Lebenserinnerungen,* Tübingen 1985.

Neumann, Karl (Hg.), *Kindsein. Zur Lebenssituation von Kindern in modernen Gesellschaften,* Göttingen 1981.

Niethammer, Lutz (Hg.), *Lebenserfahrung und kollektives Gedächtnis. Die Praxis der ›oral history‹,* Frankfurt/M. 1980.

Niethammer, Lutz/Hombach, Bodo/Fichter, Tilman/Borsdorf, Ulrich (Hg.), *›Die Menschen machen ihre Geschichte nicht aus freien Stücken, aber sie machen sie selbst‹. Einladung zu einer Geschichte des Volkes in NRW,* Berlin, Bonn ³1988.

Oelkers, Jürgen, *Müssen uns die Dichter sagen, was ›Erziehung‹ ist?* in: *Neue Sammlung* 21 (1981), 273–284.

Ders., *›Kindheit‹ und ihre Kritik,* in: *Neue Sammlung* 27 (1987), 193–211.

Ders., *Die Natur des Kindes. Theorieprobleme der Reformpädagogik,* in: *Neue Sammlung* 28 (1988), 474–485.

Postman, Neil, *Das Verschwinden der Kindheit,* Frankfurt/M. 1983.

Preuss-Lausitz, Ulf u. a., *Kriegskinder. Konsumkinder. Krisenkinder. Zur Sozialisationsgeschichte seit dem Zweiten Weltkrieg,* Weinheim 1983.

Reyer, Jürgen, *Sozialgeschichte der Erziehung als historische Sozialisationsforschung?* in: *Zeitschrift für Pädagogik* 26 (1980), 51–72.

Richter, Dieter, *Das fremde Kind. Zur Entstehung der Kindheitsbilder des bürgerlichen Zeitalters,* Frankfurt/M. 1987.

Rolff, Hans-Günther, *Kindheit im Wandel. Veränderungen der Bedingungen des Aufwachsens seit 1945,* in: ders. u. a. (Hg.), *Jahrbuch der Schulentwicklung,* Bd. 2, Weinheim, Basel 1982, 207–235.

Ders./Zimmermann, Peter, *Kindheit im Wandel. Eine Einführung in die Sozialisation im Kindesalter,* Weinheim, Basel 1985.

Rosenbaum, Heidi, *Formen der Familie,* Frankfurt/M. 1982.

Safrian Hans/Sieder, Reinhard, *Gassenkinder – Straßenkämpfer. Zur politischen Sozialisation einer Arbeitergeneration in Wien 1900 bis 1938,* in: Lutz Niethammer/Alexander v. Plato (Hg.), ›*Wir kriegen jetzt andere Zeiten*‹, Berlin, Bonn 1985, 117–151.

Schenda, Rudolf, ›*Das ist der Daumen*‹ *oder: Vom kleinsten Kindertheater der Welt,* in: *Kinderwelten. Festschrift für Klaus Doderer,* Weinheim, Basel 1985, 154–169.

Seyfarth-Stubenrauch, Michael, *Erziehung und Sozialisation in Arbeiterfamilien im Zeitraum 1870 bis 1914 in Deutschland,* 2 Bde., Frankfurt/M., New York 1985.

Spanhel, Dieter, *Die Zukunft der Kindheit angesichts der wissenschaftlichtechnischen Entwicklung,* in: ders./Stefanos Hotamanidis (Hg.), *Die Zukunft der Kindheit. Die Verantwortung der Erwachsenen für das Kind in einer unheilen Welt,* Weinheim 1988, 72–91.

Süssmuth, Hans (Hg.), *Historische Anthropologie,* Göttingen 1984.

Steinbach, Lothar, *Lebenslauf, Sozialisation und ›erinnerte Geschichte*‹, in: Lutz Niethammer (Hg.), *Lebenserfahrung und kollektives Gedächtnis. Die Praxis der ›oral history*‹, Frankfurt/M. 1980, 291–322.

Tenorth, Heinz-Elmar, *Geschichte der Erziehung. Einführung in die Grundzüge ihrer neuzeitlichen Entwicklung,* Weinheim, München 1988.

Ders., *Walter Benjamins Umfeld. Erziehungsverhältnisse und Pädagogische Bewegungen,* in: Klaus Doderer (Hg.), *Walter Benjamin und die Kinderliteratur.,* Weinheim, München 1988, 31–67.

Thiemann, Friedrich, *Kinder in den Städten,* Frankfurt/M. 1988.

Wappelshammer, Elisabeth/Weber, Theresia, *Auch Lebensgeschichte ist Geschichte. Ein Leitfaden für autobiographisches Erzählen und Schreiben,* Wien 1985.

Weber-Kellermann, Ingeborg, *Die deutsche Familie. Versuch einer Sozialgeschichte,* Frankfurt/M. 1974.

Dies., *Die Kindheit. Kleidung und Wohnen, Arbeit und Spiel. Eine Kulturgeschichte,* Frankfurt/M. 1979.

Wiersing, Erhard, *Die Gesellschaftsgeschichte der Erziehung. Bemerkungen aus Anlaß des Erscheinens von Heinz-Elmar Tenorths ›Geschichte der Erziehung*‹, in: *Neue Sammlung* 29 (1989), 89–106.

Winn, Marie, *Kinder ohne Kindheit,* Reinbek 1984.

Zeiher, Helga, *Die vielen Räume der Kinder. Zum Wandel räumlicher Lebensbedingungen seit 1945,* in: Ulf Preuss-Lausitz u. a., *Kriegskinder. Konsumkinder. Krisenkinder,* Weinheim, Basel 1983, 176–195.

Dies., *Verselbständigte Zeit – selbständigere Kinder?* in: *Neue Sammlung* 28 (1988), 75–92.

Zinnecker, Jürgen *Straßensozialisation. Versuch, einen unterschätzten Lernort zu thematisieren,* in: *Zeitschrift für Pädagogik* 25 (1979), 727–746.

Ulrich Herrmann
»Innenansichten«
Erinnerte Lebensgeschichte und geschichtliche Lebenserinnerung, oder: Pädagogische Reflexion und ihr »Sitz im Leben«

Die Außenansicht einer Sache sagt in der Regel nichts darüber, was sich hinter der Fassade verbirgt, und manchmal ist außer Fassade gar nichts von Bedeutung vorhanden. Das ist auch in der Wissenschaft nicht anders. Die Außenansicht – im Sinne des Ansehens einer Disziplin, ihrer Erfolge, ihrer akademischen Reputation – sagt nicht immer Zutreffendes aus bezüglich der inneren Verfassung einer Wissenschaft und ihres Potentials an Kreativität und Selbstkritik. Hier hilft nur ein Blick hinter die Kulissen weiter: die *Innenansicht* des Wissenschafts- und Forschungsbetriebs.

Das gilt auch für die Erziehungswissenschaft. Deshalb sollen im folgenden einige »Innenansichten« vorgeführt werden, die einerseits etwas mit den Rahmenthemen dieses Bandes zu tun haben – »Kinderwelten«, Biographie- und Lebenslaufforschung, Historische Sozialisationsforschung – und die andererseits auch der Frage nachgehen, wie neue Themen und Fragestellungen in der Wissenschaft zur Geltung kommen und neue Wissenschaftstraditionen begründen. Diese letztere Frage läßt sich in einer zweifachen Version stellen: »Wie geht Lebenserfahrung in die Praxis der Erziehungswissenschaft und in die Ausarbeitung von praxisorientierten Erziehungslehren (›Pädagogiken‹) ein?« – und: »Welche Rückwirkungen hat Lebenserfahrung auf die Themen und Theorien der Wissenschaft, und wie verändern sich durch neue bzw. andere Lebenserfahrungen unsere Erziehungslehren?«

Zuvor soll im ersten Kapitel daran erinnert werden, daß die Themen und Fragestellungen, Gegenstände und Probleme der Abhandlungen des hier vorliegenden Bandes zwar einerseits neue Entwicklungen in der Erziehungswissenschaft repräsentieren (die die Erziehungswissenschaft übrigens mit anderen Disziplinen der historisch orientierten Gesellschaftswissenschaften teilt). Aber andererseits vollzog sich in der Hinwendung zur »Innenansicht« des

Kinderlebens und der »Kinderwelten« die Konstituierung des modernen pädagogischen Denkens und Argumentierens schon im 18. Jahrhundert – seit Rousseaus *Emile* von 1762; und daraus folgte schon damals ein Begründungszusammenhang für die Wissenschaft von der Pädagogik, der zwar modern und erfolgversprechend war, aber nicht weiterverfolgt wurde. – Im zweiten Kapitel wird die erste Frage nach der Bedeutung der Lebenserfahrung für Theorie und Praxis der Pädagogik erörtert. Einzelfallstudien dazu und Forschungsüberblicke bieten andere Beiträge dieses Bandes, so daß hier eine Begrenzung auf die *systematische* Bedeutung der Biographie- und Generationenforschung erfolgen kann. – Im dritten Kapitel wird an ausgewählten Beispielen der anderen Frage nachgegangen, welche Bedeutung erinnerte Lebensgeschichte und geschichtliche Lebenserinnerung für die Konstitution und Akzentuierung von Themen in der Erziehungswissenschaft gehabt hat und haben kann.

I

Welchen pädagogischen Weg kann pädagogisches Denken, Reflektieren, Argumentieren und Theoretisieren beschreiten, wenn dieser Weg von der »Allgemeinen Pädagogik« – der Erörterung ihrer philosophisch-anthropologischen Grundbegriffe, ihrer Theoretik und Systematik – weiterführen soll zu einer »Individuellen Pädagogik« und ihrer Kasuistik und Pragmatik (Greiling 1793, vgl. dazu Herrmann 1986)? Dieser Weg führt – es kann gar nicht anders sein – von den Begriffen zur Anschauung und von der Empirie zur Theorie; von den Auffassungsformen des Menschlichen im Allgemeinen zu den Erscheinungsweisen des Individuellen im Besonderen; von Erwartungen zu Erfahrungen und von der Registrierung des situativ Zufällig-Persönlichen zu dessen Einordnung in die umgreifenden Strukturen von Lebenswelten und Lebensformen. Dieser Weg bezeichnet also immer eine doppelte, gegenläufige Bewegung; denn so wie die Begriffe ohne Anschauung leer sind und die Anschauung ohne Begriffe blind ist, so ist auch die pädagogische Allerweltserfahrung als solche theoretisch belanglos, und ebenso die pädagogische Begrifflichkeit und Theorie für sich genommen inhaltslos, wenn pädagogisches Denken und Argumentieren nicht diese *doppelte Denkbewegung der Vermittlung von Allgemeinem und Individuellem* vollzieht.

Wie nun dieser Weg beschritten und die Vermittlung von Allgemeinem und Individuellem *in concreto* vollzogen wird, dafür gibt es in der Geschichte des modernen, sich im 18. Jahrhundert konstituierenden pädagogischen Denkens unterschiedliche Möglichkeiten. Christian Gotthilf Salzmann (vgl. Herrmann 1979) führt im Stil der lehrhaften aufklärerischen Erziehungsschriften und Ratgeber kleine Szenen vor, in denen irgendein Ereignis oder ein eintretender Umstand zu erziehendem Eingreifen nötigt. Die situativ bedingte, unerwartete Herausforderung verführt meist zu Impulsivität, zu Unüberlegtheit – die Szene wird zur »Szene«, und die »Szene« wird zum Tribunal: die Kinder schreien, die Eltern verlieren die Nerven! Oder Salzmann berichtet von der Macht langer Gewöhnung und ihrer mißlichen Konsequenzen, wenn die Kinder verzogen und unerträglich geworden sind – und die ratlosen Eltern nicht weiterwissen! Dies nun nötigt zu pädagogischer Reflexion: ob es denn nicht möglich wäre, mit mehr Einsicht und Takt, Umsicht und Vorausschau dem Kind besser gerecht zu werden und »Szenen«, Kränkungen und Bestrafungen zu vermeiden? Salzmanns Erzählungen von der vernünftigen und von der unvernünftigen Erziehung haben bis heute nichts von ihrer Frische und Anschaulichkeit verloren, und viele seiner pädagogischen Schlußfolgerungen leuchten heute noch unmittelbar ein. Das hat seinen Grund auch darin, daß er pädagogisches Sehen und Denken lehrt, indem er die innere »Logik« im Spiel der Kräfte sichtbar macht, die in seinen Familienwelten und Kinderwelten am Werke ist. Nachvollziehbar und sichtbar ist die »Logik« des Kräftespiels für den Leser deshalb, weil dieser sie auf eigene Erfahrungen oder auch sein eigenes Verhalten projizieren kann. Und das muß gegeben sein, wenn Salzmann auf Einsicht und Lernen beim Leser hofft; denn wie soll letzterer seine falschen Grundsätze und Verhaltensweisen ändern können, wenn er sie nicht im Lichte des Richtigeren verstehen und bearbeiten lernt? Der »Sitz im Leben« dieser pädagogischen Reflexion ist das alltägliche Familienleben, und deshalb ist Salzmanns Art und Weise des pädagogischen Denkens und Argumentierens vielfach auch für das heutige Verständnis familialer Erziehungspraxis noch aufschlußreich.

Jean-Jacques Rousseau hatte 1762 mit seinem *Emile* einen ganz anderen Weg beschritten: den der Fiktion und der Utopie, um sozusagen die »Normalform« des Aufwachsens und Lernens zu zeigen. Dabei hatte Rousseau einen genialen Einfall: Er konstruierte einen fiktiven Lebenslauf von der Geburt seines Zöglings bis zu seiner Verheiratung, und er fand dabei heraus, daß die verschiedenen Stufen und Erscheinungsformen der Kindheit und des Jugendalters jeweils einen bestimmten anthropologischen, entwicklungspsychologischen und sozialen »Eigensinn« haben und sich durch die Erwartungen des Erwachsenen bzw. seine sozialen Rollen und Funktionen gerade *nicht* erschließen. Auf diese Weise gelang Rousseau eine »kopernikanische Wendung« im pädagogischen Diskurs der Moderne: der »Sitz im Leben« für seine pädagogische Reflexion ist nicht »das Leben selber« – wie bei Salzmann –, sondern die Subjektivität des Menschen (vgl. Oelkers 1987). Bei Salzmann ist der erziehende Umgang der Eltern mit den Kindern dadurch gekennzeichnet, daß die Kinder immer etwas *Bestimmtes* zu tun oder zu unterlassen haben. Die Normen der Erziehung werden gesetzt durch die konventionell-normalen Verhaltensweisen. Ganz anders Rousseau: die sich zeigende und entwickelnde Subjektivität des Heranwachsenden – »der Gang der Natur« – ist die Norm für erziehenden Umgang, der demzufolge zunächst einmal »negativ« sein soll: abwartend und eben *nicht* normierend eingreifend. Erziehen soll nicht verschiedene Verhaltensweisen einüben und festlegen, sondern Subjektivitätserfahrung ermöglichen, positiv gesprochen: *helfen, daß der Mensch lernt.*

Geschichten aus dem Lebensalltag und die Lebensgeschichte (als biographische Konstruktion des Lebenszusammenhangs) sind also die beiden Elemente, aus denen pädagogisches Denken und Argumentieren bei der Vermittlung von Individuellem und Allgemeinem zusammengesetzt wird. Die ersten Versuche, eine wissenschaftliche Pädagogik, bzw. Erziehungswissenschaft, zu formulieren, betonen daher die grundlegende Bedeutung des lebensgeschichtlich-biographischen Ansatzes für die Theorie und Praxis der Erziehung. Für den »Pädagogiker« – den Theoretiker – und für den praktischen »Pädagogen« kann sich Johann Christoph Greiling in seinem Buch *Über den Endzweck der Erziehung, und über den ersten Grundsatz einer Wissenschaft derselben* (1793)

»nichts lehrreicheres denken... als Beschreibungen der Individualerziehungen in vollständigem Zusammenhange. Solche Beschreibungen der Erziehungsarten, wie die allgemeinen und speciellen Gesetze und Regeln auf besondere Individua, unter empirisch bestimmten Lagen und Verhältnissen, angewendet wurden, müßten für den Pädagogen eben so reichhaltigen Stoff zur Erziehungsweisheit und Klugheit liefern, als Biographien dem Seelen- und Menschenkenner den besten und brauchbarsten Stoff zur Lebensphilosophie darbieten. Aber – wie viele Pädagogen werden und mögen sich wohl dazu entschließen? Mir ist bis jetzt nur Eine solche Beschreibung, wie ich sie mir denke, und wenn ich so sagen darf, vom Ey bis zum Apfel, bekannt... Und diese Beschreibung ist – Roußeaus Emil.« (120)

Lebensläufe und Autobiographien, Menschenkenntnis und reflektierte Lebensweisheit bilden daher – neben der Beobachtung von Kindern – eine der empirischen Grundlagen modernen pädagogischen wissenschaftlichen Denkens, die im ausgehenden 18. Jahrhundert formuliert wurden. August Hermann Niemeyer – Theologie-Professor in Halle, Direktor der Francke'schen Waisenhäuser und Schulen, Universitätslehrer auch für angehende Pädagogen – schrieb 1796 in seinem Kompendium *Grundsätze der Erziehung und des Unterrichts für Eltern, Hauslehrer und Erzieher* über die Vorbereitung auf pädagogische Berufe, daß das theoretische und das praktische Studium der Empirischen Psychologie von grundlegender Bedeutung sei:

Das *theoretische* Studium geschieht durch »alle die Werke, worin der Mensch im Allgemeinen und Besondern, im gewöhnlichen und außergewöhnlichen Zustande, treffend geschildert, der geheime Gang seiner Seele richtig gezeichnet, die verborgnen Quellen und Triebfedern seiner Handlungen mit Scharfsinn entdeckt sind, und Wahrheit vom Schein sorgfältig geschieden ist«. (36)

Zum *praktischen* Studium der Empirischen Psychologie schreibt Niemeyer anschließend: »Jenem Studium fremder Beobachtungen und Erfahrungen, gehe aber die Selbstbeobachtung beständig zur Seite... insonderheit gehe der künftige Erzieher oft mit seiner Beobachtung in die Geschichte seiner eignen Kindheit und Jugend zurück, und suche, sich seine damalige Art zu empfinden, zu urtheilen und sich zu Handlungen bestimmen zu lassen, so genau als möglich zu vergegenwärtigen, von der in reiferen Jahren durch veränderte Lagen, fast keine Spur mehr außer im Gedächtniß, zurückgeblieben seyn kann.« (37)

Pädagogik gründet in Menschenkenntnis und soll zu vertiefter Menschenkenntnis führen, jedoch nicht zu sogenanntem »Alltagswissen«, sondern zu *Er*kenntnis, wo »Wahrheit vom Schein sorgfältig geschieden ist«. Wichtig ist deshalb der »*geheime* (Entwicklungs-)Gang« der Seele, und ausschlaggebend sind »die *verborgenen* Quellen und Triebfedern« menschlichen Handelns. Deshalb ist die Begründung der Pädagogik und ihr Studium nicht möglich ohne philosophisch-anthropologische »Vorkenntnisse«

(Grundlagen und Grundbegriffe), weil sonst die Gefahr besteht, daß »das wichtigste . . . *unbemerkt* bleiben wird« (36). Um nun das »Geheime« und »Verborgene« der seelisch-geistigen Entwicklung nicht nur aus Romanen und Lebensbeschreibungen entnehmen zu müssen, schlägt Niemeyer interessanterweise den Weg der »Selbstbeobachtung« vor – den Weg der »Introspektion«, wie man sich in der Psychologie als »Erfahrungsseelenkunde« des 18. Jahrhunderts ausdrückte (vgl. Herrmann 1976, 1988): Selbstbeobachtung »merkwürdiger Erscheinungen in seinem [eigenen] Inneren«; »lerne man *aus sich selbst*«; man gehe »oft mit der Beobachtung in die Geschichte seiner eigenen Kindheit und Jugend zurück« – denn »dieses so äußerst wichtige Geschäfte des *selbstbeobachtenden Rückblicks* in seine Jugendjahre« (37) ist ein ausschlaggebendes Medium der Selbstbildung, Selbstreflexion und Selbstkontrolle des Erziehers. Selbstbeobachtung schafft Distanz *zu sich selbst*, relativiert Selbstgewißheit, ermöglicht das Sich-hinein-Versetzen in das Kind (Empathie).

Aus erziehungswissenschaftlich-theoretischer Sicht ist ein weiterer Hinweis von Niemeyer vielleicht der wichtigste: der Rückgang in die Geschichte der eigenen Kindheit und Jugend. Niemeyer weist darauf hin, daß die lebensgeschichtliche Kontinuität des Ich-Selbst uns nur als bruchstückhafte Lebenserinnerung gegeben ist. Anders formuliert: die Ich-Identität der Person ist ein Konstrukt der Erinnerung – einerseits –, zugleich aber auch – ihrer Form und ihrem Gehalt nach – andererseits das Ergebnis »veränderter [Lebens-]Lagen«. Und so entspringt hier *das* Grundproblem der Pädagogik: wie angesichts der Mannigfaltigkeit und des Wechsels der Lebenslagen zusammenhängende und Lebenszusammenhang erzeugende erziehende und bildende Einwirkungen auf den jungen Menschen möglich sein können; welche Ursachen – Handlungen, Erlebnisse usw. – welche längerfristigen Wirkungen haben (können); welche »Maasregeln« ihren Zweck erreichen, welche wirkungslos sind, und woran das eigentlich zu bemessen ist.

Ernst Christian Trapp – Professor für Pädagogik und Philosophie in Halle – hat in seinem *Versuch einer Pädagogik* von 1780, dem ersten deutschen akademischen Lehrbuch der Pädagogik, zwar nicht in der Selbstbeobachtung, wohl aber in der teilnehmenden Fremdbeobachtung des Kindes eine der ausschlaggebenden »Erkenntnisquellen« der wissenschaftlichen Pädagogik gesehen.

»Bloß der Mangel«, schreibt er, »sorgfältig und lange genug angestellter anthropologischer Beobachtungen, und daraus fliessender zuverläßiger Erfahrungen, nebst dem Mangel richtig daraus gefolgerter Regeln sind, wie mir däucht, Ursache, daß wir... in der Erziehung noch so weit zurück sind... Denn wenn wir die gehörige Anzahl richtig angestellter pädagogischer Beobachtungen und zuverläßiger Erfahrungen hätten: so könnten wir ein richtiges und vollständiges System der Pädagogik schreiben.« (61)

Zwar sieht auch Trapp sogleich, daß diese Beobachtungen prinzipiell unabschließbar sind; es kann keine »vollständige« Erfahrung in den menschlichen Dingen geben: »So lange die Welt steht, wird immer für den Arzt und den Pädagogen etwas zu beobachten, zu bemerken übrig bleiben und der Schatz der Erfahrungen in diesen beiden Wissenschaften, die so sehr analogisch sind, ...ist eines Wachsthums ins Unendliche fähig.« (62) Aber immerhin: man solle doch wenigstens anfangen, die Kinder in ihren verschiedenen Situationen beim Spielen und Lernen zu beobachten, sie zu befragen, sie anzuregen. Es müsse vor allem aber auch der Versuch gemacht werden, eine »Innenansicht« vom kindlichen Leben und Erleben zu gewinnen. Zu diesem Zweck müßte man die Kinder »ausserdem noch auf allen ihren Schritten und Tritten belauschen, und zusehen was sie wollen und was sie thun, und warum sie es wollen und thun. Man müßte dabei die Kunst verstehn, sie auszufragen, wie ihnen dieser Einfall oder Gedanke, dieser oder jene Begierde gekommen sei.« (68)

Diese Beispiele mögen hier genügen. Sie zeigen den Anfang einer Erziehungswissenschaft, die zu ihrem Gegenstand die »Innenansichten« sich formender Subjektivität, Individualität und Personalität machen wollte. Lebenslauf und Lebensgeschichte, Lebenserfahrungen und Lebenserinnerungen sollten die »Data« liefern, mit denen der Erziehungswissenschaftler und der praktische Pädagoge »Regeln« finden können sollten. Jedoch: Die erziehungswissenschaftliche Theoriebildung ging als Bildungsphilosophie und Unterrichtswissenschaft bei Humboldt und Herbart und ihren Nachfolgern andere Wege. So markiert die Erziehungswissenschaft heute mit ihrem Interesse an Biographie- und Lebenslaufforschung auch keine Rückkehr zu diesen (meist vergessenen) Anfängen. Das Interesse an Biographie- und Lebenslaufforschung heute entspringt einem ganz anderen Impuls.

II

Um diesen Impuls zu verstehen, muß zunächst daran erinnert werden, wie die akademisch-universitäre Pädagogik ihrem Herkommen nach orientiert war: als philosophisch-kulturanthropologische Bildungstheorie; als Organisationslehre von Schule, Lehren und Lernen (d. h. als Berufswissenschaft angehender Lehrer); als geistes- und theoriegeschichtlich orientierte Wissenschafts- bzw. Disziplingeschichte; als (Sozial-)Geschichte von Institutionen, besonders des öffentlichen Erziehungs- und Bildungswesens; als »Allgemeine Pädagogik« der Lebensalter (pädagogische Anthropologie, besonders der Kindheit und Jugend). Die Tradition der Klassiker, die Exegese bedeutender Texte, philosophisch-anthropologische Theoriebildung, Theoriegeschichte der Disziplin und Funktionenanalyse der Institutionen: dies bestimmte das Selbstverständnis der Disziplin in ihren diversen Spielarten von der Geisteswissenschaftlichen Pädagogik über die Kulturpädagogik bis zur Rezeption der Kritischen Theorie, entsprach ihrem Lehr- und Forschungsauftrag in der Philosophischen Fakultät und ergab die Kriterien für die Rekrutierung des »Personals«. Diese Wissenschaftspraxis war ungebrochen in Geltung – und ist es vielfach, wenn auch unter veränderten Bedingungen und Perspektiven, bis heute –, solange und soweit die akademisch-universitäre Pädagogik für angehende Lehrer, Erzieher und Erwachsenenbildner vornehmlich eine *Bildungs*aufgabe hatte bzw. hat und weniger eine berufsspezifische *Ausbildungs*aufgabe wahrzunehmen hatte oder – was entscheidender ist – solange und soweit sie nicht unter dem Zwang stand, sich durch empirische *Forschung* zu legitimieren. (Daß die Verhältnisse in der Schulpädagogik bzw. an den Pädagogischen Hochschulen immer etwas anders gelagert waren, desgleichen in der Pädagogischen Psychologie, sei hier wenigstens angemerkt.)

Diese Rückerinnerung an das bis in die späten sechziger Jahre unseres Jahrhunderts vorherrschende Selbstverständnis der Disziplin und ihre Wissenschaftspraxis ist nötig, um den Wandel zu verstehen, der danach einsetzte und den Impuls der Hinwendung zur Biographie- und Lebenslaufforschung freisetzte. Dieser Wandel ist in seiner Grundstruktur *nicht* durch jene Merkmale gekennzeichnet, die konventionell in der Wissenschaftsgeschichte unserer Gegenwart für ausschlaggebend gehalten werden (und gelegentlich etwas übertrieben gar als Paradigmen-Wechsel hochstilisiert werden): Rezeption der Kritischen Theorie, Rezeption der Sozialisationstheorien, die erneute Verknüpfung – nach der Unterbrechung durch die NS-Zeit – von Psychoanalyse und Pädagogik, in dem erneuten Ausbau einer empirisch-pädagogischen Forschung, also diejenigen Veränderungen der erziehungswissenschaftlichen Wissenschafts- und Forschungspraxis, die meist unter den Schlagworten »realistische Wendung«, Erziehungs- als Sozialwissenschaft oder »Alltagswende« verbucht werden. All diese Rezeptionen, Umorientierungen, Erweiterungen unseres wissenschaftlichen Horizontes haben ganz unbestreitbar zur Bereicherung unseres erziehungswissenschaftlich-theoretischen Wissens und zur Präzisierung unserer pädagogisch-praktischen Kompetenzen geführt. Sie waren unausweichlich, überdies, weil sich die akademisch-universitäre Pädagogik in der Mitte der sechziger Jahre anschickte, einen grundlegenden Wechsel ihrer akademischen Aufgaben vorzunehmen: ergänzend zum pädagogischen *Bildungs*studium – als »Begleitstudium«, wie es richtig hieß – eine erziehungswissenschaftliche *Berufs*ausbildung im Magister- bzw. Diplomstudium (im letzteren Fall nach dem Muster des Diplom-Psychologen) anzubieten. Demzufolge wurde nicht länger *Bildungswissen* nachgefragt und mußte auch nicht mehr angeboten werden, sondern statt dessen praxisbezogenes, kompetenzbegründendes *Erfahrungswissen*. Diese Entwicklung ist in vollem Gang, und es besteht wenig Veranlassung, dies zu kritisieren. Nur muß man sich der disziplinären Folgen vergewissern. Die Verbreitung, Intensivierung, Differenzierung und Spezialisierung des Erfahrungswissens hat nämlich bei allem Zugewinn auf der Haben-Seite auch einen unvermeidlichen Effekt auf der Kosten-Seite: »Die Wissenschaften zerstören sich auf doppelte Weise selbst: durch die Tiefe, in die sie sich versenken.« (Goethe, *Maximen und Reflexionen,* Abschnitt »Erkenntnis und Wissenschaft«, Nr. 402) In unseren Worten formuliert: Im Fortgang der Wissenschaft wissen die Wissenschaftler immer mehr von immer weniger; oder anders gesagt: die Vermehrung des Einzelwissens zerstört fortschreitend das Verständnis der Zusammenhänge, in denen dieses Einzelwissen überhaupt bedeutungsvoll ist; oder noch schlimmer: die Art und Weise der Erzeugung und Aneignung dieses Spezialwissens kann *ipso facto* die Reflexion dieses Wissens verhindern, eben weil das Prinzip der empirischen *Forschung* sowie der Konstruktion von Hypothesen und Theorien in der Ermittlung und Sicherung von Tatsachen und ihren (begrenzten) Zusammenhängen besteht, nicht jedoch in der theorieüberschreitenden Reflexion ihrer lebensweltlichen Bedeutung. Demzufolge bringt die Wissenschafts- und Forschungspraxis in den Human- und Sozialwissenschaften unvermeidlich eine Differenz zur Lebenswelt und zur menschlichen Lebenspraxis hervor, eine Differenz, die sich gewöhnlich – und irrtümlich – als Vermittlungsproblem von Theorie und Praxis präsentiert.

Um jedoch diesen Segmentierungs- als Selbstzerstörungsprozeß nicht ungesteuert und unreflektiert laufen zu lassen, wurde mit Hilfe der eingangs genannten Fragen korrigierend eingegriffen: »Wie geht Lebenserfahrung in die Praxis der Erziehungswissenschaft ein?«; »Welche Rückwirkungen hat Lebenserfahrung auf die Themen und Theorien der Erziehungswissenschaft?«; »Läßt sich der Bedeutungszusammenhang des erziehungswissenschaftlichen Spezialwissens nicht am ehesten rekonstruieren durch den Rückbezug auf den bedeutungsvollen Lebenszusammenhang?« *Diese* Fragestellungen haben in den letzten beiden Jahrzehnten im disziplinären Wandel der Erziehungswissenschaft mehr bewirkt als alle Differenzierungen der methodologisch-theoretischen Zugriffsweisen; denn diese letzteren setzten eine veränderte Perspektive auf einen veränderten »Gegenstand« allererst voraus. Wenn sich die Erziehungswissenschaft nach allerlei Exkursionen in die Kritische und in die Systemtheorie, in die Sozialisations- und Kommunikationstheorie usw. wieder ihrem eigentlichen »Gegenstand« zuwendet – dem Aufwachsen von jungen Menschen in unserer Gegenwart –, dann liegt es auf der Hand, daß dieser »Gegenstand« sich nur sinnvoll begreifen läßt im Medium der eigenen Lebenserfahrung und im Entwurf möglicher Lebensläufe in der Zukunft. Biographie- und Lebenslaufforschung wird so notwendig zu einem zentralen Arbeitsfeld der zeitgenössischen Erziehungswissenschaft (Herrmann 1980, 1984). Im Folgenden sollen nun der systematische Ertrag und die spezifische Erkenntnisleistung dieser Forschungsrichtungen resümiert werden.

Die beiden komplementären Haupttypen der pädagogischen Biographie- und Lebenslaufforschung bilden Forschungen über *individuelle* Lebensläufe und Bildungsbiographien auf der einen, über *Generationen* auf der anderen Seite. Wenden wir uns zunächst der Biographie- und Lebenslaufforschung zu.

1. Biographien und Lebensläufe

Die Erforschung bedeutender Lebensläufe und die Selbsterforschung der eigenen Lebensgeschichte wie ihre Darstellung in Biographie und Autobiographie haben eine alte europäische Tradition seit der Antike. Der Leser entnahm ihnen Vorbilder und Orientierungen, es wurden ihm Einblicke gewährt in das verborgene Leben der Empfindungen und Erlebnisse, er nahm teil an Freude und Verzweiflung, Hoffnung und Enttäuschung. Das Sich-hinein-Versetzen in das Leben anderer Menschen erweiterte den Erlebens- und Verstehenshorizont des eigenen Lebens. Deshalb waren und sind Lebensgeschichten und Autobiographien noch immer eines der wesentlichen Medien der Bildung des Menschen, zeigen sie doch Weisen der Weltaneignung und Sinnorientierung, des Umgangs mit Menschen und der Konstituierung von Ich-Identität, die nur in diesem Medium in dieser spezifischen Weise erfahrbar sind (Wuthenow 1974; Müller 1976). Dies erklärt übrigens auch den engen Zusammenhang – geschichtlich, gesellschaftlich, kulturell, funktional betrachtet – der Entstehung religiöser Selbstthematisierung von Bekehrung und Glaubensgewißheit, Errettungswunsch und Glaubenszweifel im Pietismus und der Dokumentation dieser Selbstthematisierungen in einer Fülle von Autobiographien (Benrath 1979), den engen Zusammenhang der Entstehung moderner Subjektivität und der Etablierung einer bürgerlichen Gefühlskultur im Medium des Lesens und des Briefeschreibens, und eben die enge Affinität des pädagogischen Denkens seiner *Form* nach mit den Denkformen des 18. Jahrhunderts: dem evolutionsgeschichtlichen *Entwicklungs*gedanken, dem politisch-historischen *Fortschritts*gedanken und dem lebensgeschichtlichen *Vervollkommnungs*gedanken. In ihrer bildungstheoretisch-anthropologischen Orientierung an »dem Menschen« und »dem Kinde« folgte die Pädagogik jedoch nicht den Hinweisen von Greiling oder Niemeyer, und die Frage nach *diesem* Kind in seinen *besonderen* Lebensumständen im Sinne von Greilings »Individueller Pädagogik« stellte sich gar nicht erst. (Auch Rousseau hatte, wie wir heute genauer sehen, nicht das *Kind* im Auge, sondern die *Kindheit*.)

Die Frage stellte sich erst wieder, als nach der Wende des 19. zum 20. Jahrhunderts die Entwicklung der Pädagogischen Psychologie und ihrer Randbereiche im Zusammenhang mit reformpädagogischen Ansätzen den pädagogischen Blick nicht nur stärker für die Individualität des Kindes öffnete, sondern auch durch die Akzentuierung des Entwicklungsgedankens den Blick schärfte für die besonderen Lebensäußerungen der Kinder und Heranwachsenden – sei es Phantasie und Kreativität, sei es abweichendes Verhalten und Kriminalität – im Kontext ihrer speziellen Lebenssituationen und Lebensgeschichten (Herrmann 1976). Seither ist die Entwicklung der pädagogisch-psychologischen Biographie- und Lebenslaufforschung nicht mehr abgerissen, von Charlotte Bühler in den zwanziger Jahren bis zu den großen Erhebungs- und Analyseprojekten zu Schulkarrieren und Bildungslebensläufen heute (vgl. z.B. Hurrelmann 1989). Nimmt man die fast schon nicht mehr zu überblickende soziologische und sozialhistorische Biographie- und Lebenslaufforschung hinzu (vgl. die Bibliographien von Heinritz 1989 sowie die Forschungsüberblicke in dem Band von Voges 1987), dann kann mit Fug und Recht von einem disziplinübergreifenden Forschungsfeld gesprochen werden, dessen Bedeutung und Ertrag für die Erziehungswissenschaft gar nicht überschätzt werden kann.

Dabei sind allerdings Einschränkungen zu machen: (1) Die Ergebnisse dieser Forschungen sind für die Rekonstruktion von Erziehungs- und Bildungsprozessen *von Bedeutung*, aber sie sind nicht schon die Rekonstruktion dieser Prozesse selbst, es sind strenggenommen immer nur »Außenansichten«. (2) Demzufolge müssen die vorliegenden Forschungsergebnisse immer erst mit Hilfe pädagogischer Konzepte, Kategorien und Begriffe re-analysiert werden, damit sie für erziehungswissenschaftliche Theoriebildung fruchtbar gemacht werden können (vgl. dazu den differenzierten Ansatz von Seyfarth-Stubenrauch 1985 und den Beitrag in diesem Band). (3) Die Rekonstruktionen von Lebenszusammenhängen und -läufen sind Retrospektiven, die zeigen, *daß* und *warum* sich unter bestimmten sozial-strukturellen Voraussetzungen und Rahmenbedingungen sowie angebbaren individuellen (oder kollektiv bedingten) Handlungsmustern und -motiven eine bestimmte Biographie ergeben hat. Aber was den Pädagogen *eigentlich* interessieren muß – welche Folgen sein Tun und Unterlassen im Leben und Erleben *dieses* Heranwachsenden hat und *haben wird* und wie dieser aufgrund dieser (und anderer) Erfahrungen und deren innerer Verarbeitung *selber* »der Konstrukteur seiner Biographie« *künftig* werden wird oder geworden ist (Bittner

1979) –: darüber sagen diese Forschungen so gut wie nichts aus. Dies gilt prinzipiell auch für psychoanalytisch zentrierte Rekonstruktionen von Lebensgeschichten; und wenn die Psychoanalyse bzw. die Psychoanalytische Pädagogik sich in ihrem Ansatz und Anspruch kritisch ernst nimmt, anerkennt sie diese *grundlegende Differenz* der lebens*geschichtlichen* Rekonstruktion bzw. Retrospektive und der pädagogisch orientierten *Handlungs*perspektive, die gerade die *offene* und *selbstreflexive* Lebens- und Lerngeschichte im Auge hat (vgl. Millot 1982). Die entsprechenden Feststellungen von Siegfried Bernfeld aus dem Jahre 1925 sind unverändert in Geltung, die auf die faktische und logische Unmöglichkeit aufmerksam machen, im lebensgeschichtlichen Kontext pädagogisch argumentierend von Absichten auf Wirkungen und von Ursachen auf Folgen schließen zu können:

»Die Möglichkeiten und Grenzen der Beeinflußbarkeit des Kindes genauestens abzuwägen und zu bestimmen, wäre eine wichtige Aufgabe der Erziehungswissenschaft. Derzeit aber hat sie noch wenig Sicheres zu ihrer Lösung getan. Diese Lücke durch Behauptungen auszufüllen... ist nicht so wichtig, als darauf aufmerksam zu machen, daß die Hoffnungen, die von hier aus der Pädagogik erwachsen, nicht sehr bedeutend sind... Wäre selbst die Beeinflußbarkeit des Kindes unbeschränkt, *die Prognose ist äußerst unsicher.* Und auf die Prognose kommt es der Pädagogik an... sie müßte wissen, welchen Einfluß eine *bestimmte* Maßnahme, welchen *spezifischen* Erfolg sie haben wird. Und solche Prognose ermöglicht uns auch die vorgeschrittenste Psychologie nicht, die wir heute denken können. Es liegt das am Wesen des Psychischen. (...)
Ich weiß niemals genau, *wie* sich das Kind in der geplanten Erziehungssituation benehmen wird, ich weiß nicht, wie sie auf es wirken, *wie lange* die Wirkung dauern, *was ihr* schließlicher *Erfolg* in dreißig Jahren sein wird. Und nicht einmal die Kenntnis der Geschichte des Individuums wird die Sicherheit der Prognose beträchtlich beeinflussen. (...)
Aus der mehr oder weniger dumpfen Erkenntnis dieses Tatbestandes hat eine Gruppe von Pädagogikern ihre und der Menschheit Hoffnungen auf Freud gesetzt. Aber durchaus *vergeblich*... Die Psychoanalyse ist die einzige bisher erfundene – Methode, die wesentliche Seelengeschichte eines Menschen kennen zu lernen. Sie ist eine *historische Methode* sozusagen... Sie ist zu *generellen* Einsichten gelangt, sie lehrt uns *allgemeine* Verhaltensweisen der Psyche formulieren, *dem Individuum gegenüber bleibt sie aber historisch.* Sie weiß *nicht* mit Sicherheit, wie es reagieren *wird,* so genau sie auch weiß, wie es reagiert *hat* und diese Reaktion eindringend verstand. Ihre Prognosen sind nicht völlig unsicher, aber sie sind *bestenfalls alternativ*... Auch die Psychoanalyse hilft demnach der Pädagogik *nicht*, die der

individuellen Prognosen bedarf, deren Objekt ein *bestimmtes* Kind, das Kind der Eltern Mayer ist.« (1925, 145–147; Hervorhebungen UH)

Günther Bittner, dem heute die subtilsten und aufschlußreichsten Überlegungen zum Verhältnis von Psychoanalyse und Pädagogik im Horizont einer pädagogisch orientierten Biographie- und Lebenslaufforschung zu danken sind, hat daraus den Vorschlag einer »narrativen Pädagogik« abgeleitet (Bittner 1979), mit dem er zwar eine sicherlich überzogene Theoriekonsequenz verbindet: »Wenn es gelänge, die Erziehungsgeschichte eines einzigen Individuums richtig, d. h. vollständig und mit den zutreffenden Bedeutungsakzenten darzustellen, wären gleichzeitig alle nur denkbaren Erziehungsgeschichten mit aufgeklärt« (1979, 127). Aber er hat mit seinem Vorschlag doch auf das seit dem ausgehenden 18. Jahrhundert unverändert *nicht* eingelöste Desiderat einer *pädagogischen* Biographie- und Lebenslaufforschung hingewiesen, die charakterisiert sein müßte durch die Verschränkung und Vermittlung der *beiden* Perspektiven von – wenn man so sagen darf – autobiographischer »Innenansicht« und lebensgeschichtlicher »Außenansicht«. Zu verbinden sind autobiographische Selbstreflexion – »Individuallage« – und sozial-kultureller bzw. historisch-politischer Erfahrungshorizont – »Soziallage« – und zwar so, daß in gegenseitigen Spiegelungen und Erläuterungen Individualgeschichte und Kollektivschicksal, Einzelbiographie und Zeitgeschichte, persönliche Reflexions*form* und sozial-kulturelle Lebens*norm* (und deren jeweilige Abweichungen) einsichtig werden. »Klassische« Autobiographien zeigen eben dies – Moritz, Goethe, Fontane –, und deshalb sind sie aufschlußreich für *pädagogisches* Argumentieren und Theoretisieren.

Die pädagogische *Forschung* steht hier noch ganz am Anfang (vgl. aber zur Geschichte des Jugendalters Gestrich 1986; zur Geschichte der Kindheit Mutschler 1985, Behnken/du Bois-Reymond/Zinnecker 1989 und der Beitrag im vorliegenden Band). Deshalb sind über die systematische und theoretische Bedeutung der so zu fundierenden »Individualpädagogik« bzw. der »narrativen Pädagogik« einstweilen nur vorläufige Aussagen und vorgreifend-plausible Annahmen möglich. Die Folgenden seien hervorgehoben:

(1) So wie Trapp die Parallele zur Medizin und Bittner die Parallele zur psychoanalytisch erhobenen Lebensgeschichte zieht, stellt sich die Parallele zur »Differentialdiagnose« ein, das heißt das De-

siderat einer pädagogischen *Kasuistik* als der Grundlage einer *Pragmatik*. Da erzieherisches Handeln nur *situations-* und *personen*bezogen erfolgreich sein kann – in einer Subjekt-Subjekt-Beziehung, bei der insonderheit das selbstreferentielle, selbstreflexive (Gegen-)Handeln des Adressaten nicht nur berücksichtigt, sondern ausdrücklich befördert werden soll – und nicht allgemeinen Regeln (pädagogischen »Rezepten«) folgen darf, dient die Erarbeitung einer Kasuistik nicht der Rekonstruktion generalisierender Theorien, sondern der Aneignung des »pädagogischen Taktes« als einer Form der pädagogischen »Urteilskraft«, der gemäß erzieherisches Tun oder Unterlassen bemessen wird an der Verantwortbarkeit ihrer *möglichen* Folgen in der Biographie des Educanden.

(2) Die manifeste Lebensgeschichte eines Menschen zeigt immer nur die *eine* Möglichkeit lebensgeschichtlicher Alternativen. Den Blick für die anderen Alternativen zu schärfen und die Möglichkeiten alternativer Handlungsformen im »pädagogischen Bezug« perspektivisch zu eröffnen, ist der Sinn und die Funktion einer pädagogischen Kasuistik. Sie dient der *Bildung* des Erziehers, indem sie seine Selbstfixierungen relativiert, und sie dient der *Ausbildung* des professionellen Pädagogen, indem sie – im Sinne Bernfelds – mögliche Handlungsalternativen und deren Konsequenzen vor Augen führt. Die Folge kann dann eine pragmatisch verantwortbare Entscheidung sein (und die Möglichkeit ihrer Revidierbarkeit), deren Kriterium eine ethische Aussage über die Lebensform des jungen Menschen ist, zu der man ihn fördern und herausfordern will. Die »narrative Pädagogik« wäre demzufolge ein empirisches Fundament einer hermeneutisch-pragmatischen Pädagogik, wie sie von Wilhelm Flitner maßgeblich formuliert wurde (Flitner 1989).

(3) »Narrative Pädagogik« in ihrer *pragmatischen* und in ihrer *Bildungs*funktion bildet einen eigenen Forschungs- und Argumentationszusammenhang, der nur partiell identisch sein kann mit der konventionellen Sozial- und Verhaltensforschung. Ein »Kontrollgruppen«-Konzept kann es aus ethischen Gründen nicht geben, weil es keine ethische Rechtfertigung für ein gezieltes Arrangement einer *mißlingenden* Erziehungspraxis geben kann, ebenso wenig für ein beabsichtigtes *Verhindern* von Bildung, auch nicht für das *Scheitern* von Reformen. Strenggenommen gibt es deshalb auch keine Erfolgs-Mißerfolgs-Kontrollmessung. Die

Einsichten der »narrativen Pädagogik« beziehen sich gerade *nicht* auf generalisierbare »Daten«, sondern auf höchst individuelle biographische *Ereignisse* und deren *Bedeutung*. Daß in den pragmatischen Geisteswissenschaften nicht erklärende Objektivität, sondern Verstehen von Subjektivität als höchstes regulatives Prinzip der wissenschaftlich-theoretischen Erkenntnisarbeit rangiert (Rothacker 1927, 1930), muß hier betont werden, zugleich mit der Abweisung des Mißverständnisses, »Subjektivität« in theoretisch-kritischem Verstande bedeute *begriffene Bedeutung* des Lebens. – Es spricht viel für die Vermutung, daß die Transformation der Erziehungswissenschaft in eine sogenannte »sozialwissenschaftliche« eine Strategie der *Selbstverhinderung* einer »Individualpädagogik« gewesen ist, deren Korrektur die »narrative Pädagogik« als *pädagogische* Biographie- und Lebenslaufforschung zu sein hätte.

Bernfeld hat darauf hingewiesen, daß es (fast) aussichtslos ist, mit pädagogischen Intentionen und deren Wirkungen eine Prognose verbinden zu wollen. Diesen Hinweis kann man theoretisch begründet generalisieren (Luhmann/Schorr 1982; Oelkers 1982): das *eigentliche* Ziel pädagogischen Handelns ist die *Selbst*tätigkeit des Heranwachsenden (einmal abgesehen von den unterrichtlich zu vermittelnden Kenntnissen und Fertigkeiten, wo selbstverständlich das Erreichen eines *bestimmten* Zieles nur sinnvolles Ziel des Lehr-Lern-Arrangements sein kann). Nun ist es offensichtlich, daß dies entweder partiell gar nicht oder individuell höchst unterschiedlich gelingt, daß sich vor allem aber geschichtlich-kulturell übergreifende »Stile« in der kreativen Weltaneignung und Selbstdarstellung bei jungen Menschen ausprägen. Deren »Gestalt« nennt man eine »Generation«. Diesem Aspekt der Biographie- und Lebenslaufforschung wenden wir uns nun zu.

2. Generationen

Jeder individuelle Lebenslauf teilt – in mehr oder weniger großem Umfang – immer auch die Lebensschicksale der Zeitgenossen, die in ähnlichen Umständen leben. Bernfeld wies angesichts der Unsicherheit einer individuellen pädagogischen Prognose auf den theoretisch und praxeologisch hilfreichen Umstand hin, daß »alle Menschen auch ein sehr beträchtliches Stück identischer Geschichte« miteinander haben; »darum sind sie einander so verblüffend ähnlich« in ihren »unterindividuellen Seelenschichten« (1925, 146). Es gibt demzufolge eine »kollektive Prognose«, wenn ich von jemandem – unter konstant angenommenen bestimmten Rahmenbedingungen seines Lebens – sagen kann: er »ist ein Proletarier vom Jahrgang 1890!« (144) Der Lebenslauf- und Biographieforschung liegt mithin ein zweiter Zugang zu Lebensgeschichte nahe: die Beschreibung und Analyse von »Generationen«, d. h. der Lebensumstände und Lebensläufe jener benachbarten Jahrgangsgenossen, die unter ähnlichen kulturell-geistigen Umständen aufgewachsen sind und in der Phase ihrer längerfristig wirksamen Charakterprägung ähnlich wirksamen Einflüssen ausgesetzt gewesen sind. Goethe leitet seine Autobiographie *Dichtung und Wahrheit* mit folgenden Überlegungen ein.

Indem ich »mich bemühte, die inneren Regungen, die äußeren Einflüsse, die theoretisch und praktisch von mir betretenen Stufen der Reihe nach darzustellen: so ward ich aus meinem engen Privatleben in die weite Welt gerückt, die Gestalten von hundert bedeutenden Menschen, welche näher oder entfernter auf mich eingewirkt, traten hervor; ja die ungeheuren Bewegungen des allgemeinen politischen Weltlaufs, die auf mich, wie auf die ganze Masse der Gleichzeitigen, den größten Einfluß gehabt, mußten vorzüglich beachtet werden. Denn dies scheint die Hauptaufgabe der Biographie zu sein, den Menschen in seinen Zeitverhältnissen darzustellen, und zu zeigen, inwiefern ihm das Ganze widerstrebt, inwiefern es ihn begünstigt, und wie er sie, wenn er Künstler, Dichter, Schriftsteller ist, wieder nach außen abgespiegelt. Hiezu wird aber ein kaum Erreichbares gefordert, daß nämlich das Individuum sich und sein Jahrhundert kenne, sich, inwiefern es unter allen Umständen dasselbe geblieben, das Jahrhundert, als welches sowohl den Willigen als Unwilligen mit sich fortreißt, bestimmt und bildet, dergestalt, daß man wohl sagen kann, ein jeder, nur zehn Jahre früher oder später geboren, dürfte, was seine eigene Bildung und die Wirkung nach außen betrifft, ein ganz anderer geworden sein.«

Die Generations*zugehörigkeit* ist ein evidentes Schema der Zuordnung von Einzelnen und Gruppen zu geschichtlichen Epochen, ja ein evidentes Muster für die Bezeichnung der historischen Aufeinanderfolge der Epochen der Geistes- und Kulturgeschichte selber: auf die »Stürmer und Dränger« folgten die Romantiker und das »Junge Deutschland« als Generations*zusammenhang* in jeweils unterschiedlichen chronologischen Abständen. In Zeiten geschichtlicher Krisen und Umbrüche können die Generationen-Abstände auf wenige Jahre schrumpfen und auch zeitgenössisch bereits so wahrgenommen werden; zum Beispiel: die um 1890

Geborenen, die die Jugendbewegung getragen haben und bereits als junge Erwachsene auf dem Hohen Meißner sein konnten, aber auch Kriegsfreiwillige mit schon abgeschlossenem Studium; die um 1895 Geborenen, deren Jugendzeit im Übergang zum Erwachsensein vom Krieg geprägt wurde; die zwischen 1896 und 1904 Geborenen, die das demoralisierende Kriegsende und die ersten schlimmen Nachkriegsjahre erlebten (bei ihnen ist der Jahrgang 1901 die Grenze für die aktive Kriegsteilnahme) (Flitner 1928, 245 ff.).

Individueller Lebenslauf und Generations-»Schicksal« können eng miteinander verflochten sein, es können sich aber auch charakteristische Abweichungen im Erleben und Verhalten einzelner Generations*einheiten* innerhalb der gemeinsamen Generations*lagerung* einstellen. Das gemeinsame Erlebnis des Ersten Weltkriegs ließ die eine Gruppe der Freideutschen Studenten völkisch-nationalistisch werden, die andere pazifistisch, die nächste radikal sozialistisch oder kommunistisch, die vierte unpolitisch, die fünfte schließlich wurde zu neuen pädagogischen Initiativen der »Volkbildung durch Volksbildung« inspiriert. Lebenslauf und Zeitverhältnisse, individuelle Welt- und Menschenansicht und kollektive Mentalitäten, mögen für den einzelnen Menschen in seiner Zeit unverbunden nebeneinander stehen oder doch so empfunden werden – dem rekonstruierenden Blick des Bildungsforschers zeigen sie sich in ihrer wechselseitigen Bedingtheit. Der methodische Zugewinn liegt darin, daß auf diese Weise die Singularität der individuellen Lebenslaufanalyse – die sich aller Verallgemeinerung um der Einsicht in das Individuelle willen sperren will und muß – in ihrer Typik bzw. Repräsentativität verstanden werden kann, sei es als »Normalbiographie«, sei es als abweichend von der »Generations-Norm«. Ohne das Typische wird das Individuell-Singuläre nicht erkennbar und verstehbar, ohne das Singuläre wird das Typisch-Repräsentative nicht erklärbar. Die Konstruktion des Idealtypus, sagt Max Weber, kann ihren Sinn vor allem auch darin haben, mit seiner Hilfe den ihm *nicht* subsumierbaren Sonder- bzw. Abweichungsfall zu identifizieren.

Das Denken in idealtypisch konstruierten Generationszusammenhängen hat seit der zweiten Hälfte des 19. Jahrhunderts eine kontinuierliche Tradition. Dilthey strukturierte so den internen Ablauf der »Deutschen Bewegung« von 1770 bis 1830 (Dilthey 1875); im Kaiserreich artikulierten sich so der Generationenabstand und die Generationenspannung des Wandervogels und der Jugendbewegung im Verhältnis zur älteren Generation, und darauf baute Karl Mannheim seine grundlegenden Überlegungen zum Konzept der »Generation« auf (1928); die moderne Kohorten-Forschung mißt – strenggenommen – nichts anderes als die mentalitären Effekte von Generationen-Bildungen, -zusammenhängen und -lagerungen (sofern sie die unsinnigen schematisch-chronologischen Unterteilungen etwa nach 10-Jahres-Schnitten vermeidet); die jüngste Überblicksdarstellung der Geschichte der SPD nimmt das Generationenschema als Gliederung der Darstellung (Lehnert 1983), und die jüngsten Darstellungen der Geschichte des Jugendlebens der letzten hundert Jahre und der Nachkriegsgeschichte im besonderen bedienen sich des Generationenkonzepts, um die Spezifik, Typik und Abfolge von »Gestaltungen« des Jugendlebens darzulegen (Preuss-Lausitz u. a. 1989; Jaide 1988; Fend 1988; Fortführung des von Dilthey und Mannheim entwickelten Generationenkonzepts bei Fogt 1982; vgl. auch Herrmann 1987).

Mit Bezug auf Fogts Modelle von »generationsspezifischer Ereignisverarbeitung« und Systembildung »politischer Generationen« (Graphiken 91, 103) seien die daraus für pädagogische Biographie- und Lebenslaufforschung im Kontext des »Generations«-Ansatzes weiterführenden Anregungen und Desiderate formuliert:

– Welche Auswirkungen haben in ihrer kognitiven Verarbeitung lebensgeschichtliche »Schlüsselereignisse«, »leitende Einwirkungen«, einige Jahre vor oder einige Jahre nach der von Fogt bestimmten sensiblen Prägephase, d.h. was passiert eigentlich mentalitätsgeschichtlich generationsspezifisch, wenn diese Ereignisse und ihre Verarbeitung *vor* oder *nach* der »normalen« Dissonanzerfahrung von primär oder sekundär persistenter Orientierung als der »normalerweise« generationsformierenden eintreten? Welche Generationszusammenhänge formieren sich in *diesen* Fällen, und durch welches Orientierungs-, d.h. Reaktions- und Handlungspotential sind sie gekennzeichnet?

– Ergibt sich für mehrere Jahrgangskohorten daraus eine spezifische Modifikation des für sie zutreffenden Lebensphasenkonzepts? Welchen Generationszusammenhang bilden schulentlassene, ausbildungs- und beschäftigungslose Sozialhilfeempfänger, welche Generationseinheit bilden z.B. hochgradig »traumatisierte« (weil selbstreflexiv sensibilisierte) arbeitslose Akademiker?

– Welche Vorkehrungen sind nötig und möglich, um die anhaltende lebensgeschichtliche Instabilität nicht unter erwartbaren neuen Belastungen in kollektives latentes Distanzierungs- oder manifestes Protestverhalten umschlagen zu lassen, dessen soziale und politische Folgelasten – um es vorsichtig auszudrücken – unwägbar sind?

Daraus folgen für die pädagogische Forschung zwei Desiderata:

(1) Die Sozialisationsforschung muß systematisch unter pädagogischem Aspekt die Wirkung und Bedeutung der verschiedenen Sozialisations-»Agenturen« und »Lernorte« für die Formierung unterschiedlicher, aber synchroner Generations-Einheiten ermitteln: Familie, Schule, Medien, peers, Arbeitsplatz, Club, Verein, Hochschule, Tourismus usw. Besondere Aufmerksamkeit verdienen dabei Aspekte wie: gleichgerichtete oder gegenläufige Intentionen und Wirkungsweisen der verschiedenen »Agenten« bzw. »Agenturen«; die daraus entstehenden Dissonanzerfahrungen und die Ergebnisse ihrer Verarbeitung: »Schlüsselereignisse« und lebensgeschichtliche Diskontinuitäten. Desiderat ist also eine Erziehungs-, Bildungs-, Sozialisations-*Wirkungsforschung* im Kontext der Lebenslauf- und Generationsforschung (Herrmann 1984).

(2) Die Erforschung von Generationszusammenhängen, -einheiten und -»Lücken« würde ein Feld neuer konzeptionell-theoretischer Anregungen und pädagogisch-praktischer Konsequenzen eröffnen und geeignet sein, innerhalb der Erziehungswissenschaft die Aufmerksamkeit auf ein Forschungsgebiet zu lenken, dessen bisherige Vernachlässigung im Lichte von Fogts Studie besonders nachteilig erscheint: die Erziehungs- und Bildungssoziologie, die neben der vorhandenen jugendpsychologischen und -soziologischen Forschung ebenfalls eine *pädagogisch*-bildungssoziologische Jugendforschung etablieren könnte, wie dies in den Arbeiten der interdisziplinär arbeitenden Forschergruppe an der Universität Bielefeld »Jugendforschung« dokumentiert wird.

Von Arbeiten wie den jüngst vorgelegten von Doerry (1986) und Bude (1987) ergeben sich anregende und aufschlußreiche Perspektiven, die jedoch – wie oben angeführt – erst mit pädagogischen Konzepten, Kategorien und Begriffen zu interpretieren wären.

In der pädagogischen Literatur ist es ein Gemeinplatz, daß die thematische Konstruktion von pädagogischen Fragestellungen und ihre praxisbezogene Erörterung immer auch im Rückbezug auf die Kindheits- und Jugendzeit-Erfahrung des Autors erfolgt, bzw. so gelesen werden kann. Oben wurde in diesem Sinne Niemeyer zitiert, der pädagogischem Lernen, Denken und Argumentieren einen »Sitz im Leben« in der Biographie des Erziehungswissenschaftlers anwies. Bernfeld meinte – in psychoanalytischer Stilisierung –, daß die Beschäftigung mit Kindheit und Jugend immer auch zugleich die Auseinandersetzung mit der *eigenen* Kindheit und Jugend bedeute und auch unvermeidlich bedeuten *müsse*. Damit sind wir bei einer anderen »Innenansicht«: Anlässe und Ansätze zur Generierung von Themen und Theorien in der Erziehungswissenschaft sind immer auch die Lebenserfahrungen der Erziehungswissenschaftler selber. Man kann geradezu die Behauptung aufstellen, daß je mehr erfahrene und reflektierte Lebensproblematik – eigene oder fremde – in pädagogisches Denken und Forschen eingeht, auch um so mehr erziehungswissenschaftliches Wissen erzeugt wird, das handlungsanleitende und situationsverändernde Wirkung haben kann. Ohne reflektierte pädagogische *Selbst*erfahrung bleibt erziehungs*wissenschaftlich* relevantes Forschen und Argumentieren wahrscheinlich unfruchtbar. Die Betrachtung von Biographien und Lebensläufen von Wissenschaftlern in unserem Fach legt diesen Gedanken jedenfalls nicht nur nahe, sondern wird durch einen Blick in *Pädagogiken in Selbstdarstellungen* (Prinz [Hg.] 1914; Hahn [Hg.] 1926/27; Pongratz [Hg.] 1975 ff.; Winkel [Hg.] 1984) nachhaltig bestätigt (vgl. für die Soziologie Kohli 1981, für die Pädagogik zuletzt in systematischer Absicht Prange 1987).

Zwei Beispiele mögen dies erläutern, bei Autoren, die zwar jahrgangsmäßig unmittelbar benachbart sind, aber hinsichtlich generationsmäßiger »Lagerung«, Zusammengehörigkeit und »Einheit« höchst differenten Sozialmilieus angehören, aber *gleichwohl* durch ihr Generations-»Schicksal« zu vergleichbaren individuellbiographischen und pädagogisch-aktiven Reaktionen herausgefordert wurden.

Ein junger Mann, Jahrgang 1892, erfährt seine Jugendzeit und die Studienjahre an der Universität als eine problematische Lebenslage zwischen zwei

Kulturen, die ihm beide fremd und einander widerstrebend erscheinen. Er wuchs in einem jüdischen Elternhaus auf, aber dies unterschied sich in gar nichts von der gut-bürgerlichen Nachbarschaft; nur noch marginale Reste jüdischen Kultur- und Geisteslebens waren dort anzutreffen; der Besuch des Gottesdienstes in der Synagoge war ebenso selten wie der Weihnachtsbaum selbstverständlich. Spürbar war auf dem Gymnasium der »alltägliche« Antisemitismus, die Erfahrung des Anders-seins. Spürbar war aber auch die Unzufriedenheit mit der bürgerlich-spießigen Kultur der Kaiserzeit und die Sehnsucht nach Eigenem, »Wahrem«, nach einem Aufbruch in eine *andere* Zukunft. »Jugend« als Problem, als Gestaltungsaufgabe, als Verheißung der Zukunft war entdeckt und damit die Beschäftigung mit der »kulturschaffenden Kraft der Jugend« als erste wichtige Thematik eigenen pädagogisch-praktischen Engagements und eigener wissenschaftlicher Arbeit – von Siegfried Bernfeld in Wien (Paret 1973). Die anderen Themen schließen sich an: die Erfahrung des Antisemitismus während des Ersten Weltkrieges und das Engagement für die zionistische Bewegung (hieraus entstehen die Grundschriften zur jüdischen und zur Kibbuz-Erziehung); das Interesse an der Reformpädagogik und ihre Bedeutung für die jüdische Erziehung (hieraus entsteht das Konzept für das Kinderheim Baumgarten 1919/20); das Interesse des Biologen und Psychologen Bernfeld an einer Psychologie, die die »Natur« des Menschen entschlüsselt, damit man sie wirksam beeinflussen kann (hieraus resultiert die Hinwendung zur Psychoanalyse als »Natur«-Wissenschaft und die Verbindung von Pädagogik und Psychoanalyse); die Beschäftigung mit den konzeptionellen, theoretischen und politischen Grenzen der Reformpädagogik an deren Krisen- und Umschlagpunkt Mitte der zwanziger Jahre (der *Sisyphus* als Reaktion darauf und Beitrag zur damaligen »Grenze«-Diskussion erscheint 1925); diese Aufzählung ließe sich verlängern.

Ein junger Mann, Jahrgang 1889, erfährt seine Studienjahre geprägt durch jugendbewegte-lebensreformerische Geselligkeit, ohne innere Krisen und Umbrüche. Die Kriegserfahrung der Frontgemeinschaft und -kameradschaft bildet ein pädagogisches Motiv aus: nach dem Kriege mitzuwirken am geistigen Wiederaufbau des Volkes, an der Zusammenführung seiner Schichten und Gruppen, an der Schaffung einer »klassen«-übergreifenden Volkskultur – »Volks«-Bildung zum Zwecke der »Volk«-Bildung. Der akademische Lehrer, Freund und Förderer ist aufgrund eigener Erfahrungen in Belgien während des Krieges ähnlich gestimmt. Und so engagiert Herman Nohl im Frühjahr 1919 für die neue Volkshochschule Jena den jungen Wilhelm Flitner, der in der »Laienbildung« sein erstes großes Thema findet (Flitner 1986; Burmeister 1987). Die Lehrtätigkeit an der Pädagogischen Akademie Kiel (seit 1926) und an der Hamburger Universität (seit 1929) diente der Vermittlung der Impulse der Jugendbewegung in die Reformpädagogik, um erstere sozusagen zu verstetigen. Die Zeit des Nationalsozialismus diente dazu, sich und den verbliebenen Studierenden – darunter die Angehörigen der Hamburger Weißen Rose – das »andere« Deutschland und den europäischen Humanismus zu vergegenwärtigen; die bedeutenden Bücher *Goethe im Spätwerk* (1947) und *Europäische Gesittung* (1961, jetzt beide in Flitners *Gesammelten Schriften*) sind die Frucht dieser Jahre. Die Nachkriegszeit verlangt im Rahmen der Politikberatung andere Schwerpunktsetzungen: die Hamburger Schulreform; die Reform der Grund- und Hauptschule; das Problem des gymnasialen Bildungskanon und der Hochschulreife; diese Aufzählung ließe sich verlängern.

Ein junger Mann, Jahrgang 1712, Halbwaise, hochbegabt, sensibel, verbringt Lehrjahre des Herzens und des Geistes in ländlicher Abgeschiedenheit. Er nimmt lebhaften Anteil an den Debatten seiner Epoche und greift schließlich in sie ein mit einem Eklat: er teilt nicht den Fortschrittsoptimismus seiner berühmten Zeitgenossen und glaubt erst recht nicht an die Verbesserung von Moral und Sitte durch den Fortschritt der Wissenschaften. Statt vom Fortschritt zu träumen, ist er beunruhigt durch den Kulturverfall und durch die Frage, wie das Böse in die Welt und in menschliches Leben komme. Läßt sich ein Leben denken, das von der »Kultur« noch nicht angekränkelt ist? Noch ohne inneren Zwiespalt, ohne die Entfremdung von Natur und Kultur, vergesellschaftet und doch in Übereinstimmung mit sich selbst? Dieser Mann hatte das Thema seiner epochemachenden pädagogischen Utopie gefunden, und nach ihm dachte man anders als zuvor. Und hier schließt sich der Kreis unserer Betrachtungen; denn mit Rousseaus *Emile* von 1762 kam zugleich mit der Reflexion eines geschichtlich-gesellschaftlichen Grundproblems im Horizont der Pädagogik auch das lebensgeschichtliche Element als Form der biographischen Argumentation in die Pädagogik.

Alle großen Pädagogen nahmen Grundfragen ihrer Zeit auf, vermittelt durch eigene Lebenserfahrung oder sogar die eigene Lebensgeschichte, und »Klassiker« wurden sie durch Form und Gehalt ihrer Analysen und Antworten, die auch uns noch anregen und belehren. Daneben stehen die »Pädagogiker«, die oft nur Buchhalter sind: sie registrieren, machen Abrechnungen, problematisieren viel und bewegen wenig. Durch die aus verschiedenen Perspektiven betrachteten »Innenansichten« verstehen wir die lebens- und zeitgeschichtliche Fundierung von Erkenntnis- und Praxisinteressen, die Typik und Spezifik pädagogischer Denk- und Argumentations-»Formen« und -»Stile«, die Reichweite und

Grenze von Argumenten angesichts der analogen oder eben ganz anders gelagerten pädagogischen Probleme heute. »Innenansichten« verhelfen zu pädagogischer Bildung: Reflektiertheit im Umgang mit Theorien, Urteilskraft im Umgang mit Argumenten, Takt im Umgang mit Praxis. Ein *Zuviel* an pädagogischer Bildung kann es gar nicht geben!

Literatur

Behnken, Imbke/du Bois-Reymond, Manuela/Zinnecker, Jürgen, *Stadtgeschichte als Kindheitsgeschichte. Lebensräume von Großstadtkindern in Deutschland und Holland um 1900*, Opladen 1989.

Benrath, Gustav Adolf, *Artikel »Autobiographie«*, in: *Theolog. Realenzyklopädie* IV (1979), S. 772–789.

Bernfeld, Siegfried, *Sisyphos oder die Grenzen der Erziehung* (1925), Frankfurt 1967 u. ö.

Bittner, Günther, *Zur psychoanalytischen Dimension biographischer Erzählungen*, in: Dieter Baacke/Theodor Schulze (Hg.), *Aus Geschichten lernen*, München 1979, S. 120–128.

Bude, Heinz, *Deutsche Karrieren. Lebenskonstruktionen sozialer Aufsteiger aus der Flakhelfer-Generation*, Frankfurt 1987.

Burmeister, Joachim, *Wilhelm Flitner – Von der Jugendbewegung zur Volksschule und Lehrerbildung. Biographische Studien zur Vorgeschichte reformpädagogischer Reflexion*, Köln/Wien 1987.

Dilthey, Wilhelm, *Über das Studium der Geschichte der Wissenschaften vom Menschen, der Gesellschaft und dem Staat* (1875), in: ders., *Gesammelte Schriften*, Bd. V, Stuttgart/Göttingen ^{6}1974, S. 31–73.

Doerry, Martin, *Übergangsmenschen. Die Mentalität der Wilhelminer und die Krise des Kaiserreichs*, Weinheim/München 1986.

Fend, Helmut, *Sozialgeschichte des Aufwachsens. Bedingungen des Aufwachsens und Jugendgestalten im 20. Jahrhundert*, Frankfurt 1988.

Flitner, Wilhelm, *Erinnerungen 1889–1945*, (*Gesammelte Schriften*, Bd. 11), Paderborn 1986.

Ders., *Die junge Generation im Volke* (1928), in: ders., *Pädagogische Bewegung*, hg. von Ulrich Herrmann (*Gesammelte Schriften*, Bd. 4), Paderborn 1987, S. 243–261.

Ders., *Das Selbstverständnis der Erziehungswissenschaft. Eine Studie über Hermeneutik und Pragmatik, Sinnaufklärung und Normauslegung*. Mit einem Nachwort von Ulrich Herrmann, Paderborn 1989. (Separatdruck aus: Wilhelm Flitner, *Theoretische Schriften*, hg. von Ulrich Hermann

[*Gesammelte Schriften*, Bd. 3], Paderborn 1989, S. 310–349, 510–516; Nachdruck des Textes der 4. Auflage, Heidelberg 1967, von: *Das Selbstverständnis der Erziehungswissenschaft in der Gegenwart*.)

Fogt, Helmut, *Politische Generationen. Empirische Bedeutung und theoretisches Modell*, Opladen 1982.

Gestrich, Andreas, *Traditionelle Jugendkultur und Industrialisierung. Sozialgeschichte der Jugend in einer ländlichen Arbeitergemeinde Württembergs, 1800–1920*, Göttingen 1986.

Greiling, Johann Christoph, *Über den Endzweck der Erziehung, und über den ersten Grundsatz einer Wissenschaft derselben*, Schneeberg 1793.

Hahn, Erich (Hg.), *Die Pädagogik der Gegenwart in Selbstdarstellungen*, 2 Bde., Leipzig 1926/27.

Heinritz, Charlotte, *BIOLIT – Literaturüberblick aus der Biographieforschung und der Oral History 1978–1988*, in: *BIOS* I (1988), H. 1, S. 121–167; H. 2, S. 103–138.

Herrmann, Ulrich, *Die Rolle der Psychologie in der Entwicklung der modernen Erziehungswissenschaft*, in: *Die Psychologie des 20. Jahrhunderts*, Bd. I: *Die europäischen Traditionen*, hg. von Heinrich Balmer, Zürich 1976, S. 1013–1026.

Ders., *Die Pädagogik der Philanthropen*, in: Hans Scheuerl (Hg.), *Klassiker der Pädagogik*, Bd. I, München 1979, S. 135–158.

Ders., *Probleme und Aspekte historischer Ansätze in der Sozialisationsforschung*, in: Klaus Hurrelmann/Dieter Ulich (Hg.), *Handbuch der Sozialisationsforschung*, Weinheim/Basel 1980, S. 227–252.

Ders., *Neue Wege der Sozialgeschichte. Zur Forschungspraxis der Historischen Sozialisationsforschung und zur Bedeutung ihrer Ergebnisse für pädagogische Theoriebildung*, in: *Pädagogische Rundschau* 38 (1985), S. 171–187.

Ders., *»Eklektik« und »Systematik« in der erziehungswissenschaftlichen Diskussion in Deutschland im ausgehenden 18. und frühen 19. Jahrhundert*, in: *Aufklärung* 1 (1986), S. 67–79.

Ders., *Das Konzept der »Generation«. Ein Forschungs- und Erklärungsansatz für die Erziehungs- und Bildungssoziologie und die Historische Sozialisationsforschung*, in: *Neue Sammlung* 27 (1987), S. 364–377.

Ders., *Karl Philipp Moritz – Die »innere Geschichte« des Menschen*, in: Gerd Jüttemann (Hg.) *Wegbereiter der Historischen Psychologie*, München/Weinheim 1988, S. 48–55.

Hurrelmann, Klaus, *Warteschleifen. Keine Berufs- und Zukunftsperspektiven für Jugendliche?* Weinheim/Basel 1989.

Jaide, Walter, *Generationen eines Jahrhunderts. Wechsel der Jugendgenerationen im Jahrhunderttrend. Zur Geschichte der Jugend in Deutschland 1871 bis 1985*, Opladen 1988.

Kohli, Martin, *»Von uns selber schweigen wir.« Wissenschaftsgeschichte aus

Lebensgeschichten, in: Lepenies, Wolf (Hg.), *Geschichte der Soziologie,* Bd. I, Frankfurt 1981, S. 428–465.

Lehnert, Detlef, *Sozialdemokratie zwischen Protestbewegung und Regierungspartei 1848–1983,* Frankfurt 1983.

Luhmann, Niklas/Schorr, Karl Eberhard, *Das Technologiedefizit der Erziehung und die Pädagogik,* in: dies. (Hg.), *Zwischen Technologie und Selbstreferenz,* Frankfurt 1982, S. 7–40.

Mannheim Karl, *Das Problem der Generationen (1928),* wiederabgedr. (1) in: ders., *Wissenssoziologie,* hg. von Kurt H. Wolff, Neuwied ²1970, S. 509–565; (2) in: Ludwig von Friedeburg (Hg.), *Jugend in der modernen Gesellschaft,* Köln/Berlin 1965, S. 23–48.

Millot, Catherine, *Freud, Anti-Pädagoge,* Berlin/Wien 1982.

Müller, Klaus-Dieter, *Autobiographie und Roman. Studien zur literarischen Autobiographie der Goethe-Zeit,* Tübingen 1976.

Mutschler, Susanne, *Ländliche Kindheit in Lebenserinnerungen. Familien- und Kinderleben in einem württembergischen Arbeiterbauerndorf an der Wende vom 19. zum 20. Jahrhundert,* Tübingen 1985.

Niemeyer, August Hermann, *Grundsätze der Erziehung und des Unterrichts für Eltern, Hauslehrer und Erzieher,* Halle 1796; Reprint, hg. von Hans-H. Groothoff und Ulrich Herrmann, Paderborn 1970.

Oelkers, Jürgen, *Intention und Wirkung: Vorüberlegungen zu einer Theorie pädagogischen Handelns,* in: Luhmann/Schorr (Hg.) 1982, S. 139–194.

Ders., *Subjektivität, Autobiographie und Erziehung,* in: Z. f. Päd. 33 (1987), S. 325–344.

Paret, Peter, *Preface,* in: Bernfeld, Siegfried, *Sisyphus, or the Limits of Education,* translated by Frederic Lilge, Berkeley/Los Angeles/London 1973, S. IX–XXVII.

Pongratz, Ludwig J. (Hg.), *Pädagogik in Selbstdarstellungen,* Bd. I ff., Hamburg 1975 ff.

Prange, Klaus, *Lebensgeschichte und pädagogische Reflexion* (1987), wiederabgedr. in: ders., *Pädagogische Erfahrung,* Weinheim 1989, S. 203–225.

Preuss-Lausitz, Ulf, u. a., *Kriegskinder – Konsumkinder – Krisenkinder. Zur Sozialisationsgeschichte seit dem Zweiten Weltkrieg,* Weinheim/Basel ²1989.

Prinz, Peter (Hg.), *Zeitgenössische Pädagogen. Strömungen und Strebungen,* Paderborn 1914.

Rothacker, Erich, *Einleitung in die Geisteswissenschaften,* Tübingen ²1930.

Ders., *Logik und Systematik der Geisteswissenschaften* (1927), München 1965.

Seyfarth-Stubenrauch, Michael, *Erziehung und Sozialisation in Arbeiterfamilien im Zeitraum 1870 bis 1914 in Deutschland,* Frankfurt/Bern/New York 1985.

Trapp, Ernst Christian, *Versuch einer Pädagogik,* Berlin 1780; Reprint, hg. von Ulrich Herrmann, Paderborn 1977.

Voges, Wolfgang (Hg.), *Methoden der Biographie- und Lebenslaufforschung,* Opladen 1987.

Winkel, Rainer (Hg.), *Deutsche Pädagogen der Gegenwart,* Bd. 1, Düsseldorf 1984.

Wuthenow, Ralph-Rainer, *Das erinnerte Ich. Europäische Autobiographie und Selbstdarstellung im 18. Jahrhundert,* München 1974.

Ernst Cloer/Dorle Klika/ Michael Seyfarth-Stubenrauch
Versuch zu einer pädagogischen-biographischen historischen Sozialisations- und Bildungsforschung
Kindsein in Arbeiter- und Bürgerfamilien des Wilhelminischen Reiches[1]

I. Der wissenschaftsgeschichtliche und -systematische Aspekt des neu erwachten Interesses an der biographischen Forschung

Das Wilhelminische Reich ist in den letzten Jahrzehnten in umfassender Weise verfassungs- und parteigeschichtlich, wirtschafts- und gesellschaftsgeschichtlich, kulturgeschichtlich, jüngst auch mentalitätsgeschichtlich neu »vermessen« worden. Die Historische Pädagogik hat sich dabei besonders konzentriert auf die Bildungs- und Schulgeschichte (einschließlich der Geschichte der Schulverfassung, -verwaltung und -aufsicht) sowie auf die Geschichte der Lehrerbildung, des Lehrplans und der Schulfächer. Das Spezifische kindlicher und jugendlicher Alltags- und Lebenswelt, die spezifisch pädagogische Frage, wie denn Individuen ihre eigene Weltorientierung und Identität gesucht haben, wie sie mit den Deutungsvorgaben der Erwachsenen aktiv aneignend umgegangen sind, ist zwar in Forschungsprogrammen als Desiderat entwickelt (Herrmann 1984 b, 174 f.), aber bislang kaum untersucht worden. Dieser Aufgabe haben wir uns in einem gemeinsamen Projekt gestellt (Klika 1990; Seyfarth-Stubenrauch 1985; erste Vorüberlegungen Cloer 1979).

In Abschnitt I werden unter einem wissenschaftsgeschichtlichen und wissenschaftssystematischen Aspekt nach der Bedeutung des neu erwachten Interesses an einer pädagogischen-biographischen Forschung gefragt und ihre spezifischen erkenntnisleitenden Perspektiven entwickelt. In den Abschnitten II und III werden am autobiographischen Material Fragestellungen und Vorgehensweisen konkretisiert, also die Leistungsmöglichkeit biographischer Forschung erprobt. Im IV. Teil, der in einem engen Zusammenhang mit Teil I gelesen werden will, wird der Ansatz einer pädagogischen-biographischen historischen Sozialisationsforschung systematisch entfaltet.

In der pädagogischen Wissenschaft hat die biographische bzw. subjektorientierte Methode bemerkenswerte Vorläufer gehabt.[2] Breitenwirkung konnte sie jedoch erst nach dem entscheidenden Paradigmawechsel zum Ende der siebziger Jahre erzielen. Dieser hat sich keineswegs nur in der Pädagogik[3], sondern auch in Teilbereichen der Psychologie[4], Soziologie[5], der Geschichtswissenschaft[6] und nicht zuletzt einer disziplinübergreifenden Lebenslaufforschung[7] als ein Wandel der erkenntnisleitenden Perspektiven niedergeschlagen.

Jene an klassentheoretischen oder systemtheoretischen oder struktur-funktionalistischen Ansätzen orientierte (historische) Sozialisationsforschung, die seit Mitte der sechziger Jahre für mehr als ein Jahrzehnt dominiert hat, hat die pädagogische Wissenschaft durchaus bereichert – aber zugleich auch verführt. Bereichert insofern, als nicht zuletzt unser empirisches Wissen über die »Herstellung« sozialer Ungleichheit durch klassen- und schichtspezifische Teilhabemöglichkeiten an Bildung und Kultur entscheidend erweitert worden ist. Verführt insofern, als die Konzentration auf die Strukturen, auf soziale Klassen, Schichten und Gruppen sowie deren kollektive Lebenslagen folgenreiche, nämlich deterministische sozialisationstheoretische Deutungsvorgaben enthielt. Bei aller so verdienstvollen Aufhellung der Determiniertheiten blieben die Fragen nach den Unterdeterminiertheiten, Unstetigkeiten und Widersprüchen in Bildungsgängen und Lebensläufen, die Fragen nach dem Kind, das immer auch Subjekt seiner Erziehung und Bildung ist, das sich immer auch aktiv aneignend mit den Deutungsvorgaben der Erwachsenen auseinandersetzt, unterentwickelt. Die Subjektposition des Kindes/Heranwachsenden ist in der »soziologischen Wende« der Erziehungswissenschaft vernachlässigt worden; und sie ist in den erziehungstheoretischen Modellvorstellungen einer linearen Einwirkungsmöglichkeit in den – ansonsten so antagonistischen – technologischen und emanzipatorischen »Wenden« gleicherweise aus dem Blick geraten (Cloer 1979, 194ff.; Cloer 1986a).

Zeitlich parallel haben Herwig Blankertz (1978), Rudolf Lassahn (1977) und Klaus Mollenhauer (1979) die sich am Ende der siebziger Jahre abzeichnende Bedeutungskrise der pädagogischen

Wissenschaft in einen engen Zusammenhang mit den zuvor bezeichneten »Wenden« gebracht. Angemahnt wurden die reduktionistischen Tendenzen der klassentheoretischen und ökonomischen Analysen, die ihre Theorien, Konstrukte und Begriffe primär aus den Bezugswissenschaften der Pädagogik bezogen hätten. Angemahnt wurden die fehlenden Anstrengungen, in allgemeinpädagogischen Grundlegungen unter Rückgriff auf die Geschichte des pädagogischen Denkens die eigenen Problemstellungen, die »einheimischen Begriffe« der Pädagogik gegenwartsadäquat zu formulieren und zu begründen. Es ist in diesem Zusammenhang nicht uninteressant, darauf hinzuweisen, daß zeitlich parallel Teile der universitären Pädagogik in der DDR die auch dort sich abzeichnende Krise im Verlust der konstitutiven Bedeutung der Allgemeinen Pädagogik für die sogenannten Spezialpädagogiken begründet sahen – verbunden mit der Befürchtung einer Auflösung der Pädagogik im »Ensemble der Gesellschaftswissenschaften«. Resümierend läßt sich sagen: Der Verlust der Subjektposition in der pädagogischen Wissenschaft durch die Dominanz der Vorstellung von der linearen Einwirkungsmöglichkeit – ein nicht eingelöstes, weil nicht einlösbares »Versprechen« an die Gesellschaft – dürfte, wie Herwig Blankertz es kurz vor seinem Tode formuliert hat, zum »Ende des Vorschußkredits« der pädagogischen Wissenschaft in beiden deutschen Staaten nicht unerheblich beigetragen haben (Cloer 1986b, 1988).

Bei aller unterstellten »Mitschuld« einer primär sozialwissenschaftlich orientierten Erziehungswissenschaft an der Bedeutungskrise der pädagogischen Wissenschaft könnten sich die zuvor skizzierten »Wenden« gleichwohl als Gewinn erweisen. Denn die Lösung kann ja nicht darin bestehen, daß an die Stelle der mit deterministischen Deutungsvorgaben arbeitenden Sozialisationstheorie nun (wieder) eine pädagogische Subjekttheorie in der Tradition des anthropologischen Idealismus normativ gesetzt wird. Vielmehr wird es darum gehen, an der biographischen und kulturellen Erinnerung so zu arbeiten, daß die Subjekttheorie »sozialisationstheoretisch ergänzt« wird, will sagen: (historische) Sozialisationsforschung wird sich fortan der Tatsache bewußt sein müssen (darin liegen die bleibenden Verdienste der soziologischen und ökonomischen »Wenden«), daß Kinder und Heranwachsende individuelle Lebensformen herausbilden, daß sie dies aber stets nur in der Auseinandersetzung mit einem sozialen Kontext tun (können), der ihnen als »strukturelle Bedingungskonfiguration« (Liebau 1988, 159f.) mitgegeben ist.

Hier werden die konstitutiven Momente einer pädagogischen Subjekttheorie, Bildsamkeit und Selbsttätigkeit, wieder in ihr Recht gesetzt. Nicht von ungefähr sind diese Momente von jenen Mitgliedern der bürgerlichen Klasse theoretisch entfaltet worden, die die soziale Selbstverortung aufgrund individuell erbrachter Leistungen im eigenen Erfahrungsfeld festmachen konnten. Was von Comenius bis Schleiermacher theoretisch, in reiner Spekulation entfaltet erscheint, ist dort immer auch das Ergebnis der empirischen Rekonstruktion der eigenen Onto- und Klassengenese. An der Rekonstruktion von Individual- und Kollektivbiographien, von Sozialisations- und Bildungsverläufen empirisch *und* theoretisch zu arbeiten, ist das Anliegen unseres Ansatzes einer pädagogischen-biographischen historischen Sozialisationsforschung.

Die zuvor sehr stark akzentuierte Orientierung an der Rekonstruktion von Individualbibliographien ist wissenschaftsgeschichtlich und wissenschaftssystematisch begründet. In der einseitigen Fixierung auf bestimmte Bezugswissenschaften hat die pädagogische Wissenschaft zum einen sowohl den Alltag und das Leben von Kindern und Heranwachsenden aus dem Auge verloren als auch die vertiefende theoretische Erschließung des pädagogischen Prozesses vernachlässigt. Zum anderen wird ja eine spezifische Differenz zwischen einer in der Geschichtswissenschaft beheimateten historischen Familienforschung und einer von der Pädagogik verantworteten historischen Sozialisationsforschung u. a. darin liegen, daß letztere auf die Frage nach der Ermöglichung oder Verhinderung von Mündigkeit und gelungener Identität verpflichtet bleibt. Deren Rekonstruktion in Individualbiographien könnte der spezifische eigenständige Beitrag der Pädagogik zu einer Mentalitätsgeschichte sein. Vereinfacht gesagt: Während die Geschichtswissenschaft in der Regel an der Herausarbeitung der dominanten Mentalitätsformationen einer Epoche interessiert sein muß (anders allerdings in der Resistenz- und Widerstandsforschung, aber auch dann immer nur auf der Meso- und Makroebene), wird sich die pädagogische Wissenschaft einerseits auf die Erklärung der Mechanismen solcher »Prägungs«-Vorgänge, andererseits auf die aktive, d. h. kritische Auseinandersetzung von

Individuen (und solidarischen Gruppen) mit den dominanten Mentalitätsformationen einer Epoche konzentrieren. Darin liegt der spezifische Beitrag der Pädagogik zur Erklärung von sozialem Wandel.

In der konkreten Forschungsarbeit ging es uns dabei kontinuierlich um die Erhellung der komplexen Wechselbeziehung zwischen der ökonomisch-geschichtlich-gesellschaftlichen Bedingungslage, der Präsentation/Deutung der Lebenswelt durch die Erwachsenengeneration sowie die von ihr verantworteten Institutionen und der Aneignung dieser Deutungen durch die Heranwachsenden. Diese Forschungsperspektive haben wir vor allem durch die folgenden Fragestellungen zu konkretisieren versucht:

– Welche Inhalte/Gegenstände der materiellen und symbolischen Kultur sind den Heranwachsenden in Familie/Verwandtschaft, in der Schule, in Altersgruppe/Straße/Medien und im ideologischen System präsentiert worden?

– Wie sind Kinder und Heranwachsende mit den ihnen präsentierten Deutungsmustern der Lebenswelt umgegangen? Was davon haben sie sich angeeignet und was haben sie verworfen?

– Unter welchen sozial-strukturellen und individuell-biographischen Bedingungen sind überhaupt Verwerfung und Umdefinition präsentierter Lebenswelten möglich gewesen?

– Welche Sozialisations-Typologien lassen sich für bestimmte Klassen/Schichten/soziale Gruppen in bestimmten historischen Perioden und für bestimmte geopolitische Räume ermitteln?

– Aber auch: Wie lassen sich die innerhalb einer Klasse/Schicht/ sozialen Gruppe trotz struktureller Gemeinsamkeiten ermittelbaren individuell-unterschiedlichen Aneignungsmodi (die dann zu je engen oder weiten Lebenslösungen geführt haben) erklären?

Die Frage nach den sozial-strukturellen Bedingungen der Sozialisations-, Edukations- und (Selbst-)Bildungsprozesse verweist uns auf die bereits vorliegenden Forschungsergebnisse aus den relevanten Bezugswissenschaften Wirtschafts- und Gesellschaftsgeschichte, Demographie, Kulturgeschichte, -anthropologie und -soziologie, Volkskunde (die sich in der deutschen Tradition in besonderer Weise um die Leserforschung bemüht hat), Kinderheilkunde, Schulbuchforschung, um nur einige besonders wichtige zu nennen. Die Frage nach den individuell-biographischen Bedingungen der aktiven Aneignung der von den Erwachsenen präsentierten Deutungsangebote der Lebenswelt durch die Heranwachsenden verweist uns auf das autobiographische Material und die biographische Methode. Es ist hier nicht der Raum, die Kritik am[8] und das ausdrückliche Plädoyer für den (erziehungswissenschaftlichen) Quellenwert der Autobiographie[9] in differenzierter Weise auszubreiten. Keinen Dissens gibt es, soweit wir sehen, bezüglich der Autobiographie als »Selbstdarstellung« (Uhlig), als Quelle für grundlegende Einsichten in »Strukturgesetzlichkeiten und Entstehungsbedingungen von Identität« (Schulze), als »lebensgeschichtliche Selbstreflexion« (Hoeppel), als Quelle für das »Bildungsschicksal« von Individuen (Henningsen). Und eben diese Fragen interessieren uns nicht zuletzt in den längsschnittorientierten Analysen und bei der Herausarbeitung der besonderen Erfahrungsmodi-Konstellationen bzw. der Herausarbeitung der Gründe für enge oder weite Lebenslösungen (vgl. dazu die Teile II bis IV). Aber wir gehen mit Theodor Schulze – nicht zuletzt unter Berufung auf die von Marquard mit großer Plausibilität entwickelte These von der Aufrichtigkeitstendenz der modernen Autobiographie zusammen mit Halbwachs' These von der Notwendigkeit der interaktiven Absicherung bei allen »Neukonstruktionen der Vergangenheit« – davon aus, daß im autobiographischen Material durchaus viele interessante und nur dort erschließbare Details über sozialgeschichtlich und kulturhistorisch bedeutsame Sachverhalte zu erfahren sind.

II. Kindsein in Arbeiterfamilien der Wilhelminischen Zeit

Die beiden folgenden Abschnitte, welche die Leistungsmöglichkeit der biographischen Methode für eine historische Sozialisationsforschung veranschaulichen wollen, greifen nur einen schmalen Ausschnitt aus der kindlichen und jugendlichen Lebenswelt heraus, nämlich die familiale, und sie können auch nur ausgewählte Fragestellungen und Kategorien des umfassenden pädagogisch-anthropologischen Erkenntnisinteresses verfolgen, die für das Forschungsprojekt entwickelt worden sind (vgl. Teil IV).

Zur Verdeutlichung von Kindsein in Arbeiterfamilien des späten Wilhelminischen Reiches sei ein ausführlicher Abschnitt aus der Autobiographie Ludwig Tureks vorangestellt. Turek, 1898 geboren und nach 1945 als Schriftsteller in der DDR lebend, gibt

in seiner 1929 unter dem Titel *Ein Prolet erzählt* erschienenen
Autobiographie Einblicke sowohl in die strukturelle Bedingungs-
lage von Arbeiterfamilien als auch in die individuell-besondere
Ausprägung von Erfahrung:

»Für einzelne Bettstücke lief in wenigen Tagen der Termin ab, Verlängerung war nicht mehr möglich; auf der Pfandleihe gab es nur Geschäftsre-
geln und keine menschlichen Erwägungen. Wann jemals durfte meine
Mutter hoffen, die verlorenen Betten durch Neuanschaffungen ersetzen zu
können? (14)...

Bis übermorgen mußte ich etwas unternehmen, ich, ich (im Original ist
»ich, ich« kursiv gedruckt!; M. S.-St.)! Ich war dran – los! Meinen kleinsten Beutel rollte ich zusammen, den sogenannten Kupfersack, und ohne
Hacke zog ich ab. Meine Mutter schob mir nochmals den Teller mit Mehl-
suppe hin: ›Junge, iß doch!‹ ›Öh, de olle Mehlsupp‹, erwiderte ich schroff;
wie gern hätte ich sie verschlungen. Straßenbahndepot, nach Speckenbüt-
tel, hinaus aus der Stadt, ging mein Weg. (14f.)

...Unverzüglich ging ich in den nächsten Bäckerladen, ergriff von einem Regal ein Brot und raste damit wie wild davon. Noch immer laufend,
stürzte ich in ein Delikatessengeschäft, faßte zwei Büchsen Ölsardinen,
und wieder setzte ich durch das Menschengewühl auf der Straße die Flucht
fort. (15)...

Meine Mutter schnitt mit einer wahren Andacht die Schnitten vom Brot,
legte Ölsardinen darauf, und wir aßen. Wir aßen das geklaute Brot.

Noch lange schuftete mein Vater in Bremen für ein paar lumpige Mark,
und meine Mutter staunte noch oftmals über das Glück, das sich in den
kritischsten Tagen gnädig zeigte und ihren Sohn einen großen ›Fund‹ tun
ließ. Meine Mutter nannte das Glück; sie hat nie den Glauben daran verloren. Sie hat wirklich viel für die Erziehung ihrer Kinder getan. Fast immer,
wenn ich mit Sack und Hacke loszog, sagte sie: ›Daß du dich aber nie an
fremdem Eigentum vergreifst! Junge, Junge, mach mir keine Schande.‹«
(Turek 1972, 16)

Der Familie Turek geht es hier, um 1910, materiell sehr schlecht.
Es ist die sinnlich-konkrete Erfahrung einer auch noch zu diesem
Zeitpunkt für fast alle Arbeiterfamilien geltenden strukturellen
Gemeinsamkeit: die Erfahrung einer ausgeprägten sozial-ökono-
mischen Mangelsituation. Eine schlechte, viel zu kleine Wohnung,
unzureichende Ernährung, armselige Kleidung, häufige Krankheiten, das Sterben eines oder mehrerer der meist sehr zahlreichen
Geschwister, der oftmals frühzeitige Tod eines Elternteils. Unzu-
reichender Lohn, oftmalige Arbeitslosigkeit, damit häufiger Orts-
wechsel, verbunden mit nochmaliger Verschlechterung der Wohn-
situation. Die typische Kinder-Erfahrung: häufig kein eigenes

Spielzeug, kein eigenes Bett, wenig freie Zeit wegen häuslicher Inanspruchnahme für Haushalts- und Heimarbeiten, Betreuung jüngerer Geschwister; die Eltern haben oft keine Zeit für ihre Kinder, sind zumeist restlos überfordert.

Bei der Familie Turek sehen wir die nicht seltene, besondere Situation, daß der Vater aufgrund des Arbeitsmangels nicht bei der Familie in Bremerhaven-Lehe wohnt. Er arbeitet und wohnt in Bremen, ist nur selten an einem freien Sonntag bei der Familie. Trotz dieses Engagements der ganzen Familie hat die materielle Not dramatische Formen angenommen. Zuletzt mußten sogar die Betten ins Pfandleihhaus gebracht werden.

Ludwig Turek, damit wenden wir uns der individuell-biographischen Seite zu, hat aufgrund dieser Lage der Familie schon sehr frühzeitig, als Neunjähriger, gelernt, eigene Handlungsstrategien zu entwickeln, um etwa durch das »Organisieren« von Brennmaterial (auf entsprechenden Lagerplätzen), und etwas später darüber hinaus von Lebensmitteln, die Familie notdürftig mit »über Wasser zu halten«.

Für eine maßgeblich an autobiographischen Dokumenten orientierte historische Sozialisationsforschung ergeben sich aus dem Verfolgen solcher lebensgeschichtlich-besonderen Erfahrungsmodi entscheidende Hinweise für die Rekonstruktion von Entwicklungsgängen, hier von Arbeiterkindern um 1900. Mit Hilfe eines adäquaten Forschungsdesigns (vgl. IV) lassen sich komplexe genetische Strukturbedingungen und individuell-biographische Ausprägungen auch kategorial beschreiben. Die Biographie Tureks belegt dabei neben vielen anderen autobiographischen Beispielen, daß keineswegs durch die strukturelle, sozial-ökonomische Mangelsituation schon eine defizitäre Persönlichkeitsentwicklung der Arbeiterkinder prädeterminiert erscheint.

Obwohl, etwa in sozialstruktureller Sicht, auch und gerade die Arbeiterfamilie im Wilhelminischen Reich als patriarchalisch-hierarchisch formierte, damit prinzipiell an rigiden Erziehungspraktiken orientierte Figuration zu bezeichnen ist, sind in nahezu allen vorliegenden Arbeiterlebenserinnerungen andere individuell-biographische, besondere Erfahrungsmodi in den Vordergrund der Darstellung gerückt. Diese haben offensichtlich – natürlich in Wechselwirkung mit den materiellen und den bezeichneten strukturellen Rahmenbedingungen – mindestens die Wirkung eines Korrektivs, wenn nicht das Potential für eine grundlegende Umdeutung und Neuinterpretation jener Erfahrungen im Rahmen der eigenen Lebensgeschichte. Dies gilt zumal für die Arbeiterfamilien um 1900, da ein wesentlicher sozial-ökonomischer Legitimationsgrund für die Aufrechterhaltung einer patriarchalischen Familienstruktur – mit allen ihren sozial-psychologischen Konsequenzen für das Familienleben – hier stets in Frage gestellt ist. So ist der Arbeitervater in seiner Funktion als Ernährer der Familie nur in den seltensten Fällen widerspruchslos zu erfahren, da er dieser Rolle mangels eines ausreichenden Einkommens eben nicht nachkommen kann, oftmals – bei Arbeitslosigkeit, Krankheit, Invalidität – völlig »ausfällt«.

Kommen wir zur Erläuterung wieder auf das autobiographische Beispiel zurück. Ludwig Turek – als 11jähriger – und seine Mutter sind solidarisch aufeinander bezogen. Jeder will dem anderen mehr Nahrung zukommen lassen, als er selbst für sich beansprucht. Die Mutter ist auf die schon in einem längeren Erfahrungsgang entwickelte Eigentätigkeit Ludwigs angewiesen. Der schreckt dabei sogar vor Diebstahl nicht zurück, den er mühelos vor seinem Gewissen rechtfertigen kann, während er zugleich der »guten, ehrlichen« Mutter von diesen »glücklichen Zusammenhängen« nichts erzählt! So erarbeitet sich Ludwig im Kontakt und mit Hilfe der indirekten, auch korrektiven Förderung seiner Mutter sehr frühzeitig einen bald völlig autonomen Spielraum an Selbsttätigkeits- und weiteren Entfaltungsmöglichkeiten. Aufgrund der individuell-biographischen Entfaltung lebensgeschichtlich aufeinander folgender, besonderer Erfahrungsmodi werden damit die Abhängigkeitsbeziehungen der Eltern-Kind-Beziehung in der Familie Turek nahezu umgekehrt.

Diesen Erfahrungsmodus der Erarbeitung von Selbstbewältigungsstrategien am Elternkontakt entlang und im Rahmen der materiellen familialen Lebenssituation – verbunden mit einer so vorbereiteten sehr frühen Ablösung vom Elternhaus – finden wir in den Arbeiterlebenserinnerungen sehr häufig vor. Es handelt sich dabei um einen spezifischen Modus von Selbständigkeitsentwicklung der Arbeiterkinder um 1900 im Umgang mit ihrer Lebenssituation, der sich grundlegend von zeitgleichen lebensgeschichtlichen Erfahrungen der Kinder aus bürgerlichen Familien unterscheidet. Er führt – neben anderen lebensgeschichtlich bedeutsamen, besonderen Erfahrungsmodi (siehe dazu Seyfarth-Stubenrauch 1985, passim) – jede sozial-strukturell hergeleitete

These anschaulich ad absurdum, die behauptet, die sozial-ökonomische Mangelsituation der Arbeiterfamilien um 1900 hätte einen prädeterminierenden Charakter besessen. Dies läßt sich mit *Querschnitts*analysen der vorliegenden Arbeiterlebenserinnerungen empirisch gehaltvoll belegen.

Mit dem Ausschnitt aus einem zweiten autobiographischen Dokument kann die Bedeutung einer *längsschnitt*orientierten, damit noch enger an der biographischen Struktur orientierten Betrachtungsweise für eine pädagogische-biographische historische Sozialisationsforschung belegt werden (siehe dazu Seyfarth-Stubenrauch 1985, bes. 388 ff.).

Max Hoelz, geboren 1889 als Sohn eines Schneidemühlenarbeiters und einer Tagelöhnerin, erzählt in seiner ebenfalls 1929 erschienenen Lebenserinnerung folgendes:

»Unter all diesen Umständen (der Arbeitsbelastung durch Mithilfe in der Landarbeit; M. S.-St.) war es mir natürlich kaum möglich, an den Spielen der anderen Dorfkinder teilzunehmen. Versuchte ich es aber doch einmal, dann wurde ich immer als Aussenseiter betrachtet, der eigentlich nicht dazugehörte. Meine gleichaltrigen Schulkameraden, besonders die Kinder der Großbauern, hänselten mich in einer Weise, die mich schwer bedrückte. Der von der Mutter aus abgetragenen Kleidungsstücken des Vaters oder der Großmutter mit vieler Mühe genähte Rock wurde zur Zielscheibe des Spottes meiner Schulkameraden. Ich war darüber oft ganz verzweifelt. Als ich eines Sonntags wieder arg verhöhnt wurde, weil mein Rock zu sehr von den Röcken der Anderen abstach, ergriff mich ein grenzenloser Zorn. Etwa ein Dutzend Kameraden umringte mich: In meiner Verzweiflung griff ich nach einem faustgroßen Stein, schleuderte ihn aber nicht auf die Spötter, sondern hämmerte mit ihm auf die Finger meiner linken Hand los, bis sie ganz blutig waren. Dabei schrie ich, mit Tränen in den Augen, ich würde mir alle Finger abschlagen, wenn sie mich noch länger verspotteten.

Das machte einen so starken Eindruck auf die Jungen, daß ich von Stunde an auf lange Zeit vor ihren Hänseleien und Verfolgungen Ruhe hatte.« (Hoelz 1929, 23 f.)

Implizit werden in dieser Passage sowohl wichtige Momente der strukturellen Bedingungskonfiguration als auch der Mentalitätsformation der Wilhelminer präsentiert: der Obrigkeitsstaat und die Untertanenmentalität als Wegbereiter für Autoritätsfixierung und Aggressivität – vorbereitet und zugleich immer neu befestigt durch Gewalt, Bestrafung und persönliche Diskriminierung in der Familie, der Straßensozialisation und der institutionellen Erziehung. Die Diskriminierungskette erreicht das hier möglicherweise schwächste Glied: das Arbeiterkind auf dem Lande.

Die Szene zeigt auch die individuell-biographische Seite. Max Hoelz verstümmelt sich selbst und erzeugt für einen Moment Respekt vor sinnlich-konkret erfahrenem Leiden. Aber verleugnet er sich nicht auch selbst, macht er sich nicht damit selbst »kaputt«, weil er schon »kaputt« gemacht worden ist? Wenn man in seiner Autobiographie weiter liest, dann erfährt man nicht nur etwas von rigiden Erziehungspraktiken als strukturellen Gemeinschaftserfahrungen in der Arbeiterkindheit um 1900, sondern es vertieft sich auch die Vorstellung der individuellen Ausprägung höchst defizitärer Entwicklungsbedingungen bei Hoelz. Verstärkt wird dieser Eindruck, wenn man etwa aus entwicklungspsychologischer Sicht die gravierend negativen Auswirkungen der scheinbaren Gefühlskälte und Härte der Arbeitereltern als besonders belastend für die Persönlichkeitsentwicklung der Kinder betont – wenngleich Hoelz in seiner im Erwachsenenalter geschriebenen Autobiographie dies an derselben Stelle schon ambivalent darstellt:

»Machten wir aber im Hause Streiche, so gab es ganz besonders schmerzhafte Hiebe. Für das geringste Vergehen oder Versehen gab es vom Vater und auch von der Mutter empfindliche Strafen: mit einem starken Ledergurt eine ziemlich derbe Wucht auf den entblößten Hintern – und dann auch noch hungrig ins Bett –, oder wir wurden stundenlang, den halben oder auch den ganzen Tag, an einen Stuhl gefesselt, und zwar so fest, daß ein Loskommen unmöglich war.

Ich hatte weder als Kind, noch habe ich heute das Empfinden, daß meine Eltern diese gewiß harten Strafen aus besonderer Grausamkeit oder Lieblosigkeit anwendeten. Die damaligen Erziehungsmethoden, noch dazu auf dem Lande, waren eben nicht anders. Vater und Mutter, beide von einer geradezu seltenen Gewissenhaftigkeit und Ordnungsliebe, mußten darauf achten, daß unsere Streiche und unsere Ausgelassenheit weder den Nachbarn noch dem Gutsherrn Schaden zufügten.« (Hoelz 1929, 18)

Vergegenwärtigt man sich nun in einer längsschnittorientierten Betrachtungsweise die Gesamtbiographie von Max Hoelz (in ähnlicher Form gilt dies für die meisten vorliegenden Arbeiterlebenserinnerungen), so ist offensichtlich, daß mit einer derart belastenden Kindheitserfahrung eine weitergehende Persönlichkeitsentwicklung der Arbeiterkinder um 1900 noch nicht grundlegend in Frage gestellt war. Hoelz etwa schildert in seiner Autobiographie – mit dem Titel: *Vom »Weißen Kreuz« zur roten Fahne* – seinen späteren Entwicklungsgang vom Gelegenheitsarbeiter zum

Eisenbahntechniker, der mit 16 Jahren nach England ausgewandert ist, dort die entsprechenden Abendkurse neben seiner Arbeit belegt hat, der als Spartakus-Kämpfer 1921–1928 im Zuchthaus landet, 1928 begnadigt wird und anschließend in die Sowjetunion emigriert. Sicherlich wirkt sich bei Hoelz späterhin in struktureller Hinsicht die »Begegnung mit dem Sozialismus« in seiner lebensgeschichtlichen Entwicklung aus.

Entscheidend für eine Lebensgeschichte ist die Art und Weise, wie die Subjekte mit den Bedingungen der Klassenlage umgegangen sind. Dies sei am Beispiel von Hoelz weiter verdeutlicht: Nach England geht er schon vor seiner Begegnung mit sozialistischen Ideen, die im übrigen in seinem Elternhaus rundweg auf Ablehnung stießen! Aufgrund seines Bildungshungers wird er dort unter Aufbietung aller Energie Eisenbahntechniker.

Nach seiner Rückkehr tritt er zunächst dem »Weißen Kreuz« bei, einem christlichen Jungmänner-Verein. Seine persönlichen Möglichkeiten, die ihn schließlich im sozialistischen Spektrum politisch aktiv werden lassen, entwickelt Hoelz ganz offensichtlich schon und noch im Kontext der in dieser Hinsicht als Ambivalenz-Konstellation zu bezeichnenden Lebenssituation seiner Familie, im Zusammenhang der dort in Kindheit und Jugend begegnenden Erfahrungsmodi. Diese individuell-biographische Struktur aufeinander folgender, besonderer Erfahrungsmodi in Wechselwirkung mit struktruell-gemeinsamen Erfahrungsmodi bzw. der Klassenlage ist dabei wiederum für den Gewinn an pädagogischer Erkenntnis von großer Bedeutung. Die für Hoelz' Biographie entscheidende pädagogische Kategorie dürfte dabei die sich sukzessive immer mehr entfaltende Bildsamkeit sein. Aufgrund welcher Erfahrungsmodi sich diese besonders ausgeprägte Bildsamkeit bei Hoelz schon im Kontext der strukturellen Mangelsituation seiner Familienkindheit entwickelt haben dürfte, soll abschließend aspektartig mit weiteren Ausschnitten aus seiner Lebensgeschichte angedeutet werden.

»Unvergeßlich ist mir geblieben, wie meine Mutter sich mühte, mir das Lesen beizubringen, lange bevor ich in die Dorfschule aufgenommen wurde. ... Ich habe während der acht Schuljahre nur wenige Male meine Schularbeiten machen können; wir Kinder mußten die Schule meistens schwänzen, um durch Arbeit bei den Bauern für unsere Familie verdienen zu helfen. Wenn wir schon einmal die Schule besuchen durften, mußten wir gleich nach Schulschluß mit den Büchern aufs Feld...

Mein Vater verdiente wöchentlich acht Mark. Dafür mußte er von morgens vier Uhr, manchmal schon drei Uhr, bis abends neun und zehn Uhr schwer arbeiten, – auch an Sonntagen. Er gönnte sich keine Zerstreuung, kein Vergnügen. Er saß in seinem ganzen Leben nicht ein einziges Mal in einem Wirtshaus. ...

Trotzdem war mein Vater kein Stiefellecker; sobald irgendein Krautjunker oder Lakai oder Gutsinspektor ihm ungerechtfertigte Vorwürfe machte, warf er ihm resolut den ganzen Krempel vor die Füße, ging seiner Wege und suchte sich anderswo Arbeit« (Hoelz 1929, 18, 19, 21, 20).

Es handelt sich bei den lebensgeschichtlich bedeutsamen Erfahrungsmodi in den Kindheitserinnerungen von Max Hoelz um die Modi der *Unterstützung* und *Förderung durch die Mutter* (vor dem Hintergrund der Ambivalenz der Lebenssituation) sowie um das *vorbildhafte Erleben* eines neben seiner Härte und seiner objektiven intellektuellen Begrenzung verantwortungsbewußten und »stolzen« *Vaters*. In der sukzessiven biographischen Integration (Umdeutung, Neuinterpretation) entwickelt sich ganz offensichtlich bei Hoelz – wie auch bei den meisten anderen Autoren von Arbeiterlebenserinnerungen – zum einen durch die Ambivalenzerfahrungen hindurch ein Verständnis für die schwierige Lage der Eltern und damit auch ein – entwicklungspsychologisch bedeutsames – Gefühl des Angenommen-Seins und Geliebt-Werdens (oder: Geliebt-Worden-Seins). Allerdings ist dies in grundlegend anderer Weise zu verstehen, als es der »bürgerliche« Modus der »besitzergreifenden Liebe« (Ariès) zwischen Eltern und Kindern repräsentiert. Zum anderen entsteht schon hier – zusammen mit lebensgeschichtlich sukzessive sich anschließenden Erfahrungen: eigene Arbeitserfahrungen etc. (siehe dazu IV) – der Kern eines Erfahrungsmodus »Lern- und Wißbegierde« als Selbstbehauptungsstrategie oder sogar als ein wesentliches Fundament des späteren »erwachsenen« Identitätskonzeptes (vgl. dazu Seyfarth-Stubenrauch 1985, 909; Matrix der lebensgeschichtlichen Entwicklung von Erfahrungsmodi, Handlungsdispositionen, Bewußtseinsdispositionen und zentraler Merkmale von Persönlichkeitsstrukturen bei Arbeiterkindern um 1900). Die starke Verinnerlichung und die lebensgeschichtliche Bedeutung dieses Erfahrungsmodus ließen viele Autoren von Arbeiterlebenserinnerungen trotz bleibend ungünstiger Lebensbedingungen (Bildungsbemühungen neben harter Erwerbsarbeit) die Defizite ihrer als äußerst mangelhaft beklagten Schulbildung fast vollständig überwinden.

III. Kindsein in Bürgerfamilien der Wilhelminischen Zeit

Monika Hunnius wurde 1858 als Tochter eines Pastors in Narva geboren. Zwischen den Eltern bestand ein recht großer Altersunterschied, denn Monikas Mutter war die zweite Ehefrau des Pfarrers, der schon zwei erwachsene Söhne aus erster Ehe hatte. Außer diesen Stiefbrüdern, die nicht mehr im Elternhaus lebten, hatte die Autorin einen eineinhalb Jahre älteren Bruder, Karl, und eine eineinhalb Jahre jüngere Schwester, Lisa. In einem Abschnitt über ihre Kinderspiele schreibt die Autorin:

»Wir mußten oft von unseren Sachen für arme Kinder etwas hergeben. Von meinen Spielsachen trennte ich mich leichten Herzens, aber der Abschied von meinen Puppen war mir ein heißer Seelenschmerz.

›Wenn die armen Kinder sie auch nur gut behandeln‹, sagte ich unter Tränen, ›wenn sie sie nur auch recht lieben werden!‹

Wie manches mal habe ich mich in den Schlaf geweint vor Sehnsucht nach ihnen, besonders den Bein- und Armlosen und denen mit Löchern in den Köpfen galten meine heißesten Tränen. Aber die durfte Mutter nicht sehen, sie schalt dann und sagte:

›Nur einen fröhlichen Geber hat Gott lieb.‹

Ich war freudig bereit, Menschen, die ich liebte, alles zu opfern, aber Fremden schenkte ich nicht gern. Da gab es einen Brüderprediger, Herrn Kesper, den ich nur mit stillem Ingrimm kommen und bei uns wohnen sah. Das hatte seine Gründe: mein Vater gab seinen Gästen immer gern ein Gastgeschenk mit heim, und einmal hatte er beschlossen, wir sollten Herrn Kespers Kindern, die wir gar nicht kannten, etwas schicken, und da man immer nur das Beste fortschenken dürfe, sollten es unsere schönsten Spielsachen sein. Karl mußte einen Eisenbahnzug opfern, ich – o Jammer – einen Puppenwaschtisch mit durchsichtigem rosenbemaltem Waschgeschirr und Lisachen eine kleine Kuhherde. Mit diesen Sachen durften wir nur am Sonntag spielen, und diese Herrlichkeiten sollten wir den fremden Kesper-Kindern schenken! Karl und Lisachen waren bald durch Mutters Überreden für die Sache gewonnen, sie begeisterten sich unfaßlicherweise für die fremden Kinder, und beide Geschwister gaben dann fröhlich ihre Sachen zum Einpacken hin. Nur ich saß mit einem düsteren Gesicht dabei und sah zu, wie meine Sachen, eine nach der anderen, verschwanden, mit einem Gefühl ohnmächtiger Wut gegen die bösen Kespers-Kinder, für ich mich trotz Mutters begeisterten Zuredens nicht erwärmen konnte.

›Ich kenne sie ja gar nicht‹, sagte ich ablehnend, ›wie soll ich sie dann lieben und ihnen gern etwas schenken?‹

Das erzürnte Mutter.

›Du hast ein kaltes Herz‹, sagte sie.«

(M. Hunnius *Mein Elternhaus*, Heilbronn-Salzer 1935, 58–60)

Die Interpretation dieser kleinen Szene beginnt mit der Betrachtung der räumlich-stofflichen Anordnung in der unmittelbaren Umgebung des Kindes (vgl. Bronfenbrenner 1976). In dieser bürgerlichen Familie – und das ist ein Gegensatz zu Arbeiterfamilien – war offenbar reichlich Spielzeug vorhanden. Da gab es nicht nur eine Puppe, sondern mehrere. Mit den Puppen wurde auch gespielt. Die materiell-ökonomische Lage der Familie setzt dieses Kind frei von früher Lohn- und Erwerbsarbeit, es hat freie Zeit, in einer anregenden Umgebung seine kindliche Phantasie, seine Kreativität, seine kognitiven, affektiven und sozialen Kräfte zu entfalten. Dies ist ein nicht zu unterschätzender Faktor, wenn wir mit Marx bedenken, daß Lohnarbeit in ihren historischen Formen »stets als *äußere Zwangsarbeit* erscheint und ihr gegenüber die Nichtarbeit als *Freiheit und Glück*« (Marx 1968, 191 f.).

Das Spielzeug war den Kindern entsprechend ihrem Geschlecht zugeteilt: Monika »besaß« Puppen und einen Puppenwaschtisch, der Bruder Karl eine Eisenbahn. Dies deckt sich mit den Untersuchungen Weber-Kellermanns, die das Spielzeug als »getreue Wiedergabe der Makrowelt der Erwachsenen« in Miniaturausgabe bezeichnet hat (Weber-Kellermann 1979, 195).

Schließlich war dieses Spielzeug, das die Kinder hergeben sollten, besonderes Spielzeug. Es waren »unsere schönsten Spielsachen« und »mit diesen Sachen durften wir nur am Sonntag spielen«. Monika Hunnius ist nicht die einzige Autobiographin, die diesen Umstand erwähnt. Das »schönste« Spielzeug, in diesem Fall wahrscheinlich das neueste, vielleicht ein Geschenk zum letzten Weihnachtsfest, wurde den Kindern nicht einfach zum Spielen überlassen. Sie bekamen es nur sonntags. Möglicherweise wollten die Eltern damit den »Wert« (gemeint ist der materielle Wert, nicht der ideelle) des Spielzeugs betonen. Die Kinder sollten lernen, daß das Spielzeug Geld kostete, und sie sollten lernen, es zu achten und zu schonen, wie sie auch ihre Kleidung schonen sollten. Auf diese Weise machten die Kinder mit der bürgerlichen Tugend der Sparsamkeit schon in jungen Jahren Bekanntschaft. Auch erfuhren sie auf diese Weise sinnlich und konkret, daß der Sonntag ein besonderer Tag war. Aber was ist das für ein Spielzeug, mit dem Kinder nicht spielen dürfen? Die bürgerlichen Kinder mußten sehr früh das Verzichten lernen und erfuhren drastisch, daß ihre sehnlichsten Wünsche sich nicht erfüllten. Während proletarische Kinder durch Arbeit am Spiel gehindert wurden, ist dieses eine spezifisch bürgerliche Form des Nicht-Spielen-Dürfens, die zeigt, daß Spielförderung zugleich auch Spielverhinderung war.

Der zweite Schritt der Interpretation betrachtet die Eltern-Kind-Beziehungen: Der Vater wird nur in einem kurzen Abschnitt in einem bestimmten Zusammenhang erwähnt. Die Autorin schreibt, er »gab seinen Gästen immer gern ein Gastgeschenk mit heim«. Ob der Vater das immer tat oder nur häufig, ob er es immer gern tat, ist hier belanglos. Jedenfalls scheint es sich um eine wiederkehrende Handlungsweise des Vaters zu handeln. Der nachfolgende Text bezieht sich dann auf ein einmaliges, bestimmtes Ereignis: »einmal hatte er beschlossen«. Der Vater trat hier als Verursacher einer Situation auf. Er faßte einen Beschluß: er wollte seinem Gast ein Geschenk für dessen Kinder mitgeben und entschied sich für ganz bestimmtes Spielzeug seiner eigenen Kinder: »Da man immer nur das Beste fortschenken dürfe, sollten es unsere schönsten Spielsachen sein.«

Dies ist die einzige Funktion, in der der Vater in diesem Text erwähnt wird. In der Fortführung der Szene, in der es um die Ausführung des Beschlusses geht, nennt die Autorin ihre Mutter. Dies deutet auch auf ein Gefälle innerhalb des Ehe-Systems hin. Die Mutter versuchte die Kinder zu »überreden«, ihnen »begeistert zuzureden«, so die Wortwahl von Monika Hunnius. Vielleicht versuchte sie auch, die Kinder abzulenken oder zu trösten. Für unseren Zusammenhang ist von Bedeutung, daß die Mutter offenbar mit den Kindern sprach. Es gab demnach in dieser Situation eine direkte Kommunikation/Interaktion zwischen Mutter und Kindern. Für den Vater läßt sich das dagegen nicht belegen. Dies ist in sehr vielen Autobiographien von Bürgerlichen ein wiederkehrendes Interaktionsmuster. In den Erinnerungen an die Kindheit – im Jugendalter verändert sich das zumindest für die männliche bürgerliche Jugend – erscheint der Vater in größerer Distanz als die Mutter, einer Distanz, die mit Scheu bzw. Furcht vor dem Vater einhergeht. Die Erinnerungen an die Mutter zeigen mehr Nähe und beschreiben intensivere Kontakte.

Doch schauen wir uns die beschriebenen Interaktionen zwischen Mutter und Tochter noch näher an. Die Mutter wird ja bereits im Zusammenhang mit den arm- und beinlosen Puppen erwähnt. Dort heißt es, die Mutter dürfte ihre heißesten Tränen nicht sehen, »sie schalt dann und sagte: ›Nur einen fröhlichen

Geber hat Gott lieb‹.« Auch zum Ende unseres Textes spielt diese Forderung eine Rolle. Die Mutter erzürnte darüber, daß Monika ihren Puppenwaschtisch nicht gern hergab und sagte: »Du hast ein kaltes Herz.«

Zum einen wurde hier die Praktik des Liebesentzugs unter Rückgriff auf die Religion angewendet: Gott hat dich nur lieb, wenn du so und so bist. Darin verschlüsselt ist aber auch: ich, deine Mutter, habe dich nur dann lieb. Was ist das für eine Liebe, die an Bedingungen geknüpft ist? Die jederzeit widerrufen werden kann? Welche Möglichkeiten hat ein kleines Mädchen, seiner Mutter das nicht zu glauben? Die Psychologie hat mehrfach auf den Zusammenhang von Liebesentzugspraktiken und der Ausbildung eines besonders strengen Gewissens hingewiesen.

Zum anderen wurde dem Kind hier in rigider Weise eine Moral aufgezwungen, die nach Kohlberg (1974) seinem Entwicklungsstand gar nicht entsprach. Es wurde ja von Monika nicht nur erwartet, das Spielzeug zu verschenken. Das hätten die Eltern einfach befehlen können. Nein, es wurde von der Mutter mit Nachdruck Wert darauf gelegt, daß dieses freiwillig und gern zu geschehen habe. Dies entspricht nach Kohlberg der »konventionellen Ebene« (Stufe 4), einer Ebene, die erst im Jugendalter erreicht wird: »Gut ist es, seine Pflicht zu tun und dem Gesetz zu gehorchen, um die geltende Ordnung zu erhalten.« Die Mutter verlangte von dem Kind etwas, was eigentlich erst Erwachsene, frühestens Jugendliche erfüllen können. Auch diese Handlungsweise, die für die psychische Entwicklung des Kindes sicher von nachhaltiger Bedeutung ist, wird in vielen Autobiographien von Bürgerlichen beschrieben. In solchen Handlungsweisen der bürgerlichen Erwachsenen wird ein impliziter anthropologischer Bildentwurf von Kindheit wirksam: Kindheit wurde angesehen als ein Zustand von »unzivilisierter Wildheit«, die es so früh und so wirkungsvoll wie möglich zu beenden, ja, zu bekämpfen galt.

Bemerkenswerterweise erkannte auch die schreibende Autorin nicht, daß sich ihre »ohnmächtige Wut« ganz unberechtigt gegen die »bösen Kesper-Kinder« richtete. Verursacher der Wut waren zunächst der Vater, der den Befehl zum Verschenken des Spielzeugs erteilte, sodann die Mutter, die dafür sorgte, daß er in die Tat umgesetzt wurde. Gegen die Eltern hätte sich die Wut also eigentlich richten müssen. Vielleicht erkannte die Autorin das auch und mochte nur nicht darüber schreiben? Für beide Möglichkeiten gilt, daß das Bild der Eltern offensichtlich tabuisiert war. Die Gefühle mußten umgelenkt werden auf die »bösen Kesper-Kinder«.

Der mittlere längere Abschnitt enthält einen Wechsel in der Schreibweise. Er beginnt mit »ich«: »Ich war freudig bereit, . . .«. Mitten im Text heißt es dann: »hatte er beschlossen, wir sollten . . .«. Dieser Wechsel von »ich« zu »wir« ist bei bürgerlichen Autobiograph/inn/en oft zu finden und geschieht ganz selbstverständlich. »Wir«, das heißt »wir Kinder« und bezeichnet ein Subsystem der Familie – *das Geschwistersystem.*

Mollenhauer/Brumlik/Wudtke (1975) halten das Geschwistersystem für bedeutsam, weil es eine Gegenwelt zu den Erwachsenen bilden kann. Diese Funktion erfüllte das Geschwister-System in der Tat in sehr vielen bürgerlichen Familien.

Die Kinder konkurrieren miteinander um die Liebe und Zuwendung der Eltern. Jedes Kind muß seinen ihm zugehörigen Platz im Subsystem der Geschwister finden. Am einfachsten geht dies über die Alterspositionen (Ich bin der große, du bist der kleine) und über die Geschlechtsrollen (Ich bin das Mädchen, du bist der Junge). Bei mehr als zwei Geschwistern reichen diese Kategorien aber nicht aus. Die Kinder müssen sich dann andere Bereiche – de Haen (1983) nennt das »Felder« – erschließen, in denen sie sich von den Geschwistern unterscheiden. Das tun die Kinder aktiv und selbständig.

Doch kommen wir zum Text zurück: Die Mutter wandte sich den Kindern zu und versuchte, sie zum Hergeben der Spielsachen zu bewegen. »Karl und Lisachen waren bald für die Sache gewonnen, sie begeisterten sich unfaßlicherweise für die fremden Kinder.« Monika tat dies nicht. Dadurch unterschied sie sich von ihren Geschwistern. Für Monika war die Feldsuche unter den Geschwistern am schwierigsten. Sie war nicht »groß« wie Karl und nicht »die kleinste« wie Lisa. Von ihrer Rolle als Jüngste wurde sie von der Schwester nach eineinhalb Jahren entthront. Monika nimmt hier die Rolle der »Außenseiterin« ein, der Widerspenstigen. So unterschied sie sich von ihrer Schwester und gewann ein Stück eigene Identität. Sie gewann in diesem Bereich auch besondere Zuwendung von der Mutter, wenn auch in negativer Form. In dieser Rolle nutzte die Autorin zugleich die einzige Freiheit, die ihr blieb: Mußte sie ihre Spielsachen schon opfern, so wollte sie es wenigstens »mit einem düsteren Gesicht« und »ungern« tun. Die

Szene verdeutlicht, wie das widerständige Handeln der Autorin indirekt durch das Subsystem der Geschwister gefördert wurde.

Hier finden wir einen ersten Hinweis auf die Kraft und den Widerstand, die Monika Hunnius für ihre spätere Entwicklung und ihren Lebensweg als Erwachsene benötigte: Sie wollte sich zur Sängerin ausbilden lassen und setzte das schließlich gegen den Widerstand der Familie durch.

Für die meisten bürgerlichen Kinder ist ein weiteres Beziehungssystem innerhalb der Familie von Bedeutung, das hier ebenfalls mit Monika Hunnius eingeholt wird:

»Wenn ich von meinem Elternhaus erzähle, darf ich zweier getreuer Seelen nicht vergessen, die hineingehören. Nadinka und unsere russische Wärterin, ›Njanja‹ genannt (47). ...

Aber unsere Njanja war doch für uns die Liebste und Wichtigste. Sie kam in unser Elternhaus, als Karl geboren wurde, und trug uns alle auf ihren treuen Armen, sie war der richtige Typus der berühmten russischen Njanja. Ihr Herz war voller Liebe und Hingabe für uns und unser Haus, ihre Seele voll Frömmigkeit und voll tiefer Ehrfurcht (48). ...

Ein sehr beliebtes Ziel für unsere Spaziergänge bildete auch das Armenhaus, dort war ein großer Hof mit einer Heuwaage, auf der wir wippten. Auf den Bäumen saßen immer Dohlen, die schrien, und die alten Frauen nannten sie ›Dahlchen‹.

Hier hatten wir zwei Freundinnen, zwei alte Frauen, die wir heiß liebten und gerne besuchten: Madame Wiera und Madame Zeschke. Ich dachte immer, das beneidenswerteste Los auf Erden sei, im Armenhaus leben zu dürfen. Ich fragte einmal Madame Zeschke, zu der ich großes Zutrauen hatte:

›Ach, Madame Zeschke, glaubst du, daß ich, wenn ich so alt bin wie du, auch einmal ins Armenhaus kommen darf?‹

Die Alte war empört.

›Was denkst du eigentlich, eine Pastorstochter im Armenhaus, das wäre eine schöne Geschichte!‹

Namenlos interessante Sachen waren in den Zimmern der beiden Frauen: ein Ofen aus braunen Kacheln, der auf hohen Füßen stand, mit einem Ofenloch, das mit einer Messingtür verschlossen war; und wenn wir sie öffneten, sahen wir immer eine braune Kanne mit Kaffee darin stehen. Am Fenster war ein breiter Tritt mit zwei Stufen, auf denen man sitzen und zuhören konnte, wenn Madame Zeschke Zaubergeschichten erzählte. Dann war da ein Lederstuhl mit Lederriemen an Stelle der Armlehnen, den konnte man zusammenklappen und wie eine Drehorgel auf dem Rücken tragen; dazu sang man, worüber Frau Zeschke Tränen lachte. Dann war da eine Tür mit einem Gewicht, das in dicke Lappen gewickelt war, und als wir Frau Zeschke fast zu Tode gequält hatten und sie es los wickelte, um es uns zu zeigen, war zu unserer Enttäuschung nur ein Ziegelstein darin. Dann gab es große blaue Tassen, die auf einer Kommode standen, einen Nähkasten mit kleinen, bunten Sternen, auf die Zwirn gewickelt war, ein Nadelbuch, eine alte verrostete Schere, die so stumpf war, daß man mit ihr das Zeug nur kneifen, niemals schneiden konnte, eine Garnwinde auf einem Fuß, bunte Teller – kurz, Herrlichkeiten, an denen man sich gar nicht satt sehen konnte! Überall durften wir kramen, alles anfassen, alles besehen.« (55–57)

Mit den Untersuchungen über die Wirkungen von Sozialisation, Erziehung und Bildung in den *Beziehungen zwischen Dienstboten und bürgerlichen Kindern* wird ein Bereich der historischen Sozialisationsforschung berührt, der in der Forschung zu wenig Beachtung gefunden hat:

Die von der Njanja präsentierte und repräsentierte Lebenswelt stand in deutlichem Kontrast zu der Welt der bürgerlichen Eltern. Durch Njanja kam die Autorin mit Bereichen der Realität in Kontakt, die ihr sonst verschlossen geblieben wären. Hier galten andere Regeln, andere Werte und Normen als im Elternhaus. Die kleine Monika ging gern mit Njanja ins Armenhaus. Ihr tat sich dort eine Welt auf, die ihr nicht zuletzt deshalb als faszinierend erschien, weil sie überall »kramen, alles anfassen, alles besehen« durfte. Welch ein Gegensatz zum eigenen Elternhaus! Die kleine Monika konnte sich hier eine fremde Welt sinnlich-konkret erobern.

Die dokumentierte Erinnerung verdeutlicht darüber hinaus, daß hier offenbar ein anderer anthropologischer Bildentwurf von Kindheit implizit wirksam war als bei den Eltern: Die Kinder wurden nicht als »kleine Wilde« angesehen, die es so schnell wie möglich zu disziplinieren galt. Vielmehr wurden sie in ihrer gegenwärtigen Existenz, in ihrem »So-Sein« angenommen und ernstgenommen.

Viele Bürgerkinder entwickelten die intensiven frühkindlichen Beziehungen nicht zur Mutter, sondern zum Kindermädchen. Diese intensiven Beziehungen beschränkten sich jedoch auf die Phase der Kindheit. Im Jugendalter erfuhren die bürgerlichen Kinder früher oder später, daß der von ihnen einst geliebten und wichtigsten Bezugsperson durch die Eltern und die übrige bürgerliche Lebenswelt eine sozial verachtete gesellschaftliche Position zugewiesen wurde. Die meisten Jugendlichen konnten die Widerspruchserfahrungen, die mit dem Abbruch der liebevollen Beziehungen zum Kindermädchen/Dienstmädchen einhergingen, offenbar nicht aushalten oder verarbeiten. Sie wurden dann verdrängt.

IV. Der Ansatz einer pädagogischen-biographischen historischen Sozialisationsforschung

Es war in dem hier gesteckten Rahmen nicht möglich, ein umfassendes Bild der kindlichen und jugendlichen Lebenswelten oder gar ausdifferenzierte Generationsgestalten in ihrer klassenspezifischen Ausprägung zu entfalten. Das Ziel war vielmehr, die besonderen erkenntnisleitenden Perspektiven und Fragestellungen sowie die konkrete Arbeit mit dem autobiographischen Material in Umrissen zu verdeutlichen. Abschließend sei der Versuch gewagt, unter ständigem Rückbezug auf die vorangehenden Abschnitte den Ansatz einer pädagogischen-biographischen historischen Sozialisationsforschung systematisch zu entfalten, um auf diese Weise die innovatorische Intention weiter zu präzisieren.

Unser Projekt versteht sich als ein Beitrag zur *historischen* Sozialisationsforschung. Deren Aufgabe sei in Kürze so bestimmt: Sie soll für eine bestimmte Periode und einen bestimmten geopolitischen Raum (hier das Wilhelminische Kaiserreich), für bestimmte Klassen und soziale Gruppen (hier für Kinder und Jugendliche der Arbeiterklasse und des Bürgertums) deren Individual- und Kollektivbiographien rekonstruieren. Und sie soll dies tun, indem sie einerseits nach der strukturellen Bedingungskonfiguration dieser Prozesse des Erwachsenwerdens fragt und andererseits zu verstehen und zu erklären versucht, welche Bedeutung die erfahrenen geschichtlich-gesellschaftlichen Rahmenbedingungen sowie die erfahrenen Sozialisations-, Erziehungs- und Bildungsprozesse aus der Sicht der betroffenen Individuen für deren Selbstverständnis, Weltorientierung und Lebenslauf gehabt haben.[10]

Damit ist der hier gewählte Ansatz präzisiert als derjenige einer *biographischen* historischen Sozialisationsforschung. Diese läßt sich die vorgenannten Fragen aus der Sicht und aus dem Mund der betroffenen Individuen beantworten. Diese biographische bzw. subjektorientierte Methode verweist auf die in unserem Projekt gewählte Primärquelle Autobiographie. Dieser subjektorientierten Methode liegt – wenn man so will – eine forschungsethische Option zugrunde: das autobiographische Material darf nicht zu einem »Lieferanten von Daten« degradiert werden, die dann eine Beleg- und Illustrationsfunktion für vorformulierte Hypothesen erhalten. Die Autobiographen werden vielmehr als »Produzenten« lebensgeschichtlicher Selbstreflexion, als die Schreiber der Geschichte ihrer erfahrenen Sozialisation, Erziehung und (Selbst-)Bildung, als die Deuter und Umdeuter ihrer vorgefundenen Lebenslagen der »strukturellen Bedingungskonfiguration« (Liebau 1988), durchgängig ernst genommen. Die traditionelle Historiographie der Erziehung war – ob sie nun als Ideen-, Institutionen- oder Sozialgeschichte der Erziehung angelegt gewesen ist – eine Geschichte der Erziehung aus der Sicht der Erzieher. Wenn nun hier die individuell lebensgeschichtlichen Kontinuitäten und Diskontinuitäten sowie die sozialisatorischen und edukativen Wirkungen aus der Sicht der betroffenen Subjekte zum Forschungsgegenstand werden, dann erhält pädagogisch-historische Forschung automatisch neue Funktionen und Möglichkeiten – und zwar gerade auch in Richtung auf eine pädagogisch-theoretische Forschungsabsicht: sie kann nun prüfen, wie die Erzogenen mit den ihnen von den Erwachsenen präsentierten Deutungen der Lebenswelt umgegangen sind, wie sie sich diese Deutungen angeeignet haben. Sie kann zunehmend differenzierter in den Blick nehmen, inwieweit das in den Sozialwissenschaften so dominante Modell linearer Einwirkung tragfähig ist bzw. revidiert werden muß. Sie kann den Begriff der aktiven Aneignung (als die Um- oder Neuorientierung des Subjekts) präzisieren und qualitativ bestimmen und auf diese Weise die Thesen eines anthropologischen Idealismus (von Pestalozzi 1968, 46f., bis Elias 1983, 218f.) empirisch sättigen. Sie kann durch die Analyse »lebensgeschichtlichen Lernens« (Lernen in Lebenswelten, in Widersprüchen, in Diskontinuitäten u. a.; vgl. Schulze 1985) Elemente zu einer spezifisch pädagogischen Lerntheorie herausarbeiten und damit Ergänzungen liefern zu den in der Psychologie primär auf das »curriculare Lernen« bezogenen Theorien. Sie kann zu einer empirischen Evidenz der konstitutiven Prinzipien allgemeinpädagogischen Denkens, der Prinzipien der Bildsamkeit und der Selbsttätigkeit, beitragen. Die Reihe ließe sich fortsetzen.

Durchgängig haben wir in unserem Projekt mit einem *pädagogisch-anthropologischen Erkenntnisinteresse* gearbeitet, das seine

Fragestellungen und Kategorien aus sozial-phänomenologischen (Rang 1977, Langeveld 1977), interaktionstheoretisch-system-theoretischen (Mollenhauer u. a. 1975), aus integrativen (Roth 1966, 1971, 1977; Loch 1977, 1979) und existenzphilosophisch (Bollnow 1959, 1979) orientierten Ansätzen einer Pädagogischen Anthropologie gewinnt und mit dieser Rückkehr zu den einheimischen Begriffen ein weiteres Spezifikum (vgl. 1) einer in der pädagogischen Wissenschaft angesiedelten biographischen historischen Sozialisationsforschung (gegenüber einer in der Geschichtswissenschaft angesiedelten historischen Familienforschung) einzuholen versucht (Cloer 1979).

Den Analyserahmen haben wir auf der Folie des *Ansatzes einer ökologischen Sozialisationsforschung* (Bronfenbrenner 1976) und des *interaktionstheoretisch-systemtheoretischen Ansatzes der Familienforschung* (Mollenhauer u. a. 1975) entwickelt. Dabei stand kontinuierlich die komplexe Wechselbeziehung zwischen den geschichtlich-gesellschaftlichen Rahmenbedingungen (der strukturellen Bedingungskonfiguration), der Präsentation/Deutung der Lebenswelt durch die Erwachsenen und der Aneignung dieser Deutungen durch die Heranwachsenden im Vordergrund – und zwar bezogen auf:
– die Begegnungen und Erfahrungen mit den räumlichen und zeitlichen Ordnungsschemata in der kindlichen Lebenswelt der Arbeiterklasse und des Bürgertums;
– die Begegnungen und Erfahrungen im Kontext der Beziehungen im Familiensystem – im Sinne Mollenhauers (1975) ausdifferenziert für das Ehe-System, das Eltern-Kind-System (als Vater-Kind-Beziehung und Mutter-Kind-Beziehung), das Geschwister-System sowie – als Spezifikum der bürgerlichen Familie – für die Dienstmädchen-Kinder-Beziehungen;
– die Begegnungen und Erfahrungen in den Außenbeziehungen (mit den Verwandten und der Altersgruppe);
– die Begegnungen und Erfahrungen mit der Institution Schule;
– die Begegnungen und Erfahrungen mit dem ideologischen System (z. B. werden bei Seyfarth-Stubenrauch 1985 untersucht: Arbeiterbewegung/Sozialismus; Obrigkeitsstaat; Religion als Kirche).

Inhaltlich lag dabei der Schwerpunkt in der Herausarbeitung sowohl der aus der gemeinsamen strukturellen Bedingungskonfiguration erklärbaren *allgemeinen Erfahrungsmodi* als auch der zu der strukturellen Bedingungskonfiguration »querliegenden« *besonderen Erfahrungsmodi*. In der Autobiographie – wenigstens diese Anmerkung zu ihrer erkenntnistheoretischen Funktion soll hier gemacht werden – sehen wir eine vorzügliche Quelle für die Herausarbeitung dieser besonderen Erfahrungsmodi. Das Ausmessen von Entscheidungs- und Handlungsspielräumen (Elias, aber weit vorher schon Pestalozzi) im Rahmen bestimmter Bedingungslagen dürfte ein zentrales Thema der Autobiographie der Neuzeit sein. Denn darin vergewissere ich mich ja gerade der Frage, worin ich wie kein anderer war (und bin); darin artikuliere ich meinen Anspruch auf Individualität (vgl. z. B. Marquard 1979).

Das Individuum erlebt diese Konfrontation allgemeiner mit den besonderen Erfahrungsmodi als *Widerspruchserfahrungen*. Die Verarbeitung dieser Widerspruchserfahrungen entscheidet darüber, ob ein Individuum zu einer gelungenen Identitätsbildung gelangt (deshalb hat Seyfarth-Stubenrauch diese Widerspruchserfahrungen auch Ambivalenzerfahrungen genannt). Sie entscheidet auch darüber, ob ein Individuum zu einer engen oder weit ausgreifenden Entwicklung gelangt (wobei »weit ausgreifend« mit Bezug auf die Arbeiterklasse gerade nicht als sozialer Aufstieg verstanden wird). Wir vermuten, daß innerhalb der Widerspruchserfahrungen insbesondere die Breite und eine bestimmte Konstellation der besonderen Erfahrungsmodi entscheidend dafür sind, ob ein Individuum zu einer aktiven Aneignung (i. S. von Umdeutung, Erweiterung, Distanzierung u. a.) der präsentierten Deutungen der Lebenswelt bzw. der politischen (u. a.) Mentalitätsformation(en) gelangt. Deshalb haben wir uns querschnittsanalytisch auf eine möglichst umfassende Ermittlung besonderer Erfahrungsmodi und in den Längsschnittanalysen auf die individuell spezifische Konstellation der besonderen Erfahrungsmodi konzentriert.

Klika hat am Beispiel von Monika Hunnius einige solcher allgemeiner Erfahrungsmodi im Kontext bürgerlicher Familienkindheit verdeutlicht. Seyfarth-Stubenrauch hat die spezifische Leistungsmöglichkeit einer längsschnittorientierten biographischen Analyse und zugleich die Engführung aller struktur-funktionalen Ansätze verdeutlicht. Er hat die strukturell bedingte Lebenslage in der Familienkindheit des Max Hoelz als eine extreme Mangelsituation, als einen – wenn man die Strafrituale der Eltern und die Ausgrenzungen und Quälereien in der dominanten großbäuer-

lichen Altersgruppe erinnert – kaum zu übertreffenden Unterdrückungszusammenhang beschrieben. Und doch, so zeigt sich, haben diese extremen Mangelsituationen und die »restriktive proletarische Sozialisation und Familie« keine determinierende Kraft in bezug auf eine »moralische Verkümmerung« und eine »intellektuelle Verödung« gehabt. Insgesamt wird man aufgrund unserer an das autobiographische Material herangetragenen Fragestellungen gegenüber Emmerichs pauschaler Kennzeichnung der proletarischen Familie des 19. Jahrhunderts als einer »negative(n) Sozialisationsinstanz« einen deutlichen Vorbehalt anmelden müssen (Emmerich 1974, 91 f.). Seyfarth-Stubenrauch kann bei Hoelz (aber keineswegs nur bei ihm) nachweisen, daß eine weit ausgreifende Persönlichkeitsentwicklung trotz dieser Bedingungslage nicht ausgeschlossen gewesen ist. Bei der Suche nach den Gründen stößt man auf eine ganz bestimmte *Konstellation von besonderen Erfahrungsmodi*: die Unterstützung und Förderung durch die Mutter im vorschulischen Leselernprozeß, die schon früh und dann auf Dauer die Lern- und Wißbegierde als eine Selbstbehauptungsstrategie entfaltet; das Erleben eines nicht nur strafenden, sondern im Umgang mit der »Herrschaft« stolzen Vaters, und nicht zuletzt die mit der Arbeit verbundenen besonderen Erfahrungsmodi. Seyfarth-Stubenrauch hat gezeigt, daß sich für sehr viele Arbeiterautobiographen in ihrer lebensgeschichtlichen Selbstreflexion die Arbeitserfahrungen als die entscheidenden Grundlagen für die Entstehung von Selbstbewußtsein und politischem Bewußtsein erweisen. Bei aller Betonung der Nöte und Entbehrungen, der Härte und Diskriminierungen im Kontext der Arbeit gibt es ganz ausgeprägt auch diese Erfahrungsmodi:
– das Stolzsein auf frühe Arbeitsleistungen;
– das sinnlich-konkrete Erleben von Herrschaft;
– das sinnlich-konkrete Erleben von sozialer Ungleichheit/Ungerechtigkeit;
– die Eigeninitiative als Verarbeitungsmodus von Enttäuschungserfahrungen;
– die Wanderschaft/Walze in ihrer Bedeutung für die Erweiterung des Horizontes und des Selbstbewußtseins.

Hier sind wir an einer Nahtstelle unseres Projektes. Die Herausarbeitung der besonderen Erfahrungsmodi-Konstellation setzt Seyfarth-Stubenrauch in die Lage, die Engführung des strukturfunktionalistischen Ansatzes deutlich zu machen. Wenn man nämlich die Entwicklung des Individuums als Funktion (im Verständnis Luhmanns als »Sonderfall von Kausalität«) der strukturellen Bedingungskonfiguration definiert, dann »konstruiert« man damit eine bestimmte Wirklichkeit; dann wird man das Material (auch das autobiographische; vgl. Emmerich 1974f.; Flecken 1981) selektiv-illustrativ heranziehen. Mit dem struktur-funktionalistischen Ansatz ist der Zugang zu den besonderen Erfahrungsmodi und damit auch zur Erklärung der Persongenese versperrt. Man interessiert sich ausschließlich für Verallgemeinerungen, aber nicht für eine »Differenzierung von Verallgemeinerung« (Schulze) und wird damit der historischen Wirklichkeit nicht gerecht.

Dieser Gedanke soll noch ein Stück weiter vorangetrieben werden. Die im sozial-strukturellen Paradigma gewonnene Defizithypothese der Sozialisation im Kaiserreich (Gefühlsarmut und Unterdrückungszusammenhang der Arbeiterfamilie) ist monokausal mit der »allseitigen Dürftigkeit in materieller Hinsicht« erklärt worden (Emmerich 1974, 92). Diese These verführt leicht zu einer problematischen Polarisierung der Sozialisationsbedingungen in den Arbeiter- und Bürgerfamilien – dergestalt, daß der bürgerlichen Familie ein »entwickelter Familiensinn« und eine »Intensivierung der Eltern-Kind-Beziehung« und der proletarischen Familie ein Klima der »Feindseligkeit, Ablehnung und Indifferenz« mit der Konsequenz »denkbar« ungünstiger »Voraussetzungen zu einer stabilen Persönlichkeitsentwicklung des Arbeiterkindes« zugeschrieben werden (Flecken 1981, 45, 70, 76). Hier liefert die differenzierte Rekonstruktion der allgemeinen Erfahrungsmodi in den Familien des Bürgertums eine notwendige Korrektur, wenn man etwa denkt an:
– die Beschränkung kindlicher Bewegungs- und Erfahrungsmöglichkeiten in Wohnung und Garten und durch die Kleidung;
– die spezifischen Ängste, die sich mit der patriarchalischen Vaterfigur und den von ihm beanspruchten Räumen (Arbeitszimmer) verbinden;
– die Angst- und Verlassenheitsgefühle in den Distanz vermittelnden separierten Kinderzimmern;
– die Einschränkungen der Freizeit durch streng reglementierte zeitliche Ordnungsschemata;
– die zwanghaften Interaktionsrituale bei den Mahlzeiten;
– die Strafen und Disziplinierungsmittel, die im Modus des Liebesentzugs die Distanz zwischen den Generationen verstärkte;

– die Reglementierung der Freundschaftsbildung durch die Eltern (standesgemäße Kontakte);
– die ausgeprägte soziale Kontrolle der Geschlechterbegegnung einschließlich der Tabuisierung der Sexualität.

Von daher kann Klika begründet auch bezüglich der bürgerlichen Eltern-Kind-Beziehungen von einem »tendenziellen Unterdrückungszusammenhang«, von der Erfahrung der Enge und des Gefangenseins sprechen, die im übrigen dort ihre Fortsetzung in der Institution Schule erfahren hat. Zweifellos stößt Klika mit der Herausarbeitung dieser allgemeinen Erfahrungsmodi zu jenen sozialisatorisch relevanten Elementen vor, die die von Doerry (1986) herausgearbeitete politische Mentalitätsformation der Wilhelminer (Autoritätsfixierung und Aggressivität, Assimilation und Harmonieorientierung) in ihrer Entstehung mit erklären könnten. Nun kann man wie Doerry das Augenmerk darauf richten, wie in sehr geschlossenen Institutionen und Systemen die »Prägungen« (ein »verräterischer« Begriff bei Doerry) im Sinne linearer Einwirkung erfolgreich ablaufen. Und diese Akzentuierung ist für den Historiker auch plausibel. Man kann aber auch genau umgekehrt (bzw. *zusätzlich,* wie wir es in unserem Projekt getan haben) das Interesse darauf richten, wo und wie Kinder und Heranwachsende umdeutend und distanzierend mit der strukturellen Bedingungskonfiguration und den angebotenen Deutungsmustern der Erwachsenen umgegangen sind.

Erziehungswissenschaftliche Antworten auf diese Fragen müßten für Theoriezusammenhänge der Politischen Bildung genau so wichtig sein wie die Erklärung der Sicherung und Stabilisierung von dominanten Mentalitätsformationen. Um es noch einmal zu wiederholen: Forschungsstrategisch muß es uns bei der oben gestellten Frage um das Aufsuchen der Widerspruchserfahrungen gehen. Diese konstituieren sich aus der Konfrontation bestimmter allgemeiner Erfahrungsmodi-Konstellationen mit bestimmten besonderen Erfahrungsmodi-Konstellationen; im Bürgertum des Wilhelminischen Kaiserreiches darüber hinaus in der »Institution« Dienstmädchen. Klika kann generalisierend sagen, daß für die Kinder des Bürgertums der familiale (und auch der schulische) Innenraum mit den Erfahrungen der Enge und des Gefangenseins, die Außenbeziehungen (insbesondere zu Großeltern, Onkeln und Freunden) hingegen mit den Erfahrungen der Weite verbunden gewesen seien. Hier nehmen die Dienstmädchen, die ihrerseits aufs engste in den Unterdrückungszusammenhang der bürgerlichen Familie eingebunden gewesen sind, für die Kinder des Bürgertums eine Sonderstellung ein; mit ihnen verbinden sich durchaus »Weite«-Erfahrungen. Klika hat die folgenden herausgearbeitet:

– die ansonsten den bürgerlichen Kindern vorenthaltenen Arbeitserfahrungen (Helfendürfen, das am Prinzip der Freiwilligkeit orientiert war und dem kindlichen Aktivitätsbedürfnis ebenso wie seinem Selbstwertgefühl Rechnung trug);

– die Erfahrung einer anderen Qualität von Kommunikation (Wärme, Nähe, Spontaneität);

– die Erfahrungen mit den Inhalten und Ritualen einer anderen Konfession;

– die Erfahrung mit anderen kulturellen Beständen (im Liedgut und in Geschichten);

– die Erfahrungen mit der Küche als einer ökologischen Nische, als Raum für Trost;

– die Erfahrungen mit Sexualität (einschließlich der Einbindung in die Schweigepflicht, was häufig zu einer solidarischen Gemeinschaft zwischen Dienstmädchen und Kindern als Gegenwelt gegen die Eltern führte und zugleich das Selbstwertgefühl stärkte);

– die Erfahrungen mit den Moralen und den sozialen Bedingungen der anderen Klasse (vgl. das Beispiel der Monika Hunnius).

Klika hat es in ihrer Arbeit noch nicht leisten können, dem Zusammenhang zwischen diesen Erfahrungen der Kinder mit den Dienstmädchen zu einer späteren Öffnung für die Soziale Frage im sozialistischen Gedankengut in längsschnittorientierten Analysen nachzugehen. Solche Zusammenhänge deuten sich in ihrem Material bei Leo Weismantel an. Die tendenziell antisozialistische Orientierung des Bürgertums und seine politische Mentalitätsformation zu beschreiben, ist das eine; die Herkunft großer Teile der sozialdemokratischen Parteielite aus dem Bürgertum in einem lebensgeschichtlich-hermeneutischen Ansatz zu erklären, wäre ein anderes.

1 Obwohl in engem Gedankenaustausch entstanden, zeichnen erstver-
antwortlich für die Teile I und IV E. Cloer, für den Teil II M. Seyfarth-
Stubenrauch und für Teil III D. Klika.

2 Vgl. z. B.: Uhlig, K., *Die Autobiographie als erziehungswissenschaft-
liche Quelle*, Hamburg 1936. – Henningsen, J., *Autobiographie und
Erziehungswissenschaft. Fünf Studien*, Essen 1981 (die Studien 1, 4, 5
sind in den Jahren 1962 bis 1964 erstmalig erschienen). Hoffmann,
Erika, *Kindheitserinnerungen als Quelle pädagogischer Kinderkunde*,
Heidelberg 1960.

3 Die Arbeiten zur biographischen Methode in der pädagogischen Wissenschaft sind seit 1979 besonders zahlreich. Hier können nur einige
hervorgehoben werden: Baacke, D./Schulze, Th. (Hg.), *Aus Geschichten lernen*, München 1979. – dies. (Hg.), *Pädagogische Biographieforschung. Orientierungen, Probleme, Beispiele*, Weinheim 1985. – Garz,
D./Kraimer, K. (Hg.), *Brauchen wir andere Forschungsmethoden?*
Frankfurt 1983 (darin besonders die Beiträge von Aufenanger, Brumlik,
Garz). – Dikow, J. (Hg.), *Die Bedeutung biographischer Forschung für
den Erzieher*, Münster 1988. – Gstettner, P., *Biographische Methoden in
der Sozialisationsforschung*, in: K. Hurrelmann/D. Ulich (Hg.), *Handbuch der Sozialisationsforschung*, Weinheim 1980, 371–392. – Klafki, W.
(Hg.), *Verführung – Distanzierung – Ernüchterung. Kindheit und Jugend im Nationalsozialismus. Autobiographisches aus erziehungswissenschaftlicher Sicht*, Weinheim 1988. – Rutschky, K., *Erziehungszeugen. Autobiographien als Quelle für eine Geschichte der Erziehung*, in:
ZfPäd 29 (1983), H. 4, 499–517.

4 Vgl. jüngst: Jüttemann, G./Thomae, H. (Hg.), *Biographie und Psychologie*, Berlin 1987 (in der Psychologie hat es eine umfangreiche Vorlauf-
diskussion und Erprobung der biographischen Methode in den zwanziger Jahren dieses Jahrhunderts gegeben).

5 Vgl. z. B.: Fuchs, W., *Biographische Forschung*, Opladen 1984. – Kohli,
M./Robert, G. (Hg.), *Biographie und soziale Wirklichkeit*, Stuttgart
1984. – Matthes, J. u. a. (Hg.), *Biographie in handlungswissenschaft-
licher Perspektive*, Nürnberg 1981. – Voges, W. (Hg.), *Methoden der
Biographie und Lebenslaufforschung*, Opladen 1987.

6 Vgl. z. B.: Klingenstein, G. u. a. (Hg.), *Biographie und Geschichtswissenschaft*, München 1979. – Niethammer, L., *Lebenserfahrung und
kollektives Gedächtnis*, Frankfurt 1980.

7 Vgl. z. B., Brednich, R. W. u. a. (Hg.), *Lebenslauf und Lebenszusammenhang. Autobiographische Materialien in der volkskundlichen Forschung*, Freiburg 1982. – Filipp, S.-H. (Hg.), *Kritische Lebensereignisse*,
München 1981. – Hurrelmann, K. (Hg.), *Sozialisation und Lebenslauf*,
Reinbek 1976. – Kohli, M. (Hg.), *Soziologie des Lebenslaufs*, Darm-

stadt/Neuwied 1978. – Lehmann, A., *Erzählstruktur und Lebenslauf. Autobiographische Untersuchungen*, Frankfurt 1983. – Loch, W., *Lebenslauf und Erziehung*, Essen 1979. – Luckmann, Th., *Gelebte Zeiten und deren Überschneidungen im Tages- und Lebenslauf*, in: R. Herzog/R. Koselleck (Hg.), *Epochenschwelle und Epochenbewußtsein*, München 1987, 283–304. – Rosenmayr, L. (Hg.), *Die menschlichen Lebensalter. Kontinuität und Krisen*, München/Zürich 1978.

8 Vgl. z. B.: Adolphs, L., *Kinder in Ketten*, Duisburg 1984, 12 f. – Hardach-Pinke, I./Hardach, G. (Hg), *Kinderalltag. Deutsche Kindheiten in Selbstzeugnissen 1700–1900*, Reinbek 1981, 66 ff. – Hoeppel, R., *Perspektiven der erziehungswissenschaftlichen Erschließung autobiographischer Materialien*, in: 18. Beiheft der ZfPäd Weinheim/Basel 1983, 308 f. – Oelkers, J./Lehmann, Th., *Antipädagogik: Herausforderung und Kritik*, Braunschweig 1983, 88–102.

9 Fuchs, W., *Biographische Forschung*, Opladen 1984, 60–66. – Halbwachs, M., *Das kollektive Gedächtnis*, Stuttgart 1967. – Hoffmann, E., *Kindheitserinnerungen als Quelle pädagogischer Kinderkunde*, Heidelberg 1960, bes. 17–21, 34–51. – Marquard, O., *Identität – Autobiographie – Verantwortung*, in: ders./K. Stierle (Hg.), *Identität*, München 1979, 690–699. – Schulze, Th., *Auf der Suche nach einer neuen Identität*, in: 18. Beiheft der ZfPäd, Weinheim 1983, 315. – Uhlig, K., *Die Autobiographie als erziehungswissenschaftliche Quelle*, Hamburg 1936, bes. 105–118. – Wuthenow, R.-R., *Das erinnerte Ich*, München 1984, 20 f.

10 Vgl. hierzu differenzierter J. Henningsen (vgl. Anm. 2); Ulrich Herrmann, *Geschichte und Theorie. Ansätze zu neuen Wegen in der erziehungsgeschichtlichen Erforschung von Familie, Kindheit und Jugendalter*, in: ZSE 4 (1984), H. 1, 11–28. – ders., *Neue Wege der Sozialgeschichte. Zur Forschungspraxis der historischen Sozialisationsforschung und zur Bedeutung ihrer Ergebnisse für pädagogische Theoriebildung*, in: *Pädagogische Rundschau* 38 (1984), H. 2, 171 ff. – Th. Schulze, *Auf der Suche nach einer neuen Identität*, in: ZfPäd. 18. Beiheft, Weinheim 1983, 313–320. – ders., *Lebenslauf und Lebensgeschichte*, in: Baacke/Schulze 1985 (vgl. Anm. 3), 29–63.

Literatur

(Die in die Anmerkungen aufgenommene Literatur ist hier nicht berücksichtigt)

Blankertz, Herwig, *Handlungsrelevanz pädagogischer Theorie. Selbstkritik und Perspektive der Erziehungswissenschaft am Ausgang der Bildungsreform*, in: ZfPäd 24 (1978), 171–182.

Bollnow, Otto F., *Existenzphilosophie und Pädagogik. Versuch über unstetige Formen der Erziehung*, Stuttgart 1959.

ders., *Neue Geborgenheit*, Stuttgart 3. überarb. Aufl. 1972 (zuerst 1955).

Bronfenbrenner, Urie, *Ökologische Sozialisationsforschung*, Stuttgart 1976.

Cloer, Ernst, *Ausgewählte systematische Fragestellungen der Geschichte der Kindheit und der historischen Familien- und Sozialisationsforschung*, in: ders. (Hg.), *Familienerziehung*, Bad Heilbrunn 1979, 151–177.

ders., *Allgemeinbildung in der Bundesrepublik Deutschland und der DDR. Untersuchungen zur jüngeren Begriffs- und Aufgabenbestimmung in den beiden deutschen Staaten und Ansätze eines interpretierenden Vergleichs*, in: *Vergleichende Erziehungswissenschaft. Informationen, Berichte, Studien*. Rundbrief der Kommission für Vergleichende Erziehungswissenschaft der DGfE. Nr. 15/16. Münster 1986, 1–45 (zit. als Cloer 1986a).

ders., *Pädagogische Wissenschaft und Allgemeine Pädagogik in der DDR*, in: B. Dilger/F. Kuebart/H. B. Schäfer (Hg.), *Vergleichende Bildungsforschung. Oskar Anweiler zum 60. Geburtstag*, Berlin 1986, 219–236 (zit. als Cloer 1986b).

ders., *Ausgewählte Aspekte der Entwicklung des pädagogischen Denkens in der SBZ und DDR*, in: *Die Deutsche Schule* 80 (1988), H. 1, 19–32.

Doerry, Martin, *Übergangsmenschen. Die Mentalität der Wilhelminer und die Krise des Kaiserreiches*, Weinheim 1986.

Elias, Norbert, *Die höfische Gesellschaft*, Frankfurt 1983.

Emmerich, Wolfgang (Hg.), *Proletarische Lebensläufe. Autobiographische Dokumente zur Entstehung der zweiten Kultur in Deutschland*, 2 Bde., Reinbek 1974 f.

Flecken, Margarete, *Arbeiterkinder im 19. Jahrhundert. Eine sozialgeschichtliche Untersuchung ihrer Lebenswelt*, Weinheim 1981.

de Haen, Imme, *Aber die Jüngste war die Allerschönste. Schwesternerfahrung und weibliche Rolle*, Frankfurt 1983.

Klika, Dorle, *Erziehung und Sozialisation im Bürgertum des wilhelminischen Kaiserreichs. Eine pädagogisch-biographische Untersuchung zur Sozialgeschichte der Kindheit*, Frankfurt/New York 1990.

Kohlberg, Lawrence, *Zur kognitiven Entwicklung des Kindes*, Frankfurt 1974.

Langeveld, Martinus J., *Die Notwendigkeit einer Anthropologie des Kindes*, in: H. H. Becker (Hg.), *Anthropologie und Pädagogik*, Bad Heilbrunn 3. Aufl. 1977, 146–152.

Lassahn, Rudolf, *Grundriß einer Allgemeinen Pädagogik*, Heidelberg 1977.

Liebau, Eckart, *Sozialisationstheorie und Pädagogik*, in: *Neue Sammlung* 28 (1988), H. 2, 156–167.

Loch, Werner, *Der pädagogische Sinn der anthropologischen Betrachtungsweise,* in: H. H. Becker (Hg.), *Anthropologie und Pädagogik,* Bad Heilbrunn 3. Aufl. 1977, 89–107.

ders., *Erziehung und Lebenslauf,* Essen 1979.

Marx, Karl, *Bildung und Erziehung. Studientexte zur Marxschen Bildungskonzeption,* aus: *Grundrisse der Kritik der Politischen Ökonomie 1857/58,* hg v. H. Wittig, Paderborn 1968.

Mollenhauer, Klaus, *Aspekte einer strukturalen pädagogischen Interaktionsanalyse. Methodologische Hypothesen zur gesellschaftlichen Formierung von Bildungsverläufen,* in: H. Röhrs (Hg.), *Die Erziehungswissenschaft und die Pluralität ihrer Konzepte,* Wiesbaden 1979, 241–252.

ders., *Vergessene Zusammenhänge. Über Kultur und Erziehung,* München 1983.

Mollenhauer, Klaus/Brumlik, Micha/Wudtke, Hubert, *Die Familienerziehung,* München 1975.

Pestalozzi, Johann Heinrich, *Meine Nachforschungen über den Gang der Natur in der Entwicklung des Menschengeschlechts,* Bad Heilbrunn 1968.

Rang, Martin, *Erwachsener und Kind,* in: H. H. Becker (Hg.), *Anthropologie und Pädagogik,* Bad Heilbrunn 3. Aufl. 1977, 152–165.

Roth, Heinrich, *Empirische pädagogische Anthropologie,* in: H. H. Becker (Hg.), *Anthropologie und Pädagogik,* Bad Heilbrunn 3. Aufl. 1977, 107–118.

ders., *Pädagogische Anthropologie,* Bd. I u. II, Hannover 1966, 1971.

Seyfarth-Stubenrauch, Michael, *Erziehung und Sozialisation in Arbeiterfamilien im Zeitraum 1870 bis 1914 in Deutschland. Ein Beitrag historisch-pädagogischer Sozialisationsforschung zur Sozialgeschichte der Erziehung,* 2 Bde., Frankfurt/Bern/New York 1985.

Weber-Kellermann, Ingeborg, *Die Kindheit. Kleidung und Wohnen – Arbeit und Spiel. Eine Kulturgeschichte,* Frankfurt 1979.

a) Auswahlbibliographie: Arbeiterlebenserinnerungen (Erfahrungszeitraum um 1900)

Bergg, F., *Ein Proletarierleben,* hg. v. N. Welter, Frankfurt/M. 1913.

Bromme, M. Th. W., *Lebensgeschichte eines modernen Fabrikarbeiters,* hg. v. P. Göhre (Leipzig/Jena 1905), Neuaufl., hg. v. B. Neumann, Frankfurt/M. 1971.

Bruhns, J., *»Es klingt im Sturm ein altes Lied!« Aus der Jugendzeit der Sozialdemokratie,* Stuttgart/Berlin 1921.

Fischer, C., *Denkwürdigkeiten und Erinnerungen eines Arbeiters,* hg. v. P. Göhre, Leipzig/Jena 1903.

Hoelz, M., *Vom »Weißen Kreuz« zur roten Fahne. Jugend-, Kampf- und Zuchthauserlebnisse,* Berlin 1929, Frankfurt/M. 1969.

Holek, W., *Lebensgang eines deutsch-tschechischen Handarbeiters,* hg. v. P. Göhre, Leipzig/Jena 1909.

Krille, O., *Unter dem Joch. Die Geschichte einer Jugend.* Mit einem Vorwort v. U. Münchow, Berlin (1. Aufl. 1914) (DDR) 1973.

Popp, A., *Jugendgeschichte einer Arbeiterin.* Vorwort v. A. Bebel, München (1909), 3. Aufl. 1910.

Rehbein, F., *Das Leben eines Landarbeiters,* hg. u. m. e. Vorwort versehen v. P. Göhre, Leipzig/Jena 1911 (Neuaufl. Darmstadt/Neuwied 1973).

Turek, L., *Ein Prolet erzählt. Lebensschilderung eines deutschen Arbeiters* (Berlin 1929), Köln 1972.

b) Ausgewählte Autobiographien aus dem Bürgertum

Bäumer, G., *Lebensweg durch eine Zeitwende,* Tübingen 1933.

Binding, R., *Erlebtes Leben,* Potsdam 1937 (Erstveröff. 1928).

Gebhard, F., *Blätter aus dem Lebensbilderbuch. Jugenderinnerungen,* Berlin 1930.

Haarhaus, J., *Ahnen und Enkel. Erinnerungen,* Ebenhausen bei München o. J.

Huch, R., *Erinnerungen an das eigene Leben,* Frankfurt/M. 1982 (Taschenbuchausgabe der v. Emrich erstellten Ausgabe der autobiograph. Schriften Huchs).

Lessing, Th., *Einmal und nie wieder,* Gütersloh 1969 (Erstveröff. 1935).

Ludwig E., *Geschenke des Lebens. Ein Rückblick,* Berlin 1931.

Reuter, G., *Vom Kinde zum Menschen. Die Geschichte meiner Jugend,* Berlin 1921.

Sender, T., *Autobiographie einer deutschen Rebellin,* Frankfurt/M. 1981 (Amerik. Originalausg. 1939).

Stegemann, H., *Erinnerungen aus meinem Leben und meiner Zeit,* Berlin 1930.

II

Ingeborg Weber-Kellermann
Kindheit in der Stadt – Kindheit auf dem Lande

»Der Hauptreiz der Kindheit beruht darauf, daß alles bis zu den Haustieren herab freundlich und wohlwollend gegen sie ist, denn daraus entspringt ein Gefühl der Sicherheit, das bei dem ersten Schritt in die feindliche Welt hinaus entweicht und nie zurückkehrt.« – schreibt Friedrich Hebbel (1813–1863) in seinen Kindheitserinnerungen, und er fügt hinzu: »Besonders in den unteren Ständen ist dies der Fall.« (Hebbel 1892, 174) Damit betont er die Schichtgebundenheit von Kindheiten, aber auch die Ortsgebundenheit, verlebte er doch selbst seine so anschaulich beschriebene Kindheit in dem kleinen Landstädtchen Wesselburen im Dithmarschen als Sohn eines armen Handwerkers. War das eine städtische Kindheit oder eine mehr ländliche Kindheit? Und wie überhaupt ist der Begriff der Kindheit zu definieren? Formal kann man die Grenzen juristisch, medizinisch, biologisch, soziologisch und pädagogisch ziehen und wird dennoch bei einem historischen Rückblick zu immer neuen Einsichten gelangen. Sie stimmen überein in der Erkenntnis der Geschichtlichkeit von Kindheit überhaupt als einem Freiraum, den die Gesellschaft ihren noch nicht entwickelten, abhängigen Mitgliedern gewährt, damit sie spielend und lernend Erfahrungen sammeln können für ihre spätere mitwirkende Rolle im sozialen Gefüge.

Doch wie erlernt das Kind dieses spätere Rollenspiel? Das ist eine schwer zu beantwortende Frage, da das Erlernen vom Lernziel abhängt und das heißt vor allem vom sozialen Ort des späteren Lebens. Ich möchte zwei besonders differenzierte Lernprozesse vorstellen: die des Stadtkindes in seiner bürgerlichen und seiner proletarischen Umwelt und die des Landkindes im großbäuerlichen und im Tagelöhnerhaus. Historisch beschreibe ich die Entwicklung vom 19. ins 20. Jahrhundert, also den Übergang von der normengebundenen Vormoderne in die mehr und mehr individualistisch geprägte Moderne, und versuche zu beleuchten, was »Kindheit« in diesen verschiedenen geschichtlichen und sozialen Umfeldern bedeutet hat und heute bedeutet.

Zum besseren Verständnis zunächst ein kurzer Blick auf die vorangegangene Epoche vor 1800.

Kindheit vor 1800 und danach: Unter dem Einfluß der Industriellen Revolution

Wie lebten die Kinder in der Epoche vor der Französischen Revolution? Der für das 19. Jahrhundert entwickelte Begriff der »Kleinfamilie« könnte gegenüber dem Begriff der »Hausfamilie« für die vorhergehenden Jahrhunderte zu dem Mißverständnis führen, es handele sich vorwiegend um quantitative Unterschiede: also um die kleine Gruppe der Eltern-Kinder-Familie im Gegensatz zu den zahlreichen, auch nicht blutsverwandten Mitgliedern des »ganzen Hauses«. Der Hauptunterschied aber liegt vielmehr in den gewandelten Funktionsbereichen des Familienganzen (Weber-Kellermann 1987, 73 ff.). Solange sich die Produktionsmittel *im* Hause selbst befanden, vereinten sich *Arbeit* und *Wohnen* unter einem Dach, wie es für den Bauernhof noch bis in die Gegenwart selbstverständlich blieb. Früher befanden sich auch im städtischen Haushalt nicht nur Werkstatt, Laden oder Kontor im Inneren des eigenen Hauses, sondern auch die Lagerräume für Materialien und Fertigprodukte. Auf Gängen und Treppen herrschte ständige Bewegung, und die Türen zur Gasse waren meist für den Eintritt der Kundschaft und vielerlei Botengänge geöffnet, so daß kaum eine Grenze zwischen öffentlichem und privatem Lebensbereich bestand. In diesem Hauswesen, das ganz vom wirtschaftlichen Leben der Familie bestimmt war, liefen die Kinder frei herum, sahen dem Vater und dem Gesellen bei der Arbeit zu, wurden wohl auch zu kleinen Hilfeleistungen und Botengängen herangezogen und wuchsen auf diese Weise langsam in das väterliche Berufsfeld hinein. Auch bei allen anderen innerhäuslichen Ereignissen waren die Kinder mit dabei. Selbst bei so intimen Vorgängen wie der Geburt durften sie gemeinsam mit den Nachbarsfrauen und Gevatterinnen das Geburtszimmer betreten und sogar dort spielen, was gewiß nicht zur Hygiene und Minderung der hohen Säuglingssterblichkeit beigetragen haben dürfte. Aber daran dachte man nicht. Wichtig war, daß die Kinder durch Mitmachen erzogen wurden und lernten. Das galt auch für das Sterben, denn bei den Begräbnissen waren die Kinder gleichfalls dabei, wie es auf dem Lande auch heute üblich ist.

Die Kinder hatten im Haus, auf der Gasse und im Garten viele Möglichkeiten zu erlaubten und unerlaubten Spielen. Ein eignes

Abb. 1: Im Haushalt eines Schusters zu Ende des 18. Jahrhunderts
(Daniel Chodowiecki, 1726–1801)

Kinderzimmer besaßen sie nicht, und es gab kaum jemanden, der sich ausdrücklich mit ihnen in ihrer Eigenschaft als Kinder beschäftigt hätte.

Wie eng sich die alte Hausgemeinschaft zusammenfand, geht aus der Schilderung eines Apothekersohns vom Ende des 18. Jahrhunderts hervor: »Unsere Hausgenossenschaft war zahlreich. Vater und Mutter und Großmutter mit sechs Kindern bildeten schon eine ziemliche Anzahl. Hiezu kam der Proviser. Da nun auch die Magd nach damaliger patriarchalischer Sitte mit der Familie speiste, so versammelten sich täglich 11 Personen um den Tisch.« (Bruch 1889, 14) Bezeichnend für diese Epoche ist also die zusammenwirtschaftende Einheit der Familie, deren Mitglieder nur mittelbar mit den Institutionen der Gesellschaft verbunden waren, gewissermaßen »unmündig« und vertreten durch den Hausvater als Rechtsperson.

Dieses Schutz- und Machtschema hatte zwar zahlreiche Nuancen, bestimmte jedoch entschieden das Verhältnis der Erwachsenen zu den Kindern, dem schwächsten Teil der Gesellschaft. Die Eltern-Kind-Beziehungen waren also – ungeachtet aller positiven, freundlichen und herzlichen Möglichkeiten – von diesem autoritär-patriarchalischen Machtgefälle bestimmt, das ihnen als erste kindliche zwischenmenschliche Erfahrung begegnete.

Die Französische Revolution gab das Signal für das Ende der Ständegesellschaft und öffnete die Tore für Emanzipationsbestrebungen auf allen Ebenen der Gesellschaft. Die sogenannte Industrielle Revolution veränderte dann das gesamte technisch-wirtschaftliche und soziale Gefüge. Was bedeutete das für die Entwicklung der Familie und die Rolle der Kinder?

Die Industrielle Revolution vollzog sich als phasenreicher Ablauf über viele Zwischenstufen. Die neue Produktionsweise, die großen komplizierten, schwer zu bedienenden Maschinen brachten es mit sich, daß die *Arbeit* aus den Wohnungen der Heimarbeiter und Handwerker in große Werkräume und Fabrikhallen auswanderte. Damit aber entstand eine neue soziale Situation, die die Lebensverhältnisse in den Städten total veränderte. In der Vormoderne waren Arbeit und Wohnen und damit das Familienleben fast immer unter einem Dach vereint. Nun aber kam es zu einer Trennung von Arbeitsbereich und Wohnbereich, verbunden mit einer zeitlich begrenzten Arbeitswelt. Das waren folgenreiche Entwicklungen, die vor allem den ständig wachsenden Kreis der Arbeiter, ihrer Frauen und Kinder betrafen, aber auch viele andere Kreise der Beschäftigten, die mit dieser neuen Arbeitsorganisation in Verbindung standen: die technischen und kaufmännischen Angestellten, die Unternehmer und Verwaltungsfunktionäre, die Angestellten und Beamten des öffentlichen Dienstes und die zahlreichen Tätigen in den Dienstleistungsberufen. Damit löste sich allmählich die alte Hausfamilie als Wohn- und Arbeitseinheit auf – mit Ausnahme der Dörfer und ihrer Bauernhöfe und einer Reihe von städtischen Familienunternehmen wie Gasthäuser, Bäckereien u. ä., wo den Frauen die Rollen der Kassiererin, Köchin, Verkäuferin, Kellnerin usw. verblieben.

Auch das politisch-soziale Leben erforderte eigentlich ein völliges Umdenken, standen sich doch nun nach dem Naturrecht

Mann und Frau als geschäfts- und vertragsfähige Einzelpersönlichkeiten gegenüber. Die hierarchischen Machtansprüche der alten Ständegesellschaft hätten einem bürgerlich-demokratischen Denken weichen können, auch in der Familie. Aber solche Entwicklungen bahnten sich nur zögernd an, und auch die Frauen – bis auf wenige Ausnahmen – ergriffen nicht die emanzipatorischen Möglichkeiten, die ihnen geboten waren. Es entstand im Gegenteil die Situation einer gewissen Ratlosigkeit, besonders für die Frauen des Mittelstandes. Die Rollen der Frau Meisterin und Hausmutter des 18. Jahrhunderts hatten ihre Trägerinnen doch immerhin mit dem Bewußtsein einer verantwortlichen Tätigkeit im gemeindlichen Zusammenhang erfüllt. Sie hatten doch auch mit der Öffentlichkeit zu tun. Nun entfielen für sie zahlreiche wichtige Aufgaben, und sie sahen sich ausschließlich auf Haus und Kinder zurückgedrängt, zumal auch der fortschrittliche Geist der Revolutionsjahre in der deutschen politischen Landschaft des frühen 19. Jahrhunderts vor anderen bürgerlichen Idealen in Vergessenheit geriet, vor allem was die Frauen und das Familienleben betraf. Es entstand die bürgerliche Kleinfamilie des Biedermeier, die allmählich für die unteren Schichten eine dominierende Vorbildfunktion bekam.

Um die Fülle des Materials und die Vielfalt der historischen Abläufe (Wehler 1987, II. 174 ff.) grob zu strukturieren, seien einige Schwerpunkte gesetzt: geschichtlich das Biedermeier, die Gründerzeit, der Nationalsozialismus und die Nachkriegszeit – soziologisch die Bürger, die Arbeiter und das Landvolk. Dabei soll Typisches für die betreffenden Kindheiten vermittelt werden, und einige Abbildungen mögen die kulturellen Zeichen erkennbar machen, die jeweils die Lebenswelt der Kinder bestimmten wie Kleidung, Wohnen und Spiel, Arbeit und Fest (Weber-Kellermann 1989, 89 ff.).

Das Biedermeier

Für die bürgerliche Gesellschaft brachte diese Epoche bedeutsame Veränderungen im Verhältnis zwischen Eltern und Kindern mit sich. Zum ersten Mal in der Sozialgeschichte wurde nun Kindheit als ein eigener und spezifischer Lebensabschnitt empfunden, als ein besonderer Status, in dem die Erwachsenen den Kindern ein

Abb. 2: Biedermeierliche Wohnstube in Leipzig um 1835
(Felix Mendelssohn, 1809–1847)

eigenes Verständnis entgegenbrachten. Das hing – neben einem
neuen, reich entfalteten Erziehungswesen – vor allem mit der Reduzierung der Mutter auf das Haus zusammen, mit ihrer aus-
schließlichen Hinwendung auf die Welt diesseits der Vorhänge
ihrer Putzstube und damit auf die Intimisierung und Emotionali-
sierung desFamilienlebens. Das betraf in erster Linie die Wohnung
und das neue Verhältnis zum Wohnen überhaupt, die Entdeckung
und Gestaltung der »Gemütlichkeit«, die Differenzierung funk-
tionsbestimmter Räumlichkeiten wie Wohnstube, Eßzimmer,
Schlafzimmer und die größte Neuigkeit in der biedermeierlichen
Familienwohnung: die Kinderstube. Darin lag eine Doppelbedeu-
tung, die dem Familiengeist dieser Zeit entsprach. Die »gute Kinderstube« wurde zum Synonym sowohl für bürgerlich angepaßte
Erziehung wie auch für den Besitz eines eigenen Kinderzimmers
als Reich des Kindes für seine Spiele und typischen Beschäftigun-
gen. Die Bürgerkinder des Biedermeier profitierten also von der
neuen Familienentwicklung. War in der Hauserziehung der Vor-

Abb. 3: Kinderbescherung unter dem Weihnachtsbaum
(Bilderbogen um 1830)

moderne die Dauer der Kindheit begrenzt worden durch die
Heranziehung zu früher Mitarbeit in Werkstatt und Hof, war zudem die Eltern-Kind-Beziehung ganz patriarchalisch geordnet
gewesen durch die leitende Funktion des Vaters für Arbeit und
Freizeit, so war man nun zu neuen Einsichten über den eigenen
Status des Kindes gelangt. Die Mutter gewann Zeit und entwik-
kelte Phantasie für die Welt ihrer Kinder. Sie erhielten eigene
Möbelchen, die ihren Körpermaßen angepaßt waren, und es entstand ein großer Spielzeugmarkt, der – vor allem zu Weihnachten –
die Kinderstuben mit immer neuen Herrlichkeiten füllte. Gerade
die Ausgestaltung des Weihnachtsfestes als kindliches Bescherfest,
die im Biedermeier begann und bis zum Ersten Weltkrieg kulmi-
nierte, ist eine kulturelle Leistung der 19.-Jahrhundert-Familie
(Weber-Kellermann 1987).

Wenn sich in der ersten Hälfte des 19. Jahrhunderts eine so ausgeprägte sozialkulturelle Entwicklung vollzog, so ist zunächst
einmal die Hausfrau zu bewundern, die diesen neuen familiären

Abb. 4: Kinderarbeit in einer Spinnerei
(Foto Lewis Hine, 1874–1940)

Innenbereich versorgte, pflegte und gestaltete. Die anfängliche
Reduktion auf Heim und Herd hatte sich zu einem neuen Tätig-
keitsbereich ausgeweitet mit der zentralen Gestalt der »guten
Hausfrau«. In einem unersättlichen Zugriff auf alles nur irgend-
mögliche Selbstgemachte entstand jenes Bild der treusorgenden
»hausbackenen« Mutter und Ehefrau, das von nun an bestimmend
für das bürgerliche Frauenideal werden sollte (Weber-Kellermann:
Frauenleben 1988, 48 ff.).

Die Arbeiterfamilie des 19. Jahrhunderts als eine neue soziale
Größe, die sich ohne Vorbilder und Hilfestellungen eine eigene
Daseinsform erobern mußte, läßt sich in zwei typische Erschei-
nungsbilder auffächern: auf der einen Seite politisches Bewußtsein, das innerhalb der Arbeiter- und proletarischen Frauenbewegung ein menschenwürdiges Dasein erstrebte – auf der anderen
Seite die um ihre Existenz kämpfende Familie, in der die Armut
alle Lebensformen bestimmte. Schon im 18. Jahrhundert hatten
Hausindustrien, Manufakturen und Arbeitshäuser mit ausge-

dehnter Kinderarbeit und übermäßig langen Arbeitstagen prägend auf die späteren Fabrikbetriebe eingewirkt. Das 19. Jahrhundert mit seiner schnell aufstrebenden Industrie steigerte diese Verhältnisse ins oft Unerträgliche. Sechs Arbeitstage pro Woche mit 12 bis 14 Stunden, die volle Mitarbeit der Kinder ab 6 bis 8 Jahren ließen keinen Freiraum für Familienleben und Kindererziehung (Kuczynksi 1981, 273 ff.).

Die bürgerliche Rollenzuteilung, die dem Mann den Produktionsbereich und der Frau den Reproduktionsbereich in der Familie zuwies, löste sich auf zuungunsten der mitarbeitenden Frauen, die nun für beides sorgen sollten, für Produktion und Reproduktion, und dadurch in einen andauernden Zustand der Überforderung und des schlechten Gewissens gerieten.

Der schärfste Unterschied zu den Bürgern zeigte sich in den elenden Wohnverhältnissen der Armen (Arnim 1963, 227–260). Die Stuben waren mit Betten vollgestellt, und um die notwendigsten Mittel zu erwerben, erfanden die Arbeiterfrauen das Schlafgängerwesen, d. h., sie vermieteten die Betten mehrfach an ledige Arbeiter mit Tag- oder Nachtschicht. Diese schrecklichen Verhältnisse, deren gesundheitliche und moralische Folgen Heinrich Zille in seinen anklägerischen Bildern dokumentiert hat, entwickelten sich in der Zeit der Hochindustrie und dauerten bis zum Ende des Jahrhunderts an. 1885 gab es in Berlin 84 687 Schlafgänger. »In einem Falle kampierten bei einem mit Kindern reich gesegneten Ehepaar in einem Raum sieben Schlafburschen und ein Schlafmädchen. In einem anderen Falle hatte eine Frau in ihrem Wohnraum zehn Schlafburschen« (Rühle 1971, 394). Unter solchen Bedingungen war die Situation der Arbeiterkinder mit der des umsorgten Bürgerkindes gar nicht zu vergleichen.

Was nun die Landkinder anbetraf, so bestimmten andere soziale und ökonomische Gesetze ihren Tageslauf. Der Hof als materieller Besitz, die Arbeit als ständige Funktion dieser Tatsache erfüllten Denken und Handeln der Bauernfamilie, und die Kinder mußten von kleinauf ihr Verhalten diesen dominierenden Größen unterordnen (Weber-Kellermann 1988, 243 ff.). Die kindliche Tätigkeit des Spielens konnte in einer so einseitig orientierten Arbeitswelt keinen anerkannten Platz finden. In einer bayrischen Kindheitserinnerung heißt es:

»Wir mußten unsere Freuden in der Arbeit der Erwachsenen, im Zuschauen und Nachahmen finden, denn Spiele und Spielzeug, die so treff-

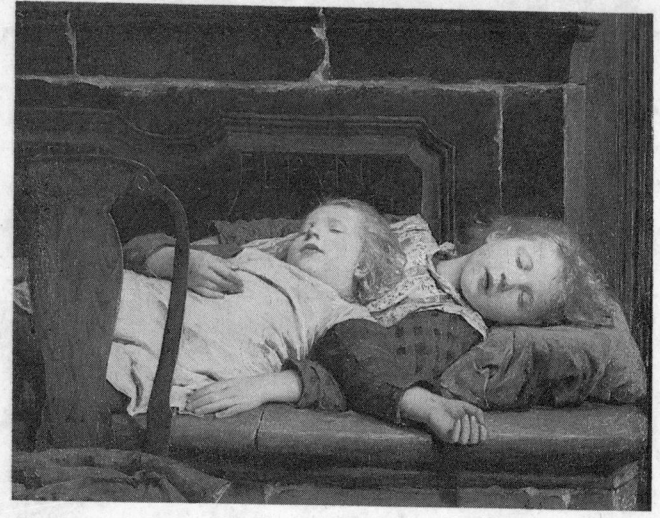

Abb. 5: Bauernkinder schlafen auf dem Ofen
(Albert Anker, 1831–1910)

lich auf die Phantasie der städtischen Buben wirken sollen, hatten wir nicht. Wir kamen darum nicht zu kurz. Es gab bei den Handwerkern im Dorfe viel zu sehen, bei der Arbeit auf dem Felde fanden wir auch unsere Lustbarkeit, auf alle Fuhrwerke durfte ich aufsitzen, und da ich auf Worte und Gebärden acht hatte und sie gerne nachahmte, eignete ich mir nicht lauter Wohlgesittetes an!« (Thoma 1978, 328).

Die Schlafgelegenheiten der Landkinder waren mehr oder weniger zufällig – von eigenen Kinderbetten keine Rede. Der märkische Pfarrer und spätere Berliner Hofprediger Büchsel berichtet von der Lebensweise der Tagelöhner in seinem Kirchspiel:

»Schwere Arbeiten und drückende Sorgen machen den Menschen mürrisch, verdrießlich und verzagt. Die armen Kinder wurden, wie ich meinte, zu hart und zu lieblos behandelt. Die Unreinlichkeit und das Ungeziefer in den Wohnungen, der unerträgliche Geruch in den niedrigen Stuben, in denen die Betten den meisten Raum einnahmen, denn in den Stuben wohnten oft zwei Familien (die Kinder schliefen auf Bänken und Truhen), machten mir es oft schwer, meiner Pflicht nachzukommen... Die Pflege der Alten und Kranken war oft den kleinen Kindern überlassen und daher sehr dürftig.« (Büchsel 1925, 118).

Abb. 6: Kinderkleidung zu Beginn des 19. Jahrhunderts
(Journal des Luxus' und der Moden 1807, Tafel 13)

Im Bereich des Wohnens und Spielens waren die Bürgerkinder in einem außerordentlichen Vorteil, der für die ganze spätere Lebensentwicklung von Bedeutung blieb.

»Kleider machen Leute«, sagt das Sprichwort; sie sind Zeichen, die soziale Verhältnisse und eine Gruppenzugehörigkeit ausdrükken, die vom Träger gewünscht oder ihm auferlegt wird. Das gilt auch für die Kindermode (Weber-Kellermann 1985), und besonders die Knabenkleidung der oberen Stände signalisierte bereits zu Ende des 18. Jahrhunderts die Abkehr von der beengenden Erwachsenenkleidung und die Zuwendung zu den neu aufkommenden pädagogischen Ideen. Die Knaben trugen nicht mehr enge Kniehosen wie die Erwachsenen, sondern einen lockeren Hosenanzug, den aus England übernommenen skeleton, der ihnen Bewegungsfreiheit gab. Im Biedermeier folgten weiße Leinenhosen und weite gegürtete Kittel mit offenen Kragen à la matelot. Die

Mädchen wurden endlich von Schnürleib und Korsett befreit und in waschbare Musselinkleidchen mit bunten Schärpen gesteckt. Unter dem kurzen Rock sahen – eine Modeneuheit des Biedermeier – fußlange Wäschehöschen hervor, die zur Oberkleidung gehörten.

Die Armen mußten ihre Armut auch in der Bekleidung ihrer Kinder offenbaren. Entweder waren die Sachen ausgewachsen und zu klein oder von älteren Geschwistern vererbt und zu groß – verwaschen und verschossen, geflickt und ausgebessert. Das Barfußgehen, also der Besitz oder Nichtbesitz von Schuhen, spielte eine deutliche soziale Rolle. Als Standard galt meist die jeweilige städtische Durchschnittskleidung. Aber dieser Standard konnte von den Arbeiterkindern nur selten und unter großen Anstrengungen der Mütter erreicht werden. »Arm, aber reinlich« war eine jener rücksichtslosen Forderungen an die Arbeiterfrau, die die Gesellschaft stellte, ohne zu bedenken, daß Sauberkeit beim Besitz von sechs Hemden leichter zu erreichen ist, als wenn es sich bestenfalls um zwei handelt. Solche Situationen des Mangels, die besonders bei Schuluntersuchungen zutage traten, sind in der sozialwissenschaftlichen Literatur eindringlich dargestellt worden (Rühle 1911, 165 ff.). Die Wertorientierung der proletarischen Frau richtete sich zumeist auf kleinbürgerliche Wunschvorstellungen. Zumindest am Sonntag wollte sie ihre Kinder herausputzen.

Die Gründerzeit

Gegen Ende des Jahrhunderts in der Gründerzeit nach dem deutsch-französischen Krieg von 1870/71 änderten sich nachdrücklich die Normen und Werte der vor-48er Jahre. Hatte die Biedermeierhausfrau die Wohnung zu einem familiären Refugium gestaltet, so stilisierte sie die Gründerzeitfamilie zum Mittel der Repräsentation, was sich in der Höhe der Zimmer, den Ausmaßen der Etagen, den üppigen Arrangements der Vorhänge, den historisierenden, imitierten Möbelstilen ausdrückte. Die Renommage und der Blick nach oben kennzeichnete diese Lebenshaltung und wurde auch den Kindern eingeübt. Adel war wieder Trumpf, und es bildeten sich ganze Tugendkataloge heraus, die die Erziehung bestimmten und den heranwachsenden jungen Mädchen eine Fülle

Abb. 7: »Altdeutsche« Familienszene der Gründerzeit
(Georg Kugler, 1840–1913)

von Backfischliteratur bescherten wie z. B. die Trotzkopfserie der
Emmy von Rhoden (Oberfeld-Weber-Kellermann 1976). Das hier
gepriesene Familienglück wurde zum Leitbild manchen Mädchen-
herzens.

Wo blieben die Kinder in dieser Welt der Plüschportieren und
Schnitzwerketageren? Sie hatten ihre Stube neben dem Schlafzimmer der Eltern, und zuweilen schlief das Kindermädchen im
gleichen Raum. Aber auffällig ist, daß die Traulichkeit der biedermeierlichen Kinderstube einer gewissen Kühle wich. Die Innigkeit der Mutter-Kind-Beziehung erstarrte im neuen Zeremoniell
der Bourgeoisie, in dem die Kinder oft zum Kindermädchen eine
herzlichere Bindung empfanden als zu ihrer Mutter, die sich in der
Rolle der Gnädigen Frau mehr und mehr von ihnen entfernte.

Auch die bürgerliche Kinderkleidung wurde in den Dienst der
Repräsentation gestellt. Es kam die Mode der Matrosenanzüge
und -kleider auf, deutsch-national und kaisertreu, wurden doch
die »echten Kieler« Anzüge am Ort des kaiserlichen Flottenauf-
baus in speziellen Textilfirmen angefertigt. Sie signalisierten die

Gesinnung der Eltern oder wurden einfach zur Kindermode. Doch gab es auch Eltern, die für ihre Kinder eine neutrale Kleidung bevorzugten (Weber-Kellermann 1985, 105–120).

Wenn es in der Gründerzeit zum Feinsten gehörte, daß die Mädchen weiße Spitzenkleider trugen, so sagt das in der damaligen Bedeutungsskala mancherlei aus über das gesellschaftliche Verständnis von weiblicher Kindheit: das Unschuldsweiß war – fast am Rande des Sakralen – ein Zeichen für sittliche Reinheit; die gestärkten Röcke spiegelten das Prestigebewußtsein der bürgerlichen Mütter wider, die sich ganz selbstverständlich einen derartigen Wäscheaufwand leisten konnten! (Was ist schon weiß im Zeitalter der Waschmaschine – aber damals!)

Den Repräsentationscharakter dieser Kinderkleidung hat Theodor Fontane in seinem Roman »Frau Jenny Treibel« vorgestellt. In einem Gespräch des alten Treibel mit der Erzieherin seiner Enkeltochter, die immer von Kopf zu Fuß in Weiß gekleidet ist, wird dem alten Herrn bedeutet, daß dieses Kind ein Engel sei. Er repliziert: »Wer ist nicht gern der Großvater eines Engels.« – fährt aber dann fort: Doch »wenn der Engel weiter nichts ist als ein Waschengel und die Fleckenlosigkeit der Seele nach dem Seifenkonsum berechnet und die ganze Reinheit des werdenden Menschen auf die Weißheit seiner Strümpfe gestellt wird, so erfüllt mich dies mit einem leisen Grauen!«

Im Bilde der Kleidungserziehung entlarvt der Romancier die Verlogenheit dieser Gesellschaft und zugleich ihren Klassencharakter, denn die Kleinbürgerin und erst recht die Arbeiterfrau konnten unmöglich ihren Kindern derartiges leisten. Dort waren dunkle Kleider und schwarze Strümpfe das Übliche.

Während die Bürgerknaben, die das Gymnasium besuchten, mit Schülermützen prunkten, waren die gleichaltrigen Arbeiterkinder schon im Beruf, trugen lange Hosen und Arbeitermützen. Während die Bürgerkinder von wachsendem Wohnkomfort umgeben waren und die Kategorie Arbeit meist nur durch das Dienstmädchen kennenlernten, wohnten die Arbeiter in den Großstädten in den schrecklichen Verhältnissen, die z. B. Heinrich Zille unvergänglich dokumentiert hat.

Es bleibt nach alledem festzuhalten, daß in der bürgerlichen Gesellschaft biologische Reife und soziales Erwachsensein weiter auseinanderfielen als bei den Arbeiterkindern und auf dem Lande.

Abb. 8: Mädchen in Weiß
(Aus dem Familienalbum um 1890)

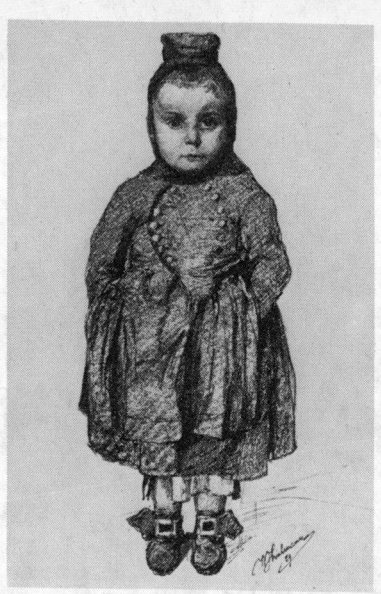

Abb. 9: Schwälmer Kind in Tracht
(Wilhelm Thielmann, 1868–1924)

Damit haben wir das große und steinige Feld der Kinderarbeit betreten, zu der neben den Arbeiterkindern insbesondere die Landkinder von kleinauf gezwungen waren.

Wie gering der Kindheitsstatus auf dem Lande von den Erwachsenen eingeschätzt wurde, zeigt sich bereits dadurch, daß es eine kindgemäße Kleidung nicht gab und die Kleinen nach den ersten Hätscheljahren bereits in die Miniaturtrachten der Großen gesteckt wurden. Es gab der Kleidung nach im Dorf nur Ledige und Verheiratete, und die Kinder bildeten in diesem System eine Untergruppe der Ledigen, zumeist gekennzeichnet durch die Farbe Rot. Kinderkleidung bedeutete also die unweigerliche Anpassung an die Welt der Erwachsenen, die sie nicht mehr entließ. In einem Bauernroman wird dieser Lernprozeß durch Kleidung geschildert.

»Schon mit 5 Jahren sah sie wie eine Erwachsene aus. Sie trug die gleichen glockenförmigen, bis zu siebenfach übereinandergelegten Röcke wie ihre

Mutter, die gleiche Schürze, die gleichen wollenen Strümpfe, die gleichen Lederpantoffeln und das gleiche Kopftuch. Das alles konnte nur mit Ruhe und einer gewissen Gravität getragen werden; andererseits verlangten die Glockenröcke, die beim Gehen läuten sollten, nach einer wiegenden leichten Gangart. Besondere Rücksichtnahme erforderte auch das Tragen der Frisur… Das Nest, das so aus großen und kleinen Zöpfen entstand, verlieh dem Gesicht jenen Ausdruck von Genauigkeit und vorsichtiger Innigkeit… Noch bevor sie lesen und schreiben lernte, konnte sie schon tanzen, Walzer, Rheinländer, Polka, Mazur, rechtsrum, linksrum. Das brachte ihr die Großmutter bei, die genauso gekleidet war wie sie, nur alles in Schwarz, und die selber noch imstande war, auf Strumpfsohlen zur Blechmusik jeden Tanzsaal blank zu fegen.« (Weidenheim 1963, 7f.)

In der Schwalm trugen schon die kleinen Mädchen wattierte Hüftpolster, um eine weibliche Figur vorzutäuschen. Das entsprach einer verfrühten Erotisierung der Kinder oder dem Überspringen des Kinderstatus zugunsten einer frühen Einübung in die Welt der Erwachsenen.

Auch die Knaben folgten dieser Lebensgesetzlichkeit, solange auf den Dörfern Kindertrachten überhaupt und Knabentrachten insbesondere üblich waren und nicht von der bürgerlichen Kleidung abgelöst wurden. Und ebenso spiegelte sich die andere Gesetzmäßigkeit des Dorfes, seine soziale Ordnung nach dem Besitzstand, bereits in der Kinderkleidung wider. Der hessische Maler Ludwig Knaus nannte bewußt sein Schwälmer Kinderbild »Der Dorfprinz«, breitbeinig hingepflanzt – hochnäsig die Nelke zwischen den Lippen, die Hände in den Westentaschen – und hinter sich das Zeichen des großbäuerlichen Erbes: der riesige Misthaufen des väterlichen Hofes. Die ganz reale Objektbeziehung zwischen Kleidung und Lebensrealität zeigte sich bei den Mädchen in den breiten dicken Röcken, von denen die heiratsfähigen bis zu 16 übereinanderzogen: Quantität der Kleidung bedeutete Quantität des dörflichen Besitzes!

Doch die eigentliche Problematik der kindlichen Lebenswelt auf dem Lande verdeutlicht sich im Erziehungsprozeß des Landkindes. Während das Bürgerkind die Arbeit nur durch das Dienstmädchen oder hin und wieder einen Handwerker kennenlernte, waren die dörflichen Kinderjahre gänzlich der Vorbereitung und Einübung der bäuerlichen Arbeitstechniken und Erfahrungen gewidmet. Ein Bauernsohn erzählt:

»Mein Vater hatte im ganzen Hauswesen eine Klassifikation von Geschäften und Arbeiten, die unter den Kindern verteilt waren, eingeführt. Mit

Abb. 10: Der Dorfprinz
(Ludwig Knaus, 1829–1910)

jedem Jahr stieg jedes Kind zu einer höheren Klasse. Das brachte eine
vollkommene Ordnung in das Hauswesen. Jedes Kind wußte schon, so
bald es frühe aufgestanden war, größtenteils, was es den Tag über zu tun
hatte. Man gewöhnte sich so zu der bestimmten Arbeit, daß von Seiten der
Eltern kein Zwang, keine Drohung, kein Schelten nötig war. Es hatte auch
noch die gute Folge, daß man die höhere Klasse von Arbeiten als eine
ehrenvolle Auszeichnung ansah und sich auf das folgende Jahr, da man
höher stieg, freute. Ich wenigstens erinnere mich noch genau, wie sehr
mich diese Art von Ehrgeiz belebte. Ich konnte oft die bestimmte Zeit
nicht erwarten, da gewisse Arbeiten an mich kamen. So bat ich einst meinen Vater dringend, mir, da ich damals kaum 8 Jahre alt war, zu erlauben,
daß ich bei der Ernte mit meinen älteren Geschwistern das Getreide ab-
schneiden dürfte.«

Das gelingt allerdings nicht, und der Kleine schneidet sich mit der
Sichel in den Finger (Schad 1828, I. 9 f.).

Die hier beschriebene extreme Arbeitspädagogik wirft doch ein
Licht auf ländliche Kindheiten. Der Autoritätsanspruch des Vaters

Abb. 11: Hütejunge
(Heinrich von Zügel, 1850–1941)

und die mit den Jahren wachsenden Arbeitsanforderungen bildeten das Grundmuster. Wichtig war das Größerwerden, die Zunahme an Arbeitsvermögen (Becker 1985). Die Fülle kindlicher
Hilfsarbeiten war groß und anstrengend. Rübenhacken und Kar-
toffellesen mußten die ärmeren Kinder bereits im Akkord. Besonders aber wurde das Viehhüten den Kindern überlassen, die oft
den ganzen Sommer nicht zur Schule gingen. Am Bodensee gab es
eigene Kindermärkte, wo sich arme Bergbauernkinder den Sommer über bei den reichen Schwabenbauern als Hütekinder vermieteten (Uhlig 1983).

Kindheit in Stadt und Land gestaltete sich also bis in die Weimarer Zeit sehr unterschiedlich, und auch das Ende der Kindheit, die
Konfirmation in protestantischen Gegenden, war grundverschie-
den. Für das Landmädchen war nun der Augenblick gekommen, in
Dienst zu gehen. Eine Frau erinnert sich an diese Zeit um 1900:

Abb. 12: Wandervögel auf Fahrt
(Foto der 20er Jahre)

»Ich war ein Waisenkind und kam mit 12 Jahren zu dem Bauern R. Bevor ich morgens in die Schule ging, mußte ich 2 Kühe melken, die Tröge sauber machen und Grünfutter in die Raufen tun. Nachmittags hatte ich für die Schularbeiten auch nicht viel Zeit. Das letzte halbe Jahr brauchte ich nicht mehr zur Schule zu gehen, weil ich für die Kost arbeiten mußte. Dann ging ich nur noch zum Konfirmandenunterricht. Zur Konfirmation bekam ich ein grünschwarzes Kleid. Der Stoff hatte einige Jahre im Koffer gelegen, weil die Bauernmädchen ihn nicht haben wollten. Und für dieses Kleid mußte ich nach der Konfirmation noch ein halbes Jahr ohne Lohn arbeiten. Ich habe das bis auf den heutigen Tag nicht vergessen können.« (Sauermann 1972, 63).

Arm und Reich und Gottesfurcht im Zeichen eines Konfirmandenkleides!

Die bürgerliche Jugend versuchte um die Jahrhundertwende – gleichzeitig mit den vielfältigsten Reformbewegungen – eine Art

von jugendlicher Revolution gegen die Zwänge der wilhelminischen Gesellschaft: die Jugendbewegung. Natürlichkeit und
ethisch-soziale Gesinnung hatten sie auf ihre Fahnen geschrieben,
und das Zeichen ihres neuen Bewußtseins war ihre Kleidung, die
Kluft: kurze Hosen, offene Hemdkragen – »Schillerkragen« –,
Kniestrümpfe und Sandalen (Weber-Kellermann 1985, 129 ff.).
Auf Fahrt zu gehen, an Lagerfeuern zu sitzen und zur Klampfe zu
singen: das waren die Ideale dieser neuen bündischen Jugend, die
sich allerdings dann bald in ideologisch sehr unterschiedliche, sogenannte »Horste« aufteilten mit eigenen Hierarchien und militärisch anmutenden Kleidungsvorschriften. Das Besondere dieser
Jugend war ihre Selbständigkeit, die Ablösung von Eltern und
Schule, die freie Opposition gegen die verkrusteten Normen des
Kaiserreiches (Aufmuth 1979). Es ist verständlich, daß solche Tendenzen zunächst vor allem auf die bürgerlichen Kreise beschränkt
blieben.

Für Arbeiterkinder kamen eigene Jugendbünde auf, und die
dörfliche Jugend verharrte zunächst weiterhin in der traditionellen
Lebensweise der Agrargesellschaft.

Der Nationalsozialismus

Während nach dem Ersten Weltkrieg auf dem Lande – parallel zur
rapiden Abnahme der in der Landwirtschaft Beschäftigten überhaupt – das Tragen der Tracht allmählich zurückging und bürger-
lich-städtischer Kleidung wich, vor allem bei den Jungen, wuchs
in den Städten die Vorliebe für den ländlichen Stil, und auch in
Berlin wurde es üblich, den Mädchen als Schul- und Alltagskleid
ein »Dirndl« anzuziehen. Damit bereitete sich, wenn auch weitgehend unbewußt, eine Hinwendung zum bäuerlich-völkischen Bewußtsein vor, das dann von den Nazis voll aufgenommen worden
ist. Sie wollten Stadt- und Landjugend gleichermaßen erfassen,
und die faschistische Ideologie nahm alles zurück, was sich mühsam an modernen Ansätzen für ein Verständnis von Kindheit
entwickelt hatte.

Der bürgerlichen Familie als Erziehungsinstanz mißtrauten die
Parteiideologen gründlich und erstrebten ein frühes Ende der von
ihr gepflegten Kindheit. Vor Zehnjährigen sagte 1938 der Reichs-
jugendführer Baldur von Schirach: »Die Kindheit liegt abge-

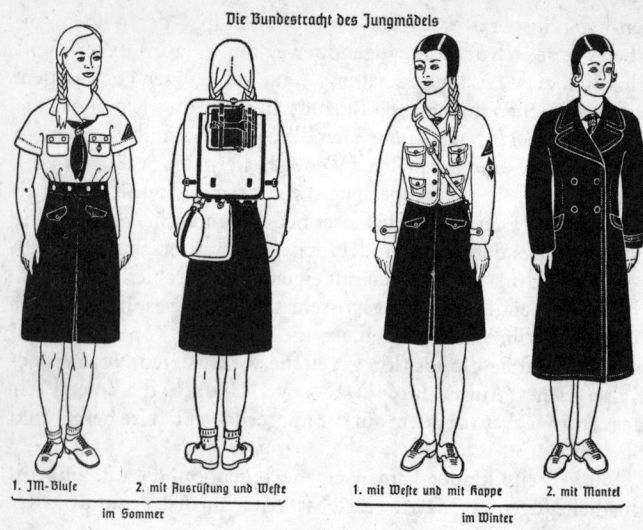

1. JM-Bluse   2. mit Ausrüstung und Weste

im Sommer

1. mit Weste und mit Kappe   2. mit Mantel

im Winter

Abb. 13: Hitlers Jugend in Uniform

schlossen hinter Euch. Von nun an zählt Ihr zur Jugend!« Das hieß
nichts anderes, als daß die Kinder aus der Autoritätsgewalt ihrer
Eltern nun in die der Hitlerjugend- und BDM-Führer übergingen.
»Du bist nichts – Dein Volk ist alles!« Mit dieser in zahlreichen
Liedern und Sprüchen wiederholten infamen Parole wurde der
Jugend ein Individualitätsverlust abgefordert, der sie weit hinter
die eben erreichte Moderne zurückstieß. An die traditionelle Stelle
des »Familienwohls« trat nun die anonyme Größe »Volk«, und die
völkische Jugenderziehung bereitete auf Befehlsgehorsam und
tödliche Gefolgschaft vor.

Zu den Erziehungszielen der Nazis gehörte auch eine völlig
unhistorische, strenge Rollen- und Geschlechterteilung. Koedu-
kation wurde als liberalistische Gleichmacherei verworfen. Stattdessen sollten die Jungen in den vormilitärischen Einheiten der
Hitlerjugend zu einer heroischen, männerbündischen Daseinsform erzogen werden, zu todesmutigen »Jungmannen«. Das
»deutsche Mädel« aber hatte sich auf die würdige Rolle als deutsche Mutter und Gebärerin erbgesunden Nachwuchses vorzube-

reiten. Was faszinierte die damalige Jugend an solchen abgestande-
nen und lebensgefährlichen Zielen? Es war keine kritische Jugend,
sie war vielmehr autoritätsgläubig, unrealistisch und neugierig auf
Wanderfahrten und den Freiraum von Elternhaus und Schule, den
diese Jugendverbände zu versprechen schienen. Mit diesem vom
Staat geförderten Eigenbewußtsein der Jugend hing auch die Uni-
formierung (Weber-Kellermann 1985, 196–212) zusammen. Zum
ersten Mal in der Geschichte der Kinderkleidung trug die Jugend
eine eigene Uniform, die anders aussah als die gleichzeitigen Uni-
formtypen der Erwachsenen. Die Zöglinge der Kadettenanstalten
wurden in die verkleinerten Uniformen der betreffenden Regi-
menter gesteckt und von Offizieren kommandiert. Die jeweiligen
Schuluniformen bildeten ein von der Schulleitung erdachtes Klei-
dungssystem. Die Hitlerjugenduniformen waren etwas anderes –
in vielen Elementen der bündischen Jugend abgesehen, aber nun
den politischen Zielen des Faschismus dienstbar gemacht. Für die
Kinder und Jugendlichen sah es aber so aus, als hätten sie, was die
Kleidung anbetraf, einen Status der Eigenbestimmung erreicht.
Das war ein verführerisches Bewußtsein, aber ein törichter Irrtum, denn ihre Führer blickten auf sie als »Gefolgschaft« herab,
die sie »nach Ostland« führten, zur Eroberung von Boden durch
Blut. Eine ehemalige hohe BDM-Führerin schreibt in einem Erin-
nerungsbuch mit dem Versuch ihrer Vergangenheitsbewältigung:
»Damals erwarb ich die verhängnisvolle Fähigkeit, das spontane
Mitleid, das ich für die in Not lebenden Angehörigen eines anderen Volkes empfand, in mir zu unterdrücken.« (Maschmann 1979,
71). Diese zunehmende Gemütskälte war eigentlich das Schlimmste an Hitlers Jugend in Uniform.

Die Nachkriegszeit

Nach 1945 war nicht gleich alles anders. Nun sollte es endlich ernst
werden mit der Demokratie. Das durfte aber nicht nur die große
Politik betreffen, sondern jede andere Sozialform auch: Schule,
Universität und natürlich die Familie. Hier ging man jedoch auf
unsicheren Wegen, denn man glaubte, der Familie am besten zu
dienen, wenn man sie wieder mit den alten Erziehungsfunktionen
ausstattete, die ihr die Nazis geraubt hatten, schien doch die Familie die einzige »heile« Institution im Nachkriegschaos der Gesell-

Abb. 14: Nachkriegsjugend in Trainingshosen
(Foto Reinhard Peesch 1957)

schaft geblieben zu sein. So entstand in der jungen Bundesrepublik ein eigenes Familienministerium. Doch vernachlässigten solche gutgemeinten, aber restaurativen Zielsetzungen die Tatsache, daß es ja gerade der demokratische Charakter der Familie war, der besonderer Nachhilfe bedurfte. So erneuerte sich der alte autoritär-patriarchale Oben-Unten-Mechanismus des Familienlebens und provozierte schließlich oppositionelle Modelle wie die antiautoritäre Erziehung.

Die Probanden aller Reform- und Gegenreformbestrebungen sind und waren die Kinder, die sich mit der Unsicherheit der Erwachsenen irgendwie arrangieren mußten. Eigentlich wäre es ja selbstverständlich gewesen, nach den katastrophalen Erlebnissen der Nazizeit und des Zweiten Weltkriegs als erstes physische und psychische Gewalt total aus der Kindererziehung zu verbannen und an ihre Stelle das offene freundschaftliche Gespräch zu setzen.

Abb. 15: In Jeans und Turnschuhen kann man hoch hinaus!
(Foto Ingeborg Weber-Kellermann, Marburg 1979)

Zunächst geschah das meistens aber nicht, nicht in der Stadt und noch viel weniger auf dem Lande. Die Kinder spielten bei ihren Straßenspielen nicht Frieden, sondern immer wieder Krieg, als wäre diese Erfahrung aus dem Erwachsenenleben die einzige, die sie als nachahmenswert empfanden. Die Kunststoffpistole gehörte zu den Haupt- und Massenspielzeugen der Nachkriegszeit.

Zunächst befand sich jedoch alles im Übergang. Als Winterkleidung fungierten die Trainingshosen der Kriegsjahre, und von Frühling bis Herbst herrschte die Lederhose von München bis Hamburg, praktisch und kleidsam. Diese mütterfreundliche Kindermode hatte dazu auch noch den Vorteil, »deutsch« zu sein, was besonders die Amerikaner anerkannten. In den sechziger Jahren kamen die Jeans (Weber-Kellermann 1985, 247 ff.), und in den siebzigern hatten sie nach anfänglichem Widerstreben der Eltern Stadt- und Landkinder in gleichem Maße erreicht. Das war eine internationale Mode und begeisterte gleichermaßen die Jungen und die Mädchen, die Kleinen und die Großen. Bei einer Umfrage im Rahmen eines Marburger Seminars der siebziger Jahre bei 9- bis 10jährigen Marburger Schülern nach ihrem Lieblingskleidungsstück lagen Jeans und T-Shirt weit vorn, und alle Kinder konnten trotz sonstiger orthographischer Unsicherheit diese beiden Wörter richtig schreiben (Weber-Kellermann 1985, 252 f.). Unterschiede zwischen Stadt und Land waren kaum zu beobachten und machten sich höchstens darin geltend, daß nach traditioneller Sitte zum Kirchgang Sonntagskleidung getragen werden mußte: »Zur Kirche ziehe ich die gute weiße Strumpfhose an, muß sie aber danach gleich in meine rote tauschen«, schrieb ein Mädchen vom Dorf in seinem Aufsatz. Übereinstimmend betonten die Kinder, daß sie bei Geburtstagseinladungen gern etwas Neues anziehen (Falkenberg 1984).

Die Opposition zwischen Haus und Außenwelt wird von einem Kind sicher besonders durch Kleidung erlebt, und zwar als erlaubt oder unerlaubt, als Verständnis oder Verweigerung. Oft mangelt es den Erwachsenen an Einsicht in das Wertsystem der Kinder, in dem bestimmte Kleidungsstücke eine so entscheidende Stelle einnehmen können.

Schluß

Stadtkind – Landkind? Die Gegensätze und Unterschiede verwischen sich immer mehr beim Voranschreiten in die Moderne, in eine Gesellschaftsordnung, die das Recht auf Selbstentscheidung von Kindesbeinen an innerhalb des sozialen Ganzen verbürgt. Dem standen in der Vormoderne die Normen und Werte entgegen, die jeden an seinen ständisch bestimmten Platz festzubannen schienen – auch das von Kindesbeinen an. Doch Kindheit ist eine geschichtliche Größe wie Sozialisation und Erziehungsziele, und deshalb sollte die Vormoderne auch für die Kinder vorbei sein. Zu den beliebten Stoffen der Bilderbogendruckereien von Neuruppin bis Epinal gehörten die »Lebensstufen des Menschen«, die eine Doppeltreppe darstellen: links auf der untersten Stufe sieht man das Kleinkind in der Wiege, das über Kindheit, Verlobung und Hochzeit zum würdigen 50jährigen reift und dann den Abstieg ins Greisenalter beginnt. Aber jede Lebensstufe ist festgelegt und un-

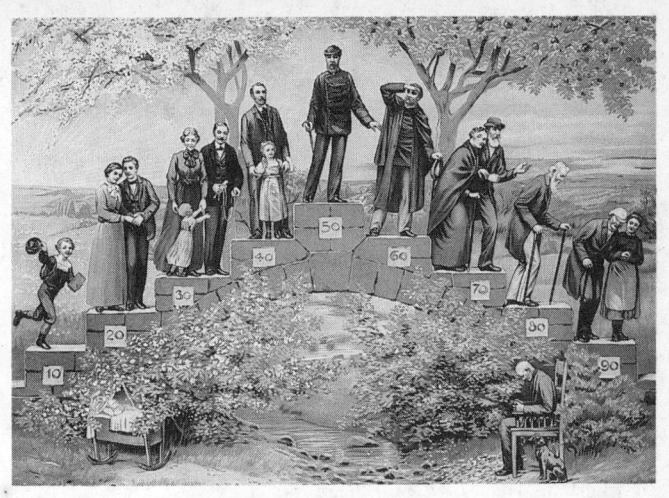

Abb. 16: Die Lebenstreppe
(Bilddruck Frankfurt oder Dresden um 1890)

ausweichlich. Das war der Lebensbogen, den jeder seinem sozialen Stande nach in normierter Form zu erwarten hatte. Ariès (1975, 69ff.) hat zutreffend festgestellt, daß die Dauer der Kindheit nach historischen Epochen und sozialen Schichten differiert. Das zeigt sich nach außen durch die Kinderkultur in Kleidung und Spiel, Arbeits- und Wohnweise, Schule und Erziehung. Auch die kindliche Sehnsucht nach Konformismus in der Gegenwart, nach der alle die gleiche Jeansmarke, das gleiche T-Shirt, die gleichen Turnschuhe haben wollen, ist – so paradox das klingen mag – ein Schritt auf dem Wege zum Individualismus und etwas anderes als die von den Eltern verordneten Bleyle-Anzüge, Trachtenröckchen oder gar die Jugenduniformen.

Kindheit ist in allen Zeiten, Schichten, Ethnien etwas Unwiederholbares und deshalb so außerordentlich Wichtiges. Erfüllt von Sehnsüchten, Erwartungen und Angst vor deren Unerreichbarkeit, überwältigt von dem ständig Neuen, das ihnen begegnet, sind die Kinder angewiesen auf die Einfühlung der Erwachsenen. Die Gefühlsintensität der Kinderzeit dürfen die Großen nicht enttäuschen.

Literatur

Ariès, Philippe, *Geschichte der Kindheit*, München–Wien 1975.

Arnim, Bettina von, *Dies Buch gehört dem König. Werke und Briefe*, Dritter Band, Frechen 1963, S. 227–254.

Aufmuth, Ulrich, *Die deutsche Wandervogelbewegung unter soziologischem Aspekt*, Göttingen 1979.

Becker, Siegfried, *Arbeit und Gerät als Zeichensetzung bäuerlicher Familienstrukturen*, Marburg 1985.

Bruch, Friedrich, *Kindheits- und Jugenderinnerungen*, Straßburg 1889.

Büchsel Karl, *Erinnerungen eines Landgeistlichen* (1861), 9. Aufl. Berlin 1907.

Falkenberg, Regine, *Kindergeburtstag*, Berlin 1984.

Hebbel, Friedrich, *Meine Kindheit*, in: *Sämtliche Werke*, Hamburg 1892, Bd. 9, S. 169–200.

Jeans. Beiträge zu Mode und Jugendkultur, Tübingen 1985.

Kuczynski, Jürgen, *Geschichte des Alltags des deutschen Volkes*, Köln 1981, Bd. 3.

Maschmann, Melita, *Fazit*, München 1979.

Oberfeld, Charlotte/Weber-Kellermann, Ingeborg, *»Familienglück«* im *Mädchenbuch*, in: Schaller, H. (Hg.), *Umstrittene Jugendliteratur*, Bad Heilbrunn 1976, S. 47–60.

Rühle, Otto, *Das proletarische Kind*, Berlin 1911.

Rühle, Otto, *Illustrierte Kultur- und Sittengeschichte des Proletariats* (1930), Frankfurt 1971.

Sauermann, Dietmar, *Knechte und Mägde in Westfalen um 1900*, Münster 1972.

Schad, Johann Baptist, *Lebensgeschichte*, 3 Bde., Altenburg 1828.

Thoma, Ludwig, *Kaspar Lorinser*, Jubiläumsausgabe Bd. V, München 1978, S. 321–345.

Uhlig, Otto, *Die Schwabenkinder aus Tirol und Vorarlberg*, 2. Aufl., Innsbruck 1983.

Weber-Kellermann, Ingeborg, *Das Weihnachtsfest*, 2. Aufl., München 1987.

Weber-Kellermann, Ingeborg, *Die deutsche Familie*, 10. Aufl., Frankfurt a. M. 1989.

Weber-Kellermann, Ingeborg, *Die Kindheit. Kleidung und Wohnen – Arbeit und Spiel. Eine Kulturgeschichte*, 2. Aufl., Frankfurt a. M., 1989.

Weber-Kellermann, Ingeborg, *Frauenleben im 19. Jahrhundert*, 2. Aufl., München 1988.

Weber-Kellermann, Ingeborg, *Der Kinder neue Kleider*, Frankfurt a. M. 1985.

Weber-Kellermann, Ingeborg, *Landleben im 19. Jahrhundert*, 2. Aufl., München 1988.

Wehler, Hans-Ulrich, *Deutsche Gesellschaftsgeschichte*, 2. Band, München 1987.
Weidenheim, Johannes, *Lebenslauf der Katharina D.*, Freilassing 1963.

Imbke Behnken/Manuela du Bois-Reymond
Kinder unter sich
Spielwelten in alten Stadtquartieren
Ein interkultureller Vergleich

Einleitung

In unserer Darstellung beziehen wir uns auf eine historisch-inter-kulturelle Studie zum Thema Stadt und Quartier als Lebensraum von Kindern, die wir seit Anfang der achtziger Jahre in den Städten Wiesbaden und Leiden/Holland durchführen. In dieser Studie geht es um den *Wandel städtischer Lebensräume als Umwelt von Kindern* um 1900/1920.* Wir fassen den Städtevergleich als lokale Fallstudie auf, die es uns erlaubt, zwei Kindheiten zueinander in Beziehung zu setzen und Übereinstimmungen und Kontraste fest-zustellen. Der interkulturelle Vergleich konzentriert sich auf in-nerstädtische Kleinbürger- und Arbeiterquartiere.[1]

Grundlage unserer Ausführungen sind oral history-Gespräche mit rund 80 Frauen und Männern der Geburtsjahrgänge 1893–1915 über ihre Kindheitserinnerungen (Behnken/du Bois-Rey-mond/Zinnecker 1989a).

In beiden Städten handelt es sich im angegebenen Zeitraum um relativ homogene historische Kindheitswelten, die freilich, wie wir zeigen wollen, von städtischen und nationalen Besonderheiten geprägt sind. Die Vergleichsquartiere repräsentieren einen unter-schiedlichen Entwicklungsstand im Prozeß der *Modernisierung* europäischer Stadtgesellschaften und Kindheiten (Behnken/du Bois-Reymond/Zinnecker 1989b).

Modernisierung verstehen wir zivilisationstheoretisch und, be-zogen auf städtische Kindheit, als einen Prozeß

– zunehmender Interdependenz zwischen Quartierswelt und Stadtwelt;

– der Auslagerung und Zentralisierung von ehemals lokalen Einrichtungen wie Schulen, sozialfürsorgerischen und polizei-lichen Instanzen;

– der Erneuerung von alter Bausubstanz und Verdünnung von Wohnbelegung;

– der Monofunktionalisierung der öffentlichen Verkehrswege

und Plätze, die zu einer Trennung von Innen- und Außenräumen führt;

– der Trennung von Wohn- und Arbeitsstätten;
– des Anwachsens des Dienstleistungssektors; des Rückgangs lokaler Kleinindustrien;
– des Ausschlusses von Kindern und Frauen aus dem Produktionsprozeß;
– der Individualisierung und Pädagogisierung des Kinderlebens inner- und außerhalb der Familie;
– der Gliederung der Kinder in altershomogene Gruppen mit altersspezifischen Rechten und Pflichten.

In all diesen Dimensionen von Modernisierung zeigen sich neben Übereinstimmungen zwischen Leidener und Wiesbadener Kindheit im Zeitraum 1900/1920 Unterschiede, die in die angedeutete Richtung gehen: Wiesbadener Kindheit läßt im interkulturellen Vergleich Züge heutiger verhäuslichter Familienkindheit (Behnken/du Bois-Reymond/Zinnecker 1988; Behnken/Jonker 1989; Rettenbach 1989, Zinnecker 1989) in entwickelten Dienstleistungsgesellschaften erkennen, während Leidener Kindheit noch sehr stark am Modell vorindustrieller und industrieller städtischer Arbeiterquartiere mit einem hohen Grad von kollektiv geteilten Lebensvollzügen unter ökonomisch deprivierten Lebensbedingungen orientiert ist.

Wir wollen im folgenden diese beiden Kindheiten am Beispiel von *Spielwelten* und *Gruppenleben* in den untersuchten Altstadtquartieren der beiden Städte darstellen.

Zunächst gehen wir kurz auf die Vergleichsstädte und -quartiere ein, führen dann die Spielorte, Spieltätigkeiten sowie die Zusammensetzung und Funktion der Kindergruppen vor und beenden unsere Ausführung mit einigen Überlegungen zu Langzeittendenzen.

Die Städte und ihre Quartiere

Mit Leiden und Wiesbaden haben wir in mehrfacher Hinsicht kontrastierende Stadttypen vor uns. Die Unterschiede beziehen sich auf Sozialgeschichte, städtische Funktionen, geographische und topographische Gegebenheiten. Im Gegensatz zu Leiden, einer im 17. Jahrhundert entwickelten Textilstadt, zugleich Sitz der ältesten Universität des Landes, wuchs Wiesbaden erst im 19. Jahrhundert zur Stadt heran. In dieser Zeit wurde es zu einer reichen und international renommierten Kur- und Residenzstadt. Zwischen 1870 und 1910 bot der stark expandierende Ort vielen Arbeitsuchenden aus ländlichen Regionen Verdienstmöglichkeiten, insbesondere im Baugewerbe und im Dienstleistungsbereich. Industrieansiedlungen wurden bis zur Eingemeindung der industriellen Vororte Mitte der zwanziger Jahre aus dem Stadtgebiet ferngehalten. Anders als Leiden, das keine Höhenunterschiede kennt, liegt Wiesbaden in einem nahezu geschlossenen Mittelgebirgskessel.

Leiden bietet dem Betrachter ein ›typisch holländisches‹ Stadtbild: durchzogen von Rheinarmen und Grachten, mit einer zum Teil noch erhaltenen jahrhundertealten Bebauung und umgeben von Dörfern in Poldern. Um 1900 liegt die stadtgeschichtlich entscheidende Phase der Urbanisierung bereits mehr als 200 Jahre zurück. Während Ausbau und Ökonomie der Stadt in dieser Epoche stagnieren, erlebt Wiesbaden seine prägende baulich-architektonische Ausgestaltung und wirtschaftliche Blütezeit.

In Wiesbaden beziehen wir uns auf das Stadtviertel Nordend (Bergkirche, Hilf), das im Zuge der Stadterweiterung Mitte des 19. Jahrhunderts als Wohnquartier für Arbeiter und Kleinbürger errichtet wurde. Das Viertel schließt unmittelbar an den mittelalterlichen Stadtkern an. Die städtischen Richtlinien sahen vor, den einfachen Leuten im Nordwesten Bauland zuzuweisen, weit ab von den im Süden und Osten des alten Stadtkerns gelegenen, bzw. geplanten Kur- und Villenvierteln. *(Abb. 1)* Das Nordend entwickelt sich zu einem sozial gemischten Wohnquartier: hier leben Bauarbeiter, kleine Geschäftsleute, Handwerker, Volksschullehrer, Tagelöhner, Kutscher, Wäscherinnen, Dienstboten, Polizisten und um 1900 auch noch Stadtbauern. Die für das Viertel typische dichte Bebauung der Grundstücke mit zwei- bis viergeschossigen Vorder-, Seiten- und Hinterhäusern bietet den Bewohnern enge Nachbarschaft, verbunden mit der Möglichkeit räumlicher Distanz. In den Vorderhäusern wohnen zumeist die Familien der Hausbesitzer; das sind Handwerksmeister, Kaufleute, Gastwirte und Bauern. *(Abb. 2)* In die kleineren, preiswerteren Hinterhauswohnungen ziehen die weniger Vermögenden. Die Familien unserer Kindheitszeugen, zwei bis fünf Kinder sind die Regel, bewohnen abgeschlossene Zwei- bis Vierzimmer-Etagenwohnungen.

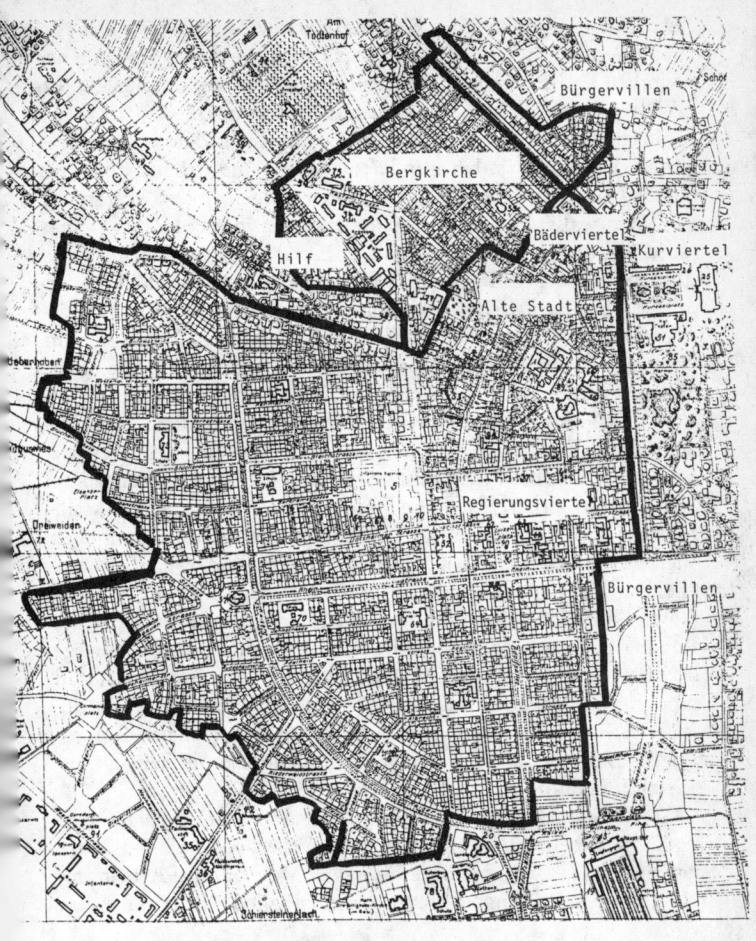

Abb. 1: Wiesbaden, 1910. Im Nordwesten das Nordend –
Bergkirche und Hilf.
(Quelle: Vorlage ist die Karte aus Chr. Spielmann und F. Krake
*Die Entwicklung des Weichbildes der Stadt Wiesbaden seit dem Ende
des 18. Jahrhunderts*, Frankfurt 1912).

Die Eigenständigkeit des Nordens bzw. die Abgeschlossenheit gegenüber der Stadt wird unterstützt durch die Errichtung eigener Kirchen und pädagogischer Einrichtungen (Volksschulen, Volkskindergarten, Kinderbewahranstalt, Waisenhaus).[2]

Die beiden Stadtviertel in Leiden, Havenwijk Zuid und Pancras Oost, werden im 17. Jahrhundert als Wohn- und Arbeiterquartiere für Textilarbeiter gebaut. Die Quartiere liegen an der Westgrenze des Stadtwalls, hinter dem sich unmittelbar die Polderlandschaft anschließt. *(Abb. 3)* Ende des 19., Anfang des 20. Jahrhunderts finden mehrere Stadterweiterungen statt, in denen neue Arbeiterquartiere außerhalb des alten Stadtkerns angelegt werden (Diederiks/van Eyck 1979). Die wohlhabenden Viertel befinden sich im Südosten der Stadt (u. a. das alte Universitätsgebäude). Die Quartiere sind von Grachten durchzogen. Sie haben zu der Zeit sowohl die Funktion von Verkehrswegen als auch die Funktion, Industrie- und Haushaltsabwässer aufzunehmen. Eigentümlich für die Viertel ist die Fülle kleiner und mittlerer Nachbarschaftsfabriken: Webereien, Gerbereien, Konservenfabrik, Grobschmiede, Mehlfabrik u. a. In diesen Fabriken arbeiten nicht nur die männlichen Viertelbewohner, sondern auch Frauen und Kinder – letztere vor allem in Heimarbeit für die Konservenfabrik. Auch die Schulen (sowie kirchliche Einrichtungen für Kinder) liegen im oder am Rande des Quartiers, so daß die Kinder keine langen Schulwege haben.[3] Die Quartierbewohner sind von der Reststadt sozial und topographisch abgeschottet, sie leben gleichsam auf einer Stadtinsel. Hinter den Grachten liegt ein Gewirr von schmalen Gassen, Stegen und den für viele holländische Städte typischen ›hofjes‹ (kleine Innenhöfe).

Grachten und Sträßchen sind mit ein- oder zweistöckigen Reihenhäusern bebaut, den sogenannten Weberhäuschen. Das Bauprinzip folgte einem rein ökonomischen Motiv: soviel Arbeiterfamilien auf so geringem Raum wie möglich unterzubringen. *(Abb. 4)*

Die Familien haben sechs und mehr Kinder. Die Häuser bestehen aus einem ebenerdigen Vorder- und Hinterzimmer, durch eine Schiebetür oder einen Alkoven (Schlafplatz für Eltern mit dem jüngsten Kind) voneinander getrennt. Eine steile Holzstiege führt auf den Dachboden, wo die anderen Kinder schlafen.

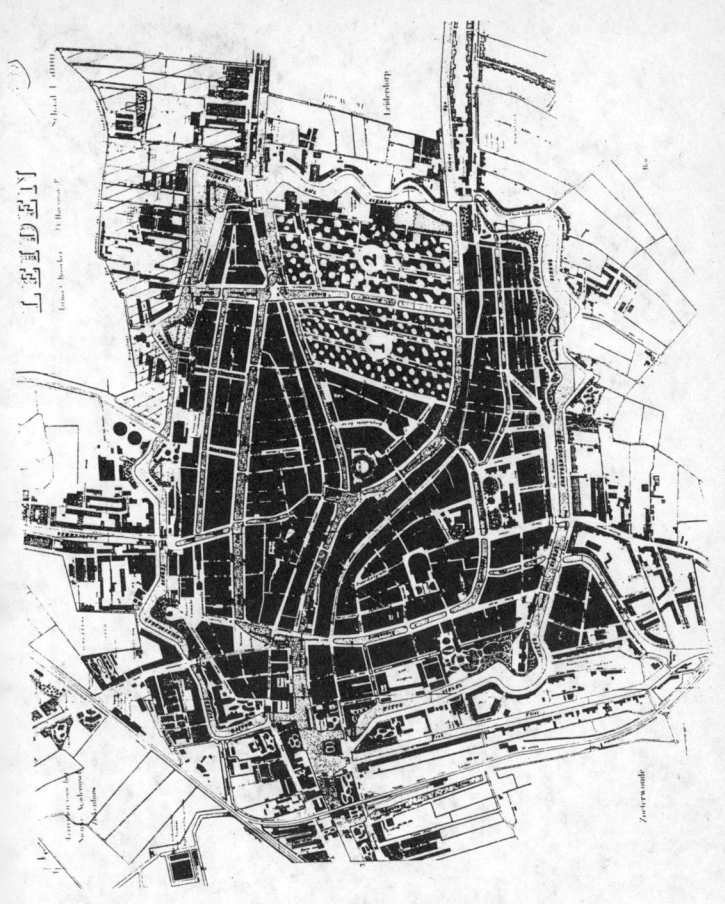

Abb. 3: Stadtplan von Leiden, 1911
(1) Pancras Oost (2) Havenwijk Zuid

Abb. 2: Blick in die Kellerstraße, Wiesbaden Nordend 1912
(Sammlung Nassauischer Altertümer im Museum Wiesbaden)

Abb. 4: Straße in Havenwijk Zuid, Leiden um 1900
(Gemeentelijk Archief Leiden)

Spielorte und Spieltätigkeiten

In den ersten Jahrzehnten dieses Jahrhunderts sind die Straße im Quartier und angrenzende Außenräume der zentrale Ort für Kinderspiel und Gruppenleben von Arbeiterkindern (Muchow/Muchow 1934/1978). Arbeiterkindheit ist in dieser Zeit Straßenkindheit. Kleinbürgerliche Kinder nutzen dagegen bereits nach dem Vorbild bürgerlicher Kindheiten auch Innenräume zum Spielen (Behnken/Zinnecker 1987; Römer 1983; Zinnecker 1979).

Wiesbaden

Die Spielorte *(Abb. 5)* der Kinder aus dem Nordend verteilen sich über das Quartier und auf die angrenzenden Wiesen, Wälder und Bachtäler. Bei der Lage der Spielorte fällt auf, daß alle Wege nur in eine Richtung führen, zum Stadtrand. Obwohl das Stadtzentrum, das Bade- und Kurviertel, die Villenviertel und Parks, von der Entfernung her näher am Wohnquartier liegen, spielen die Kinder dort nicht. Es handelt sich offensichtlich nicht nur um eine räumliche Trennung. Die soziale Grenzziehung zwischen Bürgerviertel, Kur- und Geschäftsviertel auf der einen Seite, dem Kleine-Leute-Viertel auf der anderen Seite, ist maßgeblich für die Wahl bzw. Zuweisung der Spielorte.

Zu anderen Gelegenheiten allerdings gehen die Kinder aus dem Nordviertel in das Geschäfts-, Kur- und Villenviertel. Das geschieht zu Arbeitszwecken, wenn sie z.B. Botengänge erledigen, also typische Tätigkeiten für eine Dienstleistungsstadt. Sie durchqueren dazu die ganze Stadt.

Die Wiesbadener Kinder haben zwei klar unterschiedene Spielzonen: Spielorte innerhalb des Quartiers und solche außerhalb der bebauten Stadtgrenze, in der freien Natur.

Nehmen wir alle Berichte zusammen, so erzählen die Kindheitszeugen keineswegs emphatisch über das Straßenspiel im Quartier. Die Straßen um die Familienwohnungen und Mietshäuser sind ein informeller, alltäglicher Ort, ohne hohe emotionale Qualität. Das Spielen hier ist eine beiläufige Tätigkeit. »Zur Überbrückung haben wir bei uns in der Straße gespielt«, so charakterisiert eine Erzählerin den Sachverhalt. Ausgewiesene Spielorte liegen außerhalb der städtischen Blockbebauung.

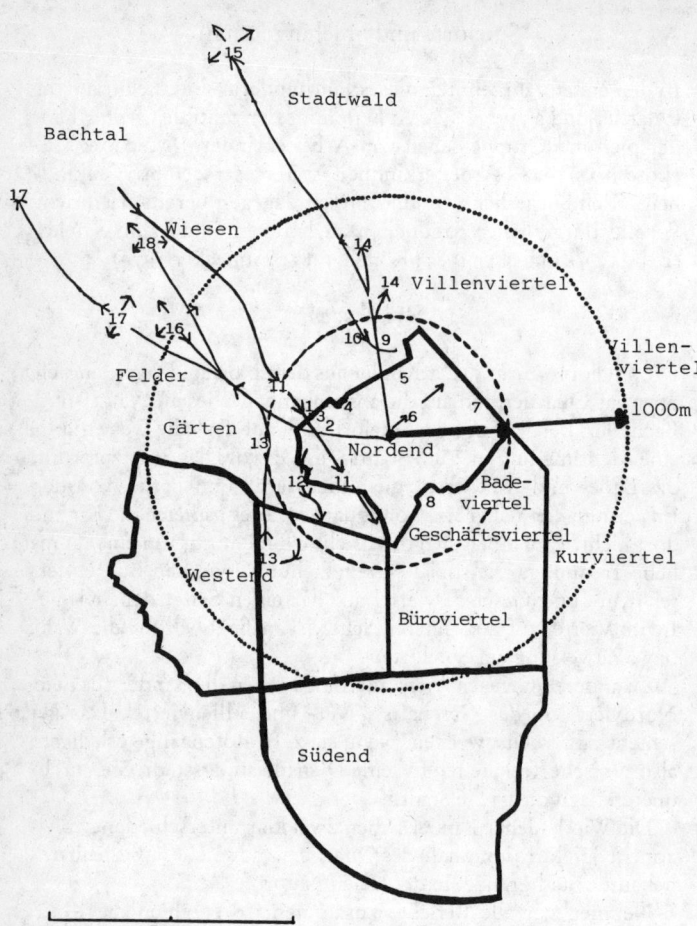

Abb. 5: Spielradius der Quartierskinder, Wiesbaden Nordend, um 1910
Durchgezogene Linie: Quartiersgrenze 1910, zugleich Grenze der
mehrstöckigen geschlossenen Blockbebauung.
Punktierte Linie: Die Radiuskarte faßt alle Orte innerhalb und außerhalb
des Quartiers zusammen, die die Zeitzeugen nannten. Die Entfernungen
zu den Spielorten außerhalb des Quartiers sind maßstabgetreu
eingetragen.

Spiele
(1), (4) Freie Plätze:
Hickeln, klickern, mit dem Seil springen, im Sand spielen, Schule spielen, mit dem Ball spielen, im Winter schleifen, die jüngeren Geschwister ausfahren
(2), (5) Kirchhof an der katholischen Kirche; freier Platz vor dem Alten Friedhof:
Fußball spielen (verbotenerweise)
(3), (9) Schulhof:
Laufspiele, Kreisel schlagen, hickeln
(6), (11), (12) Abschüssige Straßen im und am Rande des Quartiers:
Im Winter rodeln
(7), (10) Ruhige Nebenstraße:
Ballspiele, hickeln, klickern, Reifen schlagen
(8) Steil abfallende Straße:
Mit dem Fahrrad hinuntersausen
(13) Altes Westend, benachbartes Quartier:
Versteckspiele durch das Viertel und das angrenzende Wiesental
(14) – (18) Wald, Wiesen und Bachtäler, Felsengruppe, Stadtwald mit »Volkspark«:
Herumstreifen, Ausflüge machen, Laufspiele wie »Räuber und Gendarm«, klettern, die jüngeren Geschwister spazieren fahren, Fußball spielen, Quartiersfeste

Die stadtnahe Natur bildet den von Eltern und Kindern vielfach bevorzugten Spielplatz für weiträumig angelegte Streifzüge, Lauf- und Versteckspiele, für Klettertouren und Ausflüge. Allerdings müssen dorthin Fußwege zurückgelegt werden; Verabredungen sind zu treffen – ein Zeitfaktor, der im Fall der Wohnstraßen keine bedeutsame Rolle spielt. Sie sind daher der Raum für kurze und schnelle Spiele, wenn noch ein wenig Zeit ist. Die Spieltradition, die die Erzählerinnen und Erzähler in diesem Zusammenhang nennen, beruhen auf kleinräumiger Bodennutzung: Die Kinder spielen auf den Bürgersteigen mit den Klickern, malen sich ihr ›Hickelspiel‹ auf oder schlagen den Kreisel. In den Hinterhöfen treffen sich die Mädchen zum Vater-Mutter-Kind- oder Schule-Spiel, auf dem ›Plätzchen‹ buddeln sie im Sand oder springen mit dem Seil, sie sitzen auf den Stufen der Kirchentreppe, lesen oder erzählen, balancieren auf den Holzstapeln im Hof der Tischlerei, spielen Prellball an der Wand. Ballspiele markieren bereits die Grenze des erlaubten Straßenspiels im Quartier. Erzählungen um

Abb. 6: Kindergruppe im Hinterhof, Wiesbaden Nordend 1911.
In den Höfen trafen sich vor allem die Kinder, die dort wohnten.
Die Jungen und Mädchen tragen ihre Sonntagskleidung.
(Privatsammlung R. Leitem, Wiesbaden)

Abb. 7: Kinder und Erwachsene in Muße an die Hecken der Vorgärtchen
gelehnt. Leiden um 1910 (Gemeentelijk Archief Leiden)

Ballspiele sind durchweg Konfliktgeschichten. Polizisten, Passanten oder Hauswarte sehen die öffentliche Ordnung bedroht und erteilen Verbote. Die Kinder, das betrifft vor allem die fußballbegeisterten Jungen, weichen dann in die Naturumgebung aus. *(Abb. 6)*

Leiden

Das bereits erwähnte Bild einer Stadtinsel ist auch für die Spielorte und für den Bewegungsradius der Leidener Kindheitszeugen angemessen. Nicht nur die jüngeren, auch die älteren Kinder verlassen diese Insel kaum und sind damit im Vergleich zu den Wiesbadener Kindern relativ stationär.

Wir können vier Spielzonen unterscheiden. *(Abb. 8)*

1. Die dem Haus nächste Zone ist der direkt an die Haustür angrenzende Straßenraum. Durch den hohen Vermischungsgrad von Wohnen und Arbeiten im Quartier steht diese Spielzone unter dem kontrollierenden Auge vieler Quartiersbewohner: der Mutter, der Nachbarinnen, der Straßenhändler, der hin und her eilenden Mitbewohner, der älteren Geschwister. Die Kinder spielen sozusagen zu Füßen der tätigen Erwachsenen, und sie selbst wechseln in ihrem Tagesrhythmus hin und her zwischen Spielen und Mithilfe bei Haus- und Heimarbeit. *(Abb. 7)* Die Kinder ›stehlen‹ sich Spielzeiten als Zwischenzeiten von der erforderten Mithilfe bei der Reproduktion der Familie, sie verbinden Spielen mit Arbeiten, etwa beim Essenbringen ans Fabriktor oder bei Haus- und Heimarbeit.

2. Die nächste Zone führt vom Haus weg an etwas entferntere Orte im Quartier: Spielen an den Rändern der Grachten und auf den Booten, in den halbdunklen Toreingängen oder auf dem von Wasserarmen eingeschlossenen Hinterhof der Grobschmiede, dem sogenannten achterommetje. Dort spielen Jungen und Mädchen in den großen Eisenringen, die da gelagert werden, die klassischen Rollenspiele Vater-Mutter-Kind und Schule. Hier sind sie dem kontrollierenden Auge der Quartiersbewohner entzogen. Sie steigen aber auch über die Mauer in den Obstgarten eines reichen Bauern, der im Quartier wohnt, und klauen Äpfel und Birnen.

3. An diese Zone schließt sich diejenige an, die außerhalb des Quartiers liegt und die gesamte Reststadt umfaßt. Sie wird nur von

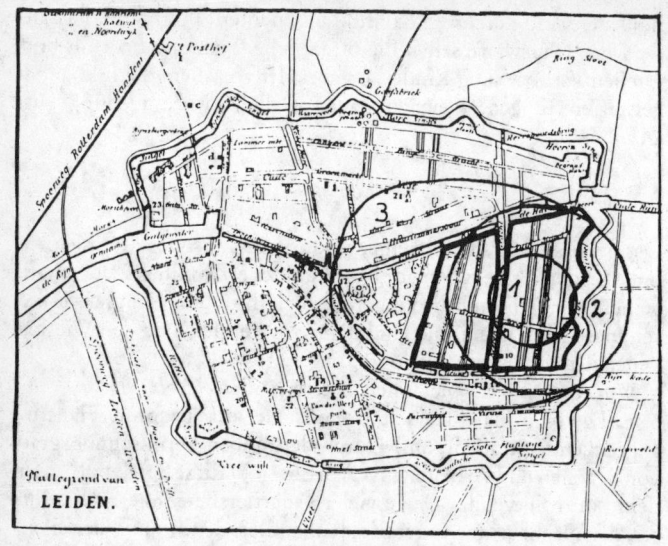

Abb. 8: Spielradius der Kinder aus den Vierteln Pancras
Ost und Havenwijk Zuid, um 1910
Viereck: Quartiersgrenzen
Kreise: Markierung der Zonen 1, 2 und 3. Zone 4 (hier nicht
eingetragen) bezieht sich auf die Ausflüge an das Meer.

wenigen mobilen Kindern benutzt. Wir haben hierzu das schöne
Beispiel des ›Pfeilsuchens‹, eine Art Schnitzeljagd, an der sich
eine größere Gruppe älterer Jungen und Mädchen beteiligte. Das
Spiel führte durch die ganze Stadt und dauerte mehrere Stunden.

Auffällig ist, wie wenig Erzählungen das Baden in einer so was-
serreichen Stadt wie Leiden betreffen. Viele Zeitzeugen lernen in
ihrer Kindheit nicht schwimmen, werden von ihren Müttern
ängstlich vom Wasser ferngehalten. Das gilt insbesondere für
Mädchen – aber nicht nur für sie. Andere Zeugen erzählen von
kleinen Badevergnügungen in den Grachten, dicht bei den Wohn-
häusern – für heutige Maßstäbe unter sehr bedenklichen hygieni-
schen Bedingungen.

4. Alle Kindheitszeugen erzählen von dem jährlichen Ausflug

zu Fuß oder mit dem Boot nach Katwijk ans Meer – ein Höhepunkt im Leben von Kindern und Erwachsenen in einer Zeit, in der es für Arbeiter noch keine Ferien gibt. Aber kein Kind aus der Innenstadt erzählt, daß es dort im Meer schwimmt. Auch werden keine Streifzüge in die nahegelegenen Polder unternommen, die mit den vielen Wasserarmen und Seen doch eine ideale Spielwelt gewesen sein könnten.

Stellen wir uns die vier unterschiedlichen Spielzonen – von nah nach fern – unter dem Gesichtspunkt ihrer Besetztheit mit Kindern und Kinderspielen vor, so müssen wir die am Haus gelegene Nahspielzone schwarz schraffieren, die im weiteren Quartiersraum gelegene dunkelgrau, die Zone, die die Reststadt einbezieht, hellgrau, und Meer und Polder fast weiß.

Straßenspielgruppen

Straßenspielkindheit ist immer zugleich eine gruppenbezogene Kindheit. Die Gruppe organisiert Spiele und Unternehmungen, tradiert ihre Spiele an die Jüngeren weiter, führt die nachwachsenden Kinder in das Straßenleben ein und begibt sich auf Nahrungssuche im Quartier (Hetzer 1927; 1929).

Wiesbaden

An die großen Kinderscharen auf den Straßen erinnern sich alle Erzähler und Erzählerinnen gut. Als wir in einer Stammtischrunde auf diese Frage zu sprechen kommen, setzt eine nicht endenwollende Erinnerungskette ein. *(Abb. 9)*

»Die ganzen Kinder hier auf der Straße, das hat gewimmelt.«

»Ja, es waren Riesenkinderscharen.«

»So etwa 10, 20 in einem Haus.«

»Wir waren ja schon allein 10 Kinder.«

»Heute sieht man ja keine Kinder mehr hier.«

»Die Straße war voll.«

»Da waren immer Kinder zum Spielen da, überall in der Straße.«

Auf der Suche nach Gruppierungen innerhalb der großen Kinderscharen stoßen wir in den Erzählungen auf die Beschreibung von *Straßencliquen*. Es heißt beispielsweise »wir in der oberen

Abb. 9: Kinder und Erwachsene aus der Hochstraße (Wiesbadener Nord-end) in Aufstellung. Anlaß sind die Straßenfeiern zum Kriegsende 1918. Das Foto gibt einen Eindruck von der Vielzahl der Kinder einer Quartiers-straße wieder. (Privatsammlung F. Cron, Wiesbaden)

Nerostraße«, »die Hilfer Jungs«, »wir aus der Stiftstraße«. In allen Fällen ist das Territorium das Kriterium, das über Zugehörigkeit und Abgrenzung entscheidet, nicht Alter und Geschlecht. Die Straßengruppe gehört wie Familie, Schule und Kirche zum festen Bestandteil des Kinderlebens. Es ist nicht die unverbindliche Kinderschar, die auf der Straße anzutreffen ist, sondern eine festumschriebene Gruppe von Nachbarskindern. Die konkrete Zusammensetzung kann je nach Anlaß und Spielsituation innerhalb dieser Clique wechseln: die Jungen organisieren ein Fußballspiel, die Mädchen treffen sich zum Vater-Mutter-Kind-Spielen; Streifzüge in die Umgebung werden dann wieder zusammen unternommen. Immer aber sind es die Kinder aus der einen Straße, bzw. dem einen Straßenabschnitt.

»Wir Kinder in der Nerostraße haben Fastnacht viel gefeiert. Wir haben Pritschen und Klatschen gehabt, so Pappklatschen und auch Luftschlangen. Die ganze Korona da oben (obere Nerostraße), wir haben einen Zug gemacht. Es hat geheißen: heute ist Lumpenball, da ziehn wir alle durch die Straßen. Da sind die Leut mit Flöten rumgehüpft, das waren Pappflöten. Trompeten aus Pappe. Oder wir haben einen Kamm genommen, Silberpapier oder Pergamentpapier drübergelegt. Ich hatte eine Mundharmonika. Der Schlachtruf war immer: ›Feste druff, feste druff! Morgen hört die Fastnacht uff!‹«

»Wir Jungen aus der Ludwigstraße haben viel Fußball gespielt. Tore hatten wir nicht, da sind zwei Besenstiele hingestellt worden, oder zwei Backsteine. Was man so hatte. Im Sommer sind wir dann los, unter die Eichen (Stadtwald). Wir hatten unsere Mundharmonika dabei, haben unsere Musik selbst gemacht. Da haben wir uns bißchen hingesetzt, sind gelaufen, haben Versteck gespielt. Da waren die Mädchen auch dabei. Wir haben uns alle gekannt in der Ludwigstraße, wir haben zusammen gespielt.«

›Straßenkampf als Klassenkampf‹

Einer unserer Erzähler, Herr Schlosser, wächst in einer Umgebung auf, in der gewerkschaftliche Traditionen lebendig sind. Er thematisiert die Kontakte zu bürgerlichen Kreisen als konflikthaft und bestimmt durch den Klassengegensatz. Die Gegner von Herrn Schlosser und seiner Clique sind die Söhne aus bürgerlichen Familien, weithin erkennbar an ihren Schülermützen. Die Clique verteidigt ihr Territorium gegenüber den bürgerlichen Eindringlingen:

»Ich mein, das hier war Arbeiterviertel. Und das war unsere Volksschule. Die Schüler, die im Villenviertel gewohnt haben, mußten auf ihrem Schulweg ins Gymnasium hier bei uns vorbei. Wenn die mittags aus der Schule kamen, da haben wir die schon abgepaßt. Das hat sich meistens hier auf dem Plätzchen abgespielt. Da hat ein Wasserhäuschen drauf gestanden, die hatten immer einen Kasten mit leeren Flaschen stehen. Und wenn die dann kamen, haben wir die Flaschen auf die geleert. So war das, das war Kampf.«

Abb. 10: Mobilmachung August 1918. Kinder begleiten die einrückenden Soldaten. Es gibt eine Vielzahl von Fotos, die militärische Ereignisse festhalten – eine Wachablösung, marschierende oder reitende Soldaten, Militärparaden –, immer werden diese Ereignisse von neugierigen Kinderaugen verfolgt. (Privatsammlung)

›Straßenkampf als militärische Auseinandersetzung‹

Der Erste Weltkrieg liefert den Kindergruppen Vorbilder für die Organisierung ihrer Straßencliquen. Sie übernehmen militärische Formen aus dem Frontleben: sie spielen Schützengraben, es wird exerziert. 1918 ziehen französische Besatzungstruppen in Wiesbaden ein. Die Kinder greifen dieses Ereignis in ihren Spielen auf. *(Abb. 10)*

»Wir waren immer gemischt, bei uns gab's das nicht, daß die Jungen für sich waren oder die Mädchen. So 10, 12 Kinder waren wir. Zu der damaligen Zeit waren ja auch die Besatzungstruppen hier. Die hatten doch die furchtbar hohen Lastwagen. Da haben wir uns zusammengestellt, haben uns ineinander gehängt, eine lange Reihe quer über die Straße gebildet. Die hatten vielleicht ihre Last, stehenzubleiben! Dann sind sie uns nachgelaufen. So schnell wie damals war noch niemand verschwunden sonst! Ein paar Kinder haben sie gekriegt, aber uns nicht, wir waren cleverer, da war ein Garten und rundherum eine Hecke, da haben wir uns reingeworfen, die haben uns dort nicht vermutet.«[4]

Abb. 11: Straßenfoto einer großen Schar Kinder aller Lebensalter und Erwachsener für den Fotografen posierend; Kinder in Holzpantinen. Leiden um 1910 (Gemeentelijk Archief Leiden)

Leiden

Auch Leidener Kindheitszeugen berichten durchgängig von großen Spielgruppen. *(Abb. 11)* Die Gruppengröße kann zwischen 3, 4 Kindern bis zu 20, 25 Kindern variieren. Obgleich wir uns in den Gesprächen eingehend nach Cliquen erkundigen, werden wir in Leiden nicht fündig. Angemessener ist es, von *freiflottierenden Kindergruppen* zu sprechen, die sich über Straßen-Wohngemeinschaften bilden und alters- sowie geschlechtsheterogen aus Geschwistern und Nachbarschaftskindern zusammengesetzt sind.

Je nach Zeit und Anlaß verändert sich die Größe und Zusammensetzung der Spielgruppe. In Heimarbeit eingebundene Kinder können nicht immer mitspielen; Mädchen haben zweimal in der Woche noch in den späten Nachmittagsstunden Handarbeitsunterricht; andere sind zeitweilig ans Haus gebunden, um dort mitzuhelfen, oder sie müssen sich an die Bedürfnisse und motorisch begrenzten Möglichkeiten ihrer kleinen Geschwister anpassen. *(Abb. 12)*

Abb. 12: Kinder und Erwachsene beim Bohnenpellen
für die Nachbarschaftsfabrik.
Leiden um 1910 (Gemeentelijk Archief Leiden)

In allen Fällen aber bildet sich die Kindergruppe über die Straße
und nicht über die Schule, und es findet wenig Austausch mit
Kindergruppen aus entfernteren Straßen statt.

Hänseleien und Prügeleien zwischen Kindern verschiedener
Schulen kommen vor, aber selten und unorganisiert. Sie zielen
dann nicht auf den ›großen Klassengegensatz‹ zwischen Volks-
schülern und Gymnasiasten – dies schon deswegen nicht, weil
höhere Schulen nicht im Quartier lagen –, sondern auf den
›kleinen Klassengegensatz‹ zwischen Armenvolksschülern und
solchen, die Schulgeld bezahlen, oder, typisch für Hollands ver-
säulte Gesellschaft, auf den Religionsgegensatz zwischen katholischen und protestantischen oder öffentlichen Schulen. Es sind
wenige Kindheitszeugen, die hiervon erzählen, und wenn, dann
eher in einem lakonischen Ton.

Wo Wiesbadener Kinder ›Krieg spielen‹, spielen die Leidener
Kinder Foppspiele mit Erwachsenen. Wir haben hierzu eine große
Fülle an Geschichten, viel mehr und ausgearbeiteter als in Wies-
baden: Kinder halten den Nachbarschaftspolizisten, den sie zärtlich

oder respektvoll ›Kleiner Ko‹ nennen, zum Besten; sie stapeln Eisschollen vor Haustüren auf; sie verpacken Pferdeäpfel in Weihnachtspäckchen; sie bringen Fensterscheiben mit gedrehten Knopfschnüren zum Rattern oder sie klauen Süßigkeiten aus dem Laden einer halbblinden Besitzerin. Es sind oft deftige und rohe Streiche, die aber, so unser Eindruck, nicht zu lang anhaltenden Konflikten oder Überreaktionen der Erwachsenen führen, sondern von diesen eher als harmlose Kinderstreiche hingenommen werden (Bodrij o. J.).

Schlußkommentar

Im Zeitraum 1900/1920 ist Straßenkindheit der dominante Modus von Kinderspielleben. Das gilt für beide Quartiere der untersuchten Vergleichsstädte. Daneben aber lassen sich Unterschiede benennen, die darauf verweisen, daß die Wiesbadener Quartierskindheit in den ersten Jahrzehnten dieses Jahrhunderts gegenüber Leiden Ansätze einer modernen pädagogisierten Kindheit aufweist. Einige dieser unterscheidenden Elemente können wir im Quervergleich Leiden – Wiesbaden herausarbeiten.[5] Langzeittendenzen, die eine moderne pädagogisierte Kindheit ankündigen, können wir mit unserem Material noch nicht systematisch belegen, sondern hier nur andeuten. Wir beziehen uns dabei implizit auf neuere Studien zur Kindheit, in diesem Band vor allem auf H. und H. J. Zeiher (auch Andel 1985).

Zunächst ist wichtig, auf die größere Offenheit der Quartiersgrenzen und die fließenderen Übergänge zwischen den sozialen Klassen in Wiesbaden gegenüber Leiden hinzuweisen, die das Kinderleben in beiden Städten auf verschiedene Weise beeinflußte. Die Eltern der Wiesbadener Quartierskinder waren über ihre Tätigkeiten im Dienst des Kurbetriebs in vielfacher Hinsicht mit der bürgerlichen Klasse verbunden. Als Wäscherinnen, ›Bügelminnas‹, Kutscher, Masseure, Schuhmacher, Kellner und Verkäuferinnen in vornehmen Modegeschäften hatten sie unmittelbaren Kontakt mit Angehörigen höherer Gesellschaftsklassen und wurden mit zivilisatorischen Verhaltensstandards konfrontiert, die im Lauf der folgenden Jahrzehnte verbindlich wurden. Ihre Kinder erlebten diese bürgerliche Welt aus der Nähe bei ihren Botengängen zu Kunden, sie hatten Eintritt in bürgerliche Häuser und wurden von vornehmen Damen für Höflichkeit und anständiges Betragen belohnt. Auch lebten ›Kulturvermittler‹ aus der kleinbürgerlichen Klasse und klassenbewußte Arbeiter im Quartier, die explizierte Erziehungsprinzipien hatten, auf die sie die Quartierskinder verpflichteten. Abgesehen von Hungerperioden im und kurz nach dem Ersten Weltkrieg war der allgemeine Lebensstandard im Wiesbadener Quartier höher als in Leiden. Die Kinder waren nicht so unmittelbar wie in Leiden in den Reproduktionszwang der Familie eingebunden; sie hatten mehr Lebenszeit als Spielzeit zur Verfügung.

Man könnte spekulierend sagen, daß durch all diese Gegebenheiten in Wiesbaden eher ein *Begriff von Kindheit* im modernen Sinn, nämlich als pädagogisch legitimierte und begleitete eigene Lebensphase und eigener Lebensraum, im Entstehen war.

Der höhere Vermischungsgrad in den Leidener Quartieren zwischen den verschiedenen Lebensaltern, zwischen Wohnen und Arbeiten und zwischen Arbeiten und Spielen bei gleichzeitiger größerer Isolierung von der Reststadt und den bürgerlichen Gesellschaftsklassen (auch den kleinbürgerlichen ›Kulturträgern‹) verzögerte demgegenüber in Leiden eine Entwicklung in Richtung moderne pädagogisierte Kindheit. Noch in den fünfziger Jahren sah man hier Frauen und Kinder bei der Heimarbeit (Bohnen pellen) auf der Straße, und bis in die sechziger Jahre, als das gesamte Quartier abgerissen wurde, erhielten sich die alten Lebensgewohnheiten und Vierteltraditionen. Erweiterte Schulbildung (achtjährige Schulpflicht), späterer Eintritt ins Arbeitsleben, altersgerichtete Voraussetzungen und gehobene Wohnstandards – all diese Freizeitangebote und Begleiterscheinungen moderner Kindheit setzten in Leiden (Holland) erst in den sechziger Jahren mit Breitenwirkung ein.

Anmerkungen

* Die Stiftung Volkswagenwerk förderte die Studie zwischen 1984 und 1987.
1 Siehe zu unserem Verfahren des interkulturellen Vergleichs M. du Bois-Reymond 1989.

2 Außerschulische pädagogische und kirchliche Einrichtungen wie z. B. die Lesehalle in der Volksschule oder die Theatergruppe in der katholischen Gemeinde werden von den Quartierskindern genutzt, und zwar von den Mädchen mehr als von den Jungen, von den Kindern aus Kleinbürgerfamilien mehr als von denen aus Arbeiterfamilien.

3 Im Gegensatz zu Wiesbaden spielen Schule, Kirche und Verein so gut wie keine Rolle in der Freizeit der Kinder. Die sechsjährige Volksschule geht bis in die Nachmittagsstunden und organisiert keinerlei Freizeitangebote für Kinder. Die Kirche verpflichtet Kinder zu Sonntagskinderdienst und Bibelstunde, bietet aber sonst keine kulturellen Aktivitäten für Kinder. Außerhalb des Viertels gab es in der Stadt ein Volksbildungsheim mit Lesehalle, das einige wenige Kindheitszeugen erwähnen, und zwar ausschließlich Frauen.

4 Die städtische Kinderöffentlichkeit erhielt seit Beginn des 20. Jahrhunderts eine unmittelbar politische Dimension: die auf der Straße während der Kindheit erworbenen Handlungsperspektiven wurden in den zwanziger und dreißiger Jahren in die politische Kampftradition der Sozialdemokraten und Kommunisten aufgenommen. So kennen wir Berichte von Straßenkämpfen zwischen kommunistischen und nationalsozialistischen Jugendlichen, in denen die kommunistischen Jugendlichen aus dem Quartier ihre Ortskenntnisse und Eingebundenheit in die Nachbarschaft erfolgreich ins Feld führen konnten.

5 Wir stützen uns hierbei auch auf Aussagen unserer Kindheitszeugen, die sie in anderem Zusammenhang gemacht haben und die wir in diesem Beitrag nicht dokumentieren konnten (Behnken/du Bois-Reymond/ Zinnecker 1989).

Literatur

Andel, J. van, *Woonomgeving en kinderen. Een onderzoek naar de invloed van ruimtelijke kenmerken en veranderingen van de woonomgeving op kinderen van 6–12 jaar,* Eindhoven 1985.

Behnken, I./Zinnecker, J., *Vom Straßenkind zum verhäuslichten Kind. Zur Modernisierung städtischer Kindheit 1900–1980,* in: *Sozialwissenschaftliche Informationen* 16 (1987), 87–96.

Behnken, I./du Bois-Reymond, M./Zinnecker, J., *Stadtgeschichte als Kindheitsgeschichte. Lebensräume von Großstadtkindern in Deutschland und Holland um 1900,* Opladen 1989 a.

Dies., *Lebensräume von Kindern im Prozeß der Modernisierung. Wiesbadener und Leidener Arbeiter-Kindheit um 1900,* in: G. Trommsdorff (Hg.), *Sozialisation im Kulturvergleich,* Stuttgart 1989 b.

Dies., *Verhäuslichung von Kindheit im 20. Jahrhundert im interkulturel-*

len Vergleich, in: A. Schildt/A. Sywottek (Hg.), *Massenwohnung und Eigenheim. Wohnungsbau und Wohnen in der Großstadt seit dem Ersten Weltkrieg*, Frankfurt/Main, New York 1988.

Behnken, I./Jonker, A., *Straßenspielkinder in Wiesbaden und Leiden. Historische Ethnographie und interkultureller Vergleich*, in: I. Behnken (Hg.), *Stadtgesellschaft und Kindheit im Prozeß der Zivilisation*, Opladen 1989, 163–200.

Bodrij, W., *Een stem uit de achterbuurt*, Leiden (o. J.).

du Bois-Reymond, M., *Historische Kindheitsräume im Quartiers-, Städte- und Ländervergleich. Methodische und zivilisationstheoretische Perspektiven*, in: I. Behnken (Hg.), *Stadtgesellschaft und Kindheit im Prozeß der Zivilisation*, Opladen 1989, 243–260.

Diederiks, H. H./van Eyck, C. H., *Twee Leidse volksbuurten in de dertiger jaren. Een vergelijkend onderzoek met behulp van oral history*, in: *Regionaal Historisch Tijdschrift Holland*, 11/5 (1979).

Gleichmann, P., *Wandel der Wohnverhältnisse, Verhäuslichung der Vitalfunktionen, Verstädterung und siedlungsräumliche Gestaltungsmacht*, in: *Zeitschrift für Soziologie* 5 (1976), 319–329.

Hetzer, H., *Das volkstümliche Kinderspiel*, in: *Wiener Arbeiten zur pädagogischen Psychologie*, H. 6 (1927).

Dies., *Kindheit und Armut. Psychologische Methoden in Armutsforschung und Armutsbekämpfung*, Leipzig 1929.

Muchow, M./Muchow, H. H., *Der Lebensraum des Großstadtkindes* (1934), hg. von B. Schonig und J. Zinnecker, Bensheim 1978.

Rettenbach, H., *Zur Entwicklung von Wohnstandards des Arbeiterwohnens in Wiesbaden*, in: I. Behnken (Hg.), *Stadtgesellschaft und Kindheit im Prozeß der Zivilisation*, Opladen 1989, 201–218.

Römer, W., *Kinder auf der Straße. Berlin 1904–1932*, hg. von D. Krebs, Berlin 1983.

Schimke, H., *Kinderspiele in Bremen um 1900*, in: W. U. Drechsel/H. Gerstenberger/Chr. Marzahn (Hg.), *Beiträge zur Sozialgeschichte Bremens*, H. 3. Bremen 1981, 161–236.

Troost, P. J., *Kinderen van Oud-Rotterdam. De stad waar men is kind geweest*, Rotterdam 1984.

Zeiher, H., *Organisation des Lebensraums bei Großstadtkindern – Einheitlichkeit oder Verinselung?* Studienbrief Fernuniversität Hagen 1987.

Zinnecker, J., *Vom Straßenkind zum verhäuslichten Kind. Kindheitsgeschichte im Prozeß der Zivilisation*, in: J. Behnker (Hg.), *Stadtgesellschaft und Kindheit im Prozeß der Zivilisation*, Opladen 1989, 142–162.

Zinnecker, J., *Straßensozialisation. Versuch, einen unterschätzten Lernort zu thematisieren*, in: *Zeitschrift für Pädagogik*, 25 (1979), 727–746.

Edith Lerch/Renate Mühlbauer-Hülshoff
Aufwachsen zwischen Sedantag und 1. Mai
Politische Indoktrination von Kindern im Kaiserreich

Sedantag und 1. Mai – die vaterländische Siegesfeier und der proletarische Weltfeiertag der Arbeit – symbolisieren die beiden Pole
des politisch-gesellschaftlichen Spannungsfeldes im Deutschland
der Jahrhundertwende. Sie symbolisieren zugleich die im Grunde
doppelt unvereinbaren Positionen, die das Zweite Deutsche Kaiserreich in seinem pseudoharmonistischen Streben dennoch zur
Symbiose zu bringen trachtete: *zum einen* die technisch-wirtschaftliche Rationalität einer modernen bürgerlichen Industriegesellschaft mit den irrationalen Herrschaftstraditionen eines vormodernen, militärisch geprägten Feudalstaates, *zum anderen* die
sozialpolitisch umwälzenden Forderungen der sozialdemokratischen Arbeiterbewegung mit den Anfängen einer fortschrittlichen
Sozialgesetzgebung in der Klammer einer rückwärts gewandten
Ständeideologie (vgl. Fend 1988, 288 ff.; Lerch 1988, 352 ff.;
Schellack 1988, 278 ff.).
  Das wilhelminische Bürgertum hatte in der »Totalidentifika-
tion« mit Glanz und Glorie der jungen Nation einen offenbar
willkommenen Ersatz für die weitgehend vorenthaltene politische
Partizipation gefunden, und seine kollektive Unterwerfung unter
das Loyalitätsprinzip des Obrigkeitsstaaates geriet umso unver-
fänglicher, je eindeutiger »Patriotismus« und »Militarismus« zu
vorgeblich unpolitischen Bestandteilen eines allgemein gültigen
gesellschaftlichen Wertsystems deklariert wurden. Kritik konnte
rasch mit Illoyalität gleichgesetzt werden.
  Mit aller Härte traf dieses Verdikt die Sozialdemokraten, die
zunehmend selbstbewußter und mit gleichem Allgemeinheitsan-
spruch ihren visionären Gegenentwurf eines säkularisierten, demokratischen Volksstaates, einer klassenlosen Gesellschaft und
einer friedlichen internationalen Völkerverständigung präsentierten. »Internationale Solidarität« statt »Patriotismus«, »Völkerfrie-

den« statt »Militarismus« lauteten die Parolen, die in den Maifeiern ihren kämpferischen Ausdruck fanden, was wiederum alle »staatstragenden Kräfte«, jene Koalition aus Thron und Altar, Säbel und Mammon, gegen sie aufbrachte und in der Stigmatisierung der »vaterlandslosen Gesellen« gipfelte. In einem solchen Spannungsfeld wuchsen bürgerliche und proletarische Kinder auf. Unter dem Deckmantel einer »unpolitischen« Erziehung waren sie gleichwohl vielfältigen Formen subtiler politischer Beeinflussung oder auch handfester Indoktrination ausgesetzt. Dies betraf nicht nur den ganzen Alltag in Familie und Straße, Schule und Kirche, sondern auch die gesamte Sachwelt von Spielzeug, Büchern, Kleidung und Wandschmuck, sowie Sprache, Musik, Verhaltensformen und Rituale. Hinzu kam die öffentliche Festkultur mit ihrer reich entfalteten Symbolik und Metaphorik, die »Patrioten« wie »Vaterlandslose« zunehmend nutzten, um ihre divergenten politischen Botschaften zu transportieren, wobei allerdings das Bürgertum »unter dem emphatischen Begriff der öffentlichen Meinung« (Negt/Kluge 1972, 13) auch hier ungeniert für sich in Anspruch nahm, das Ganze zu repräsentieren, und die Arbeiterschaft ins gesellschaftliche Abseits zu drängen versuchte. »Öffentlichkeit« gewinnt in diesem Zusammenhang die Bedeutung einer eigenen politischen Kategorie mit differierenden Traditionslinien (Düding 1988, 10 ff.). Die wilhelminischen Nationalfeiern – Sedantag und Kaisers Geburtstag – mit ihrem Festgepränge aus Paraden, Aufmärschen und monarchisch-dynastischer Huldigung setzten die Tradition der großen repräsentativen höfischen Feste in Renaissance und Barock fort. Die zumeist auf kriegerischen Eroberungen basierende Macht- und Prachtentfaltung diente der Hervorhebung fürstlicher Größe, während das Untertanenvolk aus Jung und Alt sich mit dem Part als jubelnde Zuschauermenge zu begnügen hatte. Diese Feste demonstrierten Nähe und Distanz gleichermaßen, denn nur der Monarch selbst war als Repräsentations- und Identifikationsfigur gegenwärtig. Seine Politik blieb hinter den verschlossenen Türen ferner Geheimkabinette der Öffentlichkeit verborgen.

Die proletarischen Feste – vor allem März- und Maifeiern – beriefen sich hingegen gerade auf jene *gegen* fürstenstaatliche Arkana gerichteten, im Rekurs auf Denktraditionen der Aufklärung und Französischen Revolution entstandenen, oppositionellen Traditionen des deutschen Bürgertums, die dieses zugunsten eines konformistischen Arrangements mit dem preußisch-deutschen Kaiserreich weitgehend aufgegeben hatte. Auch im proletarischen Verständnis bedeutete »Öffentlichkeit« die Offenlegung politischer Entscheidungen, verbunden mit uneingeschränkter Diskussions-, Presse- und Versammlungsfreiheit. Da sich dies gegen strikte obrigkeitsstaatliche Verbote nicht durchsetzen ließ, besann man sich auf das »Volks«-Fest als weniger verdächtige Form öffentlicher Versammlung, die es nichtsdestotrotz als überaus geeignetes Vehikel mehr oder minder verbrämter politischer Meinungsäußerung zu nutzen galt. Die bürgerlich-oppositionellen Feste – Hambacher und Wartburgfest, Turner-, Sänger- und Schillerfeiern – hatten noch den Freiheitsgedanken mit der Sehnsucht nach nationaler Einigung verbunden. Zwei Jahrzehnte nach der Reichsgründung, als sich die »von oben« geeinte Nation in säbelrasselndem Hurrapatriotismus erging, erweiterte die Arbeiterbewegung dann mit der Maifestidee das »Volks«-Fest zum »Völker«-Fest, das die Proletarier aller Industrienationen in ihrer Forderung nach besseren Lebens- und Arbeitsbedingungen, nach Völkerfrieden und internationaler Solidarität vereinigen und außerdem bewußt die ganze Familie ansprechen sollte, so daß sich die Grenzen zwischen privat-familialer und öffentlich-politischer Sphäre verwischten. Kampffest, Volksfest, Familienfest in einem – damit gewann der 1. Mai im Festkanon der Arbeiterbewegung eine ungeahnte Popularität. Sicher zogen auch die wilhelminischen Nationalfeiern ein gemischtes Publikum aus Erwachsenen, Jugendlichen und Kindern an. Wesentlicher scheint jedoch, daß sie neben Behörden, Militärs und Veteranenvereinen gerade Schüler und Lehrer im Rahmen offizieller Festgestaltung vereinnahmten, was durchaus nicht immer und überall deren ungeteilten Beifall fand.

Kinder und Jugendliche standen somit, wenn nicht im Zentrum, so doch im näheren Einflußbereich divergierender, konkurrierender politischer Indoktrination, u. a. über das Medium »öffentliches Fest«. Während jedoch im bürgerlichen Lager, ausgenommen Teile des politisch bewußten Katholizismus, eine zumindest tendenzielle Interessenidentität von Politik, Schule und Elternhaus zu konstatieren ist, sahen sich die Arbeiterkinder einem permanenten Wechselbad widerstreitender Einflüsse in bürgerlicher Öffentlichkeit und proletarischer »Gegenöffentlichkeit« ausgesetzt. Die Erfahrung von Diskriminierung hier, Identifikation dort mußte im individuellen wie kollektiven Bewußtwerdungsprozeß zu Diskrepanzerlebnissen führen. Nicht zuletzt dürften formale Ähnlichkeiten in Sprache und Zeremoniell bei erheblichen inhaltlichen Differenzen so manche Verwirrung in den Kinderköpfen gestiftet haben.

Insofern stellt sich die Frage nach den Auswirkungen einer derart ambivalenten politischen Sozialisation forschungstheoretisch auf mindestens drei eng miteinander verbundenen Ebenen: *individuell-biographisch* mit der Frage nach persönlicher Wahrnehmung und aktiver Bewältigung der Kontraste durch die Heranwachsenden in Bürgertum und Proletariat, *schichtspezifisch* mit der Frage nach der Herausbildung kollektiver Mentalitäten im bürgerlichen wie proletarischen Lager, *gesamtgesellschaftlich* mit der Frage nach der Wirksamkeit von »Untertanenmentalität« oder »Widerstandshandeln«, nach gesellschaftlicher Reproduktion oder Wandel im Hinblick auf die nähere und fernere Zukunft. An einigen Exempla bürgerlich-militärischer Sozialisation in Familie, Schule und Sedanfest einerseits, an proletarisch-pazifistischen Alternativen über Kinder-/Jugendliteratur und Maifeier andererseits soll versucht werden, den Spannungsbogen mehrdimensional zu erfassen.

Politische Indoktrination von Bürgerkindern im Kaiserreich

Die Fiktion eines unpolitischen Alltags, so erinnert sich der Professorensohn Werner Wachsmuth, bestimmte die bürgerliche Kindheit im Zweiten Deutschen Kaiserreich:

»Im Gegensatz zu heute spielte damals die Politik unter uns Jugendlichen weder im Elternhaus noch in der Schule eine Rolle. Der Vater war, wie die meisten politisch nicht engagierten Beamten nationalliberal... Kritik am Kaiser, der staatlichen Führung... war möglich, aber nicht üblich, da wir aus unserer Sicht keine Veranlassung zu ihr hatten« (Wachsmuth in: Pörtner 1987, 108).

Die Unfähigkeit bzw. mangelnde Bereitschaft des Bürgertums, einen aktiven Beitrag zur »notwendigen Synchronisierung von sozialökonomischer und politischer Entwicklung« (Wehler [4]1980, 17) zu leisten, führte zu einer einseitigen »Identifikation mit den Bedürfnissen der preußischen Militärmonarchie« (Messerschmidt

1970, 111). Selbst das ehemals liberale Bürgertum, das über Jahrzehnte hinweg die Armee als kulturfeindliches, den gesellschaftlichen Fortschritt blockierendes Repressionsinstrument angeprangert hatte, war nach den siegreichen Einigungskriegen bereit, diese Armee als »nationale Institution« (John 1981, 291) zu feiern, besonders deutlich dokumentiert in den gesellschaftlichen Leitfiguren des Reserveoffiziers und des Korpsstudenten sowie in der Sucht nach Orden und Titeln. »Das Militärische«, klagte Jacob Burckhardt in einem Brief an Friedrich von Prenn am 21. 12. 1871, sei »das Vorbild alles Öffentlichen geworden« (zit. in: Borries 1981, 28), auf das es die bürgerlichen Kinder frühzeitig auszurichten galt.

Bereits im Rahmen der *familialen Alltagswelt* wurden sie auf vielfältige Weise mit den Symbolen einer militarisierten Gesellschaft konfrontiert. Kulturgüter wie Dekorationsgegenstände der Wohnung, Kleidung, Lesestoffe sowie Spiele und Spielzeug wirkten im Sozialisationsprozeß der Heranwachsenden als funktionale Erziehungsfaktoren. Auch die Struktur der *familialen Beziehungen* förderte die Verinnerlichung militärischer Verhaltensnormen: Anerkennung hierarchischer Strukturen, Verleugnung persönlicher Bedürfnisse, Befürwortung gewaltsamer Konfliktregelung, Übernahme eines starren Freund-Feind-Denkens. In der Regel waren die Machtbefugnisse eindeutig festgelegt: An der Spitze stand der Vater, danach kam die Mutter, die – in relativer Souveränität – die Anweisungen des Familienoberhaupts an Kinder und Personal weitergab. Dem Jungen bot sich mit dem Vater ein vielversprechendes Identifikationsobjekt, verbunden mit der Aussicht, über das Gehorchen das Befehlen zu lernen. Das Mädchen lernte am Beispiel der Mutter, daß »Frausein« in erster Linie Abhängigkeit bedeutete.

Dieses hierarchische Denken suggerierte die »natürliche« Ungleichheit im Verhältnis der Menschen: Mann – Frau, Lehrer – Schüler, Dienstherr – Untergebener, Offizier – Soldat, Vaterland – Feindesland. Bürgerliche Erziehlehren empfahlen daher, vor allem die Entwicklung des kindlichen Willens, als »Eigensinn« verpönt, im Keime zu ersticken und stattdessen schon das kleine Kind an Gehorsam, Pflichterfüllung, Pünktlichkeit, Sauberkeit und Ordnung zu gewöhnen sowie durch ein festgelegtes System äußerer Regeln zu disziplinieren (vgl. Rutschky 1977). »Wem das Verbot der Eltern und Lehrer nichts galt, dem gelten auch die Gesetze des

Staates nichts« (Schmid in: ebd., 162 f.). Die Unterdrückung sexueller Bedürfnisse oder auch des Verlangens nach Zärtlichkeit und Geborgenheit war in diesem Zusammenhang nur die Fortsetzung einer insgesamt repressiven Erziehung. In einer »uniformierten Gesellschaft« mußte absoluter Gehorsam in »heldenhafte Selbstlosigkeit« umgedeutet werden, um damit militärische Karrieren, Titel und Orden zu legitimieren. Kollektive Unterwerfung galt somit in geradezu pervertierter Umkehrung als individuelle Leistung. Sich im geliebten »Rock des Kaisers« als stolzer Reserveoffizier der Familie zu präsentieren, geriet zum beeindruckenden Ereignis.

»Mein Vater, der für gewöhnlich schwarze Anzüge trug, war als Hauptmann der Reserve zu einer militärischen Übung eingezogen... Victor lehnte den ganzen Morgen über die Balustrade unserer Terrasse, um Papas Rückkunft nicht zu verpassen... Endlich kam mein Vater wie ein Standbild angeritten, hinter ihm der Bursche...« (Renn 1957, 11).

Eine buntgeschmückte Uniform hob deren Träger eindeutig aus der Masse unscheinbarer Zivilisten hervor, die diesen Mangel wiederum nur durch besondere »Schneidigkeit« zu kompensieren vermochten (John 1981, 142). Aus gesundheitlichen Gründen auf eine militärische Laufbahn verzichten zu müssen, bedeutete schon einen schweren Schicksalsschlag, ein freiwilliger Verzicht gar stieß auf völliges Unverständnis und wurde von Familie und Nachbarn als Indiz einer mißlungenen Erziehung gewertet (vgl. Stegemann 1930, 58 f.).

Selbst wenn Kinder die drei Kriege von 1864, 1866 und 1870/71 nicht als Augenzeugen miterleben konnten, so prägten diese sich durch wiederholte Erzählungen nachhaltig ins Gedächtnis ein. Besonderer Beliebtheit erfreuten sich glorifizierende Darstellungen der glänzenden Siege, die zur Reichsgründung geführt hatten. Die Brutalität des eigentlichen Kriegsgeschehens, persönliche Leiden und Grausamkeiten traten demgegenüber völlig in den Hintergrund. Sie blieben tabu.

Statt dessen spiegelte sich der »Sozialmilitarismus« des Kaiserreichs (Wehler [4]1980, 159) in der gesamten Sachumwelt, etwa in der Ausgestaltung der *bürgerlichen Wohnung*, vor allem im Salon, der als Mittler zwischen Innen- und Außenwelt fungierte und am ehesten sozialer Kontrolle unterworfen war. Dieses Bewußtsein bewirkte »nicht nur die Vermeidung negativer Sanktionen, sondern

Quelle: Zeitgenössische Postkarte
(aus Privatbesitz)

stimulierte auch umgekehrt den Versuch, positive Sanktionen, gesellschaftliches Prestige zu erlangen« (Tränkle 1970, 132). Dekorations- und Gebrauchsgegenstände mit militärisch-patriotischen Motiven erschienen angesichts der allgemeinen Militärbegeisterung ebenso unverfänglich wie Landschaftsbilder. In teilweise wandbeherrschenden Gemälden, Fotographien oder auch Standfiguren kehrten Schlachten-, Fürsten- und Feldherrndarstellungen (inbegriffen die friderizianische Zeit und die der Freiheitskriege) immer wieder und luden zur »Heldenverehrung« ein. Zu Festtagen entsprach es einer weitverbreiteten Sitte, Erinnerungsfotos aus der eigenen Militärzeit zu verschenken. Reservistenbilder, fotographiert oder gestickt, Reservistenkrüge, -pfeifen oder -stöcke dokumentierten den Stolz auch des einfachen Soldaten: »Ich habe gedient!« Den Kindern gaukelten diese Dekors eine kriegerische Welt vor, in der auch sie später eine prächtige Uniform tragen, siegreiche Schlachten schlagen und als ruhmreiche Helden in die

Der ganze Vater.

Quelle: Zeitgenössische Postkarte
(aus Privatbesitz)

Heimat zurückkehren würden. Wie sehr »der Bismarck oder Hindenburg auf der Konsole oder ins eigene Ich hineinprojiziert...
personales Engagement (ersparte), die Imitation der starken Persönlichkeit... innere Schwäche (ermöglichte)« (Glaser 1966,
143) – diese subtile Funktion militärisch-patriotischer Leitbilder
zu durchschauen, vermochten die wenigsten Erwachsenen, geschweige die Kinder.

Auch die Beliebtheit der *Matrosenkleidung,* die mit ihrem
Durchbruch in den achtziger und neunziger Jahren des 19. Jahrhunderts die Identifikation mit der kaiserlichen Flottenpolitik
symbolisierte, dokumentiert das Bemühen bürgerlicher Kreise,
ihre Konformität mit dem Militärstaat auch öffentlich zur Schau
zu tragen. Damit wird ein Kleidungsstück, das noch im ausgehenden 18. Jahrhundert die bewußte Abgrenzung des Bürgertums
vom adeligen Lebensstil signalisieren sollte, in der wilhelmini-

schen Epoche nunmehr zum Ausdruck seines Einverständnisses mit dem feudalen Staat (Weber-Kellermann 1977, 128). Der Matrosenanzug wies seinen Träger als »echten deutschen Jungen« aus, bedeutete jedoch auch ein bürgerliches Statussymbol, das in Zuckmayers Erinnerungen (1966, 119 f.) »vornehmeren« Kindern den Spott oder gar eine Tracht Prügel von den ärmeren Kindern einbringen konnte, »und so spielte sich unter den 6- bis 12jährigen eine primitive, doch keineswegs harmlose Vorstufe des Klassenkampfes ab«.

Das gesellschaftliche Oben und Unten mit dem entsprechenden Konfliktpotential blieb in den *Lesestoffen* des bürgerlichen Kindes jedoch weitgehend tabuisiert, während Kriegserzählungen einen erheblichen Anteil hatten. Dabei galt die offene Propagierung militärisch-patriotischer Leitbilder als unpolitisch, obwohl die Produzenten entdeckten, daß mit dem Kinder- und Jugendbuch – abgesehen vom guten Geschäft – »auch Staatspolitik betrieben werden konnte« (Altner 1981, 24). Das beginnt bereits mit den Texten für das frühe Vorlese- und Lesealter, die das bürgerliche Kind auf das zentrale Leitbild des vaterlandstreuen Soldaten einstimmen sollten. Geschickt gehen viele Gedichte und Erzählungen von der Vorbildfunktion des Vaters aus. Der Junge lernt, daß Mannsein und Soldatsein identisch sind, wobei die Identifikation mit dem Vater nicht nur Stärke und Ansehen für die Zukunft verspricht, sondern bereits in der Gegenwart durch die Anerkennung des Vaters belohnt wird. Aus Karl Reinholds Gedicht *In des Vaters Waffen* geht die Attraktion dieses Musters hervor:

>»Nun, wackres Büblein, wachs hinein
>In deines Vaters Waffen
>Und schieß' und hau' einst tapfer drein,
>Macht uns ein Feind zu schaffen.
>
>Du weißt es ja, ich hab' im Feld
>So Schwert und Helm getragen,
>Als uns geführt ein greiser Held
>Und wir den Feind geschlagen.
>
>Gott schenk' uns friedenvolle Zeit!
>Doch droh'n dem Reich Gefahren,
>Dann zieh ich dir voran im Streit,
>Und wär's mit weißen Haaren«

(Reinhold 1874, 64)

Dem Kaiser zur Verteidigung des von Feinden bedrohten Vaterlandes zu dienen, ihm seine ganze Zukunft zu weihen, wird zur fieberhaft ersehnten Erfüllung jugendlichen Lebens hochstilisiert:

> »Ich hab mich ergeben mit Herz und mit Hand
> Dir, Land voll Lieb und Leben, mein deutsches Vaterland.
> ...
> Laß Kraft mich erwerben in Herz und in Hand
> Zu leben und zu sterben fürs heilge Vaterland«

(Maßmann in: v. d. Mehden 1980, 170)

Wie in diesem »Gelübde« war die häufige Einbeziehung religiöser Motive nicht etwa dazu bestimmt, das kindliche Gewissen zu schärfen, sondern den Opfergedanken zu idealisieren. Das Motiv »Gott als der Alliierte des deutschen Volkes« lieferte Kinder erst recht der Ideologie des »gerechten, heiligen Krieges« aus. Selbst im Zusammenhang mit der Kolonialpolitik wird erfolgreich der Eindruck zu erwecken versucht, daß es sich hierbei um eine ethisch wertvolle Kulturaufgabe des deutschen Volkes handle. Früh vertraute Begriffe wie »Heimat« oder »Vaterland« sollten direkt mit »Familie« assoziiert werden und positive Gefühle wie Geborgenheit und Sicherheit auslösen.

> »Wer schlingt um uns den Mutterarm,
> Festhaltend, liebevoll und warm?
> Die Heimat ist's, die traute,
> Die früh das Kindlein schaute.
>
> Wer giebt uns väterlichen Schutz?
> Wer beut für uns den Feinden Trutz?
> Das große weite Vaterland.
> Ihm sei das Herz drum liebentbrannt.«

(v. Sydow 1902, 138)

Der »freudige Gehorsam«, den Kinder ihren Eltern schuldeten, stand also auch dem Kaiser, dem »Vater der großen Familie« zu. In vielen Texten erscheint er als treusorgender Landesvater, dessen Hauptsorge sich darauf konzentriert, ein schlagkräftiges Verteidigungsheer aufzubauen. Da lag es auf der Hand, daß er hierbei auf die zukünftige Unterstützung der Heranwachsenden angewiesen war. Die Verknüpfung der Vorbildfunktion des Soldaten mit der Gehorsamsforderung bürgerlicher Eltern war sowohl für den

Staat als auch für die Familie nützlich. Der Staat wollte opferbereite Soldaten und war daher bereit, die Leitbildfunktion der bürgerlichen Familie zu betonen; umgekehrt konnten Eltern ihren Wunsch nach gehorsamen Kindern durch eine höhere Instanz, eben den Staat, legitimieren. Vereinfacht drückt sich dies aus in Lina Morgensterns »Die Soldaten kommen«: »Emil kann kein Soldat sein, Soldaten müssen folgsam sein, Emil ist nicht folgsam!« (zit. in: Könnecker 1977, 136f.).

Vor diesem Hintergrund erscheint es geradezu zwangsläufig, daß sowohl bürgerliche Produzenten als auch bürgerliche Konsumenten von *Spielzeug und Spielen* militärisch-patriotischen Themen besondere Aufmerksamkeit schenkten. Das Angebot war breit gestreut und weitete sich nach dem siegreichen Krieg von 1870/71 enorm aus: vom Zinnsoldaten über Requisiten wie Helme, Säbel, Schwerter, Gewehre, Kanonen, Militärfahrzeuge, Uniformen (auch als originalgetreue Miniaturausgaben) bis hin zu Kriegsschiffen und den ersten Unterseebooten. Im Zuge der romantisch-reaktionären Rückbesinnung auf die eigene Geschichte werden auch Ritterburgen als Spielzeug »entdeckt«. Zu Recht hebt ein zeitgenössisches Buch über die Spiele der Kinder aller Kontinente Deutschland als die Nation hervor, »in der das Kriegsspiel typisch sei« (Johansen 1986, 44). »Was für das kleine Mädchen die Puppe, ist für den Knaben der Zinnsoldat.« Dieser Vergleich von Theodor Hampe (1924, 8) hat für die Kaiserzeit absolute Gültigkeit. Zinn- bzw. Bleisoldaten wurden in verschiedensten Ausführungen und Positionen hergestellt. Neben Zusammenstellungen bestimmter Truppenteile oder Waffengattungen gab es sog. »Schlachtenpackungen«, mit denen die Kinder historische wie aktuelle Kriegsgeschehen nachspielen konnten. Beigefügte Spielanleitungen versorgten sie mit entsprechenden »sachlichen« Hintergrundinformationen (ebd., 90; Berg 1983, 741). Paul Hildebrandt, Autor eines damals populären Buches über Spielzeug, schwärmte: »Welche Bündnisse können nicht geschlossen, welche großartigen Schlachten nicht geschlagen werden!« (Hildebrandt 1979, 284). Soldaten aus Holz, Papier u. ä. ergänzten das Angebot. Als Ankleidepuppen mit entsprechendem Zubehör fanden Soldaten vermutlich selbst bei den Mädchen Anklang. Überaus befriedigt äußerte sich Hildebrandt (45 f.) auch über die Tatsache, daß den Spielzeugherstellern das Interesse der Bevölkerung am Flottenausbau nicht entgangen sei, denn »unsere Zukunft liegt auf dem Wasser«. Dementsprechend hatte die Firma Bing schon 1902 Unterseeboote aus Blech im Angebot. Dank erheblicher staatlicher Unterstützung konnte diese Firma ihre berühmten Torpedoboote serienweise produzieren, ein Beweis dafür, welch hoher erzieherischer Wert dem Kriegsspielzeug staatlicherseits beigemessen wurde (vgl. Brauch/Bangert 1980, 78).

Natürlich durfte im patriotischen Repertoire der Spielzeugindustrie das Thema Kolonien nicht fehlen. Zu Recht kritisiert Bangert (1981, 95) den »bestraften Boxer«, ein Produkt der Firma Lehmann, als »Gipfel der Wiedergabe damaliger Kolonialhörigkeit«, denn die »Spielhandlung« reduziert sich auf die körperliche Züchtigung des »ungehorsamen« Boxers durch die symbolisch dargestellten alliierten »Schutzmächte«. Die erzieherische Botschaft lautet unmißverständlich: Ungehorsam und Rebellion werden hart bestraft.

Nicht zuletzt verstand es auch die Süßwarenindustrie, über die ihren Produkten beigefügten, bei Kindern sehr beliebten Sammelbilder, die Kolonial- und Flottenbegeisterung werbewirksam zu nutzen.

»Am liebsten hatte ich die Serie UNSERE KOLONIEN mit Palmen und schwarzen Menschen und UNSERE FLOTTE mit Schiffen, die von wilden Wellen umspült wurden ... ›Bitter not tut uns eine starke Flotte‹ (las Vater vor). Ich fand das so schön, daß ich die Schiffe nur noch die bittere Flotte nannte« (Hartung 1972, 11).

Eine entscheidende Rolle in der Disziplinierung der Kinder und Jugendlichen übernahm die *Schule,* deren Geist »stramm, national, konservativ, monarchisch« war (Peiser in: Pörtner 1987, 64). Neben dem sogenannten »Gesinnungsunterricht« waren es vor allem die quasi militärischen Rituale, die geeignet erschienen, »in den Klassen eine Gleichförmigkeit der Bewegungsabläufe und Arbeitsschritte zu erzielen, deren einzelne Phasen nicht durch sprachliche Kommunikation einzuleiten waren, sondern auf bloße äußere Zeichen und Kommandowörter hin zu beginnen hatten« (Meyer 1976, 82 f.). Der Vergleich dieser »Schule der Untertanen« mit dem Kasernenhof ist nicht von der Hand zu weisen, wobei Höhepunkte des Schulalltags die Feierlichkeiten aus Anlaß der beiden zentralen *patriotischen Festtage* des Kaiserreichs bildeten: Sedantag und Kaisers Geburtstag.

Der Sedantag erinnerte an die französische Kapitulation am

2. September 1871. Der Geburtstag Wilhelms I. wurde jährlich am 22. März, der Wilhelms II. am 27. Januar gefeiert. Autobiographische Quellen unterstreichen die herausragende Bedeutung solcher Feste für die Heranwachsenden, wobei häufiger als der Sedantag Kaisers Geburtstag Erwähnung findet, vor allem im katholischen Rheinland (Schellack 1988, 286). Der Kölner Franz Thedieck beschreibt die typische Festgestaltung:

»Morgens fand eine kurze Schulfeier statt, in der Schüler... ein patriotisches Gedicht ›aufsagen‹ mußten. Nach einer Rede des Schuldirektors und dem Gesang des Liedes ›Heil dir im Siegerkranz‹ eilten die Schüler... zum Neumarkt, wo eine große Parade von Formationen der in der Festung stationierten Truppen abgehalten wurde. Wir bewunderten dabei vor allem den Glanz der paradierenden Kürassiere in ihren weißen Uniformen. Diese hatten in der preußischen Armee einen besonderen Ruf« (Thedieck in: Pörtner 1987, 133).

Herta von Schwerin erlebte diesen Festtag in der kaiserlichen Residenz Potsdam zugleich als großes Familienereignis:

»Am Vormittag Schulfeier und Gottesdienst, gefolgt von einer Parade... Mein Vater erschien dazu in seiner Landratsuniform. In der vordersten Reihe... standen auch meine Brüder in ihren Uniformen, die sie sich zu Weihnachten gewünscht hatten: Ulan, Husar und sogar Gardeducorps...« (v. Schwerin in: ebd., 155)

Wilhelm I. hatte seinen Geburtstag noch in der Tradition der preußischen Könige als monarchisch-dynastische Huldigungsfeier begangen. Unter Wilhelm II., der sich im Gegensatz zu seinem Großvater als gekrönte Symbolfigur der deutschen Nation verstand, entwickelten sich sowohl die Geburtstags- als auch die Sedanfeiern zu alljährlichen Großereignissen. Beide entsprachen der besonderen Vorliebe des Kaisers für militärische Repräsentationsformen, einen reaktionär-chauvinistischen Patriotismus und glorifizierenden Personenkult (Schellack 1988, 278 f.). Dem Sedantag, der nach dem ursprünglichen Ziel seiner protestantisch-liberalen Initiatoren als nationales Volks- und Kirchenfest ausdrücklich nicht in die üblichen »Sauf- und Trinkgelage« ausarten sollte, wird gerade dies immer wieder vorgeworfen (ebd.). Zumindest lassen zeitgenössische Kommentare über die »lärmenden und stupiden Sedanfeiern« (Hofer 1953, 23) dies vermuten. In offiziellen Verlautbarungen wurde hingegen die »ungemein freudige und gehobene Stimmung« dieses Gedenktages hervorgehoben, wobei der Beteiligung von Schulklassen eine besondere Bedeutung zu-

kam. Das Fest sei »ohne die frische Kinderschar« gar nicht denkbar, da diese »demselben den eigentlichen Reiz« verleihe, so
argumentierte der Duisburger Oberbürgermeister angesichts eines Antrages der örtlichen Volksschullehrer an die Regierung in
Düsseldorf wegen Verlängerung der Sommerferien, um damit die
Gleichstellung mit den Lehrern der Höheren Schulen zu erwir-
ken. Dies hätte die Schulfeiern zum Sedantag in Frage gestellt.
Offenkundig war den Lehrern »das Prestige-Streben... wichtiger
als der Sedantag« (Adolphs 1976, 55). Ob sich dahinter eine indi-
rekte Opposition gegen die Ausrichtung der Sedanfeier verbarg,
bleibt offen.

Direkte massive Kritik fand der Sedantag bei politisch aktiven
Katholiken und Sozialdemokraten. Das relativiert zwar die Inte-
grationsfunktion der patriotischen Feste, dennoch haben sie insgesamt einen wesentlichen Beitrag dazu geleistet, Wehrbereit-
schaft, monarchische Gesinnung und Patriotismus lebendig zu
halten. Sozialpsychologischen Forschungen zufolge beruht die
Wirkung solcher Ereignisse vor allem darauf, daß sich das Verhalten des Individuums in der Masse verändert: Mit gesteigerten
Emotionen nimmt die Denkfähigkeit ab (Freud 1982, 21). Durch
den gezielten Einsatz imposanter Bilder, stimulierender Marsch-
musik, durch Übertreibung und Wiederholung solch bombasti-
scher Reize sollten kollektive patriotische Emotionen geschürt
werden:

»...fünf Denkmalsgruppen, drei Ehrenbögen, Dutzende von Ehrensäulen
und Siegesmasten mit je vier Bären als Postament... zahlreiche Bildnisse
(von) Bismarck und Moltke... eroberte Geschütze, zahllose Fahnen...
Kollossal war alles zu nennen: die Victoria-Statue, die Sedan galt, die weiblichen Standbilder, welche die ›deutschen‹ Städte Straßburg und Metz
personifizierten... Kollossal auch die sitzende Gesamtgermania... mit
ihren Kindern Elsaß und Lothringen auf dem Schoß« (Sagave 1974,
45 f.).

Selbst wenn Kindern die konkreten Sinngehalte einzelner Symbole nicht geläufig waren, so blieb doch die Wucht der Eindrücke
im Unterbewußtsein haften. Dies erklärt auch, warum der akusti-
sche Reiz »Militärmusik« bei einem Menschen noch Jahrzehnte
später dieselben positiven Gefühle zu wecken vermag, mit denen
er als Kind den Einzug der siegreichen Truppen erlebte (Meinecke
1964, 29 f.).

»Das war der Rahmen meiner Jugend im Kaiserreich« umreißt

der 1900 geborene Theodor Sonnemann (in: Pörtner 1987, 122) die Sozialisationserfahrungen bürgerlicher Kinder:

»Eine niemals wankend gewordene Liebe zum Vaterland und eine immer bewußter werdende Neigung zum Denken und Handeln in soldatischen Kategorien, zu Disziplin und Präzision, zu Pünktlichkeit und Ordnung haben mir in diesen Jahren ihren Prägestempel aufgedrückt. Er ist auch in meinem Erwachsenenleben nicht verwischt worden.«

Politische Indoktrination von Arbeiterkindern im Kaiserreich

Arbeiterkinder und -jugendliche als Adressaten politischer Propaganda wurden von der Sozialdemokratie erstaunlich spät »entdeckt«. Lange hatte sie ausschließlich der emanzipierenden Wirkung des »proletarischen Milieus« vertraut und den patriotischen Einfluß der Volksschule schon deshalb geringgeschätzt, weil sich trotz alledem gerade aus deren Absolventen ihre immer zahlreichere Anhänger- und Wählerschaft rekrutierte. Hinzu kam, daß die Partei den Volksschullehrer, dessen Selbstverständnis als Kulturträger permanent mit seinem deprivierten Sozialstatus kollidierte, noch für sich zu gewinnen hoffte. Doch spätestens seit dem berüchtigten Kaiser-Erlaß von 1889 (in: Michael/Schepp 1973, 408 ff.), der die Schule systematisch in den Kampf gegen die »Irrlehren« der Sozialdemokratie miteinbezog, war diese Hoffnung illusorisch geworden. Und so spiegeln denn die Leitsätze des deutschen Lehrertages von 1890, wonach eine »charaktervolle Jugend« »frei von Klassenhaß und erfüllt von wahrer Religiosität und Vaterlandsliebe« zu erziehen sei (ebd., 509), die »Lebenslüge des Obrigkeitsstaates« (Saul 1979, 4), der mit solch »unpolitischen«, dem Parteienstreit entrückten Idealen die breite Masse der Bevölkerung bereits in der Jugend auf die Pseudoharmonie des sozialen und politischen Systems zu verpflichten suchte. Hinter blumigen Formulierungen verbarg sich nur mäßig verhüllt das Erziehungsziel des »genügsamen Arbeiters« und »gehorsamen Untertans« (Lundgreen 1980, II, 28, 91 ff.). Nur auf den ersten Blick scheint sich die eingangs postulierte Unvereinbarkeit rationaler Strategien der Industriegesellschaft mit irrationalen Machttraditionen des Obrigkeitsstaates insofern zu wiederholen, als die unzulängliche Elementarbildung eher im »Abseits von Industrialisierung und Fortschritt« (Berg 1977, 243 ff.) zu verorten ist. Naturwissenschaftliche Fächer, die wenigstens ansatzweise den technisch-ökonomischen Stand der Industriegesellschaft hätten vermitteln können, blieben hoffnungslos hinter den Gesinnungsfächern Religion, Deutsch, vaterländische Geschichte und Gesang zurück. Gleichwohl laufen die auseinanderstrebenden Linien wieder zusammen im Stichwort »Sozialdisziplinierung« (Oestreich 1968, 329), da mit eingeschränkten industrietechnischen Qualifikationen eine leichtere politische Dirigierbarkeit einhergehen würde. Also fand sich die religiös untermauerte sozial-quietistische Vorstellung von der »natürlichen Ungleichheit« der Menschen variantenreich in Lese- und Geschichtsbuch, Katechismus und Gesangbuch, unterstützt von einer penetrant idyllisierenden, harmonisierenden Jugendlektüre, von Kalendersprüchen, Liedern und Wandschmuck. Alle machten dem Arbeiterkind unmißverständlich klar, daß sozialistische Gleichmacherei gegen die gottgewollte Ordnung sei, aber dank Gottes weisem Rat galten ja die Bedingungen »wahrer Zufriedenheit« gleichermaßen für Schloß und Hütte:

> »Genieße, was dir Gott beschieden,
> Entbehre gern, was du nicht hast.
> Ein jeder Stand hat seinen Frieden,
> Ein jeder Stand hat seine Last.«
> (in: Saul 1979, 4)

Das somit auf die schlichteste Formel gebrachte Sozialsystem legitimierte seine patriarchalische Autoritätsstruktur ebenfalls mit der göttlichen Weltordnung, in der sich das Gottesgnadentum des kaiserlichen Herrschers nach unten hin fortsetzte: zunächst im Offizier, gefolgt von den Respektspersonen Vater und Lehrer, Pastor, Polizist und Prinzipal. Treue Pflichterfüllung, willige Unterordnung, Vertrauen in die landesväterliche Fürsorge, Dankbarkeit gegenüber den Segnungen der Sozialgesetzgebung, Stolz auf die kriegerischen Großtaten des Reichs und seine imperialistische Entwicklung – dieses Denk- und Verhaltensrepertoire des christlich-patriotisch gesinnten wilhelminischen Staatsbürgers sollte bereits in der Volksschule zuverlässig eingeübt werden, nicht zuletzt, um damit ein festes Bollwerk zu errichten gegen die immer wieder angstvoll beschworene »rote Sintflut«. Es hätte einer konsequenten Politisierung der Arbeiterfamilie auf affektiv-emotionaler Ebene bedurft, um hier mit alternativen sozialistischen Idealen wie Freiheit und Frieden, Solidarität und Humanität erfolgreich eine Bresche schlagen zu können. Das jedoch verursachte der eher auf abstrakte, verbal-radikale Programmatik eingeschworenen Sozialdemokratie erhebliche Probleme, obwohl sich Wilhelm Liebknecht schon seit 1871 mit dem ihm eigenen Pathos darum bemüht hatte, seiner Partei den Blick zu öffnen für die zukunftsweisende Bedeutung der Arbeiterfrau im Klassenkampf. Nicht nur der gleichberechtigten Gefährtin des Mannes, sondern auch der Mutter, der Erzieherin der Kinder müsse die politische Aufmerksamkeit der Partei zuteil werden. Schließlich falle gerade ihr die verantwortungsvolle Aufgabe zu, das sozialistische »Evangelium der Freiheit und Gleichheit« an die nachfolgende Generation weiterzugeben, »damit ein Geschlecht heranwachse, das im stolzen Bewußtsein der Menschenwürde nicht will, daß es noch Herren und Knechte gebe auf Erden!« (Liebknecht [1871] 1976, 127). Dazu gehörte die Absage an reaktionären Patriotismus und Militarismus, denn »auch der Mensch, welcher jenseits unserer Grenzpfähle wohnt, ist ein Mensch, so gut wie wir... Mord bleibt Mord, auch wenn der Mörder und der Ermordete verschiedene Sprachen sprechen und bunte Röcke tragen« (ebd., 85).

Doch erst nach dem Fall des Sozialistengesetzes konnten die Versuche beginnen, mit gezielter Kinder- und Jugendlektüre den Nachwuchs für den Sozialismus zu gewinnen.

Politische Indoktrination durch Kinder- und Jugendschriften der Sozialdemokratie

Der 1873 geborene Moritz W. Bromme erinnerte sich später nur noch bruchstückhaft an eines der frühesten sozialistischen Bilderbücher *König Mammon und die Freiheit* von Lorenz Berg und E. Roßbach (1877), das er als Fünfjähriger geschenkt bekam und in dem bereits alle Elemente der späteren Mai-Symbolik vorweggenommen worden sind (Bromme 1971, 31 f.): Dem dicken, finsteren König Mammon sind in allegorischer Darstellung (und ziemlich holprigen Versen) die »schlimmen Gesellen« Hunger und Heuchelei, Not und Haß, Geiz und Zwietracht, Habsucht und Neid, Rache und Krieg zugeordnet. Den lichten Kontrast dazu

In rechter Hand das Flammenschwert,
Und links die rothe Fahn';
Das schöne Weib da ist es werth,
Ihr seht's Euch richtig an.

Es ist die Freiheit brav und gut,
Mit frischem Geist und raschem Muth,
Sie mochte gerne Alles schön,
Möcht' alle Menschen glücklich sehn.

Auch sie hat Diener und treue Collegen,
Will seh'n ob sie Euch gefallen mögen.

Quelle: Horst Kunze/Heinz Wegehaupt, *Spiegel proletarischer*
Kinder- und Jugendliteratur 1870–1936.
Berlin 1985, S. 46.

bildet die Freiheitsgöttin in griechischer Gewandung und roter,
phrygischer Mütze, rechts das Flammenschwert, links die rote
Fahne. Ihr folgen auf grünem, mit roten Blüten übersätem Rasen
als »treue Diener und Kollegen« Liebe und Frieden, Heldenmut
und Gerechtigkeit, Wahrheit und Ruhm, Fleiß und Wissenschaft,

Wohlstand und Einigkeit (in: Kunze/Wegehaupt 1985, 45 f.) – insgesamt ein sehr typisches Beispiel für die Vorliebe der frühen Arbeiterbewegung für Mythologie, Allegorie und Metaphorik, die Ausdruck einer Art innerweltlicher Heilslehre war (Pohl 1986). Gerade sie'aber geriet der christlichen Lehrerpresse zum Stein des Anstoßes. Die Rezensenten befürchteten nämlich, wohl nicht ganz zu Unrecht, die Arbeitereltern würden den Kindern die ihnen unverständlichen Allegorien mit verständlichen Beispielen aus ihrem Alltag erläutern. Der daraus resultierende Haß gegen Staat, Gesellschaft und Kirche müsse sich geradezu in »blutigen Greueltaten« entladen (Saul 1979, 10). Daß die bürgerlich-patriotische Jugendliteratur mit ihrer Kriegsverherrlichung ebenfalls zu blutigen Greueltaten aufrief, schien den Kritikern nicht in den Sinn zu kommen.

Erst 1891 erschien wieder ein *Lesebuch für Kinder aufgeklärter Eltern* in drei Bänden, von Theobald Werra, das 1897 seine dritte Auflage erlebte. Die erklärte Absicht war, im kindlichen Leser alle einseitigen religiösen Anschauungen zu bekämpfen, ihn mit Abscheu gegenüber »Blutgier« und »Roheit« zu erfüllen und ihn statt dessen für die Ideale »wahrer Menschlichkeit« und »Toleranz« zu begeistern. Dem »zerstörerischen Gewaltmenschen« und seinen fragwürdigen Heldentaten wird der »arbeitende Kulturmensch« als neues Vorbild gegenübergestellt (ebd., 7). Die Lehrerpresse verunglimpfte zwar auch dieses Buch als »Gemisch aus Wahrheit, Irrtum und Gift«, das die »Achtung des Kindes vor dem Lehrer, vor der Obrigkeit und Gott« untergrabe (ebd.). Doch religiöse Traditionen waren nicht von heute auf morgen abzuschütteln. Das mußten auch die Sozialdemokraten zur Kenntnis nehmen. Also versuchten sie, die vertrauten christlichen Vorbilder mit der neuen Wahrheit zu verknüpfen, etwa in Adolph Hoffmanns *Lehrreichem Bilderbuch für kleine und große Kinder* (1895). Unter dem Titel *Der Wahrheit ABC* laufen fahnenschwingende Kinder einer allegorischen Figur der Wahrheit entgegen, hinter der das Jesus-Wort »Lasset die Kindlein zu mir kommen« aufleuchtet. In Text und Bild werden dann die neuen »Vorbilder« Marx und Lassalle vorgestellt, und immer wieder wird das Kind aufgefordert zu lernen, damit man ihm »kein X für ein U« vormachen könne (in: Kunze/Wegehaupt 1985, 69 ff.). Die eher abschreckende als anregende Wirkung allzu »lehrreicher« Sprüche wurde allerdings selbst von sozialdemokratischen Kritikern bemängelt. Hingegen fand das ab

1893 erscheinende *Bilderbuch für große und kleine Kinder* aus dem Dietz-Verlag vor allem dank seiner künstlerischen Aufmachung sogar vor christlichen Augen Gnade, obgleich die »sozialdemokratischen Krallen« nicht zu leugnen seien (Saul 1979, 10).

Auffällig ist die Tendenz, dem kindlichen Bedürfnis nach Helden und Abenteuern mit sozialistischen Alternativen entgegenzukommen, indem dem Befreier Sozialismus die Züge eines edlen Ritters verliehen werden. In dem düsteren Gedicht »Die Burg und der Zauberer« über die Schrecknisse der auch Kinder nicht verschonenden industriellen Arbeitswelt heißt es:

> »Sonst kommt ein Befreier, ein tapfrer daher
> Mit herrlichem Mute, mit blinkender Wehr,
> Der dringt auf den mächtigen Zauberer ein.
> Er will die gefangenen Opfer befrei'n; ...
>
> So rüstet euch denn mit des Wissens Wehr
> Und reihet euch ein in der Freiheit Heer,
> Das kühn gegen Unrecht und Not zieht zu Feld;
> Da kann sich bewähren ein junger Held.« ...
> (in: Kunze/Wegehaupt 1987, 58 f.)

Die jugendlichen »Ritter der Straße« nahmen freilich eher die Fäuste als des »Wissens Wehr« zu Hilfe, um Unrecht und Beleidigung zu parieren.

»Über den Begriff Sozialdemokrat war ich mir noch nicht im klaren«, erinnert sich das damals elfjährige Arbeiterkind Peter Fröhlich, »aber ... der kölsche Ausdruck ›Krat‹ bedeutete ... ein arbeitsscheues, versoffenes Individuum. Die Beleidigung konnte ich nicht auf mir sitzen lassen. Als der Kampf beendet war, hatte die ›rote Krat‹ der schwarzen Konkurrenz ein paar blaue Augen gehauen« (Fröhlich 1976, 89).

Auch das Erlösungsmotiv, märchenhaft-mythologisch verklärt oder aufklärerisch-rational verkleidet, kehrt in dieser Jugendliteratur immer wieder. In bewußter Anlehnung an christliche Glaubenselemente wird das himmlische Paradies zum durchaus irdischen »Tal der Seligen« (in: Saul 1979, 4 ff.) uminterpretiert, wo die Menschen ohne Armut, Hunger und Sorgen, Arbeitslast und Streit glücklich miteinander leben würden. Doch mit der emphatischen chiliastischen Hoffnung verbindet sich die nüchterne Erkenntnis, daß es bis zu diesem ersehnten Reich des Sozialismus noch eines weiten, mühseligen Weges langwieriger Überzeugungsarbeit bedürfe, die auch die rationale Erlösung von nationalen Vorurteilen mit einschließe. Um letzteres geht es z. B. bei der Begegnung zweier Arbeiterjungen an der deutsch-französischen Grenze, die beide begreifen, daß sie durchaus keine Erbfeinde sind, wie es auf deutscher Seite die Sedanfeiern glauben machen wollen, sondern eher »natürliche Bundesgenossen«, denn die Bedingungen ihrer proletarischen Existenz sind »Hüben und drüben« (so der Titel) die gleichen (ebd., 10; Christadler 1978, 429).

Nach 1895 läßt sich allmählich eine Entpolitisierungstendenz in der proletarischen Jugendliteratur konstatieren. Trotz prominenter Autoren wie Bebel (*Handwerksburschen – Vagabunden*) und Liebknecht (*Ein Weib und ein Mann*) gleicht Emma Adlers *Buch der Jugend. Für die Kinder des Proletariats* (1895) eher einer unverbindlichen Sammlung von Kultur- und Sittenbildern, Märchen und technischen Beiträgen als einem Instrument bewußter politischer Indoktrination. Erst mit der äußerlich recht bescheidenen Beilage »Für unsere Kinder« der SPD-Frauenzeitschrift *Die Gleichheit* (1905) wendet sich das Blatt wieder, denn damit betreiben Käthe Duncker und später Clara Zetkin gezielte politisch-literarische Aufklärung der Proletarierkinder, in denen Zetkin die »unentbehrlichen wehrtüchtigen Kampfgenossen von morgen« (sic!) sieht (Christadler 1978, 291). Themen und Autoren sind weit gefächert: Volksmärchen, Sagen, Lyrik und Kinderlieder, Weltliteratur von den deutschen Klassikern über Mark Twain, Maupassant, Gogol bis Fontane. Bekannte Sozialdemokraten schreiben ebenso wie einige wenige Arbeiterinnen. Im Vordergrund steht die Erziehung zu Toleranz und Pazifismus, die die chauvinistische Erbfeindthese variantenreich zu widerlegen sucht. Schonungslos werden den jugendlichen Lesern die Kriegsgreuel vor Augen geführt, um der unreflektierten Begeisterung für das »lustige Soldatenleben« gegenzusteuern (ebd., 290).

Die Wirkung sozialdemokratischer Kinder- und Jugendliteratur, die die ganze Familie ansprechen sollte, ist eindimensional kaum faßbar. Dazu war schon ihre Verbreitung, im Gegensatz zur bürgerlichen Konkurrenz, viel zu gering (Zetkins »Beilage« z. B. dürfte etwa eine halbe Million Leser gefunden haben). Doch auch der Erfolg des patriotisch-literarischen Trommelfeuers mußte angesichts des stetigen Wachstums der Sozialdemokratie kritisch in Frage gestellt werden. Zum einen entsprachen durchaus nicht alle Volksschullehrer dem christlich-nationalen Wunschbild, vor allem nicht in den Städten, zum anderen verhielten sich die Kinder ihrerseits gegenüber jedweder Art von Tendenzliteratur eher resistent oder indolent. Selbst in politisch bewußten Arbeiterfamilien griffen Kinder (ebenso wie ihre Eltern) anscheinend häufiger zu der von rechts und links gleichermaßen verpönten »Schundliteratur« – Räuber-, Ritter- und Indianergeschichten, Kriminalstories und pikante Hintertreppenromane –, sofern sie überhaupt lasen (Schenda 1976). Derweil erging sich die Sozialdemokratie in akademischen Diskussionen über den künstlerischen Wert ihrer Produkte oder fragte allen Ernstes in ähnlichen Formulierungen wie ihre politischen Gegner danach, ob sie die durch »ihre goldene Naivität und Unberührtheit so wunderbaren Kinderjahre« mit politischen Auseinandersetzungen befrachten dürfe (Schulz in: *Neue Zeit* 1900/01, 173), was den Realitäten proletarischer Kindheit geradezu Hohn sprach. Arbeiterkinder erfuhren im gelebten Alltag ohnehin mehr über die Klassenstrukturen der wilhelminischen Gesellschaft, als es Bilder- und Lesebücher je vermitteln konnten. Arbeitermemoiren legen darüber beredtes Zeugnis ab (Seyffarth-Stubenrauch 1985). Sie dokumentieren aber auch die Kraft des »proletarischen Milieus«, das über die »halboffene Familienstruktur« (Niethammer/Brüggemeier 1976, 122 ff.) hinaus ein ganzes Netzwerk von sozialdemokratischen Orts-, Turn-, Sänger-, Wanderer-, Radfahrvereinen, von Parteilokalen, -bibliotheken und -kneipen umfaßte und zu der auch die proletarische Festkultur gehörte (Lerch 1985, 301 ff.). Schon die Kinder waren damit vertraut und nahmen aktiv daran teil, indem sie Zeitungen, Wahlzettel und Flugblätter verteilten, in Festzügen mitmarschierten und Fahnen oder Transparente trugen. Innerhalb dieser proletarischen »Gegenöffentlichkeit« boten sich symbolische Ausdrucksformen proletarischer Solidarität, die eine emotionale Identifikation ermöglichten und somit einen wesentlichen Faktor politischer Sozialisation bildeten.

Politische Sozialisation in der proletarischen Festkultur

Gerade der 1. Mai spiegelt in seinem Doppelcharakter als Kampf- und Familienfesttag besonders augenfällig die Bedeutung der Arbeiterbewegung als politische und kulturelle Bewegung (Lerch 1988, 352 ff.). Gedacht als politische Provokation, als Kampfansage an Unternehmer und Staat, sollte dieser am hundertsten

Quelle: Achten, Udo (Hg.),
Zum Lichte empor. Mai-Festzeitungen der Sozialdemokratie 1891–1914.
Berlin, Bonn 1980, S. 55.

Jahrestage des Sturmes auf die Bastille 1889 vom Pariser Sozialistenkongreß aus der Taufe gehobene Weltfeiertag der Arbeit für Achtstundentag und Völkerfrieden demonstrieren. Doch wie so oft in der frühen Arbeiterbewegung hüllte sich auch dieses Fest in mythische Gewänder, wobei die auferstehende Natur als allumfassende Metapher für das hoffnungsvoll begrüßte Neue galt. Entsprechend dem sozialistischen Selbstverständnis, das die Arbeiterklasse stets in einen welt- und menschheitsgeschichtlichen Zusammenhang einzuordnen pflegte, gründete das Maifest in mythischer Vorzeit. Liebknecht hatte in kühnen Kontinuitätstheorien geschwelgt, die die proletarische Kultur in eine jahrtausendealte, erst von der bourgeoisen Industriegesellschaft als »Sündenfall der Geschichte« unterbrochene Tradition stellte (Liebknecht [1871] 1976, 84 ff.). Eine daraus erwachsende, betont antibürgerliche Rhetorik versuchte, indem sie die bürgerlichen »Klassen-

feste« der Verachtung preisgab, an vorindustrielle Volksfeste an-
zuknüpfen und in der Transformation des »Völkerfestes« neu
erstehen zu lassen (Korff 1984, 261 ff.). Es lag nahe, in den Bildal-
legorien der in hohen Auflagen erscheinenden Maifestzeitungen,
-postkarten, -flugblätter etc. das utopische Element des Sozialismus mit den Bildtraditionen des »Adventus« und »Triumphus« zu
verklären, wo »Mysterium« und »Prozession« vorherrschten –
nach Jacob Burckhardt die Wurzeln allen Festbrauchs (Tenfelde
1982, 45 ff.). Variantenreich bildet der Triumph des Sozialismus im
Gewande des siegenden, befreienden Frühlings den Mittelpunkt.
Er manifestiert sich in der Aufbruchsstimmung der Maifestpro-
zession aus jubelnden, sonntäglich gekleideten Menschen, die der
Freiheitsgöttin inmitten der Natur ihre roten Fahnen, Blüten und
Embleme verehrungsvoll zu Füßen legen. In späteren Jahren ergänzt der nackte Jüngling als Heros der befreiten Arbeit das weibliche Symbol, wobei Nacktheit generell die Freiheit des Denkens
symbolisiert. Schwärmerische Naturlyrik verbindet sich mit dem
kämpferischen Aufbruch in eine neue Zeit, z. B. in der sehr populären Mai-Marseillaise:

> »...Die Zwietracht muß der Eintracht weichen,
> Zum Frieden blüht die Zukunftssaat.
> Dann tut sich auf mit süßem Brausen
> Der Schönheit Blüte bei der Nacht.
> Der Wonne Nachtigall erwacht,
> Indess' die stillen Sterne sausen:
> Menschheit im Weltall frei! Leuchtender Weltenmai!
> Herbei, herbei! Zerbrochen ist der Turm der Tyrannei!
> (Maifestzeitung 1890, in: Achten 1980, 112)

Die poetische Verklärung kaschierte jedoch nur geringfügig die
Härte des dahinterstehenden politischen Dreifachkonflikts, des-
sen Auswirkungen die Arbeiterfamilie drastisch treffen konnten.
Erstens wurde die mit provokativer Arbeitsruhe untermauerte
Forderung nach Achtstundentag und internationaler Solidarität
von den Unternehmern jahrelang rigoros mit Entlassung und Aus-
sperrung beantwortet (Schneider 1980, 57 ff.). Zwar appellierte die
Mai-Presse gezielt an die Arbeiterfrau, am 1. Mai gemeinsam mit
Mann und Kindern für eine bessere Zukunft zu demonstrieren,
und suggerierte in mannigfachen Bildern diese familiale Einheit.
Doch die daraus resultierende väterliche Arbeitslosigkeit konnte
den Familienfrieden empfindlich trüben, sofern nicht Partei und

Gewerkschaften wenigstens für einen mageren finanziellen Ausgleich sorgten. Schwarze Listen kursierten, die Spitzeltätigkeit blühte, und mit dem »Kainskennzeichen: Austritt 2. Mai« (Holek 1909, 248) fand man so schnell keine Arbeit wieder.

Zweitens empörten sich die im Kampf gegen den »roten Drachen« verbündeten Kirchen darüber, daß die Arbeiter sich von den »Christlichen und vaterländischen Festen« absonderten und stattdessen die »Gedenktage der Revolution« feierten. »Sie ehren... nur die Fahne der revolutionären Internationale... Sie haben das Band des Blutes zerrissen und pflegen die unnatürlich gemachte Verbrüderung« (*Handbuch für evang. Arbeitervereine* 1890, 21). Die Maifeier wird kurzerhand als »große Kinderei mit roten Fahnen, Blechmusik, Marseillaise, Radaureden und Betrunkenheit« abqualifiziert (ebd., 28). Weder Katholiken noch Protestanten schienen wahrhaben zu wollen, daß schließlich das weitreichende Bündnis der Kirchen mit Kapital und Macht ihnen die Arbeiter entfremdete und ersatzweise die Maifeier, trotz Bebels eindringlicher Warnungen, in den Rang eines pseudo-religiös zelebrierten Erlösungsfestes erhoben wurde. Doch auch Bebel mußte einräumen, daß die an vertraute religiöse Muster anknüpfende Erlösungssymbolik Arbeiterfrauen und -kindern die Annäherung an den Sozialismus erleichterte. Alle Elemente proletarischer Festkultur: Massenchöre, feierliche Fahnenweihen, heroische Tableaux vivants, heitere theatralische, musikalische und sportliche Darbietungen, große Umzüge und Spaziergänge, Kinder- und Familienfeste mit Kaffee und Kuchen, Bier und Schnaps sprachen unmittelbar Auge und Gemüt an. In solch sinnlich-sinnhafter Form ließ sich proletarische Solidarität als Lern- und Identifikationsprozeß in die Tat umsetzen und als überzeugende Demonstration nach außen kehren. Gelegentlich fast ins Rauschhafte gesteigerte Gemeinschaftserlebnisse erteilten der alten Welt eine aggressive Absage:

> »Fahrt gen Himmel über Sterne,
> Fahrt zur Hölle – einerlei!
> Alles gönnen wir euch gerne,
> Aber gebt uns dafür frei
> Unser Maienfest!«
>   (*Vorwärts*, 1. Mai 1891)

Gerade die jahrelangen Verbote und Verfolgungen durch eine allgegenwärtige Polizei stärkten das Zusammengehörigkeitsgefühl, schärften Sinne und Phantasie für Tarneffekte. Denn *drittens* gab die Einbeziehung der Familie immer wieder Anlaß zu Querelen, da das Vereinsgesetz offiziell die Beteiligung von Frauen und Kindern an »politischen« Versammlungen untersagte. Die Zusammenstöße zwischen Arbeiterbewegung und Obrigkeitsstaat variierten zwar je nach Region und politischer Großwetterlage, blieben jedoch als schwer einschätzbarer Unsicherheitsfaktor stets präsent. In logischer Folge signalisierte die eigenwillige Festkonstruktion des 1. Mai die nach innen gezwungene politische Demonstration im nach außen gerichteten Volksfest, wobei vor allem der Mai-Spaziergang allmählich brauchtumsartige Züge annahm. Banalisierung und Entradikalisierung gingen Hand in Hand, was oft zu gereizten Kommentaren des Parteivorstandes führte, denn der Sturz aus mythengeschwängerten Nebeln offizieller Maifestideologie in die Niederungen proletarischer Festfreude konnte tief sein. »Man gab sich alle Mühe . . .«, seufzte Hedwig Wachenheim, eine dem Großbürgertum entstammende Funktionärin, »während die Kinder laut im Saal herumspielten und die Arbeiter und Arbeiterfrauen nur an die Nachfeier bei Bier und Kaffee dachten« (Wachenheim 1973, 106). Trotzdem lernten die Kinder, indem sie die umgetexteten alten Mailieder sangen, sozialistische Schlagworte. Die lebenden Bilder machten sie mit den Heroen der Arbeiterbewegung bekannt, und die aufgemalte rote Acht auf den Papierlaternen des abendlichen Fackelzuges erinnerte spielerisch an den ernsthaft-kämpferischen Hintergrund dieses Festtages. Die Jugendliteratur erklärte ihren Lesern ebenfalls die Bedeutung des 1. Mai in Gedichten, Liedern und belehrenden Geschichten. Gewonnene Zeit verhieß schließlich auch dem Arbeiterkind mehr Lebensqualität im Sinne von intensiverem Miteinander von Eltern und Kindern beim gemeinsamen Spiel und Lernen, ohne permanente Übermüdung und Reizbarkeit. Die in überraschender Gemeinsamkeit mit den Eltern erlebte, oft aufregende Überlistung der Polizei erfuhren die Kinder geradezu als Fortsetzung ihrer abenteuerlichen Straßenkämpfe, in denen die »Blauen« genauso zu den erklärten Gegnern gehörten. Trotzig sangen sie gemeinsam Max Kegels Spottlied:

> »Freilich hoch zu Rosse sitzen
> Sehen wir des Staates Macht.
> Säbel klirren, Helme blitzen,
> Des Gesetzes Auge wacht.

Doch was schert uns Polizei,
Feiern wir den ersten Mai!«
(*Der wahre Jacob* 1898, 2705).

Resümee

Ob dieser proletarisch-politische Sozialisationsprozeß den
»neuen sozialistischen Menschen« produzierte, darf bezweifelt
werden. Doch jenes mit idealisierter, heroisierter Charakterstruk-
tur ausgestattete politische Abstraktum, das in mannigfaltigen
Formulierungen durch die Parteipresse geisterte, mußte sich angesichts historisch-politischer Realitäten fast zwangsläufig als Fiktion erweisen, denn so leicht waren bürgerlich-christliche Traditionen nicht abzuschütteln, selbst wenn sie einer beständigen
Transformation unterlagen und somit ihren eigenen identitätsstif-
tenden Sinn erhielten. Schwerer als die Imitation bürgerlicher
Festformen inklusive des bürgerlichen Tugendkatalogs von
»Ruhe«, »Ordnung«, »Würde«, »Anstand« und »Disziplin« (v.
Saldern 1983, 26 ff.) wiegen die Anfälligkeiten für militärisches
Ritual und Vokabular. Auch das Proletariat hielt »Heerschau«
über seine »mobil gemachten Streitkräfte«, und die »Soldaten der
Revolution« fochten einen »heiligen Krieg gegen den Krieg« (Mai-
festzeitung 1913 in: Achten 1980, 201). Selbst ein Bilderbuch
zeigte Ferdinand Lassalle in Heldenpose mit dem erhobenen
Schwert in der Hand (vgl. Kunze/Wegehaupt 1985, 70). Daß es
sich hierbei um das Schwert des Geistes handeln sollte, war dem
kindlichen Betrachter nicht direkt eingängig. Da kann es nicht
verwundern, daß Otto Krille, nach eigenem Bekunden »ein Has-
ser der unbedingten militärischen Disziplin«, sich willig der »Par-
teidisziplin beugte« (Krille 1975, 96 f.). In Josef Weisbarts Vater
steckte »noch immer etwas von seinen drei Artilleriejahren«, so
daß er niemals versäumte, bei Fürstenbesuchen den Sohn »in der
vordersten Reihe... das Hochrufen zu lehren« (Weisbart 1928,
126) – »Wie das halt bei ›klassenbewußten‹ Arbeitern so ist!«, iro-
nisiert Weisbart dies Verhalten. »Heil dir im Siegerkranz« und
»Hoch die Internationale Sozialdemokratie« klangen im vielstim-
migen Schrei festlicher Massen recht ähnlich. Zweifellos hatte die
»soziale Militarisierung« auch in der Arbeiterfamilie Spuren hinterlassen – direkt in mündlich und bildlich gepflegten Erinnerun-

gen an die oft sogar als einzige abenteuerliche Abwechslung im öden Fabrikarbeiter-Einerlei empfundene Militärzeit, indirekt etwa im heimischen Wandschmuck, wo Kaiser Wilhelm, Bismarck und die Kaiserproklamation in Versailles auf der einen Seite mit Ferdinand Lassalle, Karl Marx und der Mai-Demonstration auf der anderen eine friedliche Koexistenz eingingen. Das bestätigt die »überaus freundliche Gesinnung, ... dem deutschen Vaterlande, dem Kaiser und dem Heer gegenüber«, die der Theologe Paul Göhre (1891, 117) bei den Arbeitern im »roten« Sachsen registrierte und die schließlich schnurstracks zur Bewilligung der Kriegskredite 1914 führen sollte.

Während aber Sozialdemokratie und Arbeiterschaft immerhin den politischen Kampf gegen den feudalen Klassenstaat aufnahmen, auch wenn sie die Macht traditioneller Wertvorstellungen dabei unterschätzten, gelang die Disziplinierung des Bürgertums nahezu total. Materiell gesättigt und einseitig darauf fixiert, die »Schlüssel zur besseren Gesellschaft« – Titel, Orden, vor allem das begehrte Reserveoffizierspatent – zu erwerben (Ritter/Kocka II. 1977, 225), gab das wilhelminische Bürgertum sein ursprünglich politisch-emanzipatorisches Ziel auf.

In weitgehender Unkenntnis der konkreten Lebensbedingungen proletarischer Familien wuchsen bürgerliche Kinder in einem Umfeld auf, das es ihnen kaum ermöglichte, sich der einseitigen Indoktrination mit den staatstragenden patriotisch-militärischen Leitbildern aktiv zu widersetzen. Dies hätte die Fähigkeit und Bereitschaft vorausgesetzt, den »unpolitischen« Alltag als Fiktion zu entlarven. Die Einheitlichkeit der Verhaltenserwartungen im Sozialisationsprozeß bürgerlicher Kinder mag erklären, warum sie später ihre Kindheit im Kaiserreich mit »verklärendem Blick zurück« betrachteten und als eine Zeit erinnerten, in der »die Welt noch in Ordnung war« (Johansen 1986, 61).

Das Verhalten von Bürgertum *und* Arbeiterschaft bei Kriegsausbruch dokumentiert eindringlich die integrative Funktion patriotischer Parolen. Im entscheidenden Moment erwies sich das *proletarisch-innovative Ideal* friedlicher internationaler Solidarität als nicht genügend tragfähig gegenüber *bürgerlich-konservativen Wertmustern*, wie sie von den traditionellen Sozialisationsinstanzen – Familie, Schule, Kirche, Militär – vermittelt worden waren. Doch trotz aller Anpassungsbereitschaft, auch auf Seiten der Sozialdemokratie und der Arbeiterschaft, erzog das »proletarische Milieu« auf lange Sicht eine große Anzahl zuverlässiger Sozialdemokraten und Gewerkschafter, die, bei allem vielgeschmähten Mittelmaß, bereit waren, für ihre Überzeugung Verfolgung, Leid und Tod auf sich zu nehmen. Erst das Ergebnis des *realen* Krieges bot den Überlebenden Anlaß, sich mit der Prägekraft militärischen Denkens kritisch auseinanderzusetzen. Nur aufgrund seiner desillusionierenden Erfahrungen im Ersten Weltkrieg gelang es etwa Paul Tillich, seine »Begeisterung für Uniformen, Paraden, Manöver, Kriegsberichte und strategische Überlegungen« zu überwinden (Tillich in: Borries 1981, 62). Daß eine solche Auseinandersetzung mehrheitlich jedoch nicht stattfand, beweist der Blick auf die jüngere deutsche Geschichte. Sicherlich haben militärisch-patriotische Leitbilder nach zwei verlorenen Kriegen ihre Vorrangstellung eingebüßt, aber gewisse grundlegende Verhaltensbereitschaften des in der wilhelminischen Epoche geprägten »autoritären Charakters« (Fromm 1983, 134) sind auch gegenwärtig noch virulent. Sie bedeuten nach wie vor eine Herausforderung für den demokratischen Rechtsstaat.

Literatur

Achten, U. (Hg.), *Zum Lichte empor. Mai-Festzeitungen der Sozialdemokratie 1891–1914*, Berlin–Bonn 1980.

Adolphs, L., *Lehrerverhalten im 19. Jahrhundert. Duisburger Lehrer zwischen Gehorsam und Selbstbestimmung*, in: *Duisburger Forschungen* 23 (1976), 44–105.

Altner, M., *Die deutsche Kinder- und Jugendliteratur zwischen Gründerzeit und Novemberrevolution*, Berlin 1981.

Bangert, A., *Altes Spielzeug*, München 1981.

Berg, C., *Volksschule im Abseits von »Industrialisierung« und »Fortschritt«. Über den Zusammenhang von Bildung und Industrieentwicklung*, in: Herrmann, U. (Hg.), *Schule und Gesellschaft im 19. Jahrhundert*, Weinheim–Basel 1977, 243–264.

Dies., *Ansätze zu einer Sozialgeschichte des Spiels*, in: *Zeitschrift für Pädagogik* 29 (1983), 735–753.

Blessing, W., *Der monarchische Kult, politische Loyalität und Arbeiterbewegung im deutschen Kaiserreich*, in: Ritter, G. A. (Hg.), *Arbeiterkultur*, Königstein/Ts. 1979.

Borries, A. v. (Hg.), *Preußen und die Folgen,* Berlin–Bonn 1981.

Brauch, M./Bangert A., *Blechspielzeug,* München 1980.

Bromme, M., *Lebensgeschichte eines modernen Fabrikarbeiters.* Nachdruck der Ausgabe von 1905. Mit einem Nachwort von B. Neumann, Frankfurt 1971.

Christadler, M. L., *Kriegserziehung im Jugendbuch. Literarische Mobilmachung in Deutschland und Frankreich vor 1914,* Frankfurt 1978.

Düding, D., *Politische Öffentlichkeit – politisches Fest – politische Kultur,* in: Düding, D./Friedemann, P./Münch, P. (Hg.), *Öffentliche Festkultur. Politische Feste in Deutschland von der Aufklärung bis zum Ersten Weltkrieg,* Reinbek 1988, 10–24.

Fend, H., *Sozialgeschichte des Aufwachsens. Bedingungen des Aufwachsens und Jugendgestalten im 20. Jahrhundert,* Frankfurt 1988.

Freud, S., *Massenpsychologie und Ich-Analyse,* Frankfurt 1982.

Fröhlich, P., *Es war ein langer Weg. Erinnerungen eines alten Kölners,* Köln 1976.

Fromm, E., *Die Furcht vor der Freiheit,* Frankfurt–Berlin–Wien 1983.

Glaser, H., *Konturen der Zukunft,* in: Schmidt-Freytag, C. G. (Hg.), *Die Autorität und die Deutschen,* München 1966.

Göhre, P., *Drei Monate Fabrikarbeiter und Handwerksbursche. Eine praktische Studie,* Leipzig 1891.

Hampe, Th., *Der Zinnsoldat,* Berlin 1924.

Handbuch für evangelische Arbeitervereine, hg. vom Evang. Bund zur Wahrung der deutsch-protestantischen Interessen, Leipzig 1890.

Hartung, H., *Kindheit ist kein Kinderspiel,* Frankfurt–Berlin–Wien 1972.

Hildebrandt, P., *Das Spielzeug im Leben des Kindes* (1904), Düsseldorf–Köln 1979.

Hofer, K., *Erinnerungen eines Malers,* Berlin 1953.

Holek, W., *Lebensgang eines deutsch-tschechischen Handarbeiters,* hg. v. P. Göhre, Jena 1909.

Holtz-Baumert, G., *»Überhaupt brauchen wir eine sozialistische Literatur…« Skizzen vom Kampf um eine sozialistische deutsche Kinderliteratur. Mit einem Dokumentenanhang,* Berlin (DDR) o. J. (1972).

Johansen, E. M., *Ich wollt', ich wäre nie geboren. Kinder im Krieg,* Frankfurt 1986.

John, H., *Das Reserveoffizierskorps im Deutschen Kaiserreich 1890–1914,* Frankfurt–New York 1981.

Könnecker, M. L., *Die Kinderschaukel 2. Ein Lesebuch zur Geschichte der Kindheit in Deutschland 1860–1930,* Darmstadt–Neuwied 1977.

Korff, G., *»Heraus zum 1. Mai«. Maibrauch zwischen Volkskultur und bürgerlicher Folklore und Arbeiterbewegung,* in: van Dülmen, R./Schindler, N. (Hg.), *Volkskultur. Zur Wiederentdeckung des vergessenen Alltags,* Frankfurt 1984, 261–285.

Kunze, H./Wegehaupt, H., *Spiegel proletarischer Kinder- und Jugendliteratur 1870–1936*, Berlin (DDR) 1985.

Krille, O., *Unter dem Joch. Die Geschichte einer Jugend*, hg. v. U. Münchow, Berlin (DDR) 1975.

Lerch, E., *Kulturelle Sozialisation von Arbeitern im Kaiserreich. Ein Beitrag zur Historischen Sozialisationsforschung*, Frankfurt–Bern–New York 1985.

Dies., *Die Maifeiern der Arbeiter im Kaiserreich*, in: Düding, D./Friedemann, P./Münch, P. (Hg.), *Öffentliche Festkultur*, 352–372.

Liebknecht, W., *Kleine politische Schriften*, hg. v. W. Schröder, Frankfurt 1976.

Lundgreen, P., *Sozialgeschichte der deutschen Schule im Überblick*, Teil I. 1770–1918, Göttingen 1980.

Mehden, v. d., H., *Ich hab' mich ergeben. Wie Großvater erzogen wurde*, Freiburg 1980.

Meinecke, F., *Erlebtes 1862–1919*, Stuttgart 1964.

Messerschmidt, M., *Die Armee in Staat und Gesellschaft. Die Bismarckzeit*, in: Stürmer, M. (Hg.), *Das Kaiserliche Deutschland. Politik und Gesellschaft 1870–1918*, Düsseldorf 1970, 89–118.

Meyer, F., *Schule der Untertanen. Lehrer und Politik in Preußen 1848–1900*, Hamburg 1976.

Michael, B./Schepp, H. H. (Hg.), *Politik und Schule von der Französischen Revolution bis zur Gegenwart*, Frankfurt 1973.

Negt, O./Kluge, A., *Öffentlichkeit und Erfahrung. Zur Organisationsanalyse von bürgerlicher und proletarischer Öffentlichkeit*, Frankfurt 1972.

Niethammer, L./Brüggemeier, F., *Wie wohnten Arbeiter im Kaiserreich?* in: *Archiv für Sozialgeschichte* 16 (1976), 61–134.

Oestreich, G., *Strukturprobleme des europäischen Absolutismus*, in: *Vierteljahrschrift für Sozial- und Wirtschaftsgeschichte* 55 (1968), 329–347.

Peiser, W., *Hauptmanns »Weber« machten mich zum Sozialisten*, in: Pörtner, R. (Hg.), *Kindheit im Kaiserreich*, Düsseldorf–Wien–New York 1987, 63–69.

Pohl, K. D., *Allegorie und Arbeiter. Bildagitatorische Didaktik und Repräsentation 1890–1914*, Osnabrück 1986.

Pörtner, R. (Hg.), *Kindheit im Kaiserreich*, Düsseldorf–Wien–New York 1987.

Reinhold, K., *In des Vaters Waffen*, in: *Deutsche Jugend*, Bd. 3, Leipzig 1874.

Renn, L. (Pseudonym für Vieth von Golssenau, A. F.), *Meine Kindheit und Jugend*, Berlin 1957.

Ritter, G. A./Kocka, J. (Hg.), *Deutsche Sozialgeschichte*, Bd. 2, Dokumente und Skizzen 1870–1914, München 1977.

Rutschky, K. (Hg.), *Schwarze Pädagogik*, Berlin 1977.

Sagave, P. P., in: *Aspekte der Gründerzeit. Ausstellung in der Akademie der Künste*, Berlin 1974.

v. Saldern, A., *Arbeiterkultur in sozialdemokratischer Provinz 1890–1914*, in: Stüdemann, P. E./Rector, M. (Hg.), *Arbeiterbewegung und kulturelle Identität*, Frankfurt 1983.

Saul, K., *Der Traum von einer besseren Welt… Anfänge einer sozialistischen Kinderliteratur im kaiserlichen Deutschland*, in: *Journal für Geschichte* 1 (1979), H. 3, 2–11.

Schellack, F., *Sedan- und Kaisergeburtstagsfeste*, in: Düding/Friedemann/Münch (Hg.), *Öffentliche Festkultur*, Reinbek 1988, 278–297.

Schenda, R., *Die Lesestoffe der kleinen Leute*, München 1976.

Schneider, M., *Aussperrung. Ihre Geschichte und Funktion vom Kaiserreich bis heute*, Frankfurt 1980.

Schulz, H., *Darf man einer sozialdemokratischen Jugenderziehung das Wort reden?* in: *Die Neue Zeit* 1900/01, 2, 172–177.

v. Schwerin, H., *Wir feierten Kaisers Geburtstag*, in: Pörtner 1987, 147–156.

Seyffarth-Stubenrauch, M., *Erziehung und Sozialisation in Arbeiterfamilien 1870–1914 in Deutschland*, Frankfurt–Bern–New York 1985, 2 Bde.

Sonnemann, Th., *Eine Jugend unter Schwarz-Weiß-Rot*, in: Pörtner, 121–127.

Stegemann, H., *Erinnerungen aus meinem Leben und aus meiner Zeit*, Berlin–Leipzig 1930.

v. Sydow, C., *Deutschlands Kinder*, in: *Herzblättchens Zeitvertreib*, Bd. 5, Glogau 1902.

Tenfelde, K., *Adventus. Zur historischen Ikonologie des Festzuges*, in: *Historische Zeitschrift* 235 (1982), 45–84.

Thedieck, F., *Im Rheinland blieb man skeptisch*, in: Pörtner, 129–136.

Tränkle, M., *Der Wohnzimmer-Wandschmuck als Mittel der Repräsentation*, in: *Zeitschrift für Volkskunde* 66 (1970), 131–136.

Wachenheim, H., *Vom Großbürgertum zur Sozialdemokratie. Memoiren einer Reformistin*, Berlin 1973.

Wachsmuth, W., *Wir vertrauten einem intakten Staat*, in: Pörtner, 107–113.

Weber-Kellermann, I., *Die Familie*, Frankfurt 1977.

Wehler, H. U., *Das Deutsche Kaiserreich 1871–1918*, Göttingen [4]1980.

Weisbart, J., *Der Arbeiter. Ein Leben*, Berlin 1928.

Zuckmayer, C., *Als wär's ein Stück von mir*, Frankfurt 1966.

Hans Malmede
Vom »Genius des Bösen« oder: Die »Entartung« von Minderjährigen
Negative Kindheitsbilder und defensive Modernisierung in der Epoche des Deutschen Kaiserreichs 1871–1918

Im Jahre 1896 erschien die deutsche Ausgabe eines Buches des italienischen Staatsanwalts und Kriminologen Lino Ferriani unter dem Titel *Minderjähre Verbrecher*. In seiner Vorrede verglich der Autor das Buch mit einem

»großen Gemälde, auf welchem die Gestalten von kleinen Knaben und Mädchen, Kranken, Leidenden, Verrohten, Verderbten, Gemisshandelten durcheinanderwimmeln..., in deren Adern das Blut der Trunkenbolde rollt, in deren Seelen Finsternis herrscht, welche zum grossen Teile Verbrechen begingen, weil sie nur das Verbrechen lernten... dieses Bild stelle ich im heiligen lebendigmachenden Lichte der Wahrheit vor denjenigen hin, der mich liest« (S. XIII f.).

Das Bild, das Ferriani seinen Lesern anbot, war weder das erste noch das einzige seiner Art. Zwischen 1890 und 1918 kam es zu einer regelrechten Flut von Publikationen, die das »verwahrloste und verbrecherische Kind«, die »Kinderverbrechen«, das »jugendliche Verbrechertum« oder die »Verrohung der Jugend« zum Thema hatten. Wie Ferrianis »Gemälde« zeigten auch sie düstere Szenen, erschreckende Portraits, Horrorvisionen. Sie alle enthielten Kindheitsbilder, d.h. »Entwürfe und Vorstellungen« (Richter 1987, 19), die Minderjährige – vom Kleinkind bis zum schulentlassenen Heranwachsenden – ausschließlich im Kontext von Dissozialität und Delinquenz, von »Verwahrlosung« und »Verbrechen« thematisierten.

Im folgenden sollen solche negativen Kindheitsbilder, die in der Epoche des zweiten Deutschen Kaiserreichs von Wissenschaftlern produziert wurden, untersucht werden. Dabei wird nach ihren Entstehungsursachen, nach ihrer Funktion und schließlich auch nach ihren möglichen oder tatsächlichen Auswirkungen auf »wirkliche« Kinder und Heranwachsende zu fragen sein.

Gerade in der Epoche des Kaiserreichs läßt sich als Reaktion auf die Folgen des seit der Mitte des 19. Jahrhunderts beschleunigten sozialen Wandels in Deutschland die Intensivierung von defensiven – den partiellen politischen und gesellschaftlichen Modernisierungstrend widerspiegelnden – Problemlösungsstrategien und Maßnahmen feststellen, die grundsätzlich auf die Durchsetzung bzw. Sicherung der bürgerlichen Gesellschaft und des monarchischen Obrigkeitsstaates abzielten. Dazu zählen auch Bestrebungen, die eine möglichst umfassende »Zensur und Kontrolle der heranwachsenden Generation« (Tenorth 1988, 197) zum Ziel hatten. In der »vaterländischen Jugendpflege«, aber auch in der Jugendfürsorge- und der Jugendgerichtsbewegung mit ihrer gemeinsamen Forderung »Erziehung statt Strafe« vermochten sie im Kaiserreich erstmals einen politik- und öffentlichkeitswirksamen Einfluß zu gewinnen. An der Entwicklung von Problemlösungsstrategien beteiligten sich in wachsender Zahl Wissenschaftler aus den unterschiedlichsten Disziplinen: Nationalökonomen und Soziologen, Biologen und Mediziner, Strafrechtler und Kriminologen, Psychologen und (Heil-)Pädagogen. Sie wollten die Gesellschaft ebenso wie das Individuum »mit immer neuen Methoden« erfassen, »mit immer schärferer Aufmerksamkeit« beobachten (Verhandlungen Jugendgerichtstag 1909, 1 f.), um die »Übelstände« und vor allem ihre Ursachen aufzudecken und ihnen abzuhelfen. Auch in der Jugendfürsorge- und Jugendgerichtsbewegung engagierten sich zahlreiche Wissenschaftler, und sie brachten ihre – disziplinspezifischen – »Entwürfe und Vorstellungen«, ihre Modelle, Kategorien und Typologien, Metaphern und Deskriptionen von Minderjährigen mit. Negative wissenschaftliche Kindheitsbilder hielten auf diese Weise Einzug in die Reform- bzw. Modernisierungspläne von Jugendfürsorge- und Jugendgerichtsbewegung, die mit pädagogischen Postulaten wie »Erziehung« und »Individualisierung« zur Überwindung des klassischen kriminalpolitischen »Straf«-Dogmas angetreten waren.

Konkretisiert werden sollen im folgenden die Entstehung, die Instrumentalisierung und die Auswirkungen negativer wissenschaftlicher Kindheitsbilder zum einen am Beispiel zweier Wissenschaftsdisziplinen, nämlich der Kriminologie in ihrer anthropologisch-biologischen Ausrichtung und der Psychiatrie, zum anderen am Beispiel der staatlich überwachten Zwangs- bzw. Fürsorgeerziehung. Auf diesem speziellen »Erziehungsfeld« fanden Kriminologen und mehr noch Psychiater offensichtlich ein besonders reichhaltiges »Anschauungsmaterial« für ihre Bilder. Politiker, Bürokraten und bürgerliche Sozialreformer bedienten sich dann häufig dieser Bilder in den Debatten um das »Jugendlichenproblem« (Polligkeit 1914). Schließlich erörterten und erprobten »Erziehungsexperten« unterschiedlicher Profession unter Zuhilfenahme der kriminologischen und psychiatrischen »Gemälde« oder in deutlicher Distanz zu ihnen minderjährigenspezifische Problemlösungsstrategien und Maßnahmen im Spektrum von Bestrafung und Erziehung, Heilung, »Besserung« und »Unschädlichmachung«.

In diesen Kontext gehört selbst Ellen Key. Sie prophezeite: »Die Zeit wird kommen, in der das Kind als heilig angesehen wird«, nämlich dann, wenn es endlich kindgerechte Schulen sowie bewußt »erbgesunde« Elternpaare gebe, die »das neue Geschlecht erziehen, das einmal die Gesellschaft bilden wird, in der der vollendete Mensch – der ›Übermensch‹ – von einer noch fernen Morgenröte bestrahlt wird« ([8]1905, 42 u. 105). Die schwedische Pädagogin verkündete diese Vision in ihrem 1900 in Schwedisch, 1902 in deutscher Sprache erschienenen Buch *Das Jahrhundert des Kindes*. Vor allem Keys Anklage des zeitgenössischen Schul- und Erziehungswesens, in dem nach ihrer Meinung erzogen wurde, als glaubten Lehrer und Erzieher »noch an die natürliche Verderbtheit des Menschen, an die Erbsünde, die nur gezügelt, gezähmt, unterdrückt, aber nicht umgewandelt werden könne« (ebd. 110), ließ ihr Buch im kaiserlichen Deutschland zum Bestseller werden. Reformorientierte Lehrer griffen die Anklagen und Erziehungsvorstellungen der Schwedin auf und propagierten ihrerseits eine Pädagogik »vom Kinde aus« (Oelkers 1987, 1988).

1. Das »Jugendlichenproblem«

In den Diskussionen um eine endlich »die Natur des Kindes« anerkennende öffentliche und private Erziehung wurde »die Jugend« vielfach gleich mit thematisiert, zumal eine klare terminologische Unterscheidung der Begriffe Kind und Jugend in dieser Zeit noch nicht selbstverständlich war. Unterschieden wurde eher zwischen dem überwiegend positiv bewerteten »Jüngling« und dem bis kurz vor dem Ersten Weltkrieg noch durchweg negativ definierten »Jugendlichen« (vgl. Roth 1983; Herrmann 1985; Obendiek 1988, 160). Vom Kind konnte somit auch unter dem Oberbegriff Jugend die Rede sein; ebenso wurden schulentlassene Heranwachsende vielfach noch als Kinder bezeichnet. Diese terminologische Diffusion läßt sich mit einer »Entdeckung« in Verbindung bringen. Seit den neunziger Jahren rückte die Altersgruppe der Zwölf- bis Achtzehnjährigen – die im Reichsstrafgesetzbuch als »jugendliche Personen« bezeichnet wurden – und hier besonders die volksschulentlassenen Heranwachsenden in das Blickfeld von Staatsmacht, Wissenschaft und bürgerlicher Öffentlichkeit. Mit ihnen war nämlich ein neues soziales und damit zugleich auch politisches Problem ausgemacht worden, und unter Schlagworten wie »Jugendfrage«, »Jugendlichenfrage« oder gar »Jugendlichenproblem« wurde darüber debattiert. Pointiert, wenn auch verallgemeinernd, bemerkte Hans-Heinrich Muchow (1959, 17) dazu: »Man empfand die Jugend als ›Widerstand‹ und darum entdeckte man sie als ›Gegenstand‹«. Denn es waren vor allem die »Sprößlinge« des »Vierten Standes«, also die Minderjährigen aus den proletarischen Sozialschichten, die den zeitgenössischen Jugend-Beobachtern negativ auffielen.

Ihr Auffälligwerden zählt zu den Begleiterscheinungen des sozialen Wandels und der nach 1871 noch einmal beschleunigten Industrialisierung Deutschlands; es hing zusammen mit dem bis zur Jahrhundertwende anhaltenden starken Bevölkerungswachstum, mit der massenhaften Landflucht und den ebenso massenhaften, saison- und konjunkturabhängigen Binnenwanderungen. Demographische Entwicklung, geographische Mobilität und Industrieexpansion bewirkten einen Urbanisierungsschub, wie es ihn seit dem Hochmittelalter in Deutschland nicht mehr gegeben hatte. Die Urbanisierung war verbunden mit einer deutlichen »Verjüngung« insbesondere der industriellen Zentren. Denn unter den Arbeits- und Stadtwanderern befanden sich sehr viele Heranwachsende und junge, noch unverheiratete Erwachsene; sie stellten zudem das Hauptkontingent der Hochmobilen. Hinzu kamen die vielen Kinder, die in den Wohnquartieren der Arbeiter geboren wurden – und das Säuglingsalter überlebten. Alle Landflüchtigen und Arbeitswanderer erhofften sich durch die »große Industrie« und in den Städten eine bessere Existenz, doch diese Hoffnung trog nur allzu oft. Zu geringes Einkommen, häufig katastrophale

Arbeits- und Wohnbedingungen, konjunktur- oder saisonbedingte Phasen von Arbeitslosigkeit und schließlich frühe Invalidität bestimmten das Leben vieler Arbeiter (vgl. Tenfelde 1982; Marschalck 1984, 41–52; Reulecke 1985, 68–78). Zeitgenössischen Beobachtern zeigte sich »Die Not des vierten Standes« (Zeuner 1894) in vielfältigen und immer schockierenden Erscheinungsformen: unter anderem im proletarischen »Wohnungselend«, in der Frauen- und Kinderarbeit, in den gerade in den übervölkerten großstädtischen Arbeiterquartieren grassierenden »Volkskrankheiten«, von der »Trunksucht« über die Tuberkulose bis zur Syphilis, sowie in den Mangelkrankheiten vieler Volksschulkinder, aber auch im aufsichtslosen »Straßenleben« dieser Kinder, in der sexuellen »Frühreife« des proletarischen Nachwuchses, und nicht zuletzt im »Vagabundenunwesen«, in der Prostitution und in der massenhaften (Klein-)Kriminalität.

Solche und andere Erscheinungsformen bzw. Schwierigkeiten proletarischer Existenz subsumierten Politiker und Bürokraten, Wissenschaftler und Sozialreformer unter dem Stichwort »Sociale Frage«; sie aber galt es unbedingt zu lösen, wollte man nicht die bürgerliche Gesellschaftsordnung und das politische System des Kaiserreichs aufs Spiel setzen. Denn hinter der »Socialen Frage« verbargen sich, wie es hieß, die »Mächte des Umsturzes«, allen voran die sozialdemokratische Arbeiterbewegung. Und die »gemeingefährlichen Bestrebungen der Sozialdemokratie« (Sozialistengesetz von 1878) fänden vor allem unter der Arbeiterjugend immer mehr Anhänger, darunter noch schulpflichtige oder gerade erst volksschulentlassene »Jugendliche«, die bereits so »verroht«, so »sittlich verwahrlost« seien, daß sie vor keiner Gewalttat, keinem »Terrorismus« mehr zurückschrecken würden (vgl. Gamp 1889). Allein mit dem generalpräventiven oder treffender, mit dem generalrepressiven – tat- und nicht täterbezogenen – Strafrecht des Reiches von 1871 sei dieser Jugend, die, wie es der Sozialreformer Johannes Corvey (1890, 187) ausdrückte, »die Trägerin eines Radikalismus ist, der so ziemlich mit allem gebrochen hat, was unsere moderne Welt ›im Innersten zusammenhält‹«, nicht mehr Herr zu werden, zumal das Strafrecht, wie es zahlreiche Reformer unter den Kriminal-Experten mit Bedauern feststellten, nur den Zugriff auf jugendliche Rechtsbrecher ermöglichte, die Masse der noch nicht straffällig gewordenen, aber bereits »sittlich verwahrlosten« Minderjährigen jedoch völlig außer acht ließ. Die Reformer kritisierten aber auch den Umgang mit jugendlichen Rechtsbrechern im Strafvollzug. Die Gefängnisse seien nicht der Ort, an denen zwölf- bis achtzehnjährige »Jugendliche« gebessert werden könnten. Im Gegenteil, dort würden sie erst recht zu »Verbrechern« werden. Schulkinder gehörten überhaupt nicht ins Gefängnis, und schulentlassene »jugendliche Personen« bis zum 18. Lebensjahr sollten – wenn überhaupt – in speziellen, die Persönlichkeit des Straftäters berücksichtigenden und seiner »Nacherziehung« dienenden Jugendstrafanstalten untergebracht werden. Die Kritiker gingen sogar mit Blick auf die »verwahrlosten und verbrecherischen Jugendlichen« so weit, von einem Versagen des bestehenden Strafrechts zu sprechen. Dieses Versagen werde durch die ständig steigende Jugend- und Rückfallkriminalität, wie sie in den »unwiderlegbaren Zahlen« der Reichskriminalstatistik (seit 1882) zum Ausdruck komme, auf erschreckende Weise offenkundig. Erfreulicherweise setze sich in der politischen Administration und in großen Teilen der bürgerlichen Gesellschaft die »Einsicht« durch,

»wie viel mehr staatlichen Wert es haben würde, bei dem jungen Menschen, der ein Schädling der Gesellschaft zu werden droht, so früh wie möglich einzusetzen mit Gegenwirkungen, die seine verbrecherische Tätigkeit, sein Herabsinken in die Zahl der Rückfälligen verhindern« (Jugendgerichtstag 1909, 2).

Die »Gegenwirkungen« wurden gleichsam gebündelt unter einem Zauberwort, das »Fürsorge-Erziehung« hieß. Die in ihrer Mehrheit ab den 1890er Jahren und bis 1914 in den deutschen Bundesstaaten erlassenen Fürsorgeerziehungsgesetze wurden von ihren Befürwortern überschwenglich – »als hochbedeutsame sozialpolitische That« (Dix 1902, 29) oder gar als »Ergebnis moderner Sozialpolitik« (Schmitz 1901, 24) schlechthin – gefeiert. Diese Landesgesetze traten vielfach an die Stelle älterer Zwangserziehungsgesetze. Bei den Zwangserziehungsgesetzen handelte es sich um minderjährigenspezifische Konkretisierungen des Strafrechts. Das heißt, sie regelten den Umgang mit minderjährigen Rechtsbrechern, die aber im Sinne des RStGB entweder noch absolut strafunmündig, also noch nicht 12 Jahre alt waren (§ 55 RStGB), oder denen, obwohl schon im strafmündigen, jedoch noch strafmildernden Alter vom 12. bis zum 18. Lebensjahr, aufgrund richterlicher Beurteilung »die zur Erkenntnis (ihrer) Strafbarkeit erforderliche Einsicht« (§ 56 RStGB) noch fehlte. Mit ihrer unübersehbaren Nähe zum Strafrecht galt die Zwangserziehung als kriminalpolitische Repressiv-Maßnahme, als besondere Form des Strafvollzuges, obwohl die Gesetzgeber und Ausführungsorgane immer wieder ihren Strafcharakter bestritten, dafür die erzieherische Funktion besonders hervorhoben. Auch die neuen Fürsorgeerziehungsgesetze standen im Dienst des Strafrechts, doch darüber hinaus legalisierten sie den staatlichen Zugriff auf Minderjährige, denen noch keine Straftat nachgewiesen worden war; hier genügte die vormundschaftsrichterliche Feststellung drohender oder bereits eingetretener »sittlicher Verwahrlosung« oder der Nachweis der Vernachlässigung oder Mißhandlung »des Kindes« durch die Eltern, um die staatlich überwachte »Ersatzerziehung« anzuordnen. Die Fürsorgeerziehungsgesetze sollten also vornehmlich der Kriminalprävention und dem »Kinderschutz« dienen. Sie als sozialpolitische Gesetze aufzufassen, war insofern nur konsequent, aber den Ruch der kriminalpolitischen Repression sollte auch die Fürsorgeerziehung nicht los werden. Denn wie die ältere Zwangserziehung, so wurde auch die Fürsorgeerziehung überwiegend in sogenannten »Erziehungs- oder Besserungsanstalten« durchgeführt, obwohl die Gesetze neben der Anstalts- auch die Familienerziehung als Form staatlich überwachter »Ersatzerziehung« vorsahen. Da es aber bis zum Ende des Kaiserreichs an geeigneten Pflegefamilien mangelte, mußte die Mehrzahl der Zöglinge, ob schon straffällig oder nicht, ob noch schulpflichtig oder schon lange volksschulentlassen, in Anstalten untergebracht werden. Dieser Mangel an, wie es hieß, »natürlicher Familien-Erziehung« wurde von offizieller Seite zwar immer wieder bedauert, um dann aber gleich die besonderen Vorzüge der »strammeren Anstalts-Erziehung« hervorzuheben (Schmitz 1901, 75), zumal das, was für den Umgang mit den »Zwangszöglingen« gegolten hatte, nämlich die »sichere Verwahrung und einen ernsten Zwang, um (ihnen) Achtung... vor der staatlichen Ordnung, die sie durchbrochen haben, einzuflössen« (Krohne 1886, 259), auch noch für einen Großteil der »Fürsorgezöglinge« galt. Viele Anstalten ähnelten darum wohl auch frappant Gefängnissen. In ihnen wurde aber weit mehr diszipliniert bzw. »bestraft« als in den eigentlichen Strafvollzugsanstalten. Aufgrund der exzessiven Anwendung der Prügelstrafe kam es nach der Jahrhundertwende zu einer Reihe von »Zöglingsrevolten«; Zöglinge begingen in den Anstalten Straftaten und griffen das Anstaltspersonal an, um ins Gefängnis zu kommen! Zeitungsmeldungen über solche »Vorkommnisse«, vor allem Presseberichte über Strafprozesse gegen folternde Anstaltsleiter und »Erzieher«, lenkten die Aufmerksamkeit der Öffentlichkeit auf die »Zustände« in der real existierenden Fürsorgeerziehung. Es wurde nach den Ursachen für diese Gewaltausbrüche gefragt, und es wurden Antworten gegeben. Die Einen machten die fehlende pädagogische Qualifikation des Anstaltspersonals dafür verantwortlich. Andere wiederum nannten als Grund für die negativen Schlagzeilen, die die Fürsorgeerziehung machte, den von ihnen als »wurmstichig« oder gar als »Abschaum der Menschheit« bezeichneten Anteil der bereits straffälligen Zöglinge unter den Anstaltsinsassen (vgl. Friedländer 1911). Wieder andere waren davon überzeugt, daß der staatliche Zugriff auf negativ auffällige Minderjährige immer noch viel zu spät erfolge. Zu den Vertretern dieser Meinung zählten auch die für die Überwachung der Fürsorgeerziehung in den preußischen Provinzen zuständigen Beamten, die Landeshauptmänner. So vertrat 1905 in seinem Jahresbericht an den ihm vorgesetzten Regierungspräsidenten der Landeshauptmann von Posen die Auffassung:

»Je später ... ein Kind in die Fürsorgeerziehung gelangt, je mehr es also Keime des Bösen bereits in sich aufgenommen hat, desto schwieriger gestaltet sich naturgemäß seine Erziehung und desto geringer ist die Aussicht auf günstigen Erfolg« (Statistik über die Fürsorgeerziehung [1905] 1907, 23).

Und mit Blick auf ältere weibliche Zöglinge zog der Landeshauptmann dann sogar den fürsorgeerzieherischen Schluß, »daß niemand, auch der Schlechteste nicht, aufgegeben werden dürfe«, in Zweifel. Er fragte nämlich in rhetorischer Manier,

»ob es nicht zweckdienlicher wäre, hier und dort einen *Einzelnen* als völlig unverbesserlich aufzugeben, als durch sein andauernd entsittlichendes Vorbild *viele* zu gefährden und vielleicht verloren gehen zu lassen; wo das Heil vieler es erfordert, muß auch sonst der Einzelne weichen« (ebd. 23; Hervorhebung im Original).

Die vom Posener Landeshauptmann gebrauchte Metapher »Keime des Bösen«, sein Hinweis auf »unverbesserlich(e)« Zöglinge und die damit verknüpfte Bezugnahme auf das »Heil vieler« – das Wohl der Gesellschaft –, dem »der Einzelne weichen muß«, dem das Individuum unter Umständen geopfert werden darf, lassen vermuten, daß der Beamte mit modernen wissenschaftlichen und weltanschaulichen Auffassungen vertraut war, wie sie in der zeitgenössischen Kriminologie und Psychiatrie, aber auch in anderen Wissenschaftsdisziplinen, etwa in der Sozialmedizin (Sozialhygiene) und Humangenetik (Eugenik), formuliert und diskutiert wurden.

Der kriminalwissenschaftlichen und psychiatrischen Konstruktion des »bösen Kindes« bzw. des »unverbesserlichen« Minderjährigen und dem weltanschaulichen »Überbau« solcher Konstrukte soll im folgenden nachgegangen werden.

2. Die wissenschaftliche Konstruktion des »bösen Kindes«

»In unserem Zeitalter des Kindes ist mir aufgefallen, daß trotz einer reichen Literatur, trotz zahlreicher Vereine und Kongresse für die Interessen der Jugend auch der Gebildete vom wahren Wesen des Kindes, von seiner innersten Entwicklung sowie von den Grundsätzen seiner Erziehung im wissenschaftlichen Zusammenhange noch nicht viel weiß. ... Und doch verlangt ein dauerndes ersprießliches Wirken für das Wohl unserer Jugend, daß die Kenntnis von *Artung* und *Entartung* des Kindes immer mehr Gegenstand der allgemeinen Volksbildung wird« (Wulffen 1913, XVII; Hervorhebung H. M.).

Diese Sätze stammen von einem deutschen Kollegen des eingangs zitierten Lino Ferriani, von Erich Wulffen. Sie finden sich in der Einleitung seines 1913 erschienenen Buches *Das Kind* (Untertitel: »Sein Wesen und seine Entartung«), wobei die »Entartung« das eigentliche Thema dieses Buches ist. Denn Wulffen interessierte sich für »das Werden des Verbrechens in der Kinderseele ... und seine unmittelbaren Beziehungen zu den Instinkten, Trieben und Neigungen, wie sie der Mensch aus dem Mutterschoße der Natur« mitbringe (ebd. IX). Dasselbe Interesse hatte schon zehn Jahre zuvor der Psychiater Otto Mönkemöller in seiner Studie über *Geistesstörung und Verbrechen im Kindesalter* bekundet. Für ihn stellten »Verbrecherbiographien« einen Beleg für das frühzeitige Auftreten krimineller Neigungen dar, denn die meisten erwachsenen Straftäter wären »schon als Kinder bösartig und gewalttätig« gewesen. Somit müsse man geradezu, warnte er seine Leser, in den »jugendlichen Verbrechern die Rekruten der grossen Verbrecherarmee erblicken ...«, welche dereinst den Kampf mit der Gesamtheit aufnehmen« werde (Mönkemöller 1903, 5 f.).

Der Staatsanwalt und Kriminologe Wulffen wie der Psychiater Mönkemöller waren von einer natürlichen bzw. angeborenen kriminellen Disposition überzeugt. Damit zeigten sie sich als Anhänger von »Krankheitsbildern« und zugleich negativen Menschenbildern, deren Anfänge zum Teil bis in das ausgehende 18. Jahrhundert zurückreichen, die aber erst im letzten Drittel des 19. Jahrhunderts ihre gleichsam wissenschaftlichen Weihen erhalten hatten. Gemeint sind zum einen die psychiatrische Lehre vom »moralischen Irrsinn«, zum anderen die kriminalanthropologische Lehre vom »geborenen Verbrecher«.

Die Lehre vom »moralischen Irrsinn« wurde in ihren Grundzügen in England entwickelt. Der Terminus »moral insanity« läßt sich erstmals in einem von dem englischen Arzt Thomas Arnold verfaßten Lehrbuch der Psychiatrie (1782 u. 1786) nachweisen. Er verstand darunter die außer Kontrolle geratenen natürlichen Leidenschaften des Menschen, die die »moralische Ordnung« des Individuums und der Gesellschaft bedrohten. Entscheidend für die Konstruktion der »moral insanity« wurde allerdings ein anderer Mediziner, der Gefängnisarzt James Cowe Pritchard. Der durch naturwissenschaftliche Ansichten in der Medizin beeinflußte Pritchard ging von einer partiellen Störung des Gehirns aus, und zwar derjenigen Gehirnpartie, in der das »Gemüt« und die »Moral« sich bilden. Im Jahre 1835 beschrieb er die von ihm an Strafgefangenen beobachtete »moral insanity« als »eine Form geistiger Zerrüttung«, von der die Intelligenz so gut wie gar nicht betroffen werde. Es handele sich vielmehr um eine »seltsame Perversion und Entartung des moralischen... Prinzips«, und ein solches »Individuum (sei) außerstande, sich im Leben anständig und geziemend zu benehmen« (zit. nach Hofstätter 1972, 255; vgl. Bockenheimer-Lucius 1978, 55–58). Im Verlauf des 19. Jahrhunderts griffen zahlreiche Psychiater dieses »Krankheitsbild« auf, differenzierten und modifizierten es. Ihren ersten Siegeszug trat die Lehre vom »moralischen Irrsinn« offensichtlich in Frankreich an. Von dort sollte sie nach Italien und Deutschland übergreifen. Der französische Psychiater Paul Moreau verwendete sie bei der Begutachtung von Kindern in Pariser Hospitälern und Erziehungsanstalten. Seine Beobachtungen erschienen 1889 unter dem Titel *Irrsinn im Kindesalter* in einer deutschen Übersetzung, und diese Studie beeinflußte wiederum deutsche Kollegen bei ihren Forschungen. Moreau charakterisierte die von ihm begutachteten

Kinder als »launisch, reizbar, heftig und leider wenig intelligent«. Sie würden sich »jedem Apell an ihr Ehrgefühl« widersetzen, und weder Erziehung noch Strafe beeindruckten sie sonderlich. Aber als »geisteskrank, schwachsinnig oder blödsinnig« mochte der französische Psychiater diese »schon von Geburt aus beklagenswerthen Wesen« auch nicht ansehen. Er nannte sie die »geistig Zurückgebliebenen«. Doch an der Ernsthaftigkeit seiner Klage ist zu zweifeln, da er schon im nächsten Satz seinen Lesern kundtat, daß der *»Genius des Bösen«* diese Kinder beherrsche (Moreau 1889, 352; Hervorhebung H. M.).

Mit dem »Genius des Bösen« psychiatrischer Provenienz korrespondierte der kriminalwissenschaftliche »Homo Delinquens«, die »Entdeckung« des italienischen Mediziners Cesare Lombroso.

»Das war nicht nur ein Gedanke, sondern eine Offenbarung. Beim Anblick dieser Hirnschale glaubte ich ganz plötzlich, ... das Problem der Natur des Verbrechers zu schauen – ein atavistisches Wesen, das in seiner Person die wilden Instinkte der primitiven Menschen und der niederen Tiere wieder hervorbringt. So wurden anatomisch verständlich: die enormen Kiefer, die hohen Backenknochen, die hervorstehenden Augenwülste..., die extreme Größe der Augenhöhlen..., die bei Verbrechern, Wilden und Affen gefunden werden, die Gefühllosigkeit gegen Schmerzen..., die Tätowierungen, die übermäßige Trägheit, die Vorliebe für Orgien und die unwiderstehliche Begierde nach dem *Bösen*...« (zit. nach Strasser 1984, 41; Hervorhebung H. M.).

Diese Rückerinnerung Lombrosos angesichts der Hirnschale eines getöteten Banditen hatte bei ihm wissenschaftlich folgenreiche Phantasien ausgelöst – Phantasien, die in die einflußreiche Lehre vom »geborenen Verbrecher« einmündeten. Cesare Lombroso begründete in den achtziger Jahren des 19. Jahrhunderts die kriminalanthropologische Strafrechtsschule in Italien. Zu seinen Schülern gehörte Lino᾽ Ferriani. Aber auch zahlreiche Deutsche wurden stark durch seine Lehre beeinflußt, so Wulffen und Mönkemöller. Der Italiener konstruierte einen entwicklungsgeschichtlichen Zusammenhang zwischen Tieren, insbesondere Affen, »Urmenschen«, »Wilden«, »minderwertigen Rassen«, Kindern und erwachsenen Kriminellen, außerdem vereinnahmte er den psychiatrischen Typus des »moralisch Irren«. Am Ende seiner phylo- und ontogenetischen Konstruktion stand dann der »geborene Verbrecher«. Und diese entwicklungsgeschichtliche Abnormität sollte für den Empiriker leicht an angeborenen oder selbst beigebrachten anatomisch-physiognomischen Stigmata zu identifizieren sein. Ja schon in den ersten Lebensjahren ließe sich der heranwachsende Kriminelle ausmachen, zumal in jedem Kleinkind, da es »ein des moralischen Sinnes entbehrender Mensch (sei), die Keime des moralischen Irrsinns« stecken würden. Nach Lombroso gehörte das Kleinkind also zu jenem normabweichenden Typus, den die Psychiater als »moralisch Irrsinnigen« zu bezeichnen pflegten, den er aber »einen *geborenen Verbrecher*« nennen wollte (Lombroso 1887 I, 97; Hervorhebung im Original). Zu den gemeinsamen Charakterzügen von Kindern und »geborenen Verbrechern« zählte Lombroso »Trägheit und Müssiggang«, also die »Unlust an Beschäftigung, welche gleichwohl die Lust an Vergnügungen und Spielen« nicht ausschlösse (ebd. 106f.), des weiteren die »Eitelkeit« (ebd. 107) sowie »lüsternde Begierden« (ebd. 109). Doch der ihnen gemeinsame »schlimmste Charakterzug« sei der »angeborene Böse Muth«, der in der Lüge, im Diebstahl, in Tierquälereien und jeder anderen Form von Gewalttätigkeit zum Ausdruck komme, dessen letzte »Ursache« sich aber nicht ermitteln lasse. Bei den erwachsenen »Gewohnheitsverbrechern« könne dieser Charakterzug »geradezu für einen Zustand von verlängerter Kindheit angesehen werden« (ebd. 537). Man könnte diese erschreckenden Ansichten auf sich beruhen lassen, wenn sie nicht Schule gemacht hätten.

Erich Wulffen teilte die Anschauungen Lombrosos nicht nur, er berief sich sogar ausdrücklich auf den italienischen Kriminalanthropologen, und das noch 1913, als dessen Lehre in Deutschland bereits seit einigen Jahren massiv von den Kriminalsoziologen um Franz von Liszt kritisiert wurde. So war Wulffen davon überzeugt, daß fast in jedem Kinderleben einmal »Urinstinkte« in Form »antisoziale(r) oder verbrecherische(r) Betätigungen« zum Durchbruch gelangten. Von ersten »Kinderverbrechen« sollten sich die Erzieher aber nicht gleich erschrecken lassen, könne man sie doch mit gewissen »Kinderkrankheiten« vergleichen, deren Zweck es sei, »aus dem kindlichen Organismus schlechte, von der Geburt mitgebrachte Stoffe (auszusondern) . . ., damit das Kind dann gedeihen« könne. Es ist aber nur eine kurze Beruhigung, die Wulffen seinen Lesern gönnt. Denn schon mit dem nächsten Satz machte er ihnen klar, was für gefährliche Wesen unter den Kindern zu finden seien. Wenn nämlich die »niederen Instinkte« trotz individueller

Entwicklung und Erziehung in »alter Kraft« erhalten blieben, dann könne von einer

> »antisozialen oder verbrecherischen Veranlagung des Kindes bzw. jungen Menschen (gesprochen werden). Weil also hier die Instinkte des primitiven Menschen sich fortbetätigen, konnte Lombroso das Verbrechen in gewissem Sinne einen Atavismus, einen Rückschlag nennen. Es handelt sich um Gefühlsdefekte des Kulturmenschen; er ähnelt in seiner Gefühlsbetätigung dem Urmenschen« (Wulffen 1913, 222).

Diejenigen (bürgerlichen) Leser, die die ersten zweihundert Seiten des Wulffen-Buches sorgfältig gelesen hatten, konnten jedoch diese Warnung vor dem urmenschlich-bösen Minderjährigen mit Blick auf ihren eigenen Nachwuchs ohne große Sorge akzeptieren. Denn die Masse der »geborenen Verbrecher« war ja in »minderwertigen Rassen« oder in den »niederen Volksklassen« der eigenen Klassengesellschaft zu finden. Nach Wulffen stellten die »slavischen und romanischen Völker ... die gefährlichsten Spitzbuben« (ebd. 168). Darüber hinaus stand für ihn fest, daß die »Kinder der niederen Volksklassen« für kriminelle Handlungen gerade prädestiniert seien. Da wäre zunächst der kindliche »Aneignungstrieb«, der bei ihnen – im Gegensatz zu den Kindern aus bürgerlichen Schichten – »kräftiger und derber« hervortrete; das gelte ebenso für ihren stärkeren »Bewegungsdrang«. Insgesamt dominiere bei diesen Kindern das »Instinkt- und Triebleben«, dem in der Regel eine nur »ungenügende Entwicklung der Intelligenz« gegenüberstehe. Die Dominanz der Triebe und erhebliche Intelligenzdefizite, so unterstellte Wulffen, würden – kämen noch »Entbehrungen« hinzu – »den Anreiz zur Aneignung und ... zur Genußsucht« bei den Kindern des Proletariats nur noch steigern (ebd. 166).

3. Der Einfluß des Sozialdarwinismus

Ob Moreau oder Lombroso, ob Ferriani oder Wulffen, sie alle zeigten sich mehr oder weniger offen als Rezipienten einer einflußreichen und eminent politischen Weltanschauung, die halb naturwissenschaftliche Theorie, halb säkularisierte Heilslehre war; gemeint ist der Sozialdarwinismus (vgl. Mayer 1984, 287; Weingart u. a. 1988, 31). Ausgangspunkt des Sozialdarwinismus war die Lehre des englischen Naturforschers Charles Darwin von der Evolution der Arten. Nach H. Zmarzlik (1963, 247) verband Darwin die bereits aus dem 18. Jahrhundert stammende »Idee des Entwicklungszusammenhangs zwischen den Lebewesen... mit einer Selektionstheorie – der Lehre nämlich, daß durch Auslese variierender Nachkommenschaft im Kampf ums Dasein die Artumbildung bewirkt werde«. Im letzten Drittel des 19. Jahrhunderts übertrugen Darwin-Adepten diese »Naturlehre« auf den Menschen. Trat der Sozialdarwinismus noch in den siebziger Jahren vornehmlich als manchester-liberale Wirtschaftstheorie in Erscheinung, die »die Konkurrenz der Individuen um den Preis der Tüchtigsten und sittlich Besten« (ebd. 251) naturgesetzlich begründete, so gewann in der Wilhelminischen Ära eine andere, von H.-U. Wehler (1973, 141) als sozialimperialistische »Rechtfertigungsideologie« bezeichnete Spielart immer mehr Kontur und Einfluß. Sie bezog die Selektionstheorie des englischen Naturforschers auf menschliche Kollektive: Staaten, soziale Klassen, Ethnien. Und die Metapher vom »Kampf«, bzw. »Daseinskampf«, als grundlegende – »natürliche« – Ausdrucksform des Lebens wurde wortwörtlich genommen. Denn damit ließen sich Kolonial- und Weltmachtbestrebungen ebenso gut legitimieren wie innenpolitische Defensiv-Strategien, die sich vorwiegend gegen die Emanzipationsbestrebungen der Arbeiterbewegung richteten. Schließlich beförderte die Kombination von Darwinscher Auslesetheorie und Haeckelscher Wiederholungstheorie, die die genetisch programmierte Entwicklung des Individuums als verkürzte Wiederholung der menschlichen Stammesgeschichte erklärte, in zahlreichen Wissenschaftsdisziplinen, nicht zuletzt in der Kriminalanthropologie und Psychiatrie, die Konstruktion oder Neudefinition von Kategorien, mit denen negative soziale Auffälligkeit und Normabweichung als Entwicklungsstörungen bzw. als Naturgesetzwidrigkeit interpretiert werden konnten. Von »Entartung« und »Degeneration«, von »Atavismus« und »rassisch Minderwertigem« war ab 1890 immer häufiger die Rede, wenn es um die wissenschaftliche Beurteilung sozialer Probleme einschließlich des »Jugendlichenproblems« ging. Denn mit solchen Kategorien ließen sich gesellschaftliche Negativ-Erscheinungen von der Armut über die Kriminalität bis hin zum sozialen Protest als anlagebedingte und somit individuelle Unter- bzw. Fehlentwicklungen erklären. Außerdem legitimierte der Sozialdarwinismus radikale kriminal- und sozial(medizin)politische Problemlösungsstrategien, die unter dem in der Epoche des Kaiserreichs offensichtlich zum ersten Mal auftauchenden Terminus »Unschädlichmachung« zusammengefaßt werden können.

So offenbart auf unmißverständliche Weise die Argumentation von Hans Groß den Einfluß des Sozialdarwinismus auf die zeitgenössische kriminalwissenschaftliche Beurteilung des »Jugendlichenproblems«. Dieser renommierte österreichische Strafrechtler und Kriminalanthropologe trat auf dem siebenundzwanzigsten Deutschen Juristentag, der 1904 in Innsbruck stattfand, als Gutachter und Referent auf. Sein Thema war »Die strafrechtliche Behandlung der jugendlichen Personen«. Als engagierter Strafrechtsreformer forderte Groß die Abschaffung des diskriminierenden strafrechtlichen Begriffs »Jugendliche Verbrecher«. Als Ersatz wünschte er sich einen Terminus, der die »*Erziehbarkeit*« des minderjährigen Rechtsbrechers klar zum Ausdruck bringe. In diesem Zusammenhang forderte Groß außerdem die Aufhebung der bestehenden strafrechtlichen Altersgrenzen, da die verallgemeinernde rechtsdogmatische Fixierung der unteren Grenze des Strafmündigkeitsalters der je individuellen »Entwicklung« des Minderjährigen niemals gerecht werden könne. Gerade in Strafprozessen gegen Minderjährige täte eine »*Individualisierung*« aber dringend not (Verhandlungen Juristentag 1904, 92 f.; Hervorhebung im Original). Allerdings wäre seine Forderung nach Individualisierung falsch verstanden, wenn damit etwa die biographische Berücksichtigung der äußeren Lebensumstände des minderjährigen Straftäters gemeint sei. Ihm ginge es nämlich in erster Linie um die Erfassung der Veranlagungen und Charakterzüge. Die darum notwendige kriminalanthropologische und -psychologische Begutachtung würde offenbaren,

»daß sich unter dem *Material* der ›Jugendlichen‹ ein leider sehr großer Prozentsatz solcher befindet, an denen alle Mühe vergeblich erscheint, die von Haus aus so unglücklich veranlagt sind, daß Erziehung und wirkliche Besserung unmöglich ist« (ebd. 93; Hervorhebung H. M.).

Wie mit den von ihm als »Material« bezeichneten »Jugendlichen« nun umzugehen sei, darauf blieb Hans Groß seinen Zuhörern die konkrete Antwort schuldig. Diese »Individuen«, verkündete er, seien »einfach in irgend einer Art auszuschalten und *unschädlich* zu machen« (ebd. 93; Hervorhebung H. M.). Zwar wolle er nicht bestreiten, daß »zielbewußte Erziehungsversuche« auch aus ihnen noch »soziale Menschen« machen könnten. Ihre Resozialisation wäre aber nur »äusserlich« und damit nur scheinbar erfolgreich, da diese »zur Not hergerichteten Menschen« die Gesellschaft mit Gewißheit erneut schädigten, indem sie eine Nachkommenschaft zeugten, die noch unsozialer werden würde als sie selbst (ebd. 93). Der österreichische Kriminalwissenschaftler rechtfertigte seinen Problemlösungsvorschlag »Unschädlichmachung«, indem er sich auf ein »Naturgesetz« berief, dem sich leider noch zu viele Zeitgenossen mit ihrem überzogenen Humanitätsanspruch zu widersetzen suchten:

»Es muß einmal gesagt werden: Unsere Humanität geht zu weit, wir sind nicht berechtigt, sie in exaltierter Weise zu üben, weil wir durch sie die Nachwelt schädigen. Wir streben widersinnig mit allen Kräften gegen das Naturgesetz der natürlichen Auslese: die Natur ist nach ewigen Gesetzen darauf bedacht, das Unbrauchbare, Schädigende zu beseitigen, und wir geben uns verzweifelte Mühe, das Schädliche so weit zu pflegen und zu erhalten, *damit es weiter schädlich wirken kann*« (ebd. 94; Hervorhebung im Original).

Die »Unverbesserlichen« ließen sich, das war für die zeitgenössischen Experten in Sachen Kriminalität keine Frage, leicht unter den vielen rückfälligen Gefängnis- und Zuchthausinsassen finden, es waren zuerst einmal die jungen und alten »Gewohnheitsverbrecher«. Gefunden wurden sie aber auch – und das seit der Jahrhundertwende in immer größerer Zahl – in den Anstalten der Zwangs- bzw. Fürsorgeerziehung. Und es waren Psychiater, die die »Unerziehbaren«, wie sie bald auch genannt werden sollten, unter den Zöglingen der »Erziehungs- oder Besserungsanstalten« fanden.

4. Die psychiatrische »Entdeckung« der »Unerziehbaren«

Unter den deutschen Psychiatern kann wohl Otto Mönkemöller die zweifelhafte Ehre der »Erstentdeckung« von »Unerziehbaren« unter der Klientel der staatlich überwachten »Ersatzerziehung« zuerkannt werden. Jedenfalls stammt von ihm die erste psychiatrisch-neurologische Untersuchung von Anstaltszöglingen im Kaiserreich. Im Jahre 1898 untersuchte Mönkemöller 200 Zöglinge des kommunalen Berliner »Erziehungshauses« zu Lichtenberg. Das Altersspektrum der ausnahmslos männlichen Anstaltsinsassen reichte vom Sechsjährigen bis zum fast Einundzwanzigjährigen, und die Mehrzahl befand sich aufgrund von Straftaten in Lichtenberg. Zwei Gründe nannte Mönkemöller für das Zustandekommen seiner Untersuchung. Erstens den psychiatrischen »Blick«. Ihm und seinen Kollegen – alles Ärzte an der unweit von Lichtenberg gelegenen »Irrenanstalt« Herzberge –, die seit 1897 mit der allgemeinmedizinischen Betreuung der Lichtenberger Anstaltsinsassen beauftragt waren, sei schon nach »kurzer Zeit... eine so große Menge der Zöglinge als psychopathisch« aufgefallen, daß sich eine solche Arbeit geradezu aufgedrängt habe (Mönkemöller 1899, 14). Zweitens lockte die Aussicht, anhand »dieser sittlich verwahrlosten Knaben« den vermuteten ursächlichen Zusammenhang von endogen bedingter Fehlentwicklung und Kriminalität eingehend studieren zu können (ebd. 17). Nach Abschluß der Untersuchung konnte Mönkemöller mit drei Ergebnissen aufwarten. Erstens habe er bei einem Großteil seiner »Exploranden« den angeborenen oder in den ersten Lebensjahren erworbenen »geistigen Schwachsinn« diagnostizieren können. Die Intelligenzleistungen hätten sich bei der Mehrzahl dieser Zöglinge auf einem sehr niedrigen Niveau bewegt. So sei er auf »Individuen« gestoßen, »die im Alter von 13 bis 14 Jahren als geborene Berliner nicht wussten, wie der Kaiser heisst« (ebd. 29). Zweitens habe er in mehr als zwanzig »Fällen« »epileptische Geistesstörung« festgestellt, darunter Zöglinge, deren »Intelligenz und Ethik unterschiedslos verkümmert« sei, und gerade sie würden immer wieder Fluchtversuche unternehmen (ebd. 32 f.). Das dritte Untersuchungsergebnis Mönkemöllers betraf dreizehn Zöglinge, die sich nach seiner Meinung zum einen »am zwanglosesten in den Rahmen der vielumstrittenen Moral insanity« einordnen ließen, zum anderen konnten sie ebenso »mit dem Begriffe des geborenen Verbrechers« erfaßt werden, denn dabei handele es sich um »Knaben, die einerseits einen auffallend hohen Grad an sittlicher Verderbnis aufweisen, andererseits keine allzusehr in die Augen springende Intelligenzschwächen erkennen lassen« (ebd. 40).

Nach der Jahrhundertwende, etwa ab 1905 und bis 1913, folgten zahlreiche weitere psychiatrische Studien über Fürsorgezöglinge dem Vorbild der Mönkemöllerschen Untersuchung. Auch diese Untersuchungen ermittelten einen hohen Anteil »nicht vollsinniger Jugendlicher« unter den Anstaltsinsassen. Ihr besonderes Augenmerk richteten die Psychiater dabei auf jene »geistig abnormen

Fürsorgezöglinge«, die, wie es der medizinische Leiter der Potsdamer »Provinzialanstalt für Epileptische«, Kluge (1905, 4), formulierte,

»als psychopathisch, als minderwertig hingestellt werden, die auf der Grenze zwischen geistiger Gesundheit und Krankheit stehen, die insbesondere als moralisch schwach- oder irrsinnig gelten und für welche auch der Ausdruck ›Verbrechernaturen‹ und ›geborene Verbrecher‹ geschaffen und wohl auch noch im Gebrauch geblieben ist«.

Kluge fand solche »psychopathisch Minderwertigen« vor allem unter den bereits »erblich belasteten«, weil »von verbrecherischen, psychopathischen, trunksüchtigen oder Exzessen anderer Art ergebenen Eltern« (ebd. 11) abstammenden Kindern und »Halberwachsenen« in der Fürsorgeerziehung. Sie fielen schon durch ihr Äußeres, durch die nach Lombroso identifizierbaren Kainszeichen des »Homo Delinquens« auf, wenn sich auch der begutachtende Psychiater nicht allein »auf diese äußeren Misgestaltungen (!)« verlassen dürfe. Allerdings sei »das Vorhandensein einer Mehrzahl typischer Degenerationsmerkmale... doch schon recht verdächtig, und die ›Galgenphysiognomie‹ und das ›Spitzbubengesicht‹ (redeten) eine immerhin nicht ganz miszuverstehende (!) Sprache« (ebd. 11; Hervorhebung H. M.). Kollegen Kluges, wie etwa Hans Walter Gruhle (Heidelberg), verspürten offensichtlich nicht einmal den Anflug eines Zweifels, wenn es um die äußere Identifizierung der »Unerziehbaren« ging. Gruhle typisierte als »geborene Verbrecher« oder »moralisch Schwachsinnige« – die Benennung war für ihn unmaßgeblich – all »jene Burschen«, die für ihn schon »mit ihren brutalen Ausdrücken, ihren rohen Gebärden, ihrer plumpen Sprache oder durch ihr grob geschnittenes Gesicht, ihre finsteren Mienen usw. ihre verbrecherischen Neigungen« verrieten (Gruhle 1910, 645). August Cramer (Göttingen) schließlich meinte die »Unerziehbaren« unter den Fürsorgezöglingen an ihren *außerordentlich unangenehmen Charaktereigenschaften*, wie Lügen, Stehlen, Hetzen, Komplottieren, Davonlaufen, Neigungen zu Wutanfällen und Gewalttätigkeiten« (Cramer 1910, 500f.; Hervorhebung im Original), erkennen zu können.

Die Psychiater waren offenkundig ganz davon überzeugt, mit ihren Untersuchungen den Nachweis erbracht zu haben, daß es sich bei der Mehrzahl der aufgrund »sittlicher Verwahrlosung« oder begangener Straftaten in »Erziehungs- oder Besserungsanstalten« untergebrachten Minderjährigen um psychische wie physische Normabweichler, um aus der »Art« Geschlagene, also um »Entartete« handeln würde, wobei das Spektrum der »Entartung« immer weiter gefaßt wurde: von den leicht »Debilen« bis hin zu den »Idioten«. Generell unterschieden wurde aber zwischen »erziehbaren« Zöglingen – dazu zählten auch die sogenannten »Schwererziehbaren« – und »unerziehbaren« Zöglingen. Vor allem letztere waren es nach Ansicht der Psychiater, die die Fürsorgeerziehung in der Öffentlichkeit so sehr in Mißkredit brachten, denn mit ihnen sei das Anstaltspersonal in der Regel völlig überfordert, so daß Gewaltausbrüche seitens der »Erzieher« nicht ausbleiben konnten.

Da es sich bei den als »unerziehbar« geltenden Anstaltsinsassen überwiegend um ältere, dem Volksschulalter entwachsene »Jugendliche« handelte, veranlaßte das die Psychiater zur scharfen Kritik an der Handhabung der Fürsorgeerziehungsgesetze. Sie kritisierten den immer noch viel zu späten Zugriff des Staates auf negativ auffällige Kinder. Denn sollte die Fürsorgeerziehung Erfolg haben, so dürfe sie sich nicht auf die Bekämpfung der »kindliche(n) Kriminalität« beschränken, wie das leider noch allzu häufig der Fall sei, sie müsse vielmehr bereits auf die ersten Anzeichen »sittlicher Verwahrlosung«, die z. B. im Schulschwänzen oder im Herumstreunen zum Ausdruck kämen, reagieren (Mönkemöller 1911, 268). Allerdings nur sie, die psychiatrischen Diagnostiker der fortgeschrittenen »Entartung des Kindes« und »Jugendlichen«, seien in der Lage, diese Anfänge rechtzeitig zu erkennen. Aber nicht nur das, auch was die richtige »Behandlung« der Fürsorgezöglinge anging, waren die Psychiater nach ihrer Selbsteinschätzung die eigentlich Kompetenten, die Experten auf dem »Feld« der staatlich überwachten »Ersatzerziehung«. Unverblümt vermengten sie hier ihr disziplinspezifisches Expertentum mit *Professionalisierungsinteressen*. Das beklagte geringe Ansehen, das die »Irrenärzte« offensichtlich in der Öffentlichkeit genossen, sollte mit Hilfe der Fürsorgeerziehung in sein Gegenteil verkehrt werden. Oder wie es der Pädiater Julius Moses (1910, 8), einen wilhelminischen politischen Aus- und Anspruch aufgreifend, formulierte: die Psychiatrie sei dabei, sich den ihr zustehenden »Platz an der Sonne« zu erobern. Hinter den majestätischen Worten verbarg sich aber wohl zunächst einmal nichts anderes als das Interesse an der Schaffung von »auskömmliche(n) Dauerstel-

lung(en)« für psychiatrische Fachärzte in den Anstalten der Fürsorgeerziehung (Tippel 1909, 63).

5. Problemlösungsstrategien

Bei der Konkretisierung ihres Anspruchs auf richtige »Behandlung« der Anstaltsinsassen zeigte die in Sachen Fürsorgeerziehung
so geschlossen wirkende »Phalanx« der psychiatrischen Experten
gewisse Auflösungserscheinungen. Die Psychiater konnten sich
nicht auf eine gemeinsame *Problemlösungsstrategie* einigen. Die
Differenzen traten deutlich bei der Frage nach dem Umgang mit
den »Unerziehbaren« zutage. Von »Sonderbehandlung« und von
»Unschädlichmachung« war in diesem Zusammenhang oft die
Rede. Aber was war mit solchen Begriffen tatsächlich gemeint?
  Der Psychiater Ernst Siefert (Halle) sah in der psychiatrisch
ausgerichteten und geleiteten Fürsorgeerziehung die kriminalprä-
ventive Institution par excellence. Ihre Hauptaufgabe sollte nämlich »die Erkennung, Ausschaltung und Sonderbehandlung der
sich fixierenden Schwerkriminellen« sein (Siefert 1912, 216). In
der »Behandlung« der Zöglinge müßte es darum weit mehr als
bisher auf

> »das richtige Verhältnis von Freiheit und Zwang, von Nachgeben und
> Zucht, von *Dauerverwahrung* und Unterbringungsversuchen in der Au-
> ßenwelt, von strengem Abschluß und Bewegungsfreiheit, von Güte und
> Strafe und Strafart, von Erziehung und einfacher Behandlung bzw. *Un-
> schädlichmachung*« ankommen (ebd. 216; Hervorhebung H. M.).

Für Siefert hieß »Unschädlichmachung« anscheinend nichts anderes als »Dauerverwahrung«, also lebenslängliche Einsperrung.
Auf diese radikale Weise wollte er die bürgerliche Gesellschaft vor
den »mißbildeten Naturprodukte(n) mit krimineller und unsozialer Struktur« (ebd. 214), vor den »bösen« Kindern, aus denen
einmal ganz zwangsläufig »Schwerkriminelle« werden würden,
schützen. Einige Kollegen Sieferts teilten dessen Auffassung. So
plädierte Hans Walter Gruhle für ein dreigegliedertes Anstaltssy-
stem. Der erste Typ von Anstalten sollte »gleich wie bisher« solche
Zöglinge aufnehmen, die in Lehrverhältnissen oder in der Fami-
lienpflege nicht zu halten waren, »im ... wohldisziplinierten An-
staltsleben aber keine Schwierigkeiten« machten (Gruhle 1910,

645 f.). Im zweiten Typ von Fürsorgeerziehungsanstalten, die er »Heilerziehungshäuser« nannte, wollte Gruhle die Epileptiker und die »Idioten« untergebracht wissen. Beim dritten Anstaltstyp schließlich sollte es sich um »besondere Anstalten für die schlimmsten unter den Auffälligen« handeln: Aufbewahrungsorte für die »wahre(n) Verbrechernaturen« (ebd. 646).

Eine ganz andere Auffassung von »Unschädlichmachung« hatte Otto Mönkemöller. Bereits in seiner Studie über die Zöglinge des Berliner »Erziehungshauses« zu Lichtenberg tat er kund, daß er von einer Einsperrung der »ethisch Imbezillen«, also der »geborenen Verbrecher«, nicht viel halte. Denn für diese Zöglinge bedeute »jede Unterbringungsmethode... nur eine temporäre Unschädlichmachung, die zu einer dauernden zu machen, einer künftigen Gesetzgebung vorbehalten« bleiben müßte (Mönkemöller 1899, 58). Was Mönkemöller konkret von der »künftigen Gesetzgebung« erwartete, formulierte der Psychiater einige Jahre später. Er träumte von der totalen »Prophylaxe« im Kampf gegen negative soziale Auffälligkeiten und Normabweichungen aller Art, und das Mittel zum Zweck hieß »Kastration«. Damit sollten psychisch Kranke, Alkoholiker, Syphilitiker und selbstverständlich auch »Verbrecher«, einschließlich solcher, die gerade heranwuchsen, an der Fortpflanzung ihrer »Degeneration« ein für allemal gehindert werden (Mönkemöller 1903, 74 f.). Unleugbar sei doch, verteidigte Mönkemöller den von ihm vorsichtig noch als »Utopie« bezeichneten wissenschaftlichen Wunschtraum,

»dass wir von dieser durchgreifenden Massregel eine ganz erhebliche Besserung der kriminellen Verhältnisse erwarten dürfen. Aber vorläufig sind wir für diesen *Radikalismus* wohl noch nicht reif...« (ebd. 75; Hervorhebung H. M.)

Otto Mönkemöller sollte recht behalten, für seinen »Radikalismus« war man in Deutschland in der Epoche des Kaiserreichs *»noch nicht* reif«; das galt auch für alle anderen kriminalwissenschaftlichen und psychiatrischen Vorschläge zur »Unschädlichmachung«. Und somit konnten ebensowenig die radikalen Lösungsstrategien des »Jugendlichenproblems« im Kaiserreich realisiert werden. Die reformfreudigen »Modernisten« in Bürokratie, Wissenschaft und Sozialreform machten hierfür zum einen die »orthodoxen« Strafrechtsdogmatiker, deren »reaktionärer« Einfluß eine erfolgversprechende und zukunftsweisende Kriminalpolitik verhindere, verantwortlich, zum anderen die konfessionellen Träger in der Fürsorgeerziehung, die eine den psychiatrischen Erkenntnissen entsprechende Organisation der Anstalten und »Behandlung« der Zöglinge nicht oder doch nur im begrenzten Umfang akzeptierten.

Vor allem aber war es wohl der Ausbruch des Ersten Weltkrieges im August 1914, der die Realisierung solcher Pläne verhinderte. Denn der menschenfressende »Große Orlog« konnte auf »Verbrechernaturen« nicht verzichten, und da das »Augusterlebnis« wie die ganze nationale Kriegsbegeisterungshysterie auch die Fürsorgeerziehung und selbst den Strafvollzug erfaßte, war es aus der Sicht von Fürsorge- und Strafvollzugs-Bürokraten selbstverständlich, daß sie die resozialisierende Wirkung des Krieges für ihre Klientel nutzten. So konnte der für die Fürsorgeerziehung in den preußischen Kernprovinzen zuständige Landesrat Goeze im Sommer 1915 »melden«, daß schon rund 10000 Fürsorgezöglinge »Feldgrau« trügen, darunter auch Fünfzehn- und Sechzehnjährige (Goeze 1915, 49). Hunderte von ihnen hätten sich sogar freiwillig zum Kriegsdienst gemeldet, hätten darum gebettelt, »hinaus zu dürfen«, und dieser Wunsch sei den Zöglingen, »soweit ihr körperlicher und geistiger Gesundheitszustand dies nur irgendwie zuließ«, auch meist von den zuständigen Provinzial- und Kommunalverbänden erfüllt worden (ebd. 49). Goeze rechtfertigte dieses nur als zynisch zu bezeichnende Handeln auf zweifache und ebenso zynische Weise. Zuerst überraschte seine von den kriminalwissenschaftlichen und psychiatrischen Argumenten völlig abweichende Erklärung für die Dissozialität und Delinquenz Minderjähriger:

»Wir wissen ja, daß der Grund zur Anordnung der FE. nur in den wenigsten Fällen in wirklicher Schlechtigkeit des Minderjährigen zu suchen ist, in der überwiegenden Zahl sind die zur Überweisung führenden Handlungen Ausfluß mangelnder Aufsicht der in überschießender Kraft gärenden Jugend« (ebd. 49).

Daran schloß sich eine geradezu verblüffende Argumentation an. Goeze verknüpfte nämlich den militärischen Bedarf an einsatzfähigen jungen Soldaten mit einer völlig neuen fürsorgeerzieherischen Zielprojektion:

»Die Erlaubnis zum freiwilligen Eintritt (ins Heer; H. M.) ist wohl stets erteilt worden. Das war selbstverständlich, da es sich darum handelte, dem

Vaterlande junge kräftige Menschen zur Verfügung zu stellen; das war recht unbedenklich, da an die Stelle der FE. die härteste Disziplin des Lebens, die militärische Erziehung und zwar wiederum in ihrer schärfsten Form, dem Krieg, getreten war. Damit aber erscheint auch die Erreichung des Zwecks der FE., den Zögling zu einem tüchtigen Menschen zu machen, durch die Leib und Seele bis zum letzten Atemzuge erfordernde, aus *Kindern Männer machende Schulung des Krieges* sichergestellt« (ebd. 50; Hervorhebung H. M.).

In derselben Weise äußerte sich noch im Kriegsjahr 1916, als in den »Materialschlachten« in Flandern, um Verdun und an der Somme schon Hunderttausende umgekommen waren – unter den Toten die Mehrzahl der jugendlichen »Kriegsfreiwilligen« von 1914 und 1915 –, der für die minderjährigen Häftlinge in der Strafanstalt Bautzen zuständige Anstaltslehrer Wittig. Er stilisierte diesen Krieg gleichsam zum Heilsbringer, der gerade vielen straffälligen *Jugendlichen den Weg ins Leben«* ebnen würde (Wittig 1916, 11; Hervorhebung im Original).

Ob Fürsorgezöglinge oder jugendliche Strafgefangene, sie alle waren brauchbar für den Krieg, und allein ihre militärische Brauchbarkeit schien jetzt noch zu zählen. Die kriminalwissenschaftlichen und psychiatrischen Kinder- und Jugendforscher schwiegen jedenfalls in den ersten Kriegsjahren, zumindest waren ihre Stimmen nicht mehr so deutlich zu vernehmen. Und ihre facettenreichen, doch letztlich immer gleichen Gemälde vom kindlichen »Genius des Bösen«, vom »entarteten« Minderjährigen wurden zeitweilig von anderen, nun populäreren Bildern verdrängt, die den für »Kaiser und Reich« kämpfenden und im Soldatentod »frühvollendeten« jugendlichen »Helden« zum Thema hatten. Doch schon 1916, als die Kriegsbegeisterung durch den grauen und grauenvollen Kriegsalltag verdrängt worden war, kehrten die alten negativen Kindheitsbilder in die Öffentlichkeit zurück. Denn noch mehr als vor dem Krieg fielen sie auf und beunruhigten Staatsmacht und Bürgertum: die massenhaft herumstreunenden und schulschwänzenden »Straßenjungen«, die mit ihrem Auftreten dem selbsternannten »Jugendfreund« Pastor Friedrich Siegmund-Schultze (1916, 31 f.) bereits die »Umkehr des Oben und Unten« und die »Herrschaft der ›Verwahrlosten‹« ankündigten. Und gegen die »respektlos(en)..., aufsässig(en), verwöhnt(en), eingebildet(en), faul(en), sittlich verderbt(en)« Minderjährigen könne nur eine erheblich verbesserte Gesetzgebung, ein »*Reichsjugendgesetz*« helfen, das im selbstverständlich siegreichen kaiserlichen »Neudeutschland« endlich zu schaffen sei. So argumentierte noch im Sommer 1918 der ebenfalls als »Jugendfreund« bekannte Geheime Admiralitätsrat im Reichsmarineamt, Paul Felisch (1918, 17).

6. Kontinuitäten in der Perversion pädagogischen Denkens

Wenige Monate später, in der Novemberrevolution, endete das Kaiserreich und im Sommer 1919 trat die bürgerlich-demokratische Republik von Weimar an seine Stelle. Bereits in den ersten Jahren der Republik kamen spezielle Jugendgesetze, das Reichsjugendwohlfahrtsgesetz (1922) und das Jugendgerichtsgesetz (1923), zustande. Diese Gesetze konnten so zügig realisiert werden, weil sie von den reformwilligen »Modernisten« im Kaiserreich bereits vor-gedacht bzw. in zahlreichen Entwürfen vorformuliert worden waren. Wie war es aber um die radikalen Lösungsstrategien des »Jugendlichenproblems« und den mit ihnen korrespondierenden negativen Kindheitsbildern bestellt? – Konnte es für Radikallösungen, wie sie Mönkemöller vorgeschlagen hatte, in der jungen Demokratie Interesse geben? – Doch auch sie gehörten in der Weimarer Republik weiterhin zum offen diskutierten Programm von Kriminalwissenschaftlern und Psychiatern. Und mit dem in der Endphase der Republik einsetzenden massiven Abbau des Sozialstaates kamen die »Unerziehbaren« sogar auf die innenpolitische Tagesordnung. Vorerst entledigte man sich ihrer, indem sie aus der Fürsorgeerziehung entlassen wurden (Peukert 1987, 147–149). Mit der »Machtergreifung« der Nationalsozialisten und der Errichtung des diktatorischen »Dritten Reiches« wurde die »Unschädlichmachung« der »Unerziehbaren«, der »Entarteten«, schließlich sozial-(medizin)- und kriminalpolitische Realität und mörderische Wirklichkeit, an der Strafrechtler, Kriminologen und Psychiater ihren theoretischen wie praktischen Anteil hatten. Nach dem Zusammenbruch des nationalsozialistischen Regimes sollten sie dafür allein die »braunen Machthaber« verantwortlich machen, obwohl die Mordaktionen doch nicht zuletzt auch aufgrund ihres seit langem schon entwickelten und gehegten, absolut inhumanen wissenschaftlichen Denkens möglich wurden.

Pädagogen mögen vielleicht mit Genugtuung konstatiert haben, daß von den »Ahnen« ihrer Profession im Kaiserreich, mit Ausnahme von Ellen Key, bislang nicht die Rede war. Vielleicht sind sie auch der Überzeugung, daß gerade Reformpädagogen mit ihrer hohen Wertschätzung des Kindes unmöglich negative Kindheitsbilder produzieren oder gar mörderische Phantasien haben könnten. Am Beispiel Ellen Key läßt sich aber zeigen, daß eine solche Auffassung irrig ist. Die schwedische Reformpädagogin, die das beginnende 20. Jahrhundert als »Jahrhundert des Kindes« begrüßte, war eine überzeugte Sozialdarwinistin und außerdem Anhängerin der Lehre vom »geborenen Verbrecher«. Sich auf »darwinistische Schriftsteller« berufend, forderte Key die Anpassung von Strafrechtswissenschaft und Pädagogik an die Naturwissenschaft, denn es sei für die menschliche Zukunft unerläßlich, daß der »Mensch ... die Gesetze der natürlichen Auslese« kennenlerne und darüber hinaus in ihrem »Geiste« handele (Key [8]1905, 44). Sie nannte die dazu notwendigen Handlungen bzw. Maßnahmen auch gleich beim Namen: Es sei die Umwandlung des Strafrechts in »eine Schutzmassregel der natürlichen Auslese« anzustreben. Damit gelte es vor allem, den geborenen »Verbrechertypus« zu erfassen und an seiner Fortpflanzung zu hindern. Auf diese Weise würde »das Menschengeschlecht ... von den Atavismen befreit werden, die vorhergehende niedrige Entwicklungsstufen reproduzieren« (ebd. 44). Darüber hinaus forderte sie von allen Erbkranken freiwillige eugenische Selbstkontrolle und zölibatäres Leben. Auf diese Weise sollte die Übertragung von »erblichen physischen und psychischen Krankheiten« verhindert werden (ebd. 44f.). Damit nicht genug: Ellen Key trat für die Legalisierung der von Ärzten durchzuführenden Tötung »des psychisch und physisch unheilbar kranken und mißgestalteten Kindes« ein. In der Euthanasie erblickte die Reformpädagogin sogar die »*Humanität der Zukunft*« (ebd. 31; Hervorhebung H. M.).

Offenkundig wird es wohl noch viel Mühe machen, die Geschichte der Pädagogik nicht länger als Hagiographie zu schreiben – und das gilt nicht nur für diese Wissenschaftsdisziplin.

Literatur

Bockenheimer-Lucius, G., *Die »Verwahrlosung« im Kindes- und Jugend-alter. Materialien zur Begriffs- und Problemgeschichte.*, Diss. Freiburg/Br. 1978.

Corvey, J., *Die heutige Arbeiterjugend und ihre Erziehung*, in: *Der Arbeiterfreund* 28 (1890), 185–201.

Cramer, A., *Bericht an das Landesdirektorium über die psychiatrisch-neurologische Untersuchung der schulentlassenen Fürsorgezöglinge im Frauenheim bei Himmelsthür vor Hildesheim, Magdalenium bei Hannover, Moorburg bei Freistadt, Stephansstift bei Hannover, Kästorf bei Gifhorn und Kalandshof bei Rotenburg*, in: *Allgemeine Zeitschrift für Psychiatrie* 27 (1910), 493–519.

Dix, A., *Die Jugendlichen in der Sozial- und Kriminalpolitik*, Jena 1902.

Felisch, P., *Wesen und Aufgaben der Jugendpolitik*, Berlin 1918.

Ferriani, L., *Minderjährige Verbrecher*, Berlin 1896.

Friedländer, H., *Interessante Kriminal-Prozesse von kulturhistorischer Bedeutung*, Berlin 1911.

Gamp, *Denkschrift, betreffend die Aufstandsbewegung der Grubenarbeiter und die Maßregeln zu ihrer Bekämpfung* (1889) in: H. v. Poschinger, *Fürst Bismarck als Volkswirth*, III, Berlin 1891, 241–303.

Goeze, *Die Aufhebung der Fürsorgeerziehung und die Neuüberweisungen während des Krieges*, in: *Zentralblatt für Vormundschaftswesen, Jugendgerichte und Fürsorgeerziehung* 7 (1915), 49–53.

Gruhle, H. W., *Die abnormen und »unverbesserlichen« Jugendlichen in der Fürsorgeerziehung*, in: *Zeitschrift für die gesamte Neurologie und Psychiatrie* 1 (1910), 638–647.

Herrmann, U., *Der »Jüngling« und der »Jugendliche«. Männliche Jugend im Spiegel polarisierender Wahrnehmungsmuster an der Wende vom 19. zum 20. Jahrhundert in Deutschland*, in: *Geschichte und Gesellschaft* 11 (1985), 205–216.

Hofstätter, P. R. (Hg.), *Fischer Lexikon Psychologie.*, Frankfurt/M. 1972.

Jaeger, S., *Individuelle und historische Entwicklung – Zur Geschichte pädagogisch-psychologischer Parallelismusvorstellungen*, in: G. Jüttemann (Hg.), *Die Geschichtlichkeit des Seelischen*, Weinheim 1986, 167–184.

Key, E., *Das Jahrhundert des Kindes*, Berlin [8]1905.

Krohne, C., *Zwangserziehungsanstalten für Jugendliche nach § 56 des Reichsstrafgesetzbuches*, in: *Blätter für Gefängniskunde* 22 (1886), 257–290.

Kluge, O., *Über das Wesen und die Behandlung der geistig abnormen Fürsorgezöglinge*, Berlin 1905.

Lombroso, C., *Der Verbrecher in anthropologischer, ärztlicher und juristischer Beziehung* I., Berlin 1887.

Marschalck, P., *Bevölkerungsgeschichte Deutschlands im 19. und 20. Jahrhundert*, Frankfurt/M. 1984.

Mayer, A. J., *Adelsmacht und Bürgertum. Die Krise der europäischen Gesellschaft 1884–1914*, München 1984.

Mönkemöller, O., *Psychiatrisches aus der Zwangserziehungsanstalt*, in: *Allgemeine Zeitschrift für Psychiatrie* 56 (1899), 14–71.

Mönkemöller, O., *Geistesstörung und Verbrechen im Kindesalter*, Berlin 1903.

Mönkemöller, O., *Zur Kriminalität im Kindesalter*, in: *Archiv für Kriminal-Anthropologie und Kriminalistik* 40 (1911), 246–319.

Moreau, P., *Der Irrsinn im Kindesalter*, Stuttgart 1889.

Moses, J., *Zum zehnjährigen Bestehen der Fürsorgeerziehungs-Gesetzgebung*, Langensalza 1910.

Muchow, H.-H., *Sexualreife und Sozialstruktur*, Reinbek 1959.

Oberdiek, H., *Arbeiterjugend und Fortbildungsschule im Kaiserreich*, Alsbach/Bergstr. 1988.

Oelkers, J., *Die Natur des Kindes. Theorieprobleme der Reformpädagogik*, in: *Neue Sammlung* 28 (1987), 475–485.

Oelkers, J., *Die Reformpädagogik*, in: R. Winkel (Hg.), *Pädagogische Epochen. Von der Antike bis zur Gegenwart*, Düsseldorf 1988, 187–228.

Peukert, D., *Grenzen der Sozialdisziplinierung. Aufstieg und Krise der deutschen Jugendfürsorge 1878–1932*, Köln 1986.

Peukert, D., *Die Weimarer Republik*, Frankfurt/M. 1987.

Polligkeit, W., *Fürsorge für ortsfremde oder nicht seßhafte Jugendliche unter besonderer Berücksichtigung der unter Vormundschaft stehenden Jugendlichen*, Berlin 1914, 5–27.

Reulecke, J., *Bürgerliche Sozialreformer und Arbeiterjugend im Kaiserreich*, in: *Archiv für Sozialgeschichte* 22 (1982), 299–329.

Reulecke, J., *Geschichte der Urbanisierung in Deutschland*, Frankfurt/M. 1985.

Richter, D., *Das fremde Kind. Zur Entstehung der Kindheitsbilder des bürgerlichen Zeitalters*, Frankfurt/M. 1987.

Roth, L., *Die Erfindung des Jugendlichen*, München 1983.

Schmitz, L. (Hg.), *Die Fürsorgeerziehung Minderjähriger. Preußisches Gesetz vom 2. Juli 1900*, Düsseldorf 1901.

Siefert, E., *Psychiatrische Untersuchungen über Fürsorgezöglinge*, Halle 1912.

Siegmund-Schultze, F., *Maßnahmen gegen die Verwahrlosung der Jugend: Großstadtjungen im Alter von 12–14 Jahren*, in: *Monatsschrift für Kinderhortwesen* 2 (1916), 2–42.

Statistik über die Fürsorgeerziehung Minderjähriger für das Rechnungsjahr 1905 (1. April 1905 bis 31. März 1906). Berlin 1907.

Strasser, P., *Verbrechermenschen. Zur kriminalwissenschaftlichen Erzeugung des Bösen*, Frankfurt/M./New York 1984.

Tenfelde, K., *Großstadtjugend in Deutschland vor 1914. Eine historisch-demographische Annäherung*, in: *Vierteljahrschrift für Sozial- und Wirtschaftsgeschichte* 69 (1982), 182–218.

Tenorth, H.-E., *Geschichte der Erziehung*, Weinheim, München 1988.

Tippel, *Wohin steuern wir in der Frage: »Fürsorgeerziehung und Psychiatrie«? in:* Zentralblatt für Vormundschaftswesen, Jugendgerichte und Fürsorgeerziehung 1 (1909), 61–64.

Verhandlungen des 1. Deutschen Jugendgerichtstages, 15. bis 17. März 1909 (Berlin). Hg. von der Deutschen Zentrale für Jugendfürsorge, Berlin, Leipzig 1909.

Verhandlungen des 27. Deutschen Juristentages (Innsbruck) I. Berlin 1904.

Wehler, H.-U., *Sozialdarwinismus im expandierenden Industriestaat*, in: I. Geiss u. B. J. Wendt (Hg.), *Deutschland in der Weltpolitik des 19. und 20. Jahrhunderts*, Düsseldorf 1973, S. 133–142.

Wehler, H.-U., *Das deutsche Kaiserreich 1871–1918*, 2. Aufl. Göttingen 1975.

Weingart, P., Kroll, J. u. Bayertz, K., *Rasse, Blut und Gene. Geschichte der Eugenik und Rassenhygiene in Deutschland*, Frankfurt/M. 1988.

Wittig, K., *Der Einfluß des Krieges auf die Kriminalität der Jugendlichen und auf jugendliche Sträflinge. Mit einem Überblick über den Stand der Kriminalität der Jugendlichen bis zum Jahre 1912*, Langensalza 1916.

Wulffen, E., *Das Kind. Sein Wesen und seine Entartung*, Berlin 1913.

Zeuner, R., *Die Not des vierten Standes*, Leipzig 1894.

Zmarzlik, H.-G., *Der Sozialdarwinismus in Deutschland als geschichtliches Problem*, in: *Vierteljahreshefte für Zeitgeschichte* 11 (1963), 246–273.

Barbara Rosenthal
Mütter und Söhne
Die Umkehrung einer literarischen Fiktion
in der familialen Wirklichkeit

I

Abschied von den Eltern: In der literarischen Reflexion über seine Kindheitserfahrungen versucht Peter Weiss den Abschied von den »Portalfiguren« seines Lebens zu bewältigen, um seine Identität zu finden. »Ich war auf dem Weg, auf der Suche nach dem eigenen Leben« (Weiss 1964, 146). Die germanistisch orientierte Literaturinterpretation hebt in dieser autobiographischen Erzählung zentral den Vater-Sohn-Konflikt hervor (vgl. Kindler 1974, 729). Bei einer solch vereinfachenden Analyse wird das in der Rekonstruktion der kindlichen Erfahrung wirkmächtige Mutterbild negiert:

»(...) da stand meine Mutter vor mir, nie merkte ich, wie sie ins Zimmer kam, immer erschien sie plötzlich mitten im Zimmer, wie aus dem Boden emporgewachsen, den Raum mit ihrer Allmacht beherrschend. Hast du deine Aufgaben gemacht, fragte sie, und ich sank zurück in meine Müdigkeit. Noch einmal fragte sie, bist du schon fertig mit deinen Aufgaben. Aus meiner dumpfen Lage heraus antwortete ich, ich mache sie später. Sie aber rief, du machst sie jetzt. Ich mache sie nachher, sagte ich, in einem schwachen Versuch des Widerspruchs. Da hob sie, wie in einem Wappenschild, die Faust, und rief ihren Wappenspruch. Ich dulde keinen Widerspruch. Dicht trat sie an mich heran und ihre Worte fielen wie Steine auf mich herab, du mußt büffeln und wieder büffeln, du hast noch ein paar Jahre, dann wirst du ins Leben hinaustreten und dazu mußt du etwas können, sonst gehst du zugrunde. Sie zog mich an meinen Schreibtisch zu den Schulbüchern. Du darfst mir keine Schande machen, sagte sie. Ich leide schlaflose Nächte deinetwegen, ich bin verantwortlich für dich, wenn du nichts kannst, dann fällt das auf mich zurück, leben heißt arbeiten, arbeiten und arbeiten und immer wieder arbeiten. Dann ließ sie mich allein« (Weiss 1964, 55 f.).

Es ist die Mutter, die hier für die auf Leistung abgestellte Erziehung, begriffen als »Vorbereitung« auf das Leben, als zuständig erkannt wird. Ihr Auftreten ist für das kindliche Erleben allmächtig, und diese Allmacht duldet weder Widerspruch noch Auflehnung. Die Erziehung des Sohnes scheint für die Mutter ein Opfer zu sein; sie leidet, weil sie verantwortlich ist. Versagen ihre pädagogischen Intentionen dadurch, daß der Sohn scheitert, fällt diese »Schande« auf sie selbst zurück. Für das von seiner Mutter abhängige Kind käme eine Auflehnung gegen diese Erziehung dem Versuch gleich, das Leiden seiner Mutter zu wollen. Das scheinbar Ausweglose, das dieser Erfahrung anhaftet, liegt in der Zwiespältigkeit des Mutterbildes begründet. Peter Weiss sieht seine Mutter als »Bedroherin« und »Retterin« zugleich, wobei die Bedrohung, aus der er errettet werden will, von der Mutter selbst ausgeht (vgl. ebd. 48).

Die reflexive Stringenz dieser ästhetischen Thematisierung einer kindlichen Erfahrung von Mütterlichkeit mag individuell für Peter Weiss stehen, aber die Zwiespältigkeit von Mutterbildern stellt sich aus der Perspektive von Söhnen nicht als Einzelfall dar. Die moderne Literatur greift motivhaft nicht nur eine als Generationenkonflikt verstandene Auseinandersetzung »jugendlicher« Söhne mit ihren »autoritären« Vätern auf, sondern entwirft zugleich ein Mutterbild, das, vor allem in Dramatik und Lyrik oft mythisch überhöht, als Kompensat für eine negativ empfundene Vatererfahrung zu fungieren scheint. Das Mutterbild wird in den literarischen Fiktionen emphatisch als Sinnbild für Natur und Leben gezeichnet, und die Naturmetaphern hinterlassen ihre Spuren noch in autobiographischen Schriften: »irdisch, allem Lebendigen nah, die Gärten, die Felder säend und gießend« erinnert Gottfried Benn seine Mutter (Benn [1934] 1984, 310). Aber das Mutterbild bleibt ambivalent; seine bedrohliche Seite enthüllt es dann, wenn der Machtanspruch der Mutter über den Sohn wahrgenommen wird. »Mutter/ Ich trage dich wie eine Wunde/ auf meiner Stirn, die sich nicht schließt« heißt es 1913 in der poetischen Verdichtung in Benns Gedichtszyklus *Söhne* (Benn [1913] 1984, 65).

Welche Erfahrung von Mütterlichkeit deutet die Literatur in diesen Bildern? Für die pädagogische Forschung bedeutet die Heranziehung literarischer Quellen zur Rekonstruktion wirkmächtiger Leitbilder und Normierungen in erfahrenen Erziehungs-, Bildungs- und Lernwelten, sich auf noch ungesichertes Terrain zu begeben. Eine Literatur, die das Spannungsfeld kindlicher und jugendlicher Erfahrung umgreift, dokumentiert nicht die faktischen Bedingungen von Sozialisationsprozessen, die aus einem bestimmten, historisch konkreten Interdependenzgeflecht von Politik, Ökonomie und Kultur resultieren. Sie präsentiert subjektive Entwürfe und Vorstellungen des Erfahrenen und thematisiert so inneres Geschehen in der Abarbeitung an der äußeren Wirklichkeit (vgl. Oelkers 1985, 11). Das Verhältnis von Sozialisationsbedingungen, pädagogischen Intentionen und faktischen Erziehungswirkungen gilt dabei nach wie vor als unbestimmt. Methodologisch noch ungesicherte Verfahren können gleichwohl zu Versuchen einer Rekonstruktion von wirkmächtigen Leitbildern anregen.

Die Momente sozialer Wirklichkeit, die in der Literatur als Bilder aufgenommen und gedeutet werden, zeigen erste Spuren davon, daß sich hinter den vorherrschenden Metaphern von Vätern und Söhnen eine andere konfliktgeladene Personenvernetzung verbirgt, der, bezogen auf eine familiale Sozialisation in der bürgerlichen Gesellschaft mit ihren patriarchalen Ordnungsstrukturen, eine entscheidende Rolle zukommt: die ambivalente, von Machtansprüchen wie Befreiungswünschen gleichermaßen wechselseitig beladene Beziehung zwischen Müttern und Söhnen.

II

Der Generationenkonflikt, der im 19. Jahrhundert in Rußland seinen ersten prägnanten literarischen Ausdruck fand, erscheint als Konflikt zwischen Vätern und Söhnen. Turgenjew, der 1862 seinem Werk den Titel *Väter und Söhne* verlieh, verweist mit dem pluralen Terminus, über eine familiale Struktur hinausgehend, auf kollektive Beziehungskonstellationen zwischen den Generationen, die als krisenhaft erlebt und verstanden wurden. Der Konflikt zwischen Vätern und Söhnen gestaltet sich in der Literatur zum klassischen Motiv, er wird zum kulturgeschichtlichen Dauerthema und zu einer Metapher, unter der noch aktuelle Generationsauseinandersetzungen subsumiert werden (vgl. Greiner 1988).

In Deutschland zeichnet sich der Höhepunkt des Vater-Sohn-Konflikts literaturhistorisch im Expressionismus ab. Der Übergang vom Kaiserreich zur Weimarer Republik ist die Schnittstelle, an der die Literatur den Generationenkonflikt aufgreift. Vorangegangen waren in der deutschen Literatur Versuche, in denen sich die Denkweise in diesen familialen Metaphern bereits ankündigte. Die Fixierungen einer Vater-Sohn-Konstellation aber spiegeln zunächst noch die »Nöte einer deutlich differenzierten Einzelseele«, so in den Dramen des Sturm und Drang, bei den Jungdeutschen und in den naturalistischen Antiautoritätsdramen (vgl. Hamann/Hermand 1977, 18). Erst der Expressionismus bringt ein Wiederaufleben der Thematik in nie gekannter Schärfe und Zuspitzung, in der jetzt überindividuelle Faktoren dominieren und sich ein universaler Anspruch anmeldet.

In seinem Selbstverständnis formuliert sich der Expressionismus als revolutionärer Aufbruch mit dem Willen zu einer grundlegenden Änderung bestehender Verhältnisse. Er gestaltet sich als Protest einer jungen Generation gegen die bürgerlich-kapitalistischen Lebens- und Wirtschaftsformen mit ihren spezifisch wilhelminisch-militärischen Ausprägungen, wie sie für das Kaiserreich bestanden, und die im Ersten Weltkrieg eine weitgehende Eskalation erfahren sollten (vgl. ebd. 9). Als Agens und Produkt der gesellschaftlichen Verhältnisse zugleich gefaßt, wurzelt der Expressionismus, als Epochenbegriff oft zur Charakterisierung der kulturellen Moderne verwandt, in einem weitverzweigten Spannungsfeld, dessen Krisensymptome von der literarischen Avantgarde thematisch aufgegriffen wurden:

Die industrielle Revolution stieß bis in ländliche Bereiche vor und zog eine Verstädterung nach sich, die wiederum tiefgreifende Wandlungen der Erfahrung von Vermassung und Anonymität in der Masse mit sich brachten. Die moderne Technologie wurde zum Wegbereiter radikal sich wandelnder Medien-, Kommunikations- und Verkehrsformen, untergeordnet einer arbeitsteiligen Welt, die auf eine immer straffere ökonomische Funktionalität hinstrebte (vgl. Knapp 1979, 17). Der »neue Mensch«, als Vision auf dem Hintergrund einer Strukturkrise der modernen Subjektivität entstanden (vgl. Vietta/Kemper 1985, 186), erfuhr sich real eher in der Entfremdung als in einer in den Entwürfen einer idealistischen Philosophie postulierten Autonomie. Die bürgerliche Gesellschaft differenzierte ihre Antagonismen in Klassengegensätzen aus. Max Weber sprach von »Entzauberung der Welt« und doch ist hinter den Rationalitätsbestrebungen auch der potentielle Umschlag in mythologische Verklärung aufzuweisen. Für die zeitgenössische Philosophie stand Nietzsches Kritik an der Bürgerlichkeit, und sie mündete in den Versuch, den »Übermenschen« zu entwerfen: ein überproportionales Individuum, losgelöst aus jedem historischen und gesellschaftlichen Kontext (vgl. Knapp 1979, 17). Außer der radikalen Verdammung des autoritären privatkapitalistischen Systems entwarf der Expressionismus eine Zielutopie, die den revolutionären Ansatz ständig der Gefahr aussetzte, aus dem »Konkreten ins Allgemeine, Menschheitliche, Utopische, ja Größenwahnsinnige umzukippen« (Hamann/Hermand 1977, 9).

Die radikale Gesinnung der jungen Autoren wählte sich eine radikale Thematik: In der ästhetischen Vermittlung avanciert der Vater-Sohn-Konflikt zum beliebtesten Thema. Die »Krise des modernen Ich« spiegelt sich in einer Fülle von Dramen und Novellen, die den revolutionären Ansatz in den Dimensionen der Familie und des Generationenverhältnisses darstellen (vgl. Mennemeier 1973, 47): *Der Bettler* von Reinhard J. Sorge (1912), *Der tote Tag* von Ernst Barlach (1912), *Der Sohn* von Walter Hasenclever (1914), *Die Verführung* von Paul Kornfeld (1916), *Der junge Mensch* von Hanns Johst (1916) zählen hierzu ebenso wie *Ein Geschlecht* von Fritz von Unruh (1917), Franz Werfels *Nicht der Mörder, der Ermordete ist schuldig* (1920) oder Arnolt Bronnens *Vatermord* (1920).

Die größtenteils in den zwei Jahrzehnten vor der Jahrhundertwende geborenen Autoren, die diese Dramen und Novellen schrieben, fanden zwischen 1910 und 1925 ihr Publikum vor allem bei den bürgerlichen Jugendlichen, die ihre Gymnasial- und Studienjahre absolvierten und dabei nicht auf die »freie Entfaltung« hoffen konnten, die sich in der oft pathetisch vorgetragenen Kritik als Anspruch andeutete (vgl. Mann [1934] 1968, 194ff.). Die Expressionisten beriefen sich auf das gleiche Recht zur Selbstbestimmung der Jugend, das anderenorts, aber zur gleichen Zeit, auch ein Hans Blüher oder ein Gustav Wyneken in Wandervogel und Freier Schulgemeinde verkündeten – sie spitzten nur den »abgrundtiefen Haß« gegen jene Form von Autorität zu, die »wilhelminische Vatervorstellungen deutlich werden ließ« (Hamann/Hermand 1977, 18). In den Dramen dominiert der offensichtlich vulgär-psychoanalytischen Konzepten entlehnte »Urhaß«. Kastrationsangst, Vatermordgelüste und die ödipale Bindung an die Mutter stehen im Mittelpunkt. Für die Pädagogik sind dies spannende Dramen, zumal sich am Ende fast immer der »eingeschüchterte Jüngling« ruckartig zu einem autonom handelnden Mann wandelt. Ein Entwicklungsprozeß, der diese plötzliche Wandlung nachvollziehbar und damit pädagogisch bedeutsam werden ließe, läßt sich allerdings nicht rekonstruieren.

In Fritz von Unruhs Drama *Ein Geschlecht* exklamiert der älteste Sohn vor seiner Mutter:

»(...) dann hobt Ihr uns die Väter auf den Sockel,/ und jedes Wort der Kinderstube wies,/ den Urtrotz in mir weckend, streng auf ihn,/ bis ich, genährt am Zweifel, kraftentschlossen/ dies Vaterbild, das Gott geglichen, stürzte./ Da liegt es wie ein Steinklotz überm Weg!/ Ich steige drüber weg und blas den Schutt/ von allen Wurzeln meiner Seele ab« (Unruh 1917, 425).

Nicht zufällig richtete sich der pathetische Vorwurf dieses Sohnes an die Mutter. Die Analyse der Dramen »expressionistischer« Söhne bei ihrem Entthronungsversuch übermächtiger Vaterbilder ergibt, daß die konfliktgeladene Beziehung zur Mutter entscheidend ist. Die literarische Fiktion kehrt sich in der gezeichneten familialen Konstellation um und entdeckt ein mythisch überhöhtes Mutterbild:

»Mutter (über aller Häupter wachsend):/ O weites Land. O selge Flächenlust!/ Dich möcht ich streicheln wie ein Wiegenbett,/ darunter heilges Leben schläft (...) Jüngster Sohn (vor der Mutter):/ Aus Deiner Seele ward der Tag geboren!/ Er lebt!« (ebd. 444).

Der klassische Vater-Sohn-Konflikt präsentiert sich als Mutter-Drama. Die Mutter erscheint zunächst noch unentschieden in ihrem Einverständnis mit den »Untaten« ihrer Kinder, aber es folgt ihr ekstatischer Aufschwung. Die Botschaft der Mutter zündet bei den soldatischen Söhnen:

»Jüngster Sohn:/ O Mutterhauch,/ von Dir geschmolzen rolle die Lawine/ auf die Kasernen der Gewalt hinab,/ und was sich je zu frech ins Blau gebaut,/ fall hin! (...) stürmend Licht/ reißt uns mit fort, zu Dir, zu Dir, o Mutter!« (ebd. 445).

Das Drama läßt Visionen eines zur Weltregierung avancierten Matriarchats entstehen (Mennemeier 1973, 52). Sie finden sich auch in Sorges Drama *Der Bettler:*

»Ich segne es und schneide mir mein Leben/ Aus meinem Blut und tu es mütterlich.../ Für's Muttertum« (Sorge 1912, 171).

Die Revolution der Söhne gegen die Väter, für die literarischen Expressionisten hauptsächlich in dem zur Bühne geratenen bürgerlichen Wohnzimmer vorstellbar, koppelt sich an ein zwiespältiges Mutterbild: Sie ist für die Söhne ein Sinnbild der Natur und wird als Wesen, Schutz, Heimat und Erde reklamiert. Bleibt die Mutter für die Söhne unerreichbar oder nimmt sie in ihrer All-

macht bedrohliche Züge an, läuft sie selbst Gefahr, einem Mord-
komplott zum Opfer zu fallen. Befreiung scheint sie auch bei der
Befriedigung inzestuöser Wünsche den Söhnen nicht zu bieten.
Bronnens *Vatermord* endet mit dem verzweifelten Ruf des »entfes-
selten« Sohnes, an die Mutter gerichtet:

»Ich hab genug von dir/ Ich hab genug von allem/ Geh deinen Mann begra-
ben du bist alt/ Ich bin jung aber/ Ich kenn dich nicht/ Ich bin frei/
Niemand vor mir niemand neben mir niemand über mir der Vater tot/
Himmel ich spring dir auf ich flieg/ (...) Ich/ Ich blühe« (Bronnen [1922],
1985, 209).

Die Söhne mögen zwar die verhängnisvolle Einengung, die sich
aus der Beziehung zur Mutter ergibt, erkennen, wie Kornfelds
Drama *Die Verführung* zeigt:

»Willst Du mich erweichen durch Deine Qualen, wo ich doch verhärtet
durch meine eignen? Vermeng mir nicht Dein Schicksal mit meinem; ich
ertrag es nicht! Überlaß mich mir und Dich Dir selbst und schneide Dein
Leben vom meinem ab!« (Kornfeld 1916, 276).

Doch als dominant erweist sich die Mutter, die entsetzt ein solches
Begehren nach Befreiung von sich abwehrt:

»Was verlangst Du da von mir, unnatürlicher Mensch?! Dein Bild wird
mich verfolgen, ob ich nun wache oder träume...« (ebd. 276).

III

Wofür stehen diese in den Dramen entworfenen Mutterbilder?
Kann die hier entwickelte Zuspitzung des vordergründigen Vater-
Sohn-Konfliktes und das im Hintergrund komplementär dazu
ambivalent gezeichnete, mythische Mutterbild begriffen werden
als ein vorherrschendes Motiv im psycho-sozialen Drama bürgerlicher Familien? Bronnen verstand seine Dramen selbst als »ge-
tarnte Biographie« (Bronnen 1977, 307) – aber sind diese Dramen
nicht eher ein grell und aggressiv übersteigerter Ausdruck der See-
lennöte einer künstlerischen Avantgarde, die die vorherrschenden
Pubertäts- und Adoleszenzkrisen der bürgerlichen Jugend in ihren literarischen Deutungen gar nicht einzufangen vermögen?
Weist die literarische Fiktion einen Weg in das Spannungsfeld familialer Sozialisation?
    In der Literatur versuchen sich die Lebensentwürfe dieser ju-

gendlichen Protagonisten als Antithesis gegenüber erfahrenen und vermittelten Lebensentwürfen zu gestalten, oder aber die scheinbare Vergeblichkeit des Entwurfs wird aufgezeigt. Die normativ gesetzten Prämissen für die nachfolgende Generation, ausgestaltet in Erziehungsmustern und tradiert durch Erziehungsinstitutionen, können von diesen »Söhnen« nicht – oder nur sehr bruchstückhaft, eben in Form psychischer Krisen – in ihre gesellschaftlich erfahrbare Realität einbezogen werden. Die literarischen Entwürfe bleiben der Krisenerfahrung verhaftet. Die Vorwürfe an den »Vater« dominieren, wenn sie nicht in dem Wunsch nach seinem Tode eskalieren. Der »Mutter«, der die oft inzestuös gefärbten Phantasien gelten, werden sie anklagend und fordernd zugleich vorgetragen. Die Söhne bleiben dabei »Söhne«: Der »Vatermord« wird im zeitlichen Zusammenhang mit der »Geburt der Jugend« konzipiert, wie die Dramenabfolge Arnolt Bronnens zeigt.

Läßt sich für die bürgerliche Jugend im deutschen Kaiserreich der Generationenkonflikt verorten? Friedrich Paulsen diagnostizierte bereits 1907 aus dem Blickwinkel der wilhelminischen Generation »Wer hat denn noch vor etwas Respekt«:

»Es gibt in Deutschland zurzeit für Bücher und Zeitschriften, für Romane und Dramen kein beliebteres Thema als die Unterdrückung und Mißhandlung hochstrebender Söhne und Töchter durch eigensinnige, engherzige und unverständige Väter und Mütter, die Niederhaltung und Abmarterung hochbegabter, zur Selbständigkeit des Denkens emporstrebender Jünglinge durch verständnislose, pedantische, herrschsüchtige, blind am Alten hangende Schulmeister« (Paulsen 1912, 497).

Im ironischen Duktus Paulsens klingt an, daß er nicht bereit ist, das Aufbegehren dieser Jugend zu teilen, die, »statt den Kampf mit dem Leben aufzunehmen«, »zu lamentieren und der Welt mit Klagen und Weltreformplänen lästig zu fallen« beginnt (ebd. 509 f.).

Die Jugend des deutschen Kaiserreichs wird sich bei der genaueren Analyse dessen, was ihre möglichen gemeinsamen Erfahrungsmomente in subjektivem wie kollektivem Gehalt ausmachen kann, selbst als Fiktion erweisen. Von einer einheitlich zu fassenden Generationsgestalt mit gleichen, gar identischen Lebens- und Sozialformen ist nicht auszugehen. Jugend wurde zwar, bedingt durch vielfältige sozialkulturell und ökonomisch-politisch zu fassende Entwicklungen zum epochemachenden Begriff, aber darunter differenzieren sich höchst unterschiedliche geschlechts-, schicht- und regionaltypische Besonderheiten aus, die die Jugendgeneration selbst in verschiedene Zeitabschnitte – und damit in verschiedene Erfahrungskontexte – segmentieren. Jugend läßt sich, sozialgeschichtlich betrachtet, als Problemfeld wie als Mythos fassen, und was sich organisiert in einer zunehmend außerhäuslichen und außerschulischen Welt, zieht Institutionen und Methoden nach sich, um mit dem gerade entstandenen »Jugendproblem« fertig zu werden (vgl. Peukert 1987, 94).

Für die männliche bürgerliche Jugend waren die Pubertäts- und Adoleszenzjahre eine Phase der Selbstfindung, aber auch eine Zeit, in der die Wirkungen einer Erziehung sich zeigten, die streng auf Konvention achtete, die »Tugenden der Entsagung, Zurückhaltung, der Pflicht und des Respektes« fordernd (Berg 1988, 14 f.). Diese Erziehung scheint so perfekt internalisiert gewesen zu sein, daß »Konflikte eher nach innen geleitet wurden und auf diese Weise eine verdeckt aggressive Männlichkeit schufen« (ebd. 15). »Aufbruch« und »Rebellion« werden erst allmählich zu vorherrschenden Begrifflichkeiten der Jugend vor Ausbruch des Krieges, aber der jugendliche Protest organisiert sich weder gesellschaftskritisch gegen die im Bewußtsein privat gefaßte familiale Struktur, noch gegen die sie bedingenden Wirtschafts- und Staatsinteressen. Eher ist ein latent sich anbahnender Generationenkonflikt zu erkennen, der die Welt der Väter und die über sie vermittelte Autorität in Zweifel ziehen wird (vgl. ebd. 15 f.).

In diesem sich anbahnenden Generationenkonflikt lassen sich die normativen Setzungen eines Vaterbildes der patriarchalen Gesellschaft des Kaiserreichs, die in die Weimarer Republik noch hinüberragen werden – und für die die wilhelminische Generation einsteht – anscheinend auf der Folie familialer Strukturen von den Vätern zunehmend weniger einholen. Autorität, die nicht geformt ist durch ein reflektiertes Selbstbewußtsein, wird zunehmend als autoritäres Verhalten wahrgenommen, das die Ambivalenz des Scheiterns zwischen Anspruch und Wirklichkeit offenbart, eines Scheiterns, das die Väter nicht eingestehen wollen und können, das aber von den Söhnen jetzt bloßgelegt wird.

IV

Herausragendes literarisches Zeugnis für diesen Sachverhalt ist Kafkas *Brief an den Vater*. Dieser fiktive Dialog mit dem eigenen Vater wirkt wie eine Illustration zu Horkheimers Studien über *Autorität und Familie*. Aus der Perspektive des scheiternden Sohnes zeichnet sich in klarer und prägnanter Diktion eindrucksvoll ein übermächtiges Vaterbild. Auf einen solchen Vater scheint Horkheimer zu zielen, wenn er schreibt:

»Der Vater hat moralischen Anspruch auf Unterordnung unter seine Stärke, nicht weil er sich als würdig erweist, sondern er erweist sich als würdig, weil er der Stärkere ist« (Horkheimer 1981, 209).

Ein antiautoritäres Moment kann in der familialen Konstellation dann gegeben sein, so Horkheimer, wenn die Frau sich nicht »dem Gesetz der patriarchalen Familie« beugt, sondern mit »mütterlicher Sorge« den intimisierten Raum mit »Entfaltung und Glück« auflädt – für Horkheimer zu ahnen etwa in der »Art, wie eine Mutter von ihrem Sohn, auch wenn er mit der Welt in Konflikt gekommen ist, zu sprechen vermag« (ebd. 219).

Julie Kafka, die Mutter Franz Kafkas, illustrierte eine so verstandene mütterliche Sorge um ihren Sohn: »Gewöhnlich liebt eine jede Mutter ihre Kinder, aber so, wie ich meinen Sohn liebe, kann ich Ihnen nicht schildern und würde gerne einige Jahre meines Lebens hergeben, wenn ich sein Glück damit erkaufen könnte« (Julie Kafka [1912] 1979, 147). Bei dem Versuch der Rekonstruktion des Mutterbildes aus der Perspektive des Sohnes erweist sich Kafkas *Brief an den Vater* auch als ein Brief an die Mutter, die sich als Gestalt hinter dem Vater entdeckt:

»Es ist wahr, daß die Mutter grenzenlos gut zu mir war, aber alles das stand für mich in Beziehung zu Dir, also in keiner guten Beziehung. Die Mutter hatte unbewußt die Rolle eines Treibers in der Jagd. Wenn schon Deine Erziehung in irgendeinem unwahrscheinlichen Fall mich durch Erzeugung von Trotz, Abneigung oder gar Haß auf eigene Füße hätte stellen können, so glich das die Mutter durch Gutsein, durch vernünftige Rede (sie war im Wirrwarr der Kindheit das Urbild der Vernunft), durch Fürbitte wieder aus, und ich war in Deinen Kreis zurückgetrieben, aus dem ich sonst vielleicht, Dir und mir zum Vorteil, ausgebrochen wäre« (Kafka [1919] 1987, 28).

Hinter der literarischen Fiktion des Vater-Sohn-Konfliktes verbirgt sich eine andere Facette einer bedeutungsvollen familialen

Konstellation: Die Mutter, die »Treiberin zur Jagd«, vom Sohn als »grenzenlos gut« idealisiert, verhindert gerade durch die als mütterlich begriffenen, pädagogisch legitimierten Eigenheiten der Güte, des Schutzes und der Vernunft die Auflehnung des Kindes gegen die als übermächtig erlebte väterliche Autorität.

»Wollte ich vor Dir fliehn, mußte ich auch vor der Familie fliehn, selbst vor der Mutter. Man konnte bei ihr zwar immer Schutz finden, doch nur in Beziehung zu Dir. Zu sehr liebte sie Dich und war Dir zu sehr treu ergeben, als daß sie in dem Kampf des Kindes eine selbständige geistige Macht für die Dauer hätte sein können. Ein richtiger Instinkt des Kindes übrigens, denn die Mutter wurde Dir mit den Jahren immer noch enger verbunden (...)« (ebd. 35).

So kann es aus der Perspektive des Sohnes zu keiner »eigentlichen Versöhnung« kommen, denn die Mutter schützt nur im geheimen, und vor dem Vater erfährt er sich gerade dadurch als das »lichtscheue Wesen, der Betrüger, der Schuldbewußte, der wegen seiner Nichtigkeit selbst zu dem, was er für sein Recht hielt, nur auf Schleichwegen kommen konnte« (ebd. 28).

Die in der Gestalt des »grenzenlos Guten« idealisierte Form der Mütterlichkeit steht in der Literatur für das lebensnotwendig geahnte andere, das die eigene Identitätsfindung gegen das Einengende und Bedrohliche der väterlichen Autorität ermöglichen soll. Diese Idealisierung verdeckt den mütterlichen Anteil familialer Macht über das Kind, der erst in der Rekonstruktion der kindlichen Erfahrung zum Vorschein kommt: »Erst viel später merkt man, mit wie sanfter und geheimnisvoller Macht sie hinter und über dieser ganzen kindlichen Landschaft herrschend steht. Trotz der nervösen Scheindiktatur des Kinderfräuleins (...): *sie* regierte. (...) Überall finde ich sie, wo ich hinsehe«, schrieb Klaus Mann, ebenfalls Exponent des klassischen Vater-Sohn-Konfliktes (Mann [1932] 1986, 28 f.). In der familialen Wirklichkeit zeigen sich Risse des idealisierten Bildes, wenn die Mutter »kritisierend, mäkelnd, verbietend und im Schutz des Vaters intrigierend« erfahren wird (Jung 1961, 26). Wenn die eigene, real erfahrene Mutter diesem inneren Verlangen nach einer grenzenlos guten Mutter nicht genügt, scheinen sich die Söhne des idealisierten Mutterbildes selbst zu bemächtigen. Dies zeigt sich in der expressionistischen Lyrik: »Bin ich nicht selbst mir Mutter?/ Du, Frau, gabst stöhnend/ einmal Leben mir,/ Ich starb so oft seit jenem Tag,/ Ich starb/ Gebar mich/ Starb/ Gebar mich/ Ich ward mir Mutter« (Toller (1912)

1985, 277) ebenso wie in den Tagebuchaufzeichnungen des Hans Henny Jahnn, die von der »tiefen Sehnsucht« sprechen, »immer wieder Mutter zu werden« (Jahnn [1919] 1989, 28).

Die Literatur Tollers fixiert nicht nur die Rebellion des Sohnes gegen den Vater: »Er hat mir meine Jugend versperrt« (Toller [1919] 1985, 84), sondern transformiert zugleich ein idealisiertes Mutterbild, indem er sich 1914 begeisterte: »Der Kaiser kennt keine Parteien mehr, hier steht es schwarz auf weiß, das Land keine Rassen mehr, alle sprechen eine Sprache, alle verteidigen eine Mutter, Deutschland« (Toller [1933] 1987, 39).

V

Die männliche bürgerliche Jugend zog bei Ausbruch des Ersten Weltkrieges zu Tausenden begeistert auf die Schlachtfelder. Dies kann kaum als Indiz dafür gewertet werden, daß es zu einer grundlegenden Auflehnung gegenüber einer durch die Eltern vermittelten und durch sie versinnbildlichten Autorität gekommen war. »Den meisten dieser Kinder erschien der Krieg eher als eine abenteuerliche Ergänzung ihres früheren ›Wandervogel‹-Daseins, er schien ›erholsame Ferien von der Langeweile des gewöhnlichen Alltags‹ zu bieten«, konstatiert der Sozialhistoriker Michael Kater in seiner Studie über den Generationenkonflikt als Entwicklungsfaktor in der NS-Bewegung von 1933 (Kater 1985, 219). Es handelt sich um eine Langeweile, die durch Tagträumereien ausgestaltet wird, in denen sich eine Hoffnung auf Bewährung widerspiegelt. Der Krieg wird für einen Teil der bürgerlichen Jugend zum »Initiationsritus« (vgl. Domansky 1986, 119). Georg Heym notierte 1910 in seinem Tagebuch: »Es geschieht nichts, nichts, nichts. Wenn doch einmal etwas geschehen wollte, was nicht diesen faden Geschmack von Alltäglichkeit hinterläßt. (...) sei es auch nur, daß man einen Krieg begänne, er kann ungerecht sein« (Heym 1960, 138 f.). Vollends idealisiert und lustvoll unterlegt scheint der Wille zur Bewährung aber dann zu werden, wenn er sich dem idealen Mutterbild darbringen kann:

»Aber noch ist für mich die Zeit nicht gekommen, daß ich in das Leben eintrete, daß ich den großen Schritt vom Jüngling zum Mann tun werde. Denn das ist der Unterschied zwischen Jüngling und Mann, daß der Mann kämpft und der Jüngling das Erkämpfte genießt. O, wenn ich doch schon kämpfen, erwerben könnte! Dann würde ich Dir goldene Paläste bauen zum Dank dafür, daß Du mich geboren und erzogen hast und Dir die Welt zu Füßen legen, auf daß Du sie regierst und lenkst nach Deinem und der Gottheit Willen«,

schrieb Otto Braun 1908 an seine Mutter Lily Braun (Braun 1924, 23). 1914 zog auch er begeistert in den Weltkrieg. Mütterliche Liebe ließ wider besseres Wissen von der Grausamkeit des Krieges, sich selbst begeisternd (vgl. Fetscher 1985, 16 ff.), den Sohn ziehen, der ihr »die Welt zu Füßen legen« wollte. Paläste konnte auch er nicht erobern. 1918 fiel er in Flandern. Die männliche Jugend, die in ihrer Kriegsbegeisterung willfährig dem staatlichen Anspruch auf Eroberung folgte, gehorchte darin einem in familialer, schulischer und politisch-militärischer Sozialisation vermittelten autoritären Vaterbild, obwohl dieses zuvor schon die ersten Erschütterungen erfahren hatte. Zugleich scheint es ein Opfer für die Mutter in ihrem idealisierten Bild zu sein.

VI

Die tragische Ambivalenz einer familialen Konstellation erschließt sich, aus der Perspektive einer Mutter, in den Tagebüchern der Käthe Kollwitz. Die radikale Pazifistin und Künstlerin, die mit sozial geschärftem Blick eindrucksvolle Zeichnungen und Skulpturen gerade der mütterlichen Liebe und Fürsorge für das Kind schuf, hielt unter der Eintragung vom 10. August 1914 fest:

»An diesem Tag war es wohl auch, an dem Peter (ihr Sohn, B. R.) abends Karl (ihren Ehemann, B. R.) bittet, ihn vor Aufgebot des Landsturms mitgehn zu lassen. Karl spricht mit allem dagegen, was er kann. Ich habe das Gefühl des Dankes, daß er so um ihn kämpft. Aber ich weiß, es ändert nichts mehr. Karl: ›Das Vaterland braucht dich noch nicht, sonst hätte es dich schon gerufen.‹ Peter leise, aber fest: ›Das Vaterland braucht meinen Jahrgang noch nicht, aber *mich* braucht es.‹ Immer wendet er sich stumm mit flehenden Blicken zu mir, daß ich für ihn spreche. Endlich sagt er: »Mutter, als Du mich umarmtest, sagtest du: ›glaube nicht, daß ich feige bin, wir sind bereit‹.« Ich stehe auf, Peter folgt mir, wir stehen an der Türe und umarmen uns und küssen uns und ich bitte Karl für Peter. Diese einzige Stunde. Dieses Opfer, zu dem er mich hinriß und zu dem wir Karl hinrissen« (Kollwitz [1914] 1968, 80).

Das Recht auf freie Entfaltung des Sohnes ist in der mütterlichen

Liebe der Käthe Kollwitz das vorherrschende Motiv. Es steht für das Recht auf die freie Entfaltung, das Frauen dieser Zeit gleichermaßen verwehrt ist wie der Jugend, und ist zugleich Ausdruck einer Solidarisierung der Mutter mit ihrem Sohn. Als das Begehren auf freie Entscheidung des Sohnes sich in seinen Wunsch nach freiwilliger Kriegsteilnahme pervertiert, vermag sie dem nichts entgegenzusetzen. Peter Kollwitz fällt in den ersten Tagen des Weltkrieges.

»Saatfrüchte sollen nicht vermahlen werden«*:

Den Kriegstod des Sohnes deutet sie später als ein Opfer der mütterlichen Liebe. Als der Vater für den zweiten Sohn Hans beim Kriegsministerium intervenieren will, damit nicht auch noch dieser an die Front geschickt werde, notiert sie am 27. November 1914:

»Mir ist da so unangenehm. Warum? Karl sagt: ›Du hast nur Kraft zum Opfern und Loslassen, nicht die geringste zum Halten.‹ Ist es, weil Hans damit so ganz und gar beschnitten wird?«   (Kollwitz [1914] 1968, 89)

Hier zeigt sich ein altruistisches Moment mütterlicher Liebe, ein Opfernwollen, selbst wenn der eigene Sohn zum Opfer wird. Welche Mutterbilder hat diese Zeit zu eigen?

Es ist nicht nachzuweisen, daß die Mehrzahl der Mütter so differenziert und reflektiert wie Käthe Kollwitz die Tragik der Kriegsbegeisterung ihrer Söhne wahrgenommen hat. In den Kriegstagebüchern und Briefen des Ersten Weltkrieges, die von den Nationalsozialisten später zu Propagandazwecken eingesetzt wurden, verdeutlichen sich Mutterbilder, die neben der liebenden und beschützenden Seite ein drohendes Element in sich bergen. Die propagandistische Wirkung dieser Briefe erhöhte sich fast selbstverständlich durch den Kriegstod der Söhne, damit sich das mütterliche Opfer, hier schon zum staatsbürgerlichen Pflichtprogramm geronnen, erfüllte (vgl. Hadeln 1935).

Auch Theweleits *Männerphantasien* weisen bei der Analyse der Autobiographien von Freikorpsführern und Weltkriegsoffizieren ein Mutterbild mit zwei Perspektiven auf. Die erste gestaltet sich durch die rekonstruierte Sicht des kleinen Kindes auf die Mutter, die schützend wirkt und engelgleich die Heimat verkörpert. Dies

---

* Motto einiger ihrer Werke und eines Briefes an Richard Dehmel (1918), in dem sie sich gegen seinen Aufruf wendet, der als »einzige Rettung« an die Freiwilligkeit aller kriegstauglichen Männer appelliert. 1942 Titel einer Lithographie anläßlich des Todes ihres Enkelsohnes Peter, der in diesem Jahr in Rußland fiel.

entspricht dem »grenzenlos Guten« der Mutterbilder in den literarischen Fiktionen. Die Söhne dieser Mütter aber projizieren als Erwachsene noch eine andere Perspektive von Mütterlichkeit auf Frauen und nehmen sie wahr bei den Müttern der Kameraden, die sie als »hart« empfinden, gerade beim Tod ihres gefallenen Sohnes. Güte und Härte werden von den Söhnen zwar wortkarg, aber immer in großen Metaphern verehrt. Bei der Analyse der »Lobeshymnen auf die heroische Seite der Eisenmütter« bestätigt sich für Theweleit der »Verdacht einer verborgenen Aggression gegen sie« (vgl. Theweleit 1987, 110). Diese Aggression zielt auf zweierlei: »Den Müttern die Männer zu nehmen und den Müttern die Lebendigkeit zu nehmen, die Wärme des menschlichen Leidens, wenn Unglück sie trifft« (ebd. 113). Beides scheint die Söhne zu bedrohen. Theweleit resümiert, daß in dieser Literatur alles gesehen wird aus der »Perspektive von Söhnen, die mit der Welt und den Müttern zurechtkommen müssen (...). Väter sind in diesen Büchern nicht gefragt, weder als Helden noch als wichtigste Gegner. Sie werden merkwürdig ausgespart (...). (Sie) schreiben als Söhne, sie schreiben als Rebellen gegen die Republik (...), die den schmählich abgedankten Vater Wilhelm II. überlebt haben und dessen Fehler zu korrigieren gedenken. Der Vater hat versagt: sie treten an zum Kampf um seine Nachfolge bei der Mutter Deutschland. Das Patriarchat sichert seine Herrschaft im Faschismus in der Form eines ‹Juniorats› (...). Weit und breit nur Söhne, Hitler eingeschlossen« (ebd. 114).

VII

1918: Der Waffenstillstand des Heeres, der Zusammenbruch des wilhelminischen Obrigkeitsstaates, die Abdankung des Kaisers und die nachfolgenden politischen Unruhen und wirtschaftlichen Krisen der Republik gehören zu den Erfahrungsmomenten einer Jugend, die in der Zwischenkriegszeit nach Peukert ausgeprägte »generationsspezifische Konturen« annehmen und für die weitere Lebensgeschichte von Bedeutung sein werden (Peukert 1986, 140).

Vaterlosigkeit scheint eines jener vorherrschenden Momente im jugendlichen Bewußtsein zu sein. Die Entthronung übermächtiger Vaterbilder wird jetzt, nicht nur auf expressionistischen Bühnen, offenkundiger geprobt. Der Vorwurf an die Väter, »die 1918 nur halbe Sache gemacht« und »die nationale Ehre verraten haben« (Suhrkamp 1932, 695), spiegelt die enttäuschten Hoffnungen auf eine Väterlichkeit, der man den Sieg geglaubt hatte und die in eben dieser Projektion sich als Wunschbild verrät, das nun für die getäuschten Hoffnungen als Haßbild fungieren muß. Rebellion wie Vaterkomplex werden in der Weimarer Republik zu begrifflichen Gemeinplätzen (vgl. Kater 1985, 222). Dies illustrierte bereits die expressionistische Dramatik: »Dies Vaterbild, das Gott geglichen, stürzte«: Fritz von Unruhs Drama *Ein Geschlecht,* 1917 veröffentlicht, lag 1922 bereits im 28. Tausend vor.

Peter Suhrkamp konstatierte 1932 in seinem »Situationsbericht« zur bürgerlichen Jugend:

»Der Vater ist tot! Das empfanden gewiß auch früher Menschen schwer. Aber es hat heute eine Bedeutung über das Private hinaus. Unerfahren und arglos und klein, sind wir allein gelassen, mit der ganzen Last der Verantwortung auf uns. (...) Die Position der Vierzigjährigen gegen die Jungen ist dadurch belastet, daß sie sich selbst noch zur Jugend rechnen. (...) Das heißt, daß ich noch immer das Leben eines besseren Familiensohnes führe. Ich bin niemals ein Vater. Mein Haus ist nicht gerichtet. Ich habe noch nicht meinen Acker bestellt, um darauf zu ernten« (Suhrkamp 1932, 683 f.).

Für diese Familiensöhne ohne Väter, die sich selbst nicht als Erwachsene, sondern als Jugend verstanden, bedeutete dies »noch immer Unordnung und Leiden an der Welt«. Es hieß für die Lebensentwürfe dieser Generation, »noch immer keinen Sinn gefunden« zu haben und »in einem Provisorium« zu leben (vgl. ebd. 683).

Die faschistische Diktatur des Nationalsozialismus, die auf die Weimarer Republik folgt, wird dieses Vakuum füllen und dabei die Suggestionskraft der Jugendmythen zu nutzen wissen.

VIII

In der patriarchalen, aber vaterlosen Gesellschaft der Weimarer Republik hat Mütterlichkeit Konjunktur. Mütterlichkeit scheint »allgegenwärtiges Thema« in der Nachkriegszeit gewesen zu sein und hat, wie Karin Hausen aufweist, »sehr umfassende individuelle und kollektive Erfahrungen, Auseinandersetzungen, Ängste und Sehnsüchte transportiert« (Hausen 1984, 474).

Mütter wurden zum »Angelpunkt aller öffentlich diskutierten und rasch institutionalisierten Gesundheits- und Bevölkerungspolitik« (ebd. 474): Mütterschulung, Müttererholung, Mutterschutzgesetzgebung sind wichtige Stichworte in diesem Zusammenhang. Der Prozeß der Institutionalisierung, einhergehend mit staatlichen Kontrollmöglichkeiten, verweist aber auch darauf, daß das propagierte Ideal einer Mütterlichkeit, bestehend aus freier Hingabe und Sorge für das Kind, im Leben von Frauen nach wie vor nur unzureichend realisiert zu sein schien. Die sozioökonomischen Bedingungen ließen ohnehin bei einem Großteil der Frauen eine Existenz ausschließlich für Kinder und Familie als irreal erscheinen (vgl. Frevert 1986, 189). Mutterschaft und/oder Beruf waren Gegenstand zahlloser Kontroversen; Mütterlichkeit als Beruf wurde zur Geburtsstunde sozialer Arbeit (vgl. Sachße 1986). Mütterlichkeit wurde als flexibel zu handhabendes Arbeitsmarktregulativ entdeckt, das Frauen aus den gerade auch für sie erschlossenen Angestelltenberufen bei Bedarf wieder an den häuslichen Herd zurückverbannte. Besonders in der bürgerlichen Familie gestaltete sich Mütterlichkeit aber auch als neues »Sinnkriterium« für Frauen: dafür spricht, daß die Erziehung von Kindern jetzt eine Aufgabe war, die nicht nur dem Personal überlassen werden konnte, nachdem dieses aufgrund der veränderten ökonomischen Situation der Nachkriegszeit ohnehin nicht mehr ausreichend zur Verfügung stand.

Das Aufziehen und Erziehen von Kindern wurde zwar zunehmend gesellschaftlich reklamiert; nicht nur über Schulen sicherte sich damit der Staat den Zugriff auf Kindheit und Jugend. Zugleich aber war Mütterlichkeit, fast ausschließlich gedeutet auf biologistischer Grundlage, längst zum festen Bestandteil privater Refugien geworden. Im intimisierten Raum der Familie hatte die Frau die emotionale Ausgestaltung zu besorgen. Die Diskurse der Psychologie, der Pädagogik und der Psychiatrie lieferten die Argumente, mit denen sich jede dieser beiden Haltungen rationalisieren ließ. Mütterlichkeit war dabei völlig von dem geschichtlichen Kontext befreit, der ihre Ausgestaltung als »natürliche Mutterliebe« selbst hervorgebracht hatte, ein Wissen, das in der Zeit sehr wohl präsent war. Hedwig Dohm merkte schon 1903 bissig an, »daß man erst am Ende des 18. Jahrhunderts anfing, mit dem Mutterglück zu posieren, von dem man vorher sehr geringschätzig gedacht hatte« (Dohm 1978, 194) – ein Wissen, das die moderne

Sozialwissenschaft sich erst mühsam hat wiederaneignen müssen (vgl. Badinter 1985). Mütterlichkeit war aufgeladen mit Qualitäten wie Liebe, Fürsorge und Schutz: empathische Eigenschaften, die die polaristische Geschlechterkonzeption der Frau als der »anderen« zugedacht hatte, mit der Akzentuierung, daß sie jetzt weniger als Gattin und Hausfrau, sondern um so mehr als Mutter verstanden werden sollte.

Die Verbannung in die häusliche Sphäre, gekrönt durch erzieherische Pflichten und Erfolge, diente der Reduzierung eines weiblichen Anspruchs auf Partizipation an bürgerlicher Öffentlichkeit. Die entstehende Forderung nach gleicher Teilhabe konnte sich nur über den Umweg der »neuen Mütterlichkeit« Gehör verschaffen. Das mag als Indiz dafür gelten, wie sehr Mütterlichkeit im öffentlichen Bewußtsein verankert war. Die erste deutsche Frauenbewegung hat »geistige« Mütterlichkeit als Argument für Berufe verwendet, die deshalb leichter für Frauen zu erreichen schienen, weil in ihnen fraulich-mütterliche Qualitäten ihre sublimen Möglichkeiten nutzbringend entfalten sollten. Christine Wittrock weist darauf hin, daß der Begriff der Mütterlichkeit in der bürgerlichen Frauenbewegung der zwanziger Jahre eine »wahre Inflation« durchmachte (vgl. Wittrock 1985, 37). Die leibliche Mutterschaft, durch Agnes Zahn-Harnack zum Begriff der »seelischen Mütterlichkeit« geläutert, läßt die Frau zur »Hüterin alles Lebendigen« mythologisieren (vgl. ebd. 37). Die Ideologie des Nationalsozialismus konnte ohne Schwierigkeiten an solche Begrifflichkeiten anknüpfen.

IX

Fand Kindheit, und zunehmend nicht nur die Kindheit der Söhne, auch im außerfamilialen Raum statt, so wurden nun die ersten Lebensjahre als die entscheidenden Lebensjahre in der Entwicklung der Persönlichkeit postuliert, was die in zwei Jahrhunderten mühsam heraufbeschworene allgemeine Vorstellung einer »natürlichen Mütterlichkeit« von der Verantwortung zur möglichen Schuld transformierte, in der für Frauen kein »Diskurs von Glück und Gleichheit« (vgl. Badinter 1985, 114) mehr durchschimmert, sondern in der sich jetzt die Angst vor dem Versagen formiert. »Fehlentwicklung durch Mutteregoismus« lautet eine der aktuellen populären Schriften, die für einen solchen Sachverhalt stehen (vgl. Sebald/Kraut 1985). Mütterlichkeit zeigte sich damit in ihrer gesellschaftlichen Zwiespältigkeit, die Siegfried Bernfeld 1914 schon klar aufwies:

»So unsere gegenwärtige öffentliche Meinung, die gleich emphatisch im selben Augenblick verkündet: ›Jede Frau wird als Erzieherin geboren‹ und ›Erziehen ist eine Wissenschaft und Kunst, mit der nur Auserlesene begnadet sind‹ und nicht diesen vernichtenden Widerspruch entdeckt, weil sie beschattet und bestimmt ist durch Urteile und Begriffe vergehender Ordnungen« (Bernfeld 1914, 30).

Mütterlichkeit erfährt in der im kollektiven Bewußtsein etablierten, im subjektiven »einklagbaren« Form des positiven Gehaltes der Liebe, der Fürsorge und des Schutzes eine weitere, eine kultische Erhöhung. Vor allem Söhne opfern der Mutter öffentlich (vgl. Hausen 1984, 514ff.). Ab 1923 werden – nicht zuletzt ökonomisch motivierte – Versuche gestartet, den Muttertag zu etablieren, und 1932 ist er in Form und Ritus fest inthronisiert. Goebbels wählte als Motto zum Muttertag 1932 folgende Worte: »Die Mutter ist die Heimat Deines Lebens, vergiß das nie« (Reich 1986, 71). 1933 hieß es im Propagandaorgan *Angriff:*

»Die Idee des Muttertages ist dazu angetan, das zu ehren, was die deutsche Idee versinnbildlicht: Die deutsche Mutter! Nirgendwo fällt der Frau und Mutter diese Bedeutung zu als im neuen Deutschland. Sie ist die Wahrerin eines Familienlebens, aus dem die Kräfte sprießen, die unser Volk wieder aufwärts führen sollen. Sie – die deutsche Mutter – ist die alleinige Trägerin deutschen Volksgedankens. Mit dem Begriff ›Mutter‹ ist ›Deutschsein‹ ewig verbunden – kann uns etwas enger zusammenführen als der Gedanke gemeinsamer Mutterverehrung?« (ebd. 71)

Alice Rühle-Gerstel stellte 1932 in ihrer Analyse heraus, daß der Mutterkult und die Hochschätzung der Mutterliebe von den Männern stammt. »Frauen haben wohl auch vielfach dankbare Verbindungen zu ihren Müttern, aber sie haben von den Müttern faktisch nicht soviel Dankenswertes empfangen wie die Söhne, genossen sie doch nicht den Vorzug der Andersgeschlechtlichkeit« (Rühle-Gerstel 1972, 243).

Die besondere Bedeutung, die der Beziehung zwischen Müttern und Söhnen in dieser patriarchalen Gesellschaft zukommt, ist durch zweierlei gekennzeichnet: Zum einen durch die Betonung des Altruismus und des Opferwillens der Mütter durch die Söhne, die auf ein Orientierungsmuster hin erzogen werden, das vor allem an *Männlichkeit* ausgerichtet ist. Zum anderen ist die Autoritäts- und Vorbildfunktion der Mütter gegenüber ihren Kindern dann besonders bedeutsam, wenn die Geschlechtszugehörigkeit des Kindes ihre erzieherischen Machtansprüche erschwert. Sich gegenüber den Söhnen zu behaupten, vermag ein Ersatz für die Geltung zu sein, die den Frauen, die auf ein Orientierungsmuster verpflichtet werden, das nahezu ausschließlich auf *Mütterlichkeit* ausgerichtet ist, sonst in der Regel versagt bleibt (vgl. ebd. 243 f.).

Für ihre Zeit wies die Psychologin Rühle-Gerstel auf, daß sich eine Mutterideologie eingebürgert habe, »die in nahem Zusammenhang mit der Muttergottesidee« stehe (ebd. 243, vgl. auch 31 ff.). Eine somit vollends zum Mythos stilisierte Mütterlichkeit scheint für die Söhne ein Ersatz für die gleichermaßen konstatierte Vaterlosigkeit zu sein (vgl. Federn 1919, 13). Der Mythos, sagt Roland Barthes, ist eine »entpolitisierte Aussage«:

»Der Mythos leugnet nicht die Dinge, seine Funktion besteht im Gegenteil darin, von ihnen zu sprechen. Er reinigt sie nur einfach, er macht sie unschuldig, er gründet sie als Natur und Ewigkeit, er gibt ihnen eine Klarheit, die nicht die der Erklärung ist, sondern die der Feststellung. (...) Indem er von der Geschichte zur Natur übergeht, bewerkstelligt der Mythos eine Einsparung. Er schafft die Komplexität der menschlichen Handlungen ab und leiht ihnen die Einfachheit der Essenzen, er unterdrückt jede Dialektik, jedes Vordringen über das unmittelbar Sichtbare hinaus, er organisiert eine Welt ohne Widersprüche, weil ohne Tiefe, eine in der Evidenz ausgebreitete Welt, er begründet eine glückliche Klarheit. Die Dinge machen den Eindruck, als bedeuteten sie von ganz allein« (Barthes [5]1980, 131 f.).

Für den pädagogischen Diskurs ist dieser Sachverhalt eindrucksvoll bei Eduard Spranger zu vergegenwärtigen. Sein pädagogischer Beitrag zum Mutterbild lautet:

»Ihr ist das Werden neuen Lebens ganz und gar in die eigene Gesamtpersönlichkeit hineingelegt. Ist es die ›Natur‹, der man diesen Auftrag zuschreibt, so ist es keineswegs die bloße Natur, von der die Wissenschaft vom Leben, die Biologie, handelt, sondern zugleich eine organisch bildende, seelisch hegende, geistig emporringende Natur. Wir dürfen sie die gottdurchwirkte Natur nennen« (Spranger 1965, 9 f.).

So gesehen fällt es dieser Pädagogik nicht schwer, es als »selbstverständlich« hinzunehmen, daß das Wesen und die Kulturaufgabe der Frau, verstanden als Mutter, sich vornehmlich auf ein Kind männlichen Geschlechts zu beziehen hat. Was dem Kind als »Mut-

terliebe« in seine »jeweilige Welt« folgen soll, und zwar, wie
Spranger betont, »ohne das Studium der Psychologie, nur mit der
Ahnungskraft der Liebe« (vgl. ebd. 120), ist in vollendeter Form
»schenkend-opfernde und sich versagende Liebe«. Spranger weiß,
»wer viel liebt, der muß auch viel leiden« (vgl. ebd. 138 f.).

X

Mütterlichkeit als Opfer; Mütterlichkeit, der in der kultischen
Verehrung geopfert wird: Das scheinbar naturhafte altruistische
Moment aber zeigt die Zwiespältigkeit auf, die sich in den litera-
risch fixierten Mutterbildern der Söhne schon verdeutlichte. Der
Altruismus, psychologisch gefaßt, enthält ein selbstaggressives
Moment, das sich in der helfenden Beziehung zum Objekt als
Macht offenbart, da es sich als abhängigmachend erweist. Aus der
Perspektive derer, die zum Objekt altruistischen Handelns gemacht werden, und in diesem Falle aus der Perspektive der Söhne,
erweist sich dann »die Mutter« als Allmachtsinstanz. Diese All-
machtsfigur, die alles wahrnehmen und beeinflussen kann, die
zugleich aber für die Sorge um die freie Entwicklung des Kindes
steht und seinen Anspruch auf Glück befördern soll, ist in dieser
Ambivalenz eine der Pädagogik vertraute Gestalt. Die aufklärerischen Ideen, die diese Gestalt schufen und die Pädagogik, wenn
auch nicht begründeten, so doch maßgeblich beeinflußten, zeigten in der Dialektik ihrer gesellschaftlichen Ausformung von An-
beginn ihr Janusgesicht. Das Werk, in dem sich diese Gestalt
vermittelte, richtete sich an die Frauen, bereits wissend, daß es vor
allem auf die erste Erziehung ankommt, die »unbestreitbar Sache
der Frauen ist«. Und ganz pragmatisch klingt schon 1762 an:
»Wendet euch also vorzugsweise in euren Schriften über Erziehung immer an die Frauen, denn sie sorgen sich mehr darum als die
Männer und haben auch einen größeren Einfluß, da sie am Ergebnis mehr interessiert sind« (Rousseau [5]1981, 9). Was hier entwik-
kelt wird, präsentiert sich als eine Utopie pädagogischer Allmäch-
tigkeit, die, so Ulrich Herrmann, in ihrer Ausgestaltung drei
Dinge eliminiert: die sittliche Autonomie des Subjektes, Formen
autonomer Selbstverwirklichung als Akt der Subjektivität und die
Aufdeckungschancen entfremdeten Bewußtseins infolge der Vergesellschaftung des Individuums (vgl. Herrmann 1987, 310). »Mag

er doch glauben, er sei der Herr, während in Wirklichkeit ihr es seid. Es gibt keine vollkommenere Unterwerfung als die, die den Schein der Freiheit wahrt: so nimmt man den Willen selbst gefangen« (Rousseau ⁵1981, 105). Das Ergebnis solcher Erziehung widerspricht dem pädagogischen Postulat von Mündigkeit als regulativer Idee erzieherischen Handelns. »Solange ich lebe, werde ich Sie nötig haben. Jetzt, wo meine Pflichten als Mann beginnen, habe ich Sie nötiger denn je«, lauten bekanntlich die Schlußsätze von Rousseaus *Emile*.

Literatur

Badinter, Elisabeth, *Die Mutterliebe. Geschichte eines Gefühls vom 17. Jahrhundert bis heute*, München ²1985.

Barthes, Roland, *Mythen des Alltags*, Frankfurt ⁵1980.

Benn, Gottfried, *Söhne* (1913), in: ders. *Gedichte in der Fassung der Erstdrucke*, hg. von Bruno Hillebrand, Frankfurt 1988.

Ders., *Lebensweg eines Intellektualisten* (1934), in: ders., *Prosa und Autobiographie in der Fassung der Erstdrucke*, hg. von Bruno Hillebrand, Frankfurt 1984.

Berg, Christa, *Jugendleben*, unveröff. Manuskript, Köln 1988, erscheint in: *Handbuch der Bildungsgeschichte*, Bd. IV., hg. von Christa Berg.

Bernfeld, Siegfried, *Die neue Jugend und die Frauen*, Wien/Leipzig 1914.

Braun, Otto, *Brief an die Mutter* (1908), in: ders. *Aus den nachgelassenen Schriften eines Frühvollendeten*, hg. von Julie Vogelstein, Berlin 1924.

Bronnen, Arnolt, *Vatermord* (1920), *Drama in der Fassung von 1922*, in: ders. *Vatermord in den Fassungen von 1915 und 1922*, hg. von Franz Peschke, München 1985.

Ders., *Vorbemerkung zu dem Lustspiel ›Die jüngste Nacht‹*, zit. nach Hans Mayer, in: Arnolt Bronnen, *Stücke*, Kronberg/Ts. 1977.

Dohm, Hedwig, *Der Muttertrieb* (1903), in: *Zur Psychologie der Frau*, hg. von Gisela Brinker-Gabler, Frankfurt 1978.

Domansky, Elisabeth, *Politische Dimensionen von Jugendprotest und Generationenkonflikt in der Zwischenkriegszeit in Deutschland*, in: *Jugendprotest und Generationenkonflikt in Europa im 20. Jahrhundert*, hg. von Dieter Dowe, Bonn 1986, S. 113–137.

Federn, Paul, *Zur Psychologie der Revolution: Die vaterlose Gesellschaft*, in: *Der Aufstieg. Neue Zeit- und Streitschriften* 12/13, Leipzig/Wien 1919.

Fetscher, Elisabeth, *Einleitung zu Lily Braun, Memoiren einer Sozialistin*, München 1985.

Frevert, Ute, *Frauen-Geschichte. Zwischen Bürgerlicher Verbesserung und Neuer Weiblichkeit*, Frankfurt 1986.

Greiner, Ulrich, *Söhne und ihre Väter. Über die Studentenbewegung als Konflikt der Generationen*, in: *Die Zeit*, 29. April 1988.

Hadeln, Charlotte von, *Deutsche Frauen, Deutsche Treue 1914–1933. Ein Ehrenbuch der deutschen Frau*, Berlin 1935.

Hamann, Richard/Hermand, Jost, *Expressionismus. Epochen deutscher Kultur von 1870 bis zur Gegenwart*, Bd. 5, Frankfurt 1977.

Hausen, Karin, *Mütter, Söhne und der Markt der Symbole und Waren. Der deutsche Muttertag 1923–1933*, in: *Emotionen und materielle Interessen*, hg. von Hans Medick u. David Sabean, Göttingen 1984, S. 473–523.

Herrmann, Ulrich, *Biographische Konstruktionen und das gelebte Leben. Prolegomena zu einer Biographie- und Lebenslaufforschung in pädagogischer Absicht*, in: *Zeitschrift für Pädagogik* 3/1987, S. 303–323.

Heym, Georg, *Tagebucheintragung vom 6. 7. 1910*, in: *Dichtungen und Schriften*, Bd. 3, Tagebücher, Träume, Briefe, hg. von Karl Ludwig Schneider, Darmstadt 1960.

Horkheimer, Max, *Autorität und Familie*, in: ders.: *Traditionelle und kritische Theorie*, Frankfurt ⁹1981.

Jahnn, Hans Henny, *Tagebuchaufzeichnung vom 18. 5. 1914*, aus dem Nachlaß zitiert nach Elsbeth Wolffheim, Hans Henny Jahnn, Reinbek 1989.

Jung, Franz, *Der Weg nach unten. Aufzeichnungen aus einer großen Zeit*, Neuwied/Berlin 1961.

Kafka, Franz, *Brief an den Vater* (1919), Frankfurt 1987.

Kafka, Julie, *Brief an Felice Bauer vom November 1912*, zit. nach: *Kafka-Handbuch*, Bd. 1, *Der Mensch und seine Zeit*, hg. von Hartmut Binder, Stuttgart 1979.

Kater, Michael, *Generationskonflikt als Entwicklungsfaktor in der NS-Bewegung vor 1933*, in: *Geschichte und Gesellschaft* 2/1985, S. 217–243.

Kindlers Literatur Lexikon: Abschied von den Eltern, Bd. 3, München 1974.

Knapp, Gerhard P., *Die Literatur des deutschen Expressionismus*, München 1979.

Kollwitz, Käthe, *Tagebucheintragungen*, in: *Ich sah die Welt mit liebevollen Blicken. Käthe Kollwitz. Ein Leben in Selbstzeugnissen*, hg. von Hans Kollwitz, Hannover 1968.

Kornfeld, Paul, *Die Verführung* (1916), Reprint in: Günther Rühle, *Zeit und Theater*), Bd. 1, *Vom Kaiserreich zur Republik 1913–1925*, Berlin o. J.

Mann, Klaus, *1919 – Der literarische Expressionismus* (1934), in: ders. *Prüfungen. Schriften zur Literatur,* hg. von Martin Gregor-Dellin, München 1968.

Mann, Klaus, *Kind dieser Zeit* (1932), Reinbek 1986.

Mennemeier, Franz Norbert, *Modernes deutsches Drama. Kritiken und Charakteristiken,* Bd. 1, *1910–1933,* München 1973.

Oelkers, Jürgen, *Die Herausforderung der Wirklichkeit durch das Subjekt. Literarische Reflexionen in pädagogischer Absicht,* Weinheim/München 1985.

Paulsen, Friedrich, *Väter und Söhne* (1907), in: ders, *Gesammelte Pädagogische Abhandlungen,* hg. von Eduard Spranger, Stuttgart/Berlin 1912.

Peukert, Detlev J. K., *Alltagsleben und Generationserfahrungen von Jugendlichen in der Zwischenkriegszeit,* in: *Jugendprotest und Generationenkonflikt in Europa im 20. Jahrhundert,* hg. von Dieter Dowe, Bonn 1986, S. 139–150.

Ders., *Die Weimarer Republik. Krisenjahre der klassischen Moderne,* Frankfurt 1987.

Reich, Wilhelm, *Die Massenpsychologie des Faschismus* (1933), Köln 1986.

Rousseau, Jean-Jacques, *Emile oder über die Erziehung* (1762), Paderborn/München/Wien/Zürich [5]1981.

Rühle-Gerstel, Alice, *Die Frau und der Kapitalismus. Eine psychologische Bilanz* (1932), Reprint unter neuem Titel, Frankfurt 1972.

Sachße, Christoph, *Mütterlichkeit als Beruf,* Frankfurt 1986.

Sebald, Hans/Kraut, Christine *Ich will ja nur Dein Bestes. Fehlentwicklung durch Mutteregoismus,* Düsseldorf/Wien [2]1985.

Sorge, Reinhard J., *Der Bettler* (1912), Reprint in: Günther Rühle, *Zeit und Theater,* Bd. 1, *Vom Kaiserreich zur Republik, 1913–1925,* Berlin o. J.

Spranger, Eduard, *Stufen der Liebe. Über Wesen und Kulturaufgabe der Frau,* hg. von Annelise Fechner-Mahn, Tübingen 1965.

Suhrkamp, Peter, *Söhne ohne Väter und Lehrer. Die Situation der bürgerlichen Jugend,* in: *Neue Rundschau* 43/1932.

Theweleit, Klaus, *Männerphantasien,* Bd. 1, Reinbek 1987.

Toller, Ernst, *Der Ringende* (1912), in: ders. *Prosa, Briefe, Dramen, Gedichte,* Reinbek 1985.

Ders., *Die Wandlung* (1919), in: ders. *Prosa, Briefe, Dramen. Gedichte,* Reinbek 1985.

Ders., *Eine Jugend in Deutschland* (1933), Reinbek 1987.

Unruh, Fritz von, *Ein Geschlecht* (1917), Reprint in: Günther Rühle, *Zeit und Theater,* Bd. 1, *Vom Kaiserreich zur Republik, 1913–1925,* Berlin o. J.

Vietta, Silvio/Kemper, Hans-Georg, *Expressionismus,* München [3]1985.

Weiss, Peter, *Abschied von den Eltern* (1961), Frankfurt 1964.
Wittrock, Christine, *Weiblichkeitsmythen. Das Frauenbild im Faschismus und seine Vorläufer in den 20er Jahren*, Frankfurt ²1985.

III

Helga Zeiher/Hartmut J. Zeiher
Wie Kinderalltage zustandekommen

1. Thomas und Daniel

Thomas und Daniel sind zehn Jahre alt. Jeder wohnt in einem anderen Stadtteil Berlins. Beide verbringen ihre Nachmittage am liebsten draußen mit Freunden. Was können sie dort tun? Wie vollziehen sich ihre Nachmittage?

Thomas wohnt in einer Gegend mit vier- bis fünfstöckigen Miethäusern aus der Zeit vor dem Ersten Weltkrieg, einer Gegend mit bürgerlicher Tradition. Die einst hohe Wohnqualität ist durch verkehrsreiche Durchgangsstraßen heute zum Teil beeinträchtigt. Dazwischen befinden sich aber noch ruhige Wohnstraßen mit kleinen Vorgärten und Bäumen vor den Häusern. Von Thomas' Wohnung 200 m entfernt gibt es einen sehr kleinen Spielplatz mit Sandplatz, Schaukel und Tischtennisplatte und 500 m entfernt einen kleinen Park mit einem Spielplatz in einer Ecke, auf dem meist Kleinkinder spielen, und wo für größere Kinder nur ein hölzernes Klettergerüst attraktiv ist. Ebenfalls 500 m entfernt liegt ein eingezäuntes Leergrundstück, das zum Fahrradfahren freigegeben, aber schmutzig und an einer Hauptverkehrsstraße gelegen ist. Attraktiver für Thomas sind weiter entfernte Orte: vor allem ein großer Sportplatz für Vereine in 800 m Entfernung und der nach mehr als eineinhalb Kilometern beginnende Stadtpark mit angrenzendem Kanalufer.

Ein Nachmittag von Thomas: Nach dem Mittagessen ruft Thomas' Schulfreund Stefan an und schlägt vor, am Nachmittag etwas gemeinsam zu tun. Thomas lehnt ab, weil er sich schon in der Schule mit Markus zu einem Ausflug zum Kanalufer verabredet hat. Dann legt er sich auf sein Bett und liest *Eine Reise zum Mars*, bis Markus anruft, um die Verabredung zu bestätigen. Am Nachmittag wird eine Fernsehsendung laufen, die er sehen möchte, aber wegen des geplanten Ausflugs nicht sehen kann. So bittet er seine Eltern, die im Erdgeschoß des Wohnhauses arbeiten, die Sendung mit dem Videorekorder aufzunehmen. Dann geht er den halbstündigen Fußweg zu Markus, der in der Nähe des Kanalufers wohnt. Er trifft Markus aber nicht an und sucht ihn auf den umliegenden Spielplätzen. Schließlich geht er enttäuscht nach Hause. Dort sieht er die Fernsehsendung, die seit zwölf Minuten läuft, und anschließend bis zum Abendessen den auf Video aufgenommenen Anfang.

Auch in *Daniels* Wohngegend gibt es ruhige Wohnstraßen mit großen Bäumen, doch die alten fünfstöckigen Miethäuser haben keine Vorgärten, dafür aber häufiger Kneipen und kleine Läden. Es war immer eine Arme-Leute-Gegend. Dieses alte Arbeiterviertel hatte lange Zeit im Schatten der Stadtentwicklungspolitik gestanden. An seinem Rande war Ende der sechziger Jahre eine Hochhaussiedlung gebaut worden, in die viele Familien aus dem alten Viertel wechselten. In die freiwerdenden komfortlosen, billigen Wohnungen rückten vor allem türkische Arbeiterfamilien nach, die in jenen Jahren in großer Zahl nach Berlin geholt wurden. Geld und Aufmerksamkeit der Politiker waren durch die Ausstattung der Hochhaussiedlung gebunden, und das Altbaugebiet blieb sich selbst, seinen alten und neuen sozialen Problemen überlassen. Das Anwachsen von Problemen sowie Bürgerbewegungen zur Erhaltung und sozialen Belebung der Altbauviertel lösten hier erst zu Beginn der achtziger Jahre intensive stadtpflegerische und sozialpädagogische Aktivitäten aus: Fassaden wurden renoviert, Parks hergerichtet, Kinderspielplätze wurden angelegt und auf eine Weise gut ausgestattet, die die Erfahrungen von zwei Jahrzehnten Spielplatzbau und Spielplatzkritik berücksichtigte. Da man in einem Altbaugebiet Spielplätze nicht beliebig plazieren kann, sondern auf unbebaute Flächen angewiesen ist, ergab es sich, daß zwei schöne, große Spielplätze und zwei große »Fußballkäfige« dicht nebeneinander entstanden. Gleich daneben ist das Gelände eines Freizeitheims mit einem von Pädagogen betreuten Bauspielplatz und einem Bolzplatz. Daniel wohnt in einem Haus, das mit der Vorderseite an einen der Spielplätze grenzt, auf dem unter anderem drei Tischtennisplatten stehen, und mit der Rückseite an den Bauspielplatz.

Ein Nachmittag von Daniel: Daniel trifft auf dem Heimweg von der Schule Jens, der auf dem Spielplatz vor Daniels Haus gewartet hat, um mit ihm Tischtennis zu spielen. Daniel verspricht, gleich nach dem Mittagessen zu kommen und tut dies auch. Bald finden sich noch zwei weitere Freunde ein. Nach zwei Stunden Tischtennisspielen löst sich die Gruppe auf. Daniel geht zum nahen Bolzplatz des Freizeitheims, weil er jetzt Fußball spielen möchte. Da dort niemand ist, geht er zum daneben liegenden Bauspielplatz.

Dort sind viele Kinder dabei, Hütten aus altem Bauholz zu bauen, denn in neun Tagen soll dort ein Fest mit anschließendem Übernachten in den Hütten stattfinden. Daniel hat mit mehreren anderen zusammen eine Hütte, an der er jetzt mit den anderen weiterbaut. Als er dann aber auf dem Bolzplatz Kinder sieht, geht er hin. Es ist jedoch ein Junge dabei, mit dem er am Vortag Streit hatte. So kann er heute nicht mitspielen und kehrt zum Hüttenbauen zurück. Als der Bauspielplatz um 19.00 Uhr geschlossen wird, geht er nach Hause. Dort läuft, wie allabendlich, der Fernseher. Er setzt sich zu seinen Schwestern und sieht mit.

Das sind zwei Kinderalltage. Kann man daran etwas von den gesellschaftlichen Verhältnissen heutiger Kindheit erkennen? Offensichtlich nur dann, wenn sie im Tun der beiden Jungen zur Erscheinung kommen, das heißt, wenn sie sich auf das Zustandekommen ihrer Tagesläufe auswirken.

2. Spezialisierte Alltagswelt und Tageslaufgestaltung

Es sind bestimmte Eigenschaften heutiger Kindheitsbedingungen, deren Auswirkungen auf die Tagesläufe der Kinder uns vor allem interessieren:

Gegen Ende der sechziger Jahre, als ökonomisch Dienstleistungs- und Konsumsektor expandierten und als politisch emanzipatorische Bewegungen dominierten, war ein massiver Veränderungsschub in den alltäglichen Lebensbedingungen von Kindern zu beobachten. Verschiedenartige gleichzeitige Entwicklungen griffen ineinander und bestärkten sich wechselseitig: Die raumzeitliche Alltagsorganisation der Familien wurde durch mehr Haushaltstechnik, durch allgemeine Verbreitung von Privatautos, Telefon, Unterhaltungsmedien und Freizeittourismus sowie durch häufigere Müttererwerbstätigkeit verändert; sie wurde unabhängiger von sozialen Bezügen in der Wohnungsnachbarschaft. Zugleich eigneten sich Straßen und Höfe weniger zum Kinderspiel draußen; in einem auf Funktionsentmischungen ausgerichteten Städtebau erhielten dort motorisierter Verkehr und gärtnerische Dekoration Priorität. Besondere, geschützte Kinderorte wurden notwendig. Dies alles führte zu verstärktem Bedarf an außerfamiliären Dienstleistungen für Kinder. Aufgrund neuer Einstellungen zum Kind wurde dieser Bedarf sowohl von Eltern wie auch von den Instanzen, die solche Dienstleistungen bereitstellten, artikuliert und wichtig genommen. Im Zusammenhang von Verwissenschaftlichungen der Alltagspraxis sowie von gesellschaftsreformerischen Bewegungen drangen wissenschaftliche Konzepte über kindliche Entwicklung und Sozialisation, über Pädagogik im weitesten Sinne, in immer differenzierterer Form in viele Lebensbereiche ein. Sie beeinflußten elterliches Erziehungsverhalten, Spielzeug- und Spielplatzgestaltung sowie die Ausbildung einer neuen Generation von Freizeitpädagogen.

Seitdem werden die Zielformulierungen und die Realisationsbedingungen nicht nur für schulische, sondern auch für außerschulische Aktivitäten vermehrt durch spezialisierte zentrale Instanzen bereitgestellt. Sie entstehen weniger als zuvor in lokalen familiären und nachbarschaftlichen Zusammenhängen. Im Vergleich zu den vorangegangenen Generationen treffen Kinder heute für sehr viel mehr ihrer Tätigkeiten auf vorgefertigte, detailliert spezialisierte Entwürfe, sei es in gegenständlicher Form, als institutionelle Arrangements und Programme, oder in der Zuordnung von besonderen Räumen, Zeiten und Personal: auf Spielvorgaben einer besonderen »Kinderkultur« in Medien und Konsumartikeln und in Kinderzimmern voller Spielzeug; auf Bewegungsvorgaben in Spielplatz- und Sportgeräten und in Sporttrainingsprogrammen; auf Veranstaltungen in vielerlei Kinderfreizeiteinrichtungen; auf Lehrpläne musik- und kunstpädagogischer Kurse und vieles mehr.

Wo die Alltagswelt nicht speziell für Kinder ausgeformt ist, ist sie für anderes spezialisiert und dadurch für Kinder ungeeigneter als zuvor. Kinder leben in dieser Polarität: mit Dingen und Programmen, in deren Tätigkeitshülsen sie hineinschlüpfen können und sollen, und mit einer im übrigen von Möglichkeiten sehr entleerten Welt. Die Polarität erscheint auch räumlich und zeitlich: Spezialangebote sind an ausgegrenzte Orte gebunden, die als verstreute Kinderinseln in der im übrigen kinderabweisenden Stadtlandschaft liegen, sowie an ausgegrenzte Zeiten – Veranstaltungstermine, Öffnungszeiten –, außerhalb derer bestimmte Tätigkeiten nicht möglich sind. Ob in einem Wohnquartier solche Inseln liegen und was sie den Kindern dort zu tun anbieten, ist unterschiedlich. (H. Zeiher 1983, 1989) Thomas' und Daniels Wohnumgebungen unterscheiden sich darin sehr. Deshalb haben wir sie zur Untersuchung ausgewählt.

Wir finden also um die Kinder herum bestimmte Dinge, Einrichtungen, räumliche Beschaffenheiten, Personen, kurz jeweils einen konkreten Weltausschnitt, den wir beobachten und beschreiben können. Wir haben daneben Tagesläufe von Kindern, die in diesen konkreten Welten stattgefunden haben. Auch sie können wir beobachten und beschreiben. Uns interessiert nun, wie die Tagesläufe der Kinder von den jeweiligen Lebensbedingungen beeinflußt sind. Das heißt, wir wollen das *Zustandekommen* der Tagesläufe erklären. Das Wie des Zustandekommens entzieht sich aber unseren Augen, ist also weder beobachtbar noch beschreibbar. Deshalb ist für die Erschließung dieses unsichtbaren Prozesses eine Theorie erforderlich, die erklärt, wie Tagesläufe zustandekommen und wie konkrete Lebensbedingungen dieses Zustandekommen beeinflussen. Aus einer solchen Theorie geht auch hervor, welche empirischen Informationen zum Erklären des Zustandekommens benötigt werden und wie mit diesen Informationen bei der Analyse von Tagesläufen umzugehen ist.

Im Forschungsprojekt »Alltagsorganisation in der Kindheit« haben wir eine solche Theorie entwickelt und der Erhebung und Analyse kindlicher Tagesläufe zugrunde gelegt.[1] Ein Teil derselben ist eine Theorie der Tageslaufgestaltung. Da dieser Teil die folgende Darstellung strukturiert, sollen drei seiner Grundbegriffe kurz skizziert werden.

Eine Theorie der Tageslaufgestaltung ist eine Theorie der Verursachung von Handeln auf der molaren Ebene von Tätigkeiten. Sie ist eine Theorie des Tätigkeitswechsels, da Tagesläufe Sequenzen von Tätigkeiten sind. Und sie ist eine Theorie von Biographiegenese, da Biographie durch die Aufeinanderfolge der Tätigkeiten in der Zeit ihre bestimmte Gestalt erhält. Wir verstehen Tageslaufgestaltung als Zusammenspiel dreier Prozesse: Integrieren, Koordinieren und Entscheiden.

Integrieren bewirkt, daß in zeitlichem Abstand voneinander mehrere Handlungen entstehen, die der Realisierung einer ihnen übergeordneten Intention dienen. Sie bilden zeitüberdauernde Handlungszusammenhänge im individuellen Lebenslauf. Durch Integrieren entstehen Sinnzusammenhänge zwischen auseinanderliegenden Punkten der Lebenslinie, entsteht ein Repertoire an verfügbaren Handlungsoptionen, an Gewohnheiten und Projekten und entsteht überdauernde Einbindung in Zusammenhänge der äußeren Welt. Integrieren vollzieht sich in Auseinandersetzung mit überdauernden Verhältnissen, die in der gesellschaftlichen Welt bestehen: zum Beispiel mit gegenständlichen Tätigkeitsgelegenheiten – Spielzeugen, Spielplätzen –, die immer wieder erreichbar sind; mit Veranstaltungsprogrammen, die Tätigkeitsgelegenheiten als komplexen, in der Zeit erstreckten Organisationszusammenhang vorgeben – Sportvereine bieten zum Beispiel solche Programme –; mit informellen sozialen Netzwerken; oder mit familiären Alltagsroutinen.

Koordinieren regelt die zeitliche Folge der Handlungen im Tagesablauf. Dabei geht es darum, sowohl dem Zeitbedarf eigener Tätigkeitsabsichten und -verpflichtungen sowie Zeitplänen anderer Personen und Institutionen gerecht zu werden als auch zeitliche Abhängigkeiten zwischen den zur Realisierung anstehenden Handlungen zu beachten. Auch die Notwendigkeit zu koordinieren steht in Beziehung zur Funktionsentmischung und Spezialisierung von Tätigkeitsgelegenheiten, denn mit diesen ist die Vermehrung fixierter Zeiten verbunden sowie die Vergrößerung räumlicher Distanzen, die Planungen und Tätigkeitsvorläufe in zeitlicher Distanz verlangen (H. Zeiher 1988).

Entscheiden schließlich legt fest, welche vom gegebenen Zustand von Umwelt und Person her möglichen Handlungsalternativen tatsächlich verwirklicht werden. Im Entscheiden wirken gegenwärtige und vergangenheits- oder zukunftsbezogene innere und äußere Bedingungen in ermöglichender, begrenzender oder bewirkender Beziehung zusammen. In Entscheidungen kommen sowohl Handlungsspielräume der Kinder und somit Herrschaftsverhältnisse in ihrer Umwelt als auch persönliche Initiativen zum Ausdruck (H. J. Zeiher 1989).

An den Tätigkeitswechseln im Tagesablauf einzelner Kinder versuchen wir, soweit dies mit den vorhandenen Informationen jeweils möglich ist, herauszufinden, wie diese drei Prozesse von Umweltbedingungen beeinflußt sind und wie von der Eigeninitiative der Kinder. Dazu werden für jede Tätigkeitsentscheidung diejenigen Relationen aufgesucht, in der sie zu gleichzeitigen, früheren und späteren Tätigkeiten, Ereignissen und Gegebenheiten steht: Relationen, die die Einbettung der Tätigkeitsentscheidung in zeitübergreifende intentionale Handlungszusammenhänge, ihre zeitlichen Abhängigkeiten sowie den Handlungsspielraum im Hier und Jetzt des Entscheidens erkennen lassen.

3. Wie Thomas' und Daniels Nachmittage zustandekommen

Im folgenden analysieren wir die eingangs beschriebenen Nachmittagsabläufe von Thomas und Daniel auf diese Weise. Wir untersuchen die Abfolge der Tätigkeitswechsel zunächst im Hinblick auf Beziehungen zu intentionalen Handlungszusammenhängen und vergleichen die beiden Jungen darin. Dann tun wir das Entsprechende im Hinblick auf Koordinationsleistungen und dann im Hinblick auf den Gesamtzusammenhang der Entscheidungsgenese. Dabei soll besonders hervorgehoben werden, inwieweit und auf welche Weise die Kinder in ihrem je besonderen Lebenszusammenhang Eigeninitiative entfalten konnten und entfaltet haben.

3.1 Integrieren in intentionale Handlungszusammenhänge

Thomas
Von Thomas Tätigkeiten an unserem Beispiel-Nachmittag wollen wir zwei daraufhin untersuchen, wie sie in solche zeitübergreifenden Handlungskomplexe integriert sind: Lesen und den Ausflug zum Kanalufer.

Mehrmals in der Woche pflegt sich Thomas mittags nach dem Essen auf sein Bett zu legen und zu lesen. Er hat dafür in der Regel nicht mehr als eine Stunde Zeit, bis er sich etwa ab drei Uhr mit Freunden trifft. Deshalb verteilt sich die Lektüre von *Eine Reise zum Mars* auf mehrere Tage. Das Projekt Lesen ist zugleich Teil von zwei umfassenderen Projekten: Bücherlesen generell sowie die Beschäftigung mit bestimmten Inhalten der aktuellen »fantasy«-Mode, die er über mehrere Medien – Bücher, Fernsehen, Kassetten – rezipiert. Bücherlesen setzt das Vorhandensein von Büchern voraus. Damit er immer, wenn er zum Lesen Zeit und Lust hat, ein Buch vorfindet, muß er vorsorgen. Dazu benutzt er ein institutionelles Angebot in seiner Wohngegend, die kostenlose Ausleihe der öffentlichen Jugendbücherei. Er muß sich dabei an die Organisationsstruktur der Bücherei halten, an Öffnungszeiten, Ausleihprozedur und Leihfristen. Es ist für ihn praktisch, an das Rückgeben eines Buches das Ausleihen eines neuen direkt anzuschließen. Doch weder die Bücherei noch irgendwelche Personen nötigen ihn dazu. Für jede neue Entleihung und für jede erneute Lektüre und Lektürefortsetzung zu Hause muß Thomas selbst Initiative aufbringen.

Ausflüge ans Kanalufer macht Thomas ein- bis zweimal wöchentlich. Sucht man nach Beziehungen zu anderen seiner Tätigkeiten, so wird erkennbar, daß er mit diesen Ausflügen mehrere allgemeinere Intentionen zugleich realisiert. Am Kanalufer und in der benachbarten Teichlandschaft liebt Thomas »Herumstromern«, »Langlatschen, gucken, ob Enten brüten oder sowas, Froschlaich suchen«, also sich in natürlichem, offenem Gelände abseits von Wegen zu bewegen und Tiere und Pflanzen zu beobachten. Mit solchen Tätigkeiten haben die Eltern ihn auf Ferienreisen vertraut gemacht. In der Stadt ist das Kanalufer das nächstliegende Gelände dafür. Er kann es aber erst seit diesem Sommer erreichen: weder durfte er vorher, noch wagte er es, die zwei Kilometer dorthin allein zurückzulegen. Eine andere, übergreifende Intention, die die Kanaluferausflüge mitbestimmt, ist, sich weit von zu Hause zu entfernen. Er nimmt Gelegenheiten, ohne Erwachsene in entferntes unbekanntes Gebiet vorzustoßen, gern wahr, etwa wenn er Freunde findet, die zu größeren Radtouren bereit sind. Hinter der Distanzsuche steckt nicht nur der Drang, nach Unbekanntem, Neuem zu suchen, sondern auch eine Absetzbewegung vom häuslichen Milieu, wo er sich als Einzelkind in einem sehr festgefügten Alltagsmuster manchmal beengt fühlt. Darauf weisen viele Indizien, die wir hier nicht ausführen können. Eine dritte Intention schließlich richtet sich auf das Zusammensein mit Gleichaltrigen. Bei allen seinen außerhäuslichen nachmittäglichen Aktivitäten hat er einen Partner, meist nur einen, doch nicht immer denselben. Die Initiative zu den Kanaluferausflügen ist von Thomas selbst ausgegangen. Er hat entdeckt, daß dieses Terrain die Möglichkeiten bietet, seine Intentionen zu realisieren. Die Eltern haben ihn dazu nicht angeregt, sondern besorgt zurückzuhalten versucht. Und seine Freunde, die ihn begleiten, muß er zu jedem einzelnen Nachmittagsausflug neu überreden.

Daniel

In welche zeitüberspannende Handlungszusammenhänge sind die außerhäuslichen Tätigkeiten an Daniels Nachmittag integriert?

Tischtennisspielen auf dem Spielplatz vor Daniels Haustür gehört zu seinen fast täglich wiederholten gemeinsamen Tätigkeiten mit einigen Jungen aus der Nachbarschaft. Mit der Aufstellung von drei Tischtennisplatten hat das Gartenamt diese Tätigkeitsmöglichkeit explizit angeboten. Da man Tischtennis nicht allein spielen kann, haben Daniel und seine Freunde im Laufe der Zeit durch die Wiederholungen ihres Tuns ein Handlungsmuster ausgebildet, mit dem sie sich das gegenständliche Angebot sozial erschließen. Die Kinder haben Wettkampfformen gefunden, bei denen unterschiedlich viele Spieler zugleich mitmachen können. So kann mitspielen, wer kommt. Und es kommen oft viele zusammen, weil die interessierten Kinder die Tageszeiten kennen, zu denen die Chance groß ist, Partner zu finden. Die dahinter stehenden Intentionen bei Daniel richten sich auf das Zusammensein mit anderen Kindern sowie auf körperliche Bewegung, akute Wettkampfspannung und Erfahrung eigenen sportlichen Könnens. Daß sich diese Intentionen gerade am Tischtennisspielen und in einer bestimmten sozialen Organisationsform realisieren, geht nicht nur auf Daniels Initiative zurück. Dieser Handlungskomplex besteht, weil mehrere Kinder gemeinsam in ihren Leben gleichartige Handlungskomplexe aufgebaut haben, und weil dieses Stück gemeinsamer Lebensgestaltung durch räumlich-materielle Gelegenheiten explizit angeregt und ermöglicht wird.

Das freie Fußballspielen auf dem Bolzplatz des Freizeitheims ist dem Tischtennisspielen strukturell gleichartig: Mit der Einrichtung des Bolzplatzes hat ebenfalls eine Institution, hier das Freizeitheim, die Tätigkeitsmöglichkeit materiell ausgeformt angeboten, und Kinder der Nachbarschaft erschließen diese Gelegenheit gemeinsam. Auch Daniels Intentionen sind gleicher Art wie beim Tischtennisspielen, wenn auch hier der sportliche Ehrgeiz und damit die Trainingsabsicht stärkeres Gewicht haben. Das hängt damit zusammen, daß Fußball vielfältiger in Daniels Leben integriert ist als Tischtennis. Er betreibt es neben diesem freien Spielen auch in institutionell organisierten Formen mit regelmäßigem Training und häufigen Wettspielen in einem Sportverein und daneben auch noch als Mitglied einer Mannschaft des Freizeitheims.

Schließlich das Hüttenbauen. In den letzten Tagen hat Daniel häufig auf dem Bauspielplatz mit anderen Kindern zusammen an einer Bretterhütte gebaut. Dieser Handlungszusammenhang, der mit einem geplanten Hüttenfest sein Ende finden wird, ist Teil eines permanenten Handlungskomplexes »Bauen auf dem Bauspielplatz« in Daniels Leben. Das Bauen wiederum ist eingebettet in das Ensemble von Daniels Tätigkeiten im Freizeitheim. Daniel gehört seit vielen Jahren zur Kerngruppe der Benutzer und beteiligt sich mehrmals in der Woche an dort veranstalteten Aktivitäten: Bauen, Fußballspielen, Werken, Fahrten zum Schwimmen, Ferienreisen und vieles mehr. Die Intentionen, die Daniel immer wieder ins Freizeitheim führen, sind komplex. Die Gewohnheit, seit dem Kleinkindalter fast alles dort mitzumachen, ist eingebunden in eine vertraute soziale Situation unter den Kindern und zwischen Kindern und Betreuern. Das Zusammensein wird zusätzlich durch Tätigkeiten motiviert, die weitere Intentionen realisieren: die Entfaltung handwerklicher und sportlicher Tüchtigkeit.

Daniels Intentionen und die Art seines integrierten Handlungskomplexes »Freizeitheim« gleichen denen seiner Freunde, die ebenfalls häufig dorthin gehen. So werden Entstehung und Aufrechterhaltung der Intentionen durch ihre Gleichartigkeit bei mehreren Kindern und durch das gemeinsame Tun begünstigt. Inhaltlich bestimmt und in konkrete Handlungsinhalte gefaßt werden die Intentionen der Kinder aber vor allem durch die Einbindung in das Freizeitheim, also in ein institutionell organisiertes Arrangement. Das Freizeitheim mit seiner räumlich-materiellen Ausstattung, mit mehreren professionellen Betreuern und mit Tätigkeitsangeboten für Kinder kann seine sozialpädagogischen Ziele nur realisieren, wenn Kinder wie Daniel hier dauerhaft mitmachen. Den Kindern durch Vorgeben fertiger Handlungsmuster die Initiative abzunehmen, konfligiert freilich mit dem besonderen pädagogischen Ziel dieses Heims, Eigeninitiative in der Lebensgestaltung der Kinder zu fördern. Das aktuelle Hüttenbauprojekt ist ein Beispiel, wie Intentionen der Betreuer und Intentionen der Kinder zusammenwirken. Die Betreuer haben die Idee für das Fest initiiert, sie bieten Platz, Material, Werkzeugverleih und Beratung zu den festen Öffnungszeiten des Heims. Die Kinder haben Idee, Handlungskontext und Zeithorizont des Ganzen übernommen. Innerhalb dieses Rahmens gibt es jedoch weder Baupläne, Handlungsroutinen, Zeitpläne noch feste Arbeitsteilung in der beteiligten Kindergruppe. So muß auch Daniel zu jeder Einzelaktivität aufs Neue aus eigener Initiative kommen und in der Kooperation mit den anderen Kindern die konkrete Ausgestaltung der Hütten und des Festes entwickeln.

Vergleich

Die integrierten Handlungskomplexe der beiden Jungen sind in die je besonderen Gegebenheiten in ihrer außerfamilialen Umwelt eingeknüpft: in institutionelle Organisationsmuster, in soziale Verhaltensmuster und in Gestaltungen der räumlich-gegenständlichen Welt.

Daniels unmittelbare Wohnumgebung ist zu einem großen Teil speziell für die Nutzung durch Kinder eingerichtet, das heißt Erwachsene haben Kindern bestimmte Intentionen unterstellt und für deren Realisierung spezielle Gelegenheiten geschaffen. In der untersuchten Zeit bewegt sich Daniel ausschließlich an solchen Orten, und er nutzt die Möglichkeiten dort ausschließlich im Sinne ihrer von Pädagogen geplanten, »eingebauten« Funktionen: Er spielt Tischtennis auf dem Spielplatz, bolzt auf dem Bolzplatz, baut an einer Hütte auf dem Bauspielplatz. Diese Übereinstimmung seiner Intentionen mit Intentionen, die die Gestalter der Plätze unterstellt haben, hat sich in einem jahrelangen Prozeß hergestellt, in dem die institutionell und gegenständlich vorgeformten Möglichkeiten und die gemeinsamen Intentionen und Realisierungsgewohnheiten vieler Kinder zusammengewirkt haben. Die – durch ihre Ausstattung verlockenden – Angebote anzunehmen, bedurfte es für Daniel relativ geringen Aufwandes, weil er sie immer in seiner unmittelbaren räumlichen Nähe fand, wo er nicht suchen mußte. Überdies wurden Initiativen dazu nicht von Daniel allein, sondern vom Kollektiv der Nachbarskinder aufgebracht. Was Daniel an diesem Tag ins Auge fällt, fällt ihm täglich ins Auge. Seinen Freunden geht es ähnlich. So ist in den Wiederholungen über Tage und Jahre hin Integration des Lebens durch Gewohnheit entstanden. Durch die Gewohnheitsbildung wird das äußerlich Naheliegende auch zum innerlich Naheliegenden.

In dem, was Thomas in seiner Umgebung vorfindet, sind Tätigkeitsmöglichkeiten nicht schon in solcher Deutlichkeit vorgezeichnet. Seine Umgebung erlaubt zwar, was er tut, legt es aber nicht nahe (abgesehen von der Jugendbücherei). In unmittelbarer Nähe findet er weder institutionelle Angebote für Kinder noch eine Gruppe von Nachbarskindern, die die räumlichen Gegebenheiten gemeinsam für bestimmte Tätigkeiten erschlossen haben könnten. Die Landschaft am Kanalufer ist mit Wegen für Spaziergänger ausgestattet, gibt also nur eine Tätigkeitsgelegenheit explizit vor, die nicht speziell für Kinder gemacht ist. Thomas benutzt dieses Gelände auf nicht vorgesehene Weise, nämlich abseits der Wege, kletternd und kriechend. Die Intentionen, die Thomas hierher führen, hat er gehabt, bevor er diesen Ort als geeignet für deren Realisierung gefunden hat. Wie Thomas' und Daniels Tätigkeiten in die äußeren Gegebenheiten eingeknüpft sind, erscheint im Vergleich der beiden Nachmittage geradezu konträr. Was Daniel tut, ist in hohem Maß außerhalb seiner Person vorgebildet. Seine Intentionen werden durch Angebote von Kindereinrichtungen in konkrete Formen gelenkt. Wie er sein Leben mit diesen Formen verbindet, kann er nicht allein entscheiden; denn es ist in die kollektive Gewohnheitsbildung der Nachbarskinder eingebunden, die die Angebote gemeinsam nutzen. Dagegen sind Thomas' Handlungszusammenhänge von ihm allein entwickelt worden, aus Besonderheiten seiner Biographie heraus und durch Suchen nach Möglichkeiten, die nicht so unmittelbar bereitstanden, sondern die er erst durch eingreifendes Handeln für sich erschlossen hat.

3.2 Koordinieren der Zeitfolge

Thomas
Um an diesem Tag die langfristig bestehende Intention zu Streifzügen und Naturbeobachtungen am Kanalufer zu realisieren, muß Thomas eine Reihe von Bedingungen zeitlich koordinieren. Zum einen hat ein solches Unternehmen einen recht hohen Zeitbedarf: Allein Hin- und Rückweg erfordern zusammen mehr als eine Stunde. Thomas muß den Zeitbedarf vorher abschätzen, um den Ausflug in dem Zeitraum plazieren zu können, den er heute frei disponieren kann. Das ist die Zeit zwischen 14.30 und spätestens 19.00 Uhr, wenn er zum Abendessen zu Hause erwartet wird. Während der Ausflug stattfindet, wird er nichts anderes tun können. Andere Ansprüche an dieselbe Zeit muß er zurückweisen oder so verändern, daß sie mit dem Vorhaben vereinbar werden. Stefans Angebot lehnt er deshalb ab. Seinen eigenen Wunsch, eine bestimmte Fernsehsendung zu sehen, kann er verwirklichen, indem er das Anschauen der Sendung von der Sendezeit unabhängig macht. Die Voraussetzungen dazu bestehen: In der Wohnung gibt es einen – allerdings nicht programmierbaren – Videorekorder; seine Eltern sind in solchen Fällen grundsätzlich bereit, Sendungen für ihn aufzuzeichnen; und seine Eltern werden heute zu

Sendebeginn voraussichtlich in der Wohnung sein, da sie Besuch erwarten. Thomas muß das Wissen von der Sendung, sein Interesse daran, das Erkennen der Realisierungsvoraussetzungen, den Plan zur Realisierung und das Arrangement mit seinen Eltern herstellen, bevor er sich auf den Weg zum Kanalufer macht.

Weiterhin ist eine soziale Voraussetzung zu schaffen: Da Thomas nie allein dorthin gehen mag und darf, sondern nur in Begleitung einer seiner Freunde, muß er auch heute einen Freund finden. Dies muß nach den Regeln des sozialen Umgangs vor sich gehen, die im Kreis möglicher Partner gelten. Unter Thomas' Freunden – alles Schulfreunde und nicht Nachbarskinder – gibt es recht komplizierte Regeln dafür: Man verbringt den Nachmittag normalerweise zu zweit, und zwar in wechselnden Zweierkonstellationen. Dazu trifft man vormittags in der Schule eine Vorverabredung, die dann mittags telefonisch bestätigt wird, wenn jeder geklärt hat, ob dem Plan etwas in der Familie entgegensteht. Wer – wie Stefan – erst mittags telefonisch den ersten Schritt tut, kommt oft zu spät, weil der gewünschte Partner schon ausgebucht ist. Die Kinder suchen sich nicht spontan auf. Sie müssen also täglich neu vormittags die Initiative ergreifen und einige Stunden vorab planen; denn allein können und mögen diese Kinder draußen kaum spielen.

Die Art und Weise, wie Thomas koordiniert, braucht er nicht in jeder Situation ganz neu zu finden. Zum einen verfügt er über Handlungsmuster, die er bei früheren Gelegenheiten schon benutzt hat. Zum anderen findet er in seiner Umwelt Schemata von Handlungsabfolgen vor, die er im konkreten Fall benutzen kann. Das Ablaufschema für das Bücherleihen in der öffentlichen Bücherei ist ein Beispiel dafür, und auch die Verabredungsregeln unter Thomas' Freunden. Auch der Videorekorder bietet ein Koordinationsschema an: Mit seiner Hilfe kann man Fernsehen zeitlich aufschieben, sofern sich jemand findet, der den Videorekorder zur bestimmten Zeit anschaltet. Solche Schemata müssen aber entdeckt, den konkreten Bedingungen des Tages angepaßt und in eine realisierbare Tätigkeitssequenz eingewoben werden. Dazu und für die verschiedenartigen vorbereitenden Tätigkeiten ist an vielen Stellen Initiative erforderlich.

Daniel
Die räumlichen Gegebenheiten zum Tischtennisspielen, Fußballspielen oder Hüttenbauen stehen den Nachmittag über ständig zur

Verfügung. Daniel kann sie aber nur nutzen, wenn andere Kinder mitmachen. In Daniels naher Umgebung kommen gewöhnlich viele Kinder spontan zum Spielen nach draußen. Die möglichen Spielorte liegen so nah zu Daniels Wohnung, daß er sie vom Fenster aus sehen oder auch rasch hinlaufen kann, um festzustellen, wer dort ist. Sollte er trotzdem keinen Spielpartner finden, könnte er irgendeinen seiner nah wohnenden Freunde zu Hause aufsuchen und abholen. Daniel kann also auch an diesem Tag sicher sein, daß Tätigkeiten, wie er sie mag, sich ohne Vorplanung ergeben werden. Vorab zu planen ist nicht nur nicht notwendig, sondern wäre in einem sozialen Milieu, in dem es nicht üblich ist, nutzlos.

Nur eine einfache und kurzfristige Koordination wird heute von ihm verlangt. Jens, der früher Schulschluß hatte, erwartet ihn bei der Heimkehr von der Schule, um mit ihm Tischtennis zu spielen. Da Daniel aber zu Hause zum Mittagessen erwartet wird, verschiebt er das gemeinsame Tischtennisspielen bis gleich nach dem Essen.

Vergleich

Thomas hat an diesem Nachmittag sehr viel koordiniert, Daniel fast gar nicht. Koordinieren geschieht nur, sofern Notwendigkeit besteht; niemand wird hierzu ohne Grund Initiative ergreifen. Koordinationsbedarf entsteht zum einen, wenn bei der Sequenzierung der Tätigkeiten des Tages Voraussetzungs- und Folgebeziehungen zwischen Tätigkeiten zu beachten sind. Thomas' Streifzug zum Kanalufer geht ein weiter Weg voraus; also ist Wegezeit einzuplanen. Außerdem muß ihm die Verabredung mit einem Freund vorausgehen. Für Daniel gibt es keine Notwendigkeiten dieser Art. Seine Handlungsoptionen sind stets solche, die sich ohne Vorkehrungen realisieren lassen.

Koordinationsbedarf entsteht auch, wenn Handlungsalternativen um Zeit konkurrieren. Beide Jungen können an den untersuchten Nachmittagen ihre Zeit frei disponieren. Es gibt keine konkurrierenden Ansprüche von außen an ihre Zeit, so daß bei beiden Koodinationsbedarf nur entstehen kann, wenn sie selbst mehrere eigene Handlungsziele in Einklang bringen wollen. Thomas hat um Zeit konkurrierende eigene Ziele: Kanaluferausflug und das Sehen einer bestimmten Fernsehsendung. Daniel verfolgt zu einer Zeit immer nur eine Absicht und faßt eine andere erst dann, wenn sich die ursprüngliche nicht realisieren läßt. Also entsteht bei ihm auch kein Koordinationsbedarf dieser Art.

3.3 Entscheiden

Thomas
Die erste offene Entscheidungssituation nach Mittagessen und Michaels Anruf ist durch die Verabredung mit Markus begrenzt: Er muß zu Hause bleiben und auf Markus' Anruf warten, der vielleicht bald, vielleicht auch erst in einer Stunde kommen kann. Er ist allein in der Wohnung. Tätigkeitsmöglichkeiten, die er in diesen Wochen häufiger aufgreift, bieten hier und jetzt seine Spielzeugautos, ein Kassettenrekorder, Bücher, der Käfig mit seinem Meerschweinchen. Er entscheidet sich für Lesen. Es entspricht seiner Gewohnheit, in einer solchen Mittagssituation seinem Interesse an bestimmten spannenden Büchern zu folgen. Und er hat vorgestern ein neues Buch begonnen. Auch seiner aktuellen Stimmungslage mag dieses Lesen angemessen sein; denn er ist innerlich mit Problemen beschäftigt. In der Schule gab es heute einen Konflikt mit der Lehrerin, über den er nach Schulschluß neunzig Minuten lang mit zwei Freunden geredet hat. Wenn er jetzt etwas Spannendes liest, kann ihn dies davon ablenken.

Markus' Anruf löst aus, daß er mit den Eltern redet und sich dann auf den Weg zu Markus macht. Das sind Tätigkeiten, deren Inhalte und Sequenz schon vorentschieden waren, die er jetzt nur noch ausführt.

Als er Markus nicht antrifft, wird eine neue Entscheidung notwendig. Zwei denkbare Alternativen bestehen für ihn nicht: Er geht nicht allein zum Kanalufer, weil er es noch nie getan hat, weil es ihm allein keinen Spaß macht, weil er sich allein dort unsicher fühlt und weil die Eltern dies nicht wünschen. Und er sucht nicht nach einem anderen Begleiter, weil alle seine Freunde von hier aus mindestens eine halbe Stunde entfernt wohnen und weil sie, der Verabredungsregeln wegen, für ihn heute wohl nicht mehr erreichbar sind. Die Alternative, sofort nach Hause zu gehen, schiebt er auf, weil er hofft, das Vorhaben doch noch zu realisieren.

Nach zwanzig Minuten Suchen entschließt sich Thomas zum Heimweg. Alternativen, die hier und jetzt noch denkbar wären – wie allein auf dem Spielplatz im Stadtpark zu spielen oder ziellos durch Straßen zu schlendern – gehören nicht zu seinem Tätigkeitsrepertoire und entsprechen wohl auch nicht seiner enttäuschten Stimmung.

Wieder zu Hause und allein in der Wohnung benutzt er die unerwartete freie Zeit, die durch das Scheitern des so komplex vorbereiteten Streifzugs am Kanalufer entstanden ist, zum Anschauen der Fernsehsendung, die die Eltern für ihn aufzeichnen sollten. Die Sendung läuft seit zwölf Minuten. Er schaltet ein. Den aufgezeichneten Anfang sieht er erst nach dem Ende der Sendung. Da diese aus selbständigen Episoden bestand, war die Abweichung von der gesendeten Folge unwichtig. Die Voraussetzungen für diese Tätigkeit hatte er schon vor dem Weggehen geschaffen. Aber das Anschauen war nicht auf diesen Augenblick festgelegt. Jetzt mag es, über die alte Absicht hinaus, attraktiv sein: Die Enttäuschung nach der Vorfreude auf den Ausflug und die unfreiwillige Einsamkeit des Nachmittags verlangen nach etwas Angenehmem, nach Unterhaltung, nach einem Ersatzgeschehen.

Daniel

Das Tischtennisspielen ist durch die Zusage an Jens schon vorentschieden gewesen. Als die Spielgruppe sich nach zwei Stunden auflöst, hat Daniel noch zwei weitere Stunden frei zu disponieren. Er könnte in dieser Zeit Tätigkeitsgelegenheiten in einem recht weiten räumlichen Umfeld suchen, er könnte auch in die Wohnung gehen. Das Nächstliegende, sowohl räumlich als auch von der Vertrautheit her, die er in seiner Lebensgeschichte mit Orten und Kindern dort gewonnen hat, sind Bolzplatz und Bauspielplatz. Er entscheidet sich zunächst für den Bolzplatz, erst als dort niemand ist, für den angrenzenden Bauspielplatz. Das entspricht seiner stärkeren Neigung zu sportlichen als zu handwerklichen Tätigkeiten.

Nach einer Stunde Hüttenbauen sieht er Kinder auf dem Bolzplatz. Diese Wahrnehmung führt ihn auf die frühere Primärentscheidung zurück. Da sich Fußballspielen auch diesmal nicht realisieren läßt, setzt er das Hüttenbauen fort, bis um 19 Uhr der Bauspielplatz geschlossen wird.

Jetzt heimzukehren entspricht der Gewohnheit, wird von seiner Mutter erwartet und ist auch ohne konkurrierende Handlungsalternative, weil alle Kinder vom Bauspielplatz jetzt nach Hause gehen.

Beim Fernsehen bestimmt ebenfalls eine feste Gewohnheit die

Entscheidung, zumal er zu Hause die Familie schon beim Fernsehen antrifft. Jetzt nicht fernzusehen, hätte einen aktiven Eingriff in die Gewohnheit verlangt.

Vergleich
Augenblicksentscheidungen sind nur notwendig, wo nicht schon vorher über diesen Augenblick entschieden worden ist. Dennoch ist es nicht so, daß ein hohes Maß an zeitkoordinierender Aktivität ein geringes Maß an ad-hoc-Entscheidungen zur Folge haben muß. Durch Festlegung von Sequenzen und durch Terminfixierungen können Zeitlöcher und Wartezeiten entstehen. Außerdem können unvorhergesehene Ereignisse dazu zwingen, das vorab Festgelegte zu revidieren. An Thomas' Nachmittag, der in hohem Maß von Koordinationsaktivitäten bestimmt ist, ist beides der Fall. Es gibt Festlegungen, die er vorab getroffen hat durch Verabredungen mit Markus. Und es gibt Situationen für spontane Entscheidungen, als er mittags auf Markus' Anruf wartet, und dann später, als das festgesetzte Nachmittagsprogramm sich nicht einhalten läßt. Da ergreift Thomas zweimal Tätigkeitsmöglichkeiten, die er sich eine Zeitlang davor selbst geschaffen hat, zwar nicht für genau diese Situation, aber für Situationen dieser Art: das Lesen und das Anschauen der gespeicherten Fernsehsendung. Was er jetzt aus den Möglichkeiten in seiner Umgebung zeitlich spontan aufgreift, hat er vorher durch eigenes Handeln bewußt zu diesem Zweck dort hineingebracht.

An diesem Nachmittag erscheinen bei Thomas überwiegend Tätigkeiten, die entweder Herstellen von Voraussetzungen für späteres Tun beinhalten, oder aber durch Thomas' früheres Tun ermöglicht sind. Es gibt also zeitliche Distanzen zwischen Tätigkeitsvorbereitung und Tätigkeitsbeginn. Die Ziele und die Bedingungen, die bei der Vorbereitung wirksam sind, liegen in antizipierten künftigen Verhältnissen der äußeren Welt wie in den dann möglicherweise bestehenden eigenen Interessen und Stimmungen. Sie haben also Verankerungen in der Zukunft. Bei Tätigkeitsbeginn liegen die Bedingungen in dem, was die vorbereitende Aktivität schon früher in der äußeren Welt hergestellt hat. Thomas' Tageslaufgestaltung geschieht also sehr stark unter Zeitperspektiven, die über die Gegenwart hinausgehen. Planen der eigenen Zeit impliziert ein gewisses Maß an rationalem Umgang mit der eigenen Person; denn sie muß sich einerseits ihrer Tätigkeitsabsichten schon bewußt werden, bevor sie akut sind, und andererseits Absichten auch aufschieben können, bis sie realisierbar sind. Voraussicht, Selbstkontrolle und Bedürfnisaufschub sind notwendig, also Handlungsmerkmale, die schon Max Weber als Ausdruck moderner Rationalität beschrieben hat.

Daniel dagegen hat – bis auf die kurzfristige Verabredung mit Jens – für keine Tätigkeit dieses Nachmittags Vorkehrungen getroffen und nichts geplant. Tätigkeitsentscheidung und Tätigkeitsbeginn fallen in der Gegenwart zeitlich zusammen. Ohne sein Zutun findet er im Hier und Jetzt in räumlicher Nähe immer Tätigkeitsmöglichkeiten vor. So braucht er nicht in der Zeit aktiv zu werden, sondern nur im Raum. Seine Tageslaufgestaltung besteht weniger im Antizipieren, Planen und Vorbereiten wie bei Thomas, sondern im Wählen und Aufgreifen von Möglichkeiten, die im Raum um ihn herum bereitstehen. Er kann sich von der visuellen Wahrnehmung leiten lassen. Entsprechend einfach ist die zeitliche Struktur seines Nachmittagsablaufs: keine Vorbereitungen, keine Wartezeiten, keine Umdispositionen, sondern eine einfache Folge von ad-hoc-Entscheidungen.

Während Thomas' Wohnungsumgebung seine Initiative zum Selbst-Finden von Zielen und Selbst-Herstellen von Voraussetzungen dadurch herausfordert, daß sie ihm nichts in fertiger Form anbietet, machen die Gegebenheiten in Daniels naher Umgebung solche Anstrengungen unnötig. Die inhaltliche Verführungskraft von Daniels Tätigkeitsgelegenheiten wird durch mehrere Eigenschaften verstärkt. Zum einen läßt die räumliche Nähe die vorhandenen Tätigkeitsmöglichkeiten Daniel gleichsam »ins Auge springen«. Das Repertoire ist zwar klein, doch findet in der Regel immer an einer Stelle ein Spielgeschehen statt, in das Daniel einsteigen kann. Oder er kann eines in Gang setzen. Das Herbeischaffen weiterer Alternativen erscheint ihm unnötig. Von besonderer Bedeutung ist die Ausstattung mit materiellen und sozialen Details, die die angebotene Tätigkeit genau definieren und ihre Ausführung begünstigen, also die Konkretheit der Angebote. Zum Tischtennisspielen, Fußballspielen und Hüttenbauen braucht Daniel nichts selbst zu schaffen: nicht die Idee, nicht die Art und Weise, wie es zu tun ist, und auch nicht die Umstände, in denen es getan werden kann. Sehr konkrete Vorgaben erübrigen Initiative und Anstrengung.

Ob Daniel in der Lage wäre, solche Initiative aufzubringen,

würde sich nur in einer andersartigen Situation erweisen können. Der an diesem Nachmittag erkennbare Entscheidungsstil ist in seinem Leben nicht auf die außerhäusliche Nachmittagsgestaltung beschränkt und sicherlich nicht allein durch die Gegebenheiten in seiner Wohnumgebung bestärkt. So wird zum Beispiel in seiner Familie und bei ihm persönlich das allabendliche Fernsehen ebenfalls auf diese Weise entschieden: Man schaltet das erste Programm ein, wenn es nicht gefällt, das zweite, dann das dritte und so weiter. Als letzte Alternative wird ein Videoband aufgelegt (dazu ausführlicher H. J. Zeiher 1990).

Es ist jedoch eine wichtige Eigenschaft von Daniels Umwelt, daß Daniel nicht durch Verpflichtungen an seine Tätigkeitsgelegenheiten gebunden ist, und auch nicht durch ein permanentes oder täglich neu zu knüpfendes Terminnetz. Die Tätigkeiten haben keinen festen Platz in Tages- oder Wochenplänen. Sie entstehen im jedesmal neuen Einsteigen oder Anfangen, und verlangen nur dazu Initiative. Daniel – im Unterschied zu manchen anderen Kindern in seiner Wohngegend – bringt diese Art der Initiative auf. Er nimmt aktiv auf, was sich bietet. Er sieht um sich und findet dann immer etwas zu tun. An diesem Nachmittag wechselt er auch einmal von sich aus die Tätigkeit, ohne durch das Ende der vorausgehenden genötigt zu sein. Die Grenzen von Daniels Aktivität liegen in der Beschränkung auf das im Hier und Jetzt schon Vorhandene, auf Wahrnehmen und Annehmen von Angebotenem. Es gibt keine Notwendigkeit, die Beschränkung zu überwinden, wenn die vorgefundene Kinderwelt so reich, anregend und offenlassend ist, wie in seiner Umgebung. Wie in einem Selbstbedienungsladen wählen er und seine Freunde nacheinander Tätigkeiten, die von Erwachsenen ausgedacht, vorbereitet, teils auch professionell betreut sind, um Kinder zu unterhalten, zu beschäftigen, zu aktivieren.

4. Zwei Seiten moderner Alltagsgestaltung

Zwei konträre Zusammenhänge von Tageslaufgestaltung und lokalen Gegebenheiten sind erkennbar geworden. Wir haben am Zustandekommen von Thomas' und Daniels Nachmittagen eine individualisierte Tageslaufgestaltung einer kollektiv eingebundenen gegenüberstellen können sowie rationale, antizipierende und planende Tätigkeitsentscheidungen den zeitlich spontanen, am aktuell Wahrgenommenen sich entzündenden.

Die verwendeten Begriffe könnten historische Entwicklungslinien assoziieren, denn sie sind bekannt aus Beschreibungen der Veränderungen von Stilen der Lebensgestaltung im historischen Modernisierungsprozeß: etwa aus der Theorietradition zur Entwicklung sozialer Zeit, wo zukunftsorientierter, rationaler und planender Umgang mit linearer Zeit einem vormodernen gegenwartsbezogenen und an natürlichen Rhythmen orientierten Zeitgebrauch gegenübergestellt wird (z. B. Thompson 1973; Elias 1969). Oder aus der Diskussion über gegenwärtig beobachtete Tendenzen zur Individualisierung der Lebenslaufgestaltung gegenüber der früher stärkeren Bestimmung durch gruppenspezifische normative Lebenslaufmuster (z. B. Beck 1986; Fuchs 1983; Kohli 1985). Doch spiegeln Thomas' und Daniels Arten und Weisen der Tageslaufentstehung keineswegs historisch Ungleichzeitiges. Sie lassen im Gegenteil zwei unterschiedliche Tendenzen erkennen, die beide spezifisch modernen Verhältnissen in den heutigen Kindheitsbedingungen entspringen. Das sei im Folgenden gezeigt.

Wir sind davon ausgegangen, daß die Alltagswelt von Kindern heute einerseits sehr viele speziell für Kinder gemachte Tätigkeitsgelegenheiten enthält, im übrigen aber in hohem Maß für das Tun der Erwachsenen geformt ist und Kindern wenig Möglichkeiten bietet. Vergleicht man die Ausstattung der Wohnumgebungen, so zeigt sich, daß beide Jungen sehr stark von dieser Polarisierung betroffen sind, jedoch auf gegensätzliche Weise.

Daniels Nachmittag findet auf der einen Seite der Polarität statt. Er wohnt inmitten einer räumlichen Ballung von Einrichtungen für Kinder. Das nachmittägliche Spielleben, das er mit seinen Freunden draußen entfaltet, hat Voraussetzungen in sozialstaatlich organisierter und pädagogisch geplanter Aktivität von Erwachsenen für Kinder. Ohne die besonderen Spielplätze und Freizeitheim-Veranstaltungen, die es hier gibt, würde eine Nachbarschaftsspielgruppe von Kindern hier vermutlich nicht zustandekommen, denn es würden die Orte fehlen, und auf der Straße würden sich – unter den demographischen Bedingungen geringerer Kinderdichte als in früheren Generationen – wohl auch kaum soviele Kinder zeitlich spontan zusammenfinden können. Die gut ausgestatteten Angebote, deren Konkretheit der Vorgaben von Tätigkeitsmöglichkeiten vor allem, ziehen Kinder aus den umliegenden Straßen hierher. So ist hier das Tätigkeitsangebot der Spielplätze und des Freizeitheims die zentrale Existenzbedingung des sozialen Lebens. Das vorgefundene Tätigkeitsspektrum ist durch institutionelle Angebote bestimmt und die Orte sind abgegrenzte Kinderorte. Diese Bindung an Vorgaben und diese Eingrenzung – ein Stück der von Behnken, du Bois-Reymond und Zinnecker in diesem Band beschriebenen Verhäuslichung von Kindheit – unterscheiden Daniels Form der Straßenkindheit von derjenigen früherer Kindergenerationen in seinem Wohnviertel. Der traditionelle nachbarschaftliche Spielzusammenhang in solchen Arbeitervierteln war ein kollektiver sozialer Prozeß, den die Kinder in jeder Hinsicht selbst regulierten (Muchow und Muchow 1935; Zinnecker 1979; Behnken und Zinnecker 1987).

Thomas' Wohnumgebung ist im Unterschied zu Daniels durch die Leere gekennzeichnet, die der Sog zu den entfernter liegenden Tätigkeitsgelegenheiten hinterläßt. Die Kinder seines Alters, die im Viertel wohnen, halten sich nur selten auf den nahen Straßen und Plätzen auf. Die Straßen benutzen sie vor allem als Passanten, um zu Fuß, mit dem Rad oder im elterlichen Auto entferntere Orte aufzusuchen. Wir haben gesehen, wie Thomas alles, was er nachmittags tut, in irgendeiner Weise vorbereiten muß: indem er selbst Tätigkeitsgelegenheiten herstellt und heranholt, Ziele findet, Kontakte durch Planung und Verabredung vorbereitet. Da nichts im Raum um ihn herum bereitsteht, ist Tageslaufgestaltung als ein besonderes Tun, das in die Zeit vorausgreift, notwendig. Daß er dazu auch in der Lage ist, ist freilich nicht allein aus der aktuellen Situation zu erklären. Seit seiner frühen Kindheit hat seine Mutter Kontakte und Tätigkeitsmöglichkeiten auf die gleiche Weise für ihn hergestellt, die er nun in der mittleren Kindheit selbständig praktiziert. Und unter den Kindern seiner Wohngegend sind, zumindest im Knüpfen sozialer Kontakte, ähnliche Entscheidungsformen vorherrschend.[2]

Den beiden so unterschiedlichen Entstehungszusammenhängen von Kinderalltagen ist ein spezifisch modernes Moment gemeinsam: die Notwendigkeit von zielbewußter Gestaltung, von Planung. Nur wird diese Planung jeweils von anderen Akteuren gemacht und ist auf anderes gerichtet. Im einen Fall planen zentrale gesellschaftliche Instanzen funktionsbezogene, räumlich lokalisierte Einrichtungen, also Ausstattungen der Welt. Im anderen

Fall planen Individuen die Sequenz ihres eigenen Tuns, also die Ausstattung ihrer Lebenszeit.

Beim Gestalten und Disponieren von Lebenszeit findet das Individuum die Ergebnisse gesellschaftlicher Tätigkeit vor. Aus der Perspektive der individuellen Handlungsplanung handelt es sich um Möglichkeiten und Beschränkungen für das eigene Handeln. Kinder finden für ihre Freizeit heute im Vergleich zu früher eine größere Zahl fertig hergerichteter Handlungsoptionen vor, die sie annehmen oder ignorieren können, zwischen denen sie wählen und entscheiden können. Das mag zunächst als größere Freiheit erscheinen. Wählbare Angebote enthalten aber oft Vorstrukturierungen möglichen Handelns entweder explizit als Programm oder implizit durch ihre Beschaffenheit, die, wenn einmal gewählt, wenig Gestaltungsmöglichkeit übriglassen. Kinder – wie auch Erwachsene – finden in den fertig vorgefundenen Tätigkeitsgelegenheiten also zugleich die Möglichkeit, die Wahlfreiheit für eine individuelle Lebensgestaltung zu nutzen, eigene Initiativen zu entfalten, wie auch Beschneidungen ihrer Handlungs- und Gestaltungsspielräume durch die Wahl stark vorstrukturierter Tätigkeitsangebote. Was in dieser ambivalenten Situation im einzelnen Fall geschieht, ist sowohl von der individuellen Art des Entscheidens wie auch von dem Maß an Strukturiertheit der jeweils gewählten Handlungsmöglichkeiten abhängig.

Kehren wir unter dieser Perspektive noch einmal zu Daniel und Thomas zurück. Wenn man Daniels Wählen und Entscheiden von Tätigkeitswechsel zu Tätigkeitswechsel verfolgt, zeigt sich, daß es stets am Ende einer Tätigkeit stattfindet und auf eine unmittelbar zu beginnende Tätigkeit bezogen ist. Zwischen Entscheidungszeitpunkt und Handlungsbeginn gibt es also keine zeitliche Distanz. Weiterhin finden wir, daß Daniel fast ausnahmslos Tätigkeiten wählt, deren Realisationsbedingungen direkt gegenwärtig, vor ihm im Raum präsent, also wahrnehmbar sind. Auch zwischen dem Entscheidungsort und dem Ort des Tätigkeitsbeginns gibt es also keine räumliche Distanz. Aus diesen beiden Eigenschaften ließe sich eine Entscheidungsregel formulieren, die Daniels Wahl- und Entscheidungsverhalten charakterisiert. In unterschiedlichen Lebensverhältnissen angewandt, wird diese Entscheidungsregel jeweils unterschiedliche Tagesläufe produzieren. Abgesehen von solchen Unterschieden hat diese Regel in allen Lebensverhältnissen eine bestimmte Konsequenz: Die Menge der in der jeweiligen

Welt prinzipiell möglichen Handlungsoptionen reduziert sich bei jeder Entscheidung auf die im Hier und Jetzt unmittelbar realisierbaren Optionen, und dadurch wird alles, was dabei als Lebensablauf entsteht, ganz von außen abhängig, von den jeweils präsenten konkreten Bedingungen, dem Strom der äußeren Ereignisse. Diese Art des Entscheidens findet statt, wenn der Handelnde keine Initiative ergreift, den Gang der äußeren Ereignisse zu durchbrechen.

Daniels Lebensumstände sind so, daß er in seinen Entscheidungssituationen stets eine – aber kaum je mehr als zwei oder drei – für ihn akzeptable oder auch reizvolle Handlungsmöglichkeiten vorfindet. Daß dies so ist, ist, wie wir gezeigt haben, nur möglich, weil zentrale Instanzen Daniels nahe Umgebung reich mit kinderspezifischen Einrichtungen ausgestattet haben. Eine weitere Voraussetzung ist, daß Daniel zu einer Gruppe von Nachbarkindern gehört, die sich die Kindereinrichtungen gemeinsam nutzbar gemacht haben. Eine weitere, daß seine Nachmittagszeit nicht anders gebunden ist und seinem Tun auch nichts aus der Familie entgegensteht. Wir haben in seinem Wohnviertel auch andere Kinder angetroffen, denen der soziale Zugang zu den Kinderfreizeitangeboten aus verschiedenen Gründen versperrt war.

Eine Entscheidungsregel, in der sich Thomas' Entscheidungsverhalten fassen ließe, wäre erheblich komplizierter. Sie müßte erstens berücksichtigen, daß sich Thomas seiner mehr permanenten Bedürfnisse und Interessen aus räumlicher und zeitlicher Distanz bewußt wird, also unabhängig von den konkreten Handlungsbedingungen; daß er kommende Bedürfnisse antizipiert und die antizipierten Bedürfnisse in Handlungsziele umsetzt. Zweitens müßte berücksichtigt werden, daß jeweils von vorgefaßten Zielen auszugehen ist und zu prüfen ist, wann, wo und wie sie sich in den bestehenden Lebensverhältnissen realisieren lassen, und welche Voraussetzungen über das Bestehende hinaus zu ihrer Realisierung noch eigens hergestellt werden müssen. In diesem Prozeß ergeben sich neue Handlungsziele für Aktionen, deren Ausführung für die Realisierung der jeweiligen Hauptintention notwendig ist. Drittens schließlich müßte in einem solchen Regelsystem berücksichtigt werden, daß Thomas relativ unabhängig von Ereignissen, die ihn von außen ermahnen könnten, Zeitkontrolle über seinen Handlungsablauf ausübt, damit die beabsichtigten Handlungen und vorbereitenden Aktionen zum rechten Zeitpunkt stattfinden können, damit er ferner die gerade laufende Tätigkeit rechtzeitig beendet, sich aus dem laufenden Geschehen herausreißt und damit er schließlich die beabsichtigte Handlung wie vorgesehen auch tatsächlich ausführt.

Wie verhält sich nun ein solches Regelsystem gegenüber der Menge der in der jeweiligen Welt prinzipiell möglichen Handlungsoptionen? Auch dieses Regelsystem schließt von vornherein vieles aus. Aber die Reduktion ist nicht – wie bei Daniel – abhängig von den konkreten Bedingungen, die an zufälligen Punkten der Raum-Zeit-Welt gerade herrschen. Sie geschieht vielmehr selektiv. Da von Zielen ausgegangen wird, werden nur Möglichkeiten gewählt, die der Handelnde von sich aus realisieren will, und wird nur ausgeschlossen, was er ohnehin nicht tun will. Und für das, was er tun will, werden gerade solche raum-zeitlichen Konstellationen gesucht, die eine Verwirklichung der Absichten zulassen. Die Reichhaltigkeit der Tagesabläufe, die auf diese Weise zustandekommen können, ist von der Zahl und Vielfalt der Ziele abhängig, die der handelnde Mensch verfolgen will, also von Bedingungen, die unter dem Einfluß des Handelnden stehen und nicht, wie in Daniels Fall, von kontingenten äußeren Bedingungen. Es können also sehr individuell gestaltete Kinderalltage entstehen, in denen im Rahmen des Möglichen die Realisierungschancen der eigenen Ziele maximiert sind.

Während Daniels Art, sich zu entscheiden, dadurch zustandekommt, daß er sich weitgehend mit dem Bestehenden begnügt und es unterläßt, eigene Initiativen zu ergreifen, entsteht Thomas' Entscheidungsverhalten gerade dadurch, daß er an vielen Punkten die Initiative ergreift, um Handlungsabsichten zu fassen, zu planen und zu realisieren, die über das, was sich im Augenblick anbietet, hinausgehen.

Bei Thomas zeigt sich über die Tage hin eine größere Vielfalt an Tätigkeiten als bei Daniel. Und es zeigen sich auch mehr Unterschiede des Tätigkeitsrepertoires zwischen ihm und seinen Freunden. In Daniels Freundeskreis beschränkt sich dagegen das nachmittägliche Tätigkeitsspektrum im wesentlichen auf Tischtennis, Fußball und Freizeitheimangebote.

Bei beiden Kindern läßt sich eine strukturelle Ähnlichkeit beobachten zwischen der Art, wie sie sich für Tätigkeiten entscheiden, und der Art der Tätigkeiten, die sie wählen oder nicht wählen. Thomas' Art zu entscheiden, ermöglicht ihm, seine Tagesläufe relativ unabhängig und flexibel selbst zu gestalten. Diese Selbstbestimmung hält er sich zum einen dadurch ständig offen, daß er sich für seine Nachmittage auf nichts festlegt, das ihn an regelmäßige Termine binden würde. Zum anderen vermeidet er Tätigkeiten, bei denen er keinen Einfluß auf den Ablauf des Detailgeschehens haben würde. Dies kommt darin zum Ausdruck, daß er sehr entschieden die Teilnahme an institutionellen Angeboten ablehnt. Obwohl er gern Fußball spielt, begnügt er sich lieber mit gelegentlichem Bolzen als daß er in einen Verein ginge. Und er interessiert sich auch nicht für Trainingsprogramme anderer Sportarten, für Musikgruppen oder Bastelkurse, die er bei seinem großen räumlichen Aktionsradius erreichen könnte. Angebote von Freizeiteinrichtungen setzt er nur punktuell in selbst hergestellte Tätigkeitsarrangements ein: Er benutzt die Jugendbücherei, er sucht mit Freunden gelegentlich Schwimmbäder und den einen oder anderen Spielplatz auf. Daniels Art zu entscheiden, macht ihn immer vom Nächstliegenden, von schon vorhandenen Konstellationen abhängig. Ihm bereitet es offensichtlich keine Probleme, wenn auch das Detailgeschehen einen von außen bestimmten Ablauf nimmt.

Ein wichtiger Bereich, in dem sich die Entscheidungsweisen beider Kinder manifestieren, ist die Art und Weise, wie sie mit anderen Kindern zusammentreffen. Das Verabredungsreglement, das Thomas und seine Freunde praktizieren, verlangt täglich neue Partnerwahl in raum-zeitlicher Distanz zum eigenen Tun. Es gestattet also auch in den sozialen Kontaktentscheidungen immer erneut eigene Wahlen, also Flexibilität und eine gewisse Unabhängigkeit. Eine Frage, die wir hier nicht weiter verfolgen können, ist, ob es auch zwischen der Form des Zustandekommens der Kontakte einerseits und dem Ablauf der Interaktionen und der Qualität der Beziehung andererseits strukturelle Ähnlichkeiten gibt. Begünstigt Thomas Entscheidungsverhalten größere soziale Distanz und selbstbezogene Strategien im Umgang mit anderen Kindern, Daniels dagegen eher soziale Nähe und Solidarität?

1 Das Projekt wird im Max-Planck-Institut für Bildungsforschung in Berlin durchgeführt. Folgendes empirisches Material wurde erhoben: Protokolle und Interviews zu sieben Tagesläufen je Kind; Elterninterviews zur Biographie des Kindes und zum Familienalltag; Beobachtungen des Kindes in seiner lokalen Umwelt und in seiner Familie; Interviews mit Pädagogen in den lokalen Betreuungs- und Freizeiteinrichtungen. In der ersten Projektphase wurden in zwei Berliner Wohngegenden je vier Kinder untersucht.

2 Wir haben uns in diesem Text auf die Erklärung einzelner Tätigkeitswechsel-Entscheidungen beschränkt. Hier war bei den beiden Jungen eine Passung von Eigenschaften der Tageslaufgestaltung und von Eigenschaften der lokalen Gegebenheiten festzustellen – was keineswegs bei allen Kindern in dieser Wohngegend so bruchlos der Fall war. Es wäre zu kurz gegriffen, wollte man die Tageslaufgestaltung allein auf die Beschaffenheit der lokalen Umwelt zurückführen. Der Lebenszusammenhang, in dem sich solche zeitüberdauernden Handlungsweisen herausbilden, umfaßt alle Lebensbereiche. Vor allem aber ist der Entstehungsprozeß in der Zeit erstreckt, ist Teil des gesamten lebensgeschichtlichen Zusammenhangs von Person und Welt im Handeln.

Literatur

Beck, U., *Risikogesellschaft. Auf dem Weg in eine andere Moderne*, Frankfurt a. M. 1986.

Behnken, I. und Zinnecker, J., *Vom Straßenkind zum verhäuslichten Kind. Zur Modernisierung städtischer Kindheit 1900–1980*, in: *Sozialwissenschaftliche Informationen*, 16, 2, 1987, S. 87–96.

Elias, N., *Über den Prozeß der Zivilisation*, Frankfurt 1969.

Fuchs, W., *Jugendliche Statuspassage oder individualisierte Jugendbiographie?* in: *Soziale Welt*, 34, 1983, S. 341–371.

Kohli, M., *Die Institutionalisierung des Lebenslaufs. Historische Befunde und theoretische Argumente*, in: *Kölner Zeitschrift für Soziologie und Sozialpsychologie*, 37, 1985, S. 1–29.

Muchow, M. und Muchow, H. H., *Der Lebensraum des Großstadtkindes* (1935), Reprint Bensheim 1978.

Thompson, E. P., *Zeit, Arbeitsdisziplin und Industriekapitalismus*, in: *Gesellschaft in der industriellen Revolution*, Köln 1973, S. 81–112.

Zeiher, H., *Die vielen Räume der Kinder. Zum Wandel räumlicher Lebensbedingungen seit 1945*, in: U. Preuss-Lausitz, u. a., *Kriegskinder, Kon-*

sumkinder, Krisenkinder. Zur Sozialisationsgeschichte seit dem Zweiten Weltkrieg, Weinheim 1983, S. 176–194.

Zeiher, H., *Verselbständigte Zeit – selbständigere Kinder?* in: *Neue Sammlung* 28, 1, 1988, S. 75–92.

Zeiher, H., *Organisation des Lebensraums bei Großstadtkindern – Einheitlichkeit oder Verinselung?* in: U. Herlyn und L. Bertels (Hg.), *Lebenslauf und Raumerfahrung*, Opladen 1989, S. 35–57.

Zeiher, H. J., *Fernsehen oder nicht fernsehen? Eigeninitiative in Handlungsentscheidungen* in: U. Preuss-Lausitz, T. Rülcker, H. Zeiher (Hg.) *Selbständigkeit für Kinder – die große Freiheit?*, Weinheim/Basel 1990, S. 126–145.

Zinnecker, J., *Straßensozialisation. Versuch, einen unterschätzten Lernort zu thematisieren*, in: *Zeitschrift für Pädagogik*, 25, 5, 1979, S. 727–746.

Bettina Hurrelmann
Kinderwelten in einer sich verändernden
Medienumwelt
Eine Untersuchung zum veränderten
Seh- und Leseverhalten

1. Kinderwelten – Medienwelten – soziale Kontexte

Klagen über die Mediatisierung der Realität unter dem Stichwort
»Wirklichkeit aus zweiter Hand« sind gegenwärtig gängige Münze.
Insbesondere, wenn von der Erfahrungswelt der heutigen Kindergeneration die Rede ist, steigern sie sich zu einer kulturkritischen
Emphase, die, wie es scheint, ganz vergessen macht, daß Wirklichkeit nie und niemandem »an und für sich« gegeben ist, sondern
stets eine Konstruktion darstellt – eine Konstruktion, die zum
einen die Individuen je nach ihren kognitiven Voraussetzungen
vornehmen, eine Konstruktion zweitens, die in Prozessen perso-
naler Interaktion ausgehandelt wird, eine Konstruktion drittens,
die von den Wirklichkeitskonzepten sozialer Systeme verschiedener Art überformt wird: von denen der Politik, der Wissenschaft,
des Rechts, der Religion, der Literatur, der Kunst etc. – und unter
ihnen seit wenigen Jahrzehnten eben auch von den Deutungsange-
boten der modernen audiovisuellen Medien (vgl. zur Konstruktivi-
tät von Wirklichkeitskonzepten Schmidt 1987).

Daß es bisher nicht üblich ist, alle diese Deutungsangebote als
»Wirklichkeiten aus zweiter Hand« zu etikettieren, liegt vermutlich daran, daß sie in ihrem Kernbestand historisch und kulturell
legitimiert sind und daß sie auf je besondere institutionelle Kontexte beschränkt zu sein scheinen: Politik, Wissenschaft, Recht,
Religion, Literatur, Kunst etc. bilden je eigenständige Handlungs-
und Kommunikationssysteme mit begrenzten Reichweiten – die
Bilderwelten der modernen Medien dagegen sind nicht nur eine
historisch sehr junge Errungenschaft, sondern sie durchdringen
und unterwandern offenbar in einem solchen Ausmaß den Alltag
der Menschen, daß der Eindruck entsteht, sie könnten unmittelbarer als andere kulturelle Systeme die Substanz und den Bezugs-
rahmen der lebensweltlichen Erfahrungen bilden, die fortan vor

allem von den Heranwachsenden gemacht werden: Eine mediale Scheinwirklichkeit verdrängt in dieser Problemsicht für Kinder und Jugendliche die »unmittelbare« gegenständliche und personale Erfahrung.

Die Tatsache, daß man sich über solche Beschreibungen in öffentlichen und pädagogischen Diskussionen so schnell einigen kann, täuscht allzu leicht darüber hinweg, wie schlecht begründet derartige Aussagen über die Wirkungen der modernen elektronischen Medien sind (vgl. zur Kritik der Medienwirkungsforschung: DFG 1986). Sie beruhen auf der Annahme, daß die Darstellungsmuster der Medien gleichsam voraussetzungslos und direkt in individuelle Weltbilder überführt werden. Dabei ignorieren sie zum einen den Einfluß, den primäre soziale Kontexte auf den Mediengebrauch, auf die Verarbeitung von Medieninhalten und auf ihren Stellenwert für die Wirklichkeitsdeutung haben – zum anderen verdecken sie aber auch die Frage nach den Wirkungen medialen Wandels in sozialen Zusammenhängen. Rezipienten und Medien erscheinen in einer solchen Denkweise von Interaktionskontexten isoliert.

»Die meisten amerikanischen Familien«, so schrieb nun schon vor mehr als 15 Jahren der Erziehungspsychologe Urie Bronfenbrenner, »bestehen aus zwei Eltern, einem oder mehreren Kindern und einem Fernsehgerät« (Bronfenbrenner 1974, 138). Der lapidare Satz beschreibt treffend, was kritische Beobachter der Medienentwicklung inzwischen auch für die Bundesrepublik statuieren könnten. Aber der Satz ist deshalb interessant, weil er über die pure Medienkritik hinausgeht: Er lenkt den Blick auf das Interaktionssystem, in dem Kinder ihre Umgangserfahrungen mit den Medien allererst gewinnen. Implizit stellt er die Frage, unter welchen Voraussetzungen familialer Interaktion das Fernsehen den Status eines »dritten Elternteils« überhaupt gewinnen kann, und er legt die Anschlußfrage nahe, welche Rückwirkungen auf das Interaktionsgefüge der Familie eine so zentrale Position des Fernsehens haben mag.

Diese Überlegungen möchte ich hier aufgreifen und ausweiten. Dabei beziehe ich mich auf eine Untersuchung, die im Rahmen des Kabelpilotprojektes Dortmund durchgeführt und im Frühjahr 1988 abgeschlossen wurde (Forschungsbericht: Hurrelmann, Possberg, Nowitzki 1989; vgl. auch Hurrelmann 1989). Die Aufgabe des Projektes war es, die Wirkungen der Erweiterung des

Medienangebotes zu untersuchen, wie sie durch die Einführung der Kabeltechnik und die Neuordnung des Rundfunksystems in der Bundesrepublik bei Familien mit Kindern zu erwarten sind.

Die quantitativen Daten beruhen auf einer Befragung von 400 Dortmunder Familien, die Kinder im Alter von bis zu 12 Jahren hatten. Von den 400 Familien waren 200 Familien Teilnehmer des Kabelversuchs, das heißt, sie hatten seit einigen Monaten die Auswahl unter mehr als 20 Fernsehprogrammen. 200 Familien hatten lediglich das herkömmliche öffentlich-rechtliche Fernsehangebot. Die Befragung wurde 1986 erstmals durchgeführt und 1987 im Jahresabstand bei den gleichen Familien wiederholt, um eine Verzerrung der Ergebnisse durch Novitätseffekte ausschließen zu können. Die quantitative Untersuchung wurde durch Fallstudien bei 20 Familien mit besonderen Problembelastungen ergänzt. Auch die Intensiv-Interviews in diesen Familien wurden nach genau einem Jahr wiederholt.

In der Anlage des Fragebogens und des Leitfadens für die Intensiv-Gespräche kam es uns darauf an, Informationen über den Mediengebrauch aller Familienmitglieder zu sammeln, um diese Daten aufeinander beziehen zu können. Im Unterschied zu den gängigen Mediennutzungsstudien war die Familie unsere Untersuchungseinheit und nicht die einzelnen Rezipienten (vgl. auch Fritz 1984, 15 ff.). Es ging uns darum, zu klären, welche Rolle das Fernsehen im alltäglichen Leben der Familien spielt:
– wie es in den Tagesablauf der Interaktionspartner integriert ist,
– welche sozialen Funktionen es übernimmt,
– wie die Fernsehrezeption kommunikativ eingebunden wird,
– über welche pädagogischen Konzepte die Eltern zum Fernsehen ihrer Kinder verfügen.

Dabei nahmen wir an, daß es nicht nur von sozialstrukturellen, sondern auch von interaktionalen Eigenschaften der Familien (z. B. Familienklima, Rollenverhalten, Gesprächsverhalten, Erziehungsverhalten) abhängt, welche Bedeutung das Fernsehen in ihrem Alltag gewinnen kann – umgekehrt nahmen wir an, daß die mit dem Kabelfernsehen erwartbare Erweiterung des Fernsehkonsums auch Rückwirkungen auf die Interaktionsvoraussetzungen der Familien haben könnte. Hinweise auf solche langfristigen Veränderungen vermuteten wir genau in den Dimensionen zu finden, in denen sich Unterschiede zwischen den Familiengruppen würden nachweisen lassen, die mit dem Fernsehverhalten in Beziehung stehen (zur genauen methodischen Anlage vgl. Hurrelmann, Possberg, Nowitzki 1989, 39 ff.).

In der Studie wurde besonderer Wert darauf gelegt, neben dem Fernsehen auch das Lesen in der Familie zu beachten. Damit wurde ein zweiter Topos der medienkritischen Debatte aufgegriffen: Die Klage über den Niedergang des Lesens mit der Unterstellung, daß das Fernsehen das Lesen verdränge. Diese Klagen sind ja seit der Einführung des Fernsehens Legion – meist werden sie als Fragen der Konkurrenz zweier Medienbranchen thematisiert –, obwohl es der empirischen Forschung bislang nicht gelungen ist, diese einfache Verdrängungsthese zu verifizieren. Hans-Dieter Kübler (1986) hat in einer pointierten Entgegnung auf die simplifizierenden Behauptungen zu diesem Thema exemplarisch einige Einwände formuliert, die darauf hinweisen, daß man die Fragestellung einerseits präzisieren, andererseits erweitern muß, um der kulturhistorischen Bedeutung des Problems auch nur ansatzweise ansichtig zu werden. Seine Argumente:

– Die Klagen um den Ruin der Lesekultur gebe es schon so lange, daß man nicht ausmachen könne, wann die hohe Zeit des Lesens eigentlich gewesen sein solle.

– Der Begriff des Lesens bleibe in den »Abgesängen auf die Lesekultur« dermaßen vage, daß Ausgrenzungen je nach Belieben vorgenommen werden könnten. Einmal sei die schlichte Lesefähigkeit gemeint, die heute – durch die Vermehrung der Bildschirmarbeitsplätze mehr denn je – etwas Unauffällig-Alltägliches geworden sei. Ein anderes Mal wieder werde als Lesen nur jene phantasieweckende und identitätsstiftende geistige Tätigkeit bezeichnet, der sich ohnehin allenfalls professionelle Leser oder besondere Literaturliebhaber in ihrer Freizeit widmen könnten.

– Die reklamierten Wirkungen des Lesens seien wissenschaftlich nicht nachgewiesen und könnten wohl im Ernst weder für alle gedruckten Elaborate noch für alle Lesesituationen gelten. So werde in den Schulen heute von mehr Schülern länger und eher zu viel als zu wenig gelesen. Ebenso habe die Bildungsexpansion mehr junge Leute in Ausbildungsgänge gebracht, für die das Lesen unvermeidlich, wenn auch nicht durchweg attraktiv sei.

Kurzum: Das Lesen sei, wenn man auf die historische Entwicklung, den Umriß des Begriffs »Lesen«, die situativen Kontexte sehe, eine so schillernde und eine so vielgestaltige Sache, daß globale Aussagen über Veränderungen nicht möglich seien.

Um diese Einwände zu berücksichtigen, wurde in unserer Studie die Frage auf die Buchlektüre als Freizeitlektüre eingegrenzt. Zugleich wurde sie erweitert und wie die Frage nach dem Fernsehen systematisch auf den Interaktionskontext der Familie bezogen. Ein solcher Ansatz ist in der Leseforschung bislang noch ungewöhnlich (vgl. aber Köcher 1988; als Forschungsberichte Fritz/Suess 1986; Franzmann 1989). Freizeitlektüre gilt als die individuelle Kulturtätigkeit par excellence, interaktive personale Bezüge scheinen hier gar keine Rolle zu spielen.

Welche Probleme ein solches Konzept des Lesens nicht nur für die Forschung, sondern vor allem für den Erwerb einer stabilen Lesepraxis bei Heranwachsenden haben kann, will ich im folgenden durch einen Chancenvergleich von Lesen und Fernsehen auf der Basis einiger Ergebnisse der »Familienuntersuchung« zeigen (vgl. dazu auch Hurrelmann 1987; 1988).

Um aber die mit dem ersten Einwand angesprochene Frage nach unseren Kenntnissen über die historische Entwicklung des Lesens und des Erwerbs der Literalität durch die Heranwachsenden wenigstens in einer Skizze aufzunehmen, will ich zuvor einen Blick auf die Bedingungen werfen, unter denen Kinder in früheren Jahrhunderten zu Lesern wurden. Es ist richtig: Wir verfügen bisher über keine Geschichte des Lesens von Kindern, die als Bildungsgeschichte würde auftreten können (vgl. Ungern–Sternberg 1987, 379 ff.). Auch die wichtigen Grundlagenwerke der historischen Kinderliteraturforschung (Brüggemann/Ewers 1982; Brüggemann/Brunken 1987) können diesen Mangel nicht ausgleichen, weil sie zunächst einmal textbezogen und nicht auf die tatsächliche Lektüre von Kindern bezogen sind. So viel aber scheint sicher zu sein: In einer Geschichte kindlichen Lesens müßte die Familie – als eine Institution, die sich selbst historisch verändert – eine prominente Rolle spielen. Ich will versuchen, in aller Vorläufigkeit wenigstens einen Rahmen zu skizzieren, in dem die Frage nach der gegenwärtigen Situation als historische Frage erkennbar werden kann.

2. Kinderlektüre im 18. und 19. Jahrhundert – Hinweise auf die Familiarität von Lesesituationen

Das letzte Drittel des 18. Jahrhunderts ist die Zeit, in der sich die Kinderliteratur als ein relativ eigenständiges literarisches Subsystem aus der Gesamtliteratur ausdifferenzierte. Über die Voraussetzungen des Lesens von Kindern sind wir für diesen Zeitraum nicht nur durch die Zahlen der Buchmarktstatistik und einige herausragende Selbstzeugnisse informiert. Vor allem die Texte selbst markieren zu dieser Zeit sehr deutlich, wie sich die Autoren die Kinderlektüre idealiter vorgestellt haben.

Campes *Robinson* (1779/80) ist hier ein charakteristisches und wohl das bekannteste Beispiel. Die Erzählung wendet sich nicht nur an Kinder, sondern zugleich an die erwachsenen Vermittler. Sie soll nicht nur der Unterhaltung, sondern zugleich dem moralischen und sachlichen Unterricht dienen. Sie präsentiert nicht nur die Geschichte des Helden in ihren unterhaltsamen und lehrreichen Facetten, sondern führt zugleich ihre Vermittlung durch den Familien-Vater und ihre Verarbeitung im Familienkreis für das Publikum modellhaft vor. Kinderliteratur präsentiert sich zu dieser Zeit als ein Familien-Medium. In den Büchern werden nicht nur die Kinder unterhalten und belehrt, sondern in Vorworten, Rahmenhandlungen und eingeschobenen Gesprächen bekommen die Erwachsenen (auch die Privaterzieher in der bürgerlichen Familie) gezeigt, wie man mit Büchern und Kindern umzugehen habe. Im Vorwort schreibt Campe, er habe durch eine »treue Darstellung wirklicher Familienauftritte, ein für angehende Erzieher nicht überflüssiges Beispiel des väterlichen und kindlichen Verhältnisses« zu geben versucht (1977, XI). Weiter erklärt er, sein Buch solle »erwachsenen Kinderfreunden zum Vorlesen dienen, und nur solchen Kindern selbst in die Hände gegeben werden, die im Lesen schon eine zureichende Fertigkeit erlangt« hätten (V).

Natürlich war das Lesen der Kinder des späten 18. und frühen 19. Jahrhunderts keine Kopie der hier und in vielen anderen Büchern ausgemalten Erzähl- und Gesprächssituationen. Wir dürfen, wie Campes Vorrede schon erkennen läßt, auch mit der Einzellektüre vieler, vor allem der älteren Kinder rechnen – obwohl ein Mißtrauen der literarischen Erzieher gerade dem einsamen Lesen der Heranwachsenden gegenüber in vielen lesepädagogischen Schriften der Zeit seinen Ausdruck findet (Steinlein 1987).

Die Wahl der literarischen Mittel kann aber doch zeigen, wie die Kinderliteratur auf die Entwicklung der bürgerlichen Familie einerseits reagiert und sie andererseits für sich in Anspruch nimmt: Die Erziehungsumwelt in diesen Familien wird eine Leseumwelt, das Buch wird zum Medium eines einerseits intimisierten und individualisierten, andererseits pädagogisch bewußten und steuernden, teilweise auch überwachenden Erwachsenen-Kind-Verhältnisses (ausführlicher: Hurrelmann 1986). Daß der Vater bzw. der Erzieher in den Texten so häufig als Literaturvermittler auftritt, deutet auf ein autoritatives Verhältnis zum Buch hin, das in jahrhundertelanger Tradition verankert ist: Der Vater steht für das rechte Verständnis und den rechten Gebrauch der Texte ein. Im 19. Jahrhundert verschiebt sich dieses Lesemuster allmählich zum geselligen Umgang mit Literatur (vgl. Schön 1987, 177 ff.).

Gemeinsame Lesesituationen von Erwachsenen und Kindern dürften in der Übergangszeit auch häufig so oder ähnlich ausgesehen haben, wie sie Christoph von Schmid (1768–1854) aus seiner Hauslehrerzeit beschreibt: »An den langen Winterabenden ließ auch die gnädige Frau Mama sich von mir vorlesen aus solchen Schriften, die zugleich lehrreich und unterhaltend waren, und die auch den Kindern Vergnügen machten, ihnen Nutzen gewährten und keinen Nachteil bringen konnten. Unter anderen las ich Campes Robinson vor, auch mehrere Stücke aus Weißens Kinderfreund, woran Mutter und Kinder gleichen Anteil nahmen« (1968, 142).

Während des 19. Jahrhunderts wurde die Familie nicht weniger wichtig für die Einführung der Kinder in die Bücherwelt. Zwar machte der Alphabetisierungsprozeß durch die Entwicklung der Schulen über die kleine Schicht der Gebildeten hinaus allmähliche Fortschritte. Der Erwerb der Lesefähigkeit war nicht mehr notwendig an die Familie gebunden. Nach einer globalen Schätzung von Rudolf Schenda (1977, 444) erhöhte sich der Anteil potentieller Leser an der Bevölkerung über sechs Jahre in Mitteleuropa von etwa 15% 1770 über 25% 1800, 40% 1830 bis auf etwa 75% 1870. Diese Zahlen sind nicht unwidersprochen geblieben; vor allem regionale Studien weisen auf große Unterschiede in den Lektürebedingungen hin (vgl. z. B. Siegert 1978; Ziessow 1988), und natürlich sind solche Schätzungen auch von der Definition der »Lesefähigkeit« abhängig. Insgesamt dürfte jedoch die allmähliche »Demokratisierung des Lesens« im 19. Jahrhundert (Langenbucher 1975) die große Masse der Kinder nur sehr langsam erreicht haben. Kinder außerhalb der bürgerlichen Schichten, die nicht in den Genuß einer »Familienkindheit« kamen, hatten nur sehr selten die praktische Chance, über die ärmlichen Übungstexte der Schule und die Traktathefte der Pfarrer hinaus zu Bücherlesern zu werden. Die vereinzelten autobiographischen Zeugnisse, die uns mitteilen, wie Heranwachsende aus den Unterschichten sich in autonomen Bildungsprozessen den Zugang zur Bücherwelt eroberten, bleiben herausragende Einzelfälle (vgl. dazu vor allem Bollenbeck 1976). Wie wenig in diesen und anderen Fällen die Schule das Fundament und die Anregung für erstaunliche autodidaktische Leistungen sein konnte und sein wollte, hat vor allem Christa Berg in ihrer Studie über das Volksschulwesen im 19. Jahrhundert gezeigt (Berg 1977). In Wien fand die Psychologin Hildegard Hetzer noch in den zwanziger Jahren dieses Jahrhunderts, daß Kinder, die in einem Milieu der Armut aufwuchsen, kaum Bekanntschaft mit Büchern hatten machen können, geschweige denn mehr als den einen oder anderen Band selbst besaßen, alte Kalender eingeschlossen (nach Johansen 1978, 183).

Diese Beschränkung des Zugangs zu Büchern für die Kinder der unteren Bevölkerungsschichten bleibt auch dann ein wesentliches Kennzeichen des 19. Jahrhunderts, wenn man in Rechnung stellt, daß durch die Industrialisierung der Buchherstellung Lesestoffe wesentlich billiger wurden und daß ein Verteilsystem für Bücher über die Vermehrung von Buchhandlungen und über die Ausbreitung von Leihbibliotheken aufgebaut wurde, deren Publikum keineswegs nur die gebildeten Schichten umfaßte (Jäger/Schönert 1980). Den selbständigen Zugang von Schülern und Gymnasiasten zu den Leihbibliotheken versuchten die deutschen Landesregierungen allerdings noch lange zu verbieten. In Dörfern war die Errichtung einer Leihbibliothek zeitweise ohnehin untersagt, und der Konzessionszwang wurde im Norddeutschen Bund erst 1869, für das gesamte Deutsche Reich erst 1872 aufgehoben (Ungern-Sternberg 1980, 286 ff.).

Im ländlich-bäuerlichen Bereich waren es zudem vor allem mentale Sperren, die sich den veränderten Leseverhältnissen entgegenstellten. Die Lektüre belletristischer Bücher galt noch lange als läppische, wenn nicht sündige Zeitverschwendung. So schildert z. B. der Pädagoge Friedrich Paulsen (1846–1908) die Lesegewohnheiten in seinem Elternhaus. Von der Mutter schreibt er: »Ihre Lektüre bewegte sich so gut wie ausschließlich im Kreis religiöser Stoffe: immer zur Hand waren Bibel und Gesangbuch und ihre Erbauungsbücher, von denen sie eine recht ansehnliche Zahl, namentlich Predigtbücher zusammengebracht hatte. Mein Schrecken darunter war eine Postille von dem alten August Hermann Francke, den sie besonders hochschätzte; ich mußte am Sonntag nachmittag, wenn die Kameraden draußen spielten, eine Predigt vorlesen (. . .).« Von der Lektüre des Vaters heißt es: »Er war für jede Belehrung über die Wirklichkeit bis in sein Alter empfänglich. ›Geschichten‹ dagegen, Romane, Erzählungen, Dichtungen hat auch er sein Leben lang nicht gelesen, es sei denn John Bunyans Pilgerreise, die einmal in winterlichen Abendstunden gelesen worden ist: ihr lehrhaft erbaulicher, nicht ihr poetischer Charakter verschaffte ihr Beifall« (zitiert nach Hardach-Pinke/ Hardach 1978, 242 f.). Daß der junge Friedrich Paulsen auch Belletristik in die Hand bekommt, wie etwa einen Robinson Crusoe, verdankt er eher zufälligen Buchgeschenken anderer Erwachsener – Paulsen berichtet auch von einer »zirkulierenden Lesebibliothek«, die sein Lehrer eingerichtet hatte und die später auch »Jugendgeschichten« enthielt (243 f.). Dazu heißt es: »Ich hatte eine große Leselust und habe mir oft mit einem Buch drinnen oder draußen ein verborgenes Plätzchen gesucht, um nicht entdeckt und zur Arbeit oder zu einem Gang gerufen zu werden« (244).

Paulsens Darstellung ist aus verschiedenen Gründen interessant: Neben dem alten religiösen Lesermuster, das im wesentlichen Wiederholungslektüre ist, sich beim Vater aber schon auf belehrende Sachliteratur (z. T. auch aus der Lesebibliothek) erweitert und damit um das Interesse an Neuigkeiten modifiziert hat, wird der fast selbstverständliche Rahmen des Vorlesens (vor allem bei der auf Erbauung gerichteten Lektüre) deutlich: er ist so selbstverständlich, daß das Vorlesen z. B. bei der Erwähnung von Bunyans *Pilgerreise* gar nicht eigens betont wird. Charakteristisch erscheint auch, daß hier der Junge als Vorleser fungiert (zumindest für die Mutter). In diesem Falle hat das Vorlesen eine eher dienende Funktion – der Akzentunterschied zu einer Lesesituation, in der dem Vater (oder Erzieher) die Aufgabe der Textvermittlung zukommt, wird deutlich (vgl. Schön 1987, 177 ff.). Möglicherweise ist auch der Junge durch die Schule geübter im Vorlesen, als es die Eltern sind.

Wir wissen aus anderen Quellen, daß vor allem im bäuerlichen und handwerklichen Bereich die Kinder, meist die Jungen, den Erwachsenen, die noch nicht lesen konnten, vorgelesen haben. Das hatte nicht zuletzt den praktischen Vorteil, daß die Lektüre die Arbeit nicht hinderte – wie überhaupt das Vorlesen vielerlei praktischen Zwängen (Licht, Raum, Heizung, Knappheit der Lesestoffe) entsprach und dabei gleichsam nebenbei die Gemeinsamkeit der Information, der Orientierung und der Unterhaltung ermöglichte. In den unteren Schichten scheinen über diese Art des Lesens vor allem populäre Lesestoffe und politische Schriften ein rasch wachsendes Publikum gefunden zu haben (vgl. Schenda 1986).

Daß schließlich die »Leselust« des jungen Friedrich Paulsen sich mit unterhaltenden »Jugendgeschichten« verbindet und daß vor allem in Zusammenhang mit belletristischer Lektüre das »einsame Lesen« erinnert wird, läßt beispielhaft eine historische Entwicklungslinie des Leseverhaltens erkennen, die – zunächst wohl in den gebildeten Schichten – immer stärker von der Lektüre als sozialer Interaktionsform zum Lesen als einer verinnerlichten geistigen Tätigkeit führt. Erich Schön hat die Entwicklung der Lesekultur seit der Wende zum 19. Jahrhundert unter dem etwas plakativen Titel *Der Verlust der Sinnlichkeit* oder *Die Verwandlungen des Lesers* (1987) als mentalitätsgeschichtlichen Prozeß sehr differenziert nachgezeichnet. Die Lesesozialisation von Kindern wird von ihm nicht gesondert betrachtet, sie nimmt teil an dem übergreifenden und in seinen einzelnen Momenten durchaus auch phasenverschobenen und vielschichtigen Wandlungsprozeß.

Zunächst einmal war das Lesen der Kinder in der bürgerlichen Familie durch die Entwicklung der Schulen von Unterrichtsbezügen zunehmend entlastet. Die Unterhaltungsfunktion der Lektüre konnte sich stärker entfalten, die Aufsicht über die rechte Verarbeitung des Gelesenen wurde weniger streng, was sich auch darin ausdrückt, daß in vielen Kinderbüchern des 19. Jahrhunderts die Mutter als literarische Erzählfigur den Vater ablöst. Auch wird es jetzt eher für unbedenklich gehalten, die Kinder mit einem von den Eltern gewählten Buch sich selbst zu überlassen: »Wenn die Eltern Zeit haben, und das Kind recht artig bittet: ›O, erzähle mir doch etwas!‹ so tun sie dies wohl; allein die Eltern haben nicht immer Zeit, weil sie noch viele andere Geschäfte haben, als ihren Kindern Geschichten zu erzählen, und dann geben sie ihnen ein hübsches Buch mit Bildern, worin solche Geschichten in Menge stehen.« So heißt es in der Einleitung zu Amalia Schoppes »Hundert kleine Geschichten« von 1836 (zitiert nach Richter 1987, 103). Kinder dürfen dem literarischen Modell nach nun auch alleine lesen – aber die Anregung und Auswahl durch die Erwachsenen in der Familie bildet nach wie vor ein wichtiges Moment ihrer Lesetätigkeit.

An der entfalteten Kultur literarischer Geselligkeit, die nach und nach die autoritative Vorlesesituation zugunsten der »Familienunterhaltung« im bürgerlichen Hause ablöst – mit ihrem ganzen Spektrum von Interaktionsformen: dem Reihum-Vorlesen, Fortsetzungs-Erzählen, literarischen Rollenspiel und Theaterspielen – und an der auch Kinder teilnahmen, hat Erich Schön (1987, 208 ff.) gezeigt, wie sich vermutlich die Rezeption von der Vermittlung eines Textsinns zur gemeinsamen Verarbeitung von Leseerlebnissen verschoben hat. Soziologisch gesehen war es ein kleiner Kreis, in dem sich diese Art von literarischer Kultur entwickeln konnte, aber die Attraktivität des Lesens muß auch über »Kränzchen« und Lesezirkel hinaus wesentlich in seiner Verankerung in Interaktionsbezügen bestanden haben. Die literarische Organisation der Zeit, so schreibt Friedrich Sengle in seinem Werk über die Biedermeier-Zeit, beruht »auf der soliden Basis einer allgemeinen Leselust. Diese dürfen wir uns so elementar und vieldeutig wie den heutigen Drang zur Fernsehunterhaltung vorstellen« (Sengle 1972, 82).

Es ist bisher nur eine begrenzte Zahl autobiographischer Zeugnisse erschlossen, die darüber Auskunft geben können, wie die Leseentwicklung von Kindern in früheren Jahrhunderten tatsächlich verlaufen ist – hinzu kommen methodische Probleme bei der Interpretation dieser Quellen. Daß aber die Kinder- und Jugendlektüre auch im Widerstand gegen familiale Steuerung doch wesentlich auf literaturbezogenen Interaktionen aufbaute, zeigen so unterschiedliche Lesegeschichten wie etwa aus dem 18. Jahrhundert die Goethes, der zusammen mit der Mutter und der Schwester Klopstock entdeckt, den der Vater in seiner Bibliothek nicht dulden will, wie etwa die von Karl Philipp Moritz, der seinen Anton Reiser mit Wissen der Mutter Romane wie die *Insel Felsenburg* lesen läßt, was der pietistisch gesinnte Vater nicht bemerken darf. Selbst für den Autodidakten Ulrich Bräker war die religiöse Lektüre seines Elternhauses zeitlebens der maßgebende Bezugspunkt aller weiteren Leseabenteuer.

Vermutlich ist es für das 19. Jahrhundert bis hin zur Gegenwart weniger schwierig, Bildungs- und Leseprozesse bei Heranwachsenden zu dokumentieren, die der Schule gegenüber autonom sind – dies hat z. B. Katharina Rutschky in ihrer Arbeit *Erziehungszeugen* (1983) getan –, als zu zeigen, daß Kinder, von den Lesebedingungen in ihren Familien unabhängig, das Bücherlesen für sich erobern konnten. Zu deutlich sind gerade den frühen Leseerfahrungen, über die wir in Autobiographien bisher informiert sind, familiale Beziehungsstrukturen eingeschrieben – und zwar auch den Erfahrungen des »einsamen Lesens« (Analysen dazu bei Steinlein 1987).

3. Medienwandel und Wandel der Familienkultur – Eine Momentaufnahme

Nach dem notgedrungen kursorischen Rückblick interessiert die gegenwärtige Situation. Sie ist dadurch gekennzeichnet, daß fast alle Kinder die Lesefähigkeit in der Schule erwerben. Sie ist ferner dadurch gekennzeichnet, daß so gut wie alle Familienhaushalte Bücher, darunter auch Kinderbücher besitzen. Zwar ist der Buchbesitz in der Medienausstattung der Haushalte noch immer der Bereich, in dem sich Schichtunterschiede am deutlichsten bemerkbar machen, aber er ist eher Ausdruck des Lebensstils einer Familie als Ausdruck ihrer ökonomischen Möglichkeiten geworden (Hurrelmann/Possberg/Nowitzki 1989, 79 ff.).

Vor allem aber ist die gegenwärtige Situation dadurch gekennzeichnet, daß wir in der Bundesrepublik den Übergang in eine neue Medienordnung erleben: Die mit dem Kabelfernsehen eingeleitete Expansion und Kommerzialisierung des elektronischen Unterhaltungsangebotes dürfte in ihrer Bedeutung der Etablierung des Fernsehens in den sechziger Jahren in etwa vergleichbar sein.

Für die Analyse der Gegenwart stehen uns andere Methoden zur Verfügung als die, auf die die historische Forschung angewiesen ist. Dabei ist der Einsatz quantitativer Forschungsmethoden einerseits ein Vorteil, weil er uns den Überblick über eine große Anzahl von Befragten gestattet, hat aber andererseits den Nachteil, daß die Konzentration auf Quantitäten Bedeutungen und Selbstdeutungen der Befragten allzuleicht verdeckt oder gar nicht erst zuläßt. Deshalb möchte ich darauf hinweisen, daß die quantitativen Ergebnisse der Untersuchung, von der ich im folgenden berichte, durch Einzelfall-Studien zum Mediengebrauch der Familien sowohl vorbereitet als auch begleitet waren. Gerade im kulturellen, symbolischen Bereich kann man quantitative Daten nicht zum Sprechen bringen, wenn man nicht zuvor die Befragten selbst zum Sprechen gebracht hat und die Plausibilität der Dateninterpretation immer wieder an konkreten Fällen überprüft.

Ich möchte einen Chancenvergleich zwischen Lesen und Fernsehen in der Familie anstellen, der sich auf eine Auswahl der quantitativen Befunde stützt. Meine These ist, daß die Tätigkeiten Lesen und Fernsehen extrem ungleiche Chancen haben, wenn man auf die kulturelle Sozialisation der Kinder sieht. Der Chancenvergleich zielt nicht auf eine direkte Konkurrenz von Fernsehen und Buch. Plausibler ist die Annahme, daß sich mit der Expansion des Fernsehangebotes und der Ausweitung des Fernsehkonsums Interaktionsstrukturen und Kommunikationsstile in der Familie in eine Richtung verändern, die dem Bücherlesen wenig günstig ist. Mit anderen Worten: Es geht um Indizien dafür, daß die interaktionalen Bedingungen, unter denen Kinder leicht und selbstverständlich zu Bücherlesern werden, im Zuge des Medienwandels seltener anzutreffen und wieder knapper verteilt sein könnten.

Dabei betrachte ich Lesen und Fernsehen gleichermaßen als kulturelle Tätigkeiten, die in sozialen Kontexten verankert sind. Kulturelle Sozialisation findet immer in Interaktion mit anderen Menschen statt. Das gilt für alle Symboltätigkeiten. Je stabiler die soziale Einbindung des Lernens ist, desto wirksamer ist die kulturelle Sozialisation unterstützt. Das betrifft Lesen und Fernsehen in analoger Weise, und das macht den Vergleich zwischen Lesen und Fernsehen in der Familie bei aller Verschiedenheit der Zeichensysteme sinnvoll.

Natürlich ist zu bedauern, daß im Rahmen der Begleitforschung zu den Kabelpilotprojekten eine echte Längsschnittuntersuchung nicht möglich war, die es gestattet hätte, dieselben Familien vor und nach der Programmvermehrung über längere Zeit zu beobachten. Denn die Unterschiede, die sich zwischen beiden Familiengruppen (Teilnehmer am Kabelversuch – Nichtteilnehmer) nachweisen ließen, sind noch nicht notwendig Wirkungen des erweiterten Fernsehangebots. Um die beiden Familiengruppen wirklich vergleichbar zu machen, parallelisierten wir sie im Hinblick auf die Merkmale, die sich in bisherigen Untersuchungen immer wieder als bedeutsam für den Medienkonsum erwiesen haben (Schulbildung, Berufsbildung und berufliche Position der Eltern als Schichtmerkmale und Alterskonstellation der Kinder als ergänzendes Familienmerkmal). Dennoch bleibt die Arbeit mit Untersuchungs- und Kontrollgruppe ein Notbehelf. Der Vergleich gibt nur die Möglichkeit zur Abschätzung von Veränderungstendenzen anhand der Kontraste in einer – hier allerdings durch Wiederholung kontrollierten – Momentaufnahme. Wenn man aber einmal akzeptiert, daß eine solche Momentaufnahme schlaglichtartig Entwicklungstendenzen verdeutlichen kann, und wenn man akzeptiert, daß es von Interesse ist, solche Hinweise zur Kenntnis zu nehmen, so wird man bei den festgestellten Unterschieden jeweils im einzelnen ernsthaft zu prüfen haben, ob man sie plausibel als Indizien für langfristige kulturelle Veränderungen deuten kann, die mit dem Wandel der Medienumwelt der Familien verbunden sind.

Die folgenden Ergebnisse sind meines Erachtens geeignet, ein Profil der Chancen von Fernsehen und Lesen in der familialen Sozialisation von Kindern zu zeichnen. Ich werde sie in drei Punkten zusammenfassen und erläutern. Dabei beginne ich jeweils mit Beobachtungen, die sich auf die Gesamtstichprobe aller 400 Familien beziehen. Wo Entwicklungsrichtungen erkennbar werden, nehme ich den Vergleich der beiden Familiengruppen in die Darstellung auf.

3.1 Fernsehen ist in den Familien zu der Medientätigkeit geworden, die überlegene soziale Rollen am sinnfälligsten zum Ausdruck bringt

Dieses Ergebnis bezieht sich auf den einfachsten Aspekt des Mediengebrauchs: die Zeit, die dem Fernsehen und dem Bücherlesen im Familienalltag gewidmet wird. Was nicht weiter überrascht, ist, daß das Fernsehen höhere Nutzungszeiten aufweist als das Buch. Das gilt für alle Familienmitglieder, selbst für die jüngsten Kinder in der Geschwisterreihe. Diese Kinder sind in unserer Untersuchung durchschnittlich knapp 4 Jahre alt. (Alle hier und im folgenden mitgeteilten Zahlen beruhen auf der ersten Erhebung von 1986.)

In den Teilnehmerfamilien sind die täglichen Sehzeiten deutlich erhöht – und zwar im Vergleich mit der Kontrollgruppe umso deutlicher, je jünger die Kinder sind. 1986 fanden wir bei der Gruppe der 0–3 Jährigen eine Differenz der täglichen Sehdauer von 100% (17 Min. vs. 33 Min.), bei den 4–6 Jährigen von 70% (52 Min. vs. 87 Min.), bei den 7–9 Jährigen sind es noch 40% (81 Min. vs. 113 Min.) – erst bei den 10–12 Jährigen ist die Differenz nicht mehr signifikant (103 Min. vs. 121 Min.). Die Eltern steigern ihren Sehkonsum um rund 25% (Vater: 130 Min. vs. 164 Min. – Mutter: 119 Min. vs. 148 Min.). Das Fernsehen beansprucht also bei allen Familienmitgliedern zunehmend Zeit – es wird wichtiger im Alltagsgeschehen der Familien.

Was für den Vergleich zwischen Fernsehen und Lesen unter dem Aspekt der Familienbeziehungen interessanter ist, ist die Tatsache, daß sich in den Sehzeiten Altersdifferenzen zwischen den Kindern und Generationsgrenzen zwischen Eltern und Kindern viel deutlicher erkennen lassen als in den Lesezeiten – dies gilt für die gesamte Familienstichprobe (Hurrelmann/Possberg/Nowitzki 1989, 111 ff.). Unter sozialisationstheoretischem Gesichtspunkt läßt sich das Fernsehen als ein Verhaltensbereich auffassen, in dem Alters- und Generationsrollen tagtäglich symbolisch vermittelt werden. Im Fernsehbereich drückt sich für Kinder insbesondere Erwachsenheit deutlich wahrnehmbar in höheren Nutzungszeiten aus. So beträgt die Distanz zwischen der Fernsehzeit aller älteren Kinder zu den Sehzeiten von Müttern und Vätern an Werktagen fast 80%. Sie verringert sich am Wochenende, aber beträgt dann immer noch etwa 50% der durchschnittlichen Sehzeit der ältesten Kinder. Fernsehen ist für die meisten Kinder ein Verhaltensbereich, in dem sich Erwachsenheit in zeitlich extensiverer Nutzung zum Ausdruck bringt.

Ganz anders ist es bei der Buchlektüre. Die Mütter lesen an Werk- und Wochenendtagen etwa gleich lange wie die ältesten Kinder. Die Väter lesen sogar weniger lange als die dritten, die jüngsten Kinder in der Geschwisterreihe. Der Unterschied zwischen den Eltern kann nicht mit der mangelnden Freizeit der Väter begründet werden. Denn für das Fernsehen nehmen sie sich mehr Zeit als die Mütter. Über die zeitliche Strukturierung des Familienalltags im Fernsehbereich wird also für die Kinder Erwachsenheit erfahrbar – im Bereich der Buchlektüre dagegen nicht.

Diese noch sehr einfachen Beobachtungen der Rollenvermittlung über den Fernsehgebrauch lassen sich vertiefen, wenn man auf Kompetenzzuschreibungen und Entscheidungsbefugnisse sieht. Die Mütter gelten als die Kompetentesten in der Familie im Bereich des Lesens, den Vätern fällt im Bereich der technischen Medien die »Expertenrolle« zu. So ist auch die Sehdauer von Eltern und Kindern dann am niedrigsten, wenn die Mutter als die Kompetenteste im Fernsehbereich gilt. Umgekehrt ist die Sehdauer in der Familie am größten, wenn der Vater bestimmt, was gesehen werden soll, wenn die ganze Familie gemeinsam fernsieht. Wenn Vater und Kinder zusammen fernsehen, bestimmt in den meisten Familien der Vater die Programmauswahl – wenn Mutter und Kinder zusammen sehen, bestimmen überwiegend die Kinder. Auch wenn die Eltern zusammen fernsehen, treffen in den meisten Familien die Väter die Programmentscheidung. Insgesamt kommt in gemeinsamen Sehsituationen mehrerer Familienmitglieder den Vätern die bestimmende, den Müttern eine eher vermittelnde, den Kindern eine untergeordnete Position zu.

Diese Strukturen sind in den Familien, die das Kabelfernsehen nutzen können, noch deutlicher als in den Familien der Vergleichsgruppe. Mit dem größeren Interesse an der fortgeschrittenen Medienentwicklung verbinden sich paradoxerweise in noch ausgeprägterem Maße hierarchische, traditionelle Familienstrukturen. Das Fernsehen als Leitmedium im Familienalltag wird in noch ausgeprägterem Maße zum Attribut des Vaters.

Dagegen spielt das Buch im Alltagsablauf nur am Rande eine Rolle und ist eher ein Medium der Mütter und der Kinder. Den Müttern wird umso häufiger die größte Kompetenz für den Buchbereich zugesprochen, je niedriger die soziale Schicht ist, der die Familie angehört. Insgesamt haben wir verschiedene Ergebnisse gesammelt, die erkennen lassen, daß die der Mutter zugeschriebene Affinität zum Buch und zum Lesen immer auch ein pädagogisch akzentuiertes, »pflichtgemäßes« Interesse repräsentiert. Daß die Lesezeiten der Mütter Generationsgrenzen zu den Kindern kaum erkennen lassen, ist nur ein Indiz dafür, daß das Bücherlesen in den Familien keine mit dem Fernsehen vergleichbare rollensymbolische Aufwertung erfährt.

3.2 Fernsehen ist in der Familie zu der Medientätigkeit geworden, die am deutlichsten Gemeinsamkeit vermittelt

Dem Fernsehen ist immer wieder vorgeworfen worden, daß es die Familien atomisiere; die verbreitete Vorstellung ist die, daß jedes Familienmitglied vor seinem eigenen Gerät sein eigenes Programm sieht. Diese Vorstellung wird durch die Ergebnisse unserer Untersuchung nicht bestätigt, obwohl eine große Anzahl der Familien (41%) über mehr als ein Fernsehgerät verfügt. Allerdings muß man bedenken, daß es sich hier um Familien mit jüngeren Kindern handelt. Für sie ist das Fernsehen ein wichtiger sozialer Bezugspunkt – unter allen Medien gleichsam der Familienfokus gemeinsamer Rezeption.

Vergleicht man die typischen Fernseh- und Lesesituationen der Kinder, so gewinnt man davon ein erstes Bild: Nur wenige Kinder sehen nach den Angaben der Eltern überwiegend allein. In etwa 40% der Familien sehen sie in der Regel zusammen mit der Mutter oder dem Vater. Beim Lesen ist es umgekehrt: Überwiegend allein sind 70% der Kinder, wenn sie sich mit Büchern beschäftigen. Daneben spielt nur das Lesen zusammen mit der Mutter – nämlich bei 16% der Familien – eine erwähnenswerte Rolle. Dabei ist es wichtig, zu bedenken, daß in fast der Hälfte der Familien Kinder leben, die noch nicht im Schulalter sind. Ihnen wird vielleicht einmal vorgelesen, aber dies ist eben nicht die typische Lesesituation, wie wir auch in verschiedenen Familien unserer Fallstudien erfuhren.

Das oft beschworene einsame Kind vor dem Bildschirm scheint nach diesen Ergebnissen weniger häufig anzutreffen zu sein als das Kind, an dessen Umgang mit Büchern die Erwachsenen weder Teilnahme noch Interesse zeigen. Die schwache Verankerung des Lesens im Interaktionsgeschehen der Familien kann man auch daran ablesen, daß es nur in wenigen Familien Bücher gibt, die alle Familienmitglieder interessieren. Selbst eine Interessenübereinstimmung an bestimmten Büchern bei Müttern und Kindern wird nur von knapp einem Drittel der Befragten angegeben. Hier zeigen sich auch Unterschiede zwischen den Familiengruppen: in Kabelhaushalten gibt es nicht nur weniger Bücher, es gibt auch seltener Buchinteressen, die mehrere Familienmitglieder gemeinsam haben (Hurrelmann/Possberg/Nowitzki 1989, 203 ff.).

Demgegenüber ist die Gemeinsamkeit der Fernsehinteressen in

den Familien breit entwickelt: Daß es für das Fernsehen allen gemeinsame oder generationsübergreifende Interessen an bestimmten Sendungsgattungen gibt, ist geradezu der Normalfall. Und: Die Palette der familiengemeinsamen Sehinteressen verbreitert sich, wenn man die Familien mit Kabelfernsehen und ohne Kabelfernsehen vergleicht. Insbesondere finden die Gattungen des Unterhaltungsangebotes breitere gemeinsame Zustimmung in den Familien, die das erweiterte Fernsehangebot nutzen können. Sehinteressen, die nur die beiden Eltern miteinander teilen, gelten dafür in der Kabelgruppe in geringerem Ausmaß politischen und kulturellen Sendungsangeboten. Der schon mehrfach festgestellte Trend zur Fernsehunterhaltung wird durch diese Ergebnisse bestätigt und ergänzt durch seine soziale Dimension: Fernsehunterhaltung ist – und wird mit der Programmerweiterung zunehmend – ein bedeutsames integratives Moment im Familienalltag. Die entstrukturierende, insbesondere Generationsgrenzen verwischende Funktion, die man den elektronischen Medien wiederholt zugeschrieben hat (z. B. Postman 1983; Meyrowitz 1987) betrifft nach diesen Ergebnissen also vor allem die inhaltliche Seite der Rezeption, nicht aber die familiale Rollenstruktur in der Fernsehsituation.

Familiengemeinsame Fernsehsituationen und Vorlesesituationen haben wir noch genauer auf die integrierenden sozialen Funktionen hin untersucht, die sie in der Wahrnehmung der Erwachsenen haben. Zunächst einmal erhielten wir die Auskunft, daß in etwa drei Viertel der Familien den Kindern »mitunter« vorgelesen wird – hier sind natürlich Antworten nach »sozialer Erwünschtheit« besonders in Rechnung zu stellen. Die genauere Frage ergab, daß in etwa 40% der Familien »fast jeden Tag« vorgelesen werde. In über 60% der Familien, in denen vorgelesen wird, ist meist die Mutter die Vorleserin, in 11% meist der Vater. In den restlichen Familien teilen sich die Eltern in die Aufgabe des Vorlesens. Die Väter sind im übrigen umso häufiger als Vorleser benannt, je seltener es in der Familie vorkommt. Vorlesen ist in der Regel eine Zweier-Situation zwischen der Mutter und einem noch nicht lesefähigen Kind. Schon deshalb kann es mit der sozialen Bedeutung gemeinsamen Fernsehens in den Familien kaum verglichen werden.

Die genauere Frage zeigte zudem, daß das Vorlesen die Eltern, die sich dazu verstehen, viel häufiger Selbstüberwindung kostet als das familiengemeinsame Fernsehen und daß es da, wo es vorkommt, den Erwachsenen nicht wesentlich andere und höhere Befriedigungen verschafft als das Fernsehen zusammen mit der ganzen Familie. Sicher war der Fragebogen mit seinen Antwortvorgaben hier ein sehr grobes Untersuchungsinstrument. Unsere Fallstudien zeigen aber, daß diese Ergebnisse, wenn sie auch Unterschiede verwischen, durchaus die Schwierigkeiten erkennen lassen, die viele Eltern mit dem Vorlesen haben: das Gefühl des Zeitmangels und der fehlenden Entspanntheit, das Problem, sich emotional und kognitiv auf die Bedürfnisse der Kinder einzustellen, die Schwierigkeit, ein eigenes Interesse mit dem Vorlesen und den Lesetexten zu verbinden etc. Hier tut sich ein Feld weiterer qualitativer Leseforschung auf, das bisher kaum Beachtung gefunden hat, das aber auch deshalb interessant sein dürfte, weil es sich mittlerweile um eine Elterngeneration handelt, die selbst mit dem Fernsehen aufgewachsen ist.

So viel ist deutlich: Im Unterschied zum Fernsehen stiften Bücher in den Familien kaum Gemeinsamkeiten, sie organisieren kaum für die Familien wichtige soziale Situationen. Das ist ein unübersehbarer Unterschied zu den Lesesituationen, die uns als »Familienunterhaltung« aus früheren Jahrhunderten bezeugt sind. Das gilt natürlich mit individuellen Differenzen und es bleibt die Frage, welche Qualität dafür die Gemeinsamkeit hat, die sich für die meisten Familien offenbar durch das Fernsehen müheloser herstellen läßt.

3.3 Mögliche Rückwirkungen des Medienwandels auf die Familieninteraktion und Aussichten für das Lesen

Wie eine Familie die Medien gebraucht, ist, wie sich immer wieder bestätigt, schichtabhängig. Nun ist aber der soziale Status einer Familie als soziodemographisches Merkmal nur ein sehr grober, teilweise untauglicher Indikator für ihre internen Eigenschaften als Interaktions- und Kommunikationsgefüge. Deshalb haben wir in das Design unserer Studie Variablen aufgenommen, die die »inneren Lebensbedingungen« der Familie beschreiben: Familienklima, Gesprächsverhalten, Erziehungsverhalten der Eltern. Wir konnten zeigen, daß alle diese interaktionsbezogenen Familienmerkmale zwar Schichteinflüsse in sich aufnehmen, daß ihnen darüber hinaus aber auch ein eigenständiger Erklärungswert für

den Mediengebrauch in den Familien zukommt (Hurrelmann/
Possberg/Nowitzki 1989, 145 f.).

Betrachtet man die Zusammenhänge zwischen diesen »inneren«
Eigenschaften der Familien und dem Mediengebrauch, so lassen
sich die Korrespondenzen zwischen Fernsehen und Familieninteraktion auf der einen Seite, Bücherlesen und Familieninteraktion
auf der anderen Seite so darstellen, daß auch die Rückwirkungen
von Veränderungen in der Medienumwelt auf die Familieninteraktion abschätzbar werden. Nach diesem Ansatz bestimmen nicht
nur die interaktionellen Voraussetzungen der Familien, wie Veränderungen im Medienbereich aufgenommen werden, sondern sie
zeigen auch, in welchen Dimensionen »Wirkungsschleifen« zu erwarten sind – d. h. langfristige Rückwirkungen eines veränderten
Mediengebrauchs auf die Familien.

Am deutlichsten konnten wir dies für eine Dimension des Familienbeziehungsklimas zeigen, die wir – im Rückgriff auf ein Befragungsinstrument der Familientherapie – »Anpassungsfähigkeit
der Familien an sich verändernde Aufgaben und Rollen« (Adaptabilität) nannten (Hurrelmann/Possberg/Nowitzki 1989, 72 ff.): In
Familien, deren Mitglieder relativ viel Zeit mit dem Fernsehen
verbringen, zeigen sich überdurchschnittlich häufig starre familiale Rollen und Beziehungsregeln. Unflexible Interaktionsstrukturen scheinen eine hohe Fernsehdauer zu begünstigen. Gerade
unter diesen Bedingungen übernimmt das Fernsehen offenbar eine
wichtige Stabilisierungsfunktion in der Familie. Beim Lesen ist es
umgekehrt: In Familien mit rigiden, unbeweglichen Beziehungsstrukturen wird weniger Zeit mit Büchern verbracht als in solchen
Familien, die in ihren Rollen und Aufgabendefinitionen fähig zur
Anpassung an sich wandelnde Aufgaben des Familienlebens
sind.

Man darf diese Beziehungen als strukturelle Muster aber wohl
auch doppelseitig interpretieren: Extensives Fernsehen kann auch
dazu führen, Interaktionsprobleme zu verdecken und damit die
Fähigkeit zum Austragen und Lösen von Beziehungskonflikten
verringern. Da wir gesehen haben, daß der Fernsehkonsum mit
wachsendem Programmangebot nicht unwesentlich ansteigt, und
da wir wissen, daß sich das Fernsehen in den Familien mit Bekräftigung hierarchischer Positionen und Rollen eng verbindet, hat
diese Entwicklungsperspektive eine hohe Plausibilität. Durch die
Fernsehexpansion würde genau der Voraussetzungsbereich in den

Familien betroffen, der auch für das Lesen eine wichtige Bedingung darstellt.

Aber auch Familien mit einer wenig entwickelten Gesprächspraxis neigen zu hohem Fernsehkonsum. Ebenso ist ein stark steuerndes Erziehungsverhalten der Eltern nach unseren Ergebnissen gerade nicht mit niedrigen, sondern mit hohen Fernsehzeiten der Kinder verbunden. Auch hier sind die Verhältnisse für das Lesen umgekehrt. Wir dürfen annehmen, daß der hohe Fernsehkonsum seinerseits dazu dienen kann, eine geringe Reichweite der persönlichen Kommunikation, bzw. ein eher autoritäres elterliches Erziehungsverhalten, zu stabilisieren und zu verfestigen. Das heißt, daß mit wachsender Bedeutung des Fernsehens im Lebensstil einer Familie solche Bedingungen des Familienklimas und der Interaktion verstärkt zu finden sein könnten, die wir als ungünstig – ungünstig zumindest für die Persönlichkeitsentwicklung der Kinder – einzuschätzen wohl berechtigt sind. Es heißt auch, daß mit wachsender Bedeutung des Fernsehens gerade die Verhaltensweisen und Kompetenzen langfristig weniger kultiviert werden könnten, auf die die Lesesozialisation offenbar angewiesen ist: die flexible Anpassung der Erwachsenen an den Entwicklungsstand und die Verständigungsbedürfnisse der Kinder, die Bereitschaft, auch über abstrakte Inhalte zu reden, die Fähigkeit, auf steuernde, einengende Erziehungshandlungen weitgehend zu verzichten. Die produktiven sozialen Effekte und die Anregungen, die das Fernsehen natürlich auch vermitteln kann, sind offenbar mit eher sparsamer Nutzung verbunden.

Dabei ist zu unterscheiden: Nicht alle Familien gehen mit der Erweiterung ihrer Fernsehmöglichkeiten auf die gleiche Weise um. Der augenscheinlichste Aspekt der unterschiedlichen Verarbeitung der neuen Programmvielfalt ist der der Schichtdifferenzen. Schichtdifferenzen sind in den Sehzeiten der Teilnehmergruppe noch deutlicher erkennbar als in der Vergleichsgruppe. Unter der Voraussetzung des erweiterten Medienangebotes bilden sich unterschiedliche soziokulturelle Voraussetzungen im Fernsehkonsum verstärkt ab (Hurrelmann/Possberg/Nowitzki 1989, 124 ff.; s. a. Hurrelmann 1989, 121 ff.). Vergleichbares gilt aber auch für das Gesprächsverhalten und das Erziehungsverhalten in den Familien: Wieviel ferngesehen wird und ob über das Gesehene noch gesprochen wird, hängt in der Teilnehmergruppe noch deutlicher davon ab, wie entwickelt die Gesprächspraxis auch sonst in der Familie ist. Wieviel die Kinder fernsehen, hängt noch stärker davon ab, welche Verhaltensspielräume ihnen der Erziehungsstil der Eltern läßt (vgl. Hurrelmann/Possberg/Nowitzki 1989, 146ff.).

Aus dieser Verschärfung wichtiger Zusammenhänge zwischen Familie und Fernsehverhalten unter der Bedingung des erweiterten Medienangebots darf man wohl folgern, daß in Zukunft die Medienerfahrungen von Kindern mit unterschiedlichen familialen Voraussetzungen noch stärker auseinanderklaffen werden, als dies schon bisher zu beobachten war. Das Fernsehen maßvoll zu nutzen und dem Familienleben unterzuordnen statt umgekehrt, wird mit wachsendem (und auch inhaltlich verändertem) Programmangebot offenbar schwieriger. Vermutlich müssen wir uns auf kumulative Effekte gefaßt machen, die die Kinder verstärkt benachteiligen, die ohnehin unter schwierigeren Bildungsbedingungen aufwachsen. In ihren Familien wird das große Programmangebot besonders ausgiebig genutzt und – wie vor allem unsere Fallstudien differenzierend beschreiben – besonders wenig auf die Kinder bezogen kommunikativ verarbeitet. Das Fernsehen bestimmt den Interaktionsstil in der Familie mehr als anderswo und damit sind die Voraussetzungen für das Lesenlernen mitbetroffen.

Die strukturellen Veränderungen der Lebensbedingungen von Familien wie die Zunahme von Ein-Elternfamilien, Familien mit Einzelkindern, Familien mit erwerbstätigen Müttern und die zunehmend lückenlose Verplanung des Kinderalltags tragen zu einer Vertiefung dieser Probleme bei. Ulrich Beck hat die Veränderung der Lebensbedingungen in den gegenwärtigen Industriegesellschaften mit dem Begriff der Individualisierung bei gleichzeitiger Standardisierung auch unter Bezug auf das Fernsehen beschrieben (Beck 1986, 213). Man muß kein Feind dieses Mediums sein, um zu sehen, daß seine Expansion die Bücher sicher nicht gleich zum Verschwinden bringt, aber die Chancen zum Erwerb der Literalität für viele Kinder vermindert – und zwar vorerst in sozialspezifisch unterschiedlichem Ausmaß.

Damit könnte ein jahrhundertelanger, zäher und niemals ganz erfolgreicher Demokratisierungsprozeß des Lesens an seinem Wendepunkt angelangt sein, ohne daß das erweiterte Fernsehangebot – und das ist vermutlich die Pointe jeglichen Medienwandels – ohne daß das »neue« mit dem »alten« Medium überhaupt in direkte Konkurrenz treten muß.

Beck, Ulrich, *Risikogesellschaft. Auf dem Weg in eine andere Moderne*, Frankfurt 1986.

Berg, Christa, *Volksschule im Abseits von »Industrialisierung« und »Fortschritt«*, in: Herrmann, Ulrich (Hg.), *Schule und Gesellschaft im 19. Jahrhundert*, Weinheim 1977, 243–264.

Bollenbeck, Georg, *Zur Theorie und Geschichte der frühen Arbeiterlebenserinnerungen*, Kronberg/Ts. 1976.

Bronfenbrenner, Urie, *Wie wirksam ist die kompensatorische Erziehung?*, Stuttgart 1974.

Brüggemann, Theodor/Ewers, Hans-Heino (Hg.), *Handbuch zur Kinder- und Jugendliteratur. Von 1770–1800*, Stuttgart 1982.

Brüggemann, Theodor/Brunken, Otto (Hg.), *Handbuch zur Kinder- und Jugendliteratur. Vom Beginn des Buchdrucks bis 1570*, Stuttgart 1987.

Campe, Joachim Heinrich, *Robinson der Jüngere. Ein Lesebuch für Kinder* (1779/1780). Neu hg. v. Johannes Merkel u. Dieter Richter. München 1977.

Deutsche Forschungsgemeinschaft (Hg.), *Medienwirkungsforschung in der Bundesrepublik Deutschland*, 2 Tle. Weinheim 1986.

Franzmann, Bodo, *Leseverhalten im Spiegel neuerer Untersuchungen. Ein Beitrag über Lesekultur und Medienkultur*, in: *Media Perspektiven* 1989, H. 2, 86–98.

Fritz, Angela, *Die Familie in der Rezeptionssituation. Grundlage zu einem Situationskonzept für die Fernseh- und Familienforschung*, München 1984.

Fritz, Angela/Suess, Alexandra, *Lesen. Die Bedeutung der Kulturtechnik Lesen für den gesellschaftlichen Kommunikationsprozeß*, Konstanz 1986.

Hardach-Pinke, Irene/Hardach, Gerd (Hg.), *Deutsche Kindheiten. Autobiographische Zeugnisse 1700–1900*, Kronberg/Ts. 1978.

Hurrelmann, Bettina, *Kinderliteratur und Lesekindheit im 18. Jahrhundert*, in: Grenz, Dagmar (Hg.), *Aufklärung und Kinderbuch. Studien zur Kinder- und Jugendliteratur des 18. Jahrhunderts*, Pinneberg 1986, 259–292.

Hurrelmann, Bettina, *Das Verschwinden der Erwachsenen aus der Leseerfahrung der Kinder*, in: *Börsenblatt für den Deutschen Buchhandel*, 22. 9. 1987, 2506–2513.

Hurrelmann, Bettina, *Über das Lesen-Lernen in einer sich verändernden Medienumwelt*, in: *Informationen des Arbeitskreises für Jugendliteratur* 1988, H. 4, 43–53.

Hurrelmann, Bettina, *Fernsehen in der Familie. Auswirkungen der Programmerweiterung auf den Mediengebrauch*, Weinheim 1989.

Hurrelmann, Bettina/Possberg, Harry/Nowitzki, Klaus, *Familie und er-*

weitertes Medienangebot, Düsseldorf 1989 (Begleitforschung des Landes NRW zum Kabelpilotprojekt Dortmund. Bd. 7).

Jäger, Georg/Schönert, Jörg (Hg.), *Die Leihbibliothek als Institution des literarischen Lebens im 18. und 19. Jahrhundert. Organisationsformen, Bestände und Publikum,* Hamburg 1980.

Johansen, Erna M., *Betrogene Kinder. Eine Sozialgeschichte der Kindheit,* Frankfurt/M. 1978.

Köcher, Renate, *Familie und Lesen. Eine Untersuchung über den Einfluß des Elternhauses auf das Leseverhalten.* Archiv für Soziologie und Wirtschaftsfragen des Buchhandels LXIII. Frankfurt 1988.

Kübler, Hans-Dieter, *Lesen – warum eigentlich? Versuch einer Verteidigung gegen seine pharisäerhafte Vereinnahmung,* in: *medien praktisch* 1986, H. 3, 4–9.

Langenbucher, Wolfgang R., *Die Demokratisierung des Lesens in der zweiten Leserevolution,* in: Göpfert, Herbert (Hg.), *Lesen und Leben,* Frankfurt 1975, 12–35.

Meyrowitz, Joshua, *Die Fernsehgesellschaft. Wirklichkeit und Identität im Medienzeitalter,* Weinheim 1987.

Postman, Neil, *Das Verschwinden der Kindheit,* Frankfurt 1983.

Richter, Dieter, *Das fremde Kind. Zur Entstehung der Kinderliteratur des bürgerlichen Zeitalters,* Frankfurt 1987.

Rutschky, Katharina, *Erziehungszeugen. Autobiographien als Quelle für eine Geschichte der Erziehung,* in: *Zeitschrift für Pädagogik* 29 (1983), 499–517.

Schenda, Rudolf, *Volk ohne Buch. Studien zur Sozialgeschichte der populären Lesestoffe 1770–1910.* München 1977.

Schenda, Rudolf, *Vorlesen: Zwischen Analphabetentum und Bücherwissen. Soziale und kulturelle Aspekte einer semiliterarischen Kommunikationsform,* in: *Bertelsmann Briefe* 1986, H. 119, 5–14.

Schmid, Christoph von, *Erinnerungen und Briefe.* Hg. v. Hans Pörnbacher. München 1968.

Schmidt, Siegfried J. (Hg.), *Der Diskurs des Radikalen Konstruktivismus,* Frankfurt 1987.

Schön, Erich, *Der Verlust der Sinnlichkeit oder Die Verwandlungen des Lesers. Mentalitätswandel um 1800.* Stuttgart 1987.

Sengle, Friedrich, *Biedermeierzeit. Deutsche Literatur zwischen Restauration und Revolution,* Bd. 1: *Allgemeine Voraussetzungen, Richtungen, Darstellungsmittel,* Stuttgart 1972.

Siegert, Reinhard, *Aufklärung und Volkslektüre. Exemplarisch dargestellt an Rudolf Zacharias Becker und seinem »Noth- und Hülfsbüchlein«,* in: *Archiv für Geschichte des Buchwesens* 19 (1978), 566–1348.

Steinlein, Rüdiger, *Die domestizierte Phantasie. Studien zur Kinderliteratur, Kinderlektüre und Literaturpädagogik des 18. und frühen 19. Jahrhunderts,* Heidelberg 1987.

Ungern-Sternberg, Wolfgang von, *Leihbibliothek und Zensur im 18. und 19. Jahrhundert*, in: Jäger/Schönert 1980, 255–310.

Ungern-Sternberg, Wolfgang von, *Medien*, in: Jeismann, Karl-Ernst/ Lundgren, Peter (Hg.), *Handbuch der deutschen Bildungsgeschichte*, Bd. 3: *1800–1870. Von der Neuordnung Deutschlands bis zur Gründung des Deutschen Reiches*, München 1987, 380–416.

Ziessow, Karl-Heinz, *Ländliche Lesekultur im 18. und 19. Jahrhundert. Das Kirchspiel Menslage und seine Lesegesellschaften*, 2 Bde., Cloppenburg 1988.

Katharina Rutschky
Die Schule, ein neuzeitliches Ritual zwischen den Generationen
Anmerkungen zur pädagogischen Entwertung der Disziplin

I. Kindheit als Schulzeit

Wenn über Schulreform diskutiert wird, spricht man über den Unterricht und zunehmend weniger über Erziehung. Was sollen die Kinder in der Schule lernen? Welche Kenntnisse hat das allgemeinbildende Schulwesen dem künftigen Staats- und Wirtschaftsbürger mitzugeben? Und lernen, was denn gelernt werden soll, auch alle? Mädchen taten lange auch schon einen Blick ins Privatleben, insofern der Handarbeits- und Kochunterricht sie für Ehe und Familie qualifizieren sollte. Heute streitet man sich über ein neues Fach, die Informatik. Gehört der Umgang mit Computern zur Allgemeinbildung oder nicht?

Unstrittig ist seit langem, daß Schule der maßgebliche Ort ist, an dem Kindheit und Jugend verbracht werden, und zwar je länger, je besser, obwohl neuerdings wieder das letzte Oberschuljahr in die Schußlinie geraten ist, das andere europäische Länder nicht kennen. Die Kritik an der langen Schulzeit bzw. ihrer schrittweisen Verlängerung ist aber nicht so neu, wie sie vorgibt, sondern begleitet sie seit Jahrzehnten als ein Murren der Handwerker und kleinen Unternehmer, die mit 13- oder 14jährigen Arbeitskräften schon eine Menge anzufangen wissen. Und ungeachtet dieser und anderer Scharmützel über zu lange Ausbildungs- und Studienzeiten, drückt sich die Überzeugung von Kindheit und Jugend als Schulzeit im Bemühen aller Eltern aus, den Nachwuchs so lange wie möglich zur Schule zu schicken. Es geht um Schulzeit, nicht um Schon- oder Bildungszeit; denn außerhalb der Institutionen gibt es keine relevante Bildung. Ob sie Schonbezirke sind, ist mir, mit dem Blick auf den vielfältigen Komfort, den heute Arbeitsplätze in der Erwachsenenwelt bieten, kaum noch zweifelhaft.

Wenn Kindheit also Schulzeit ist, ist es um so verwunderlicher, warum die äußeren Bedingungen, unter denen Unterricht in der

Schule stattfindet, so wenig bedacht und eventuell geändert werden. Während die Inhalte des Unterrichts in den vergangenen 100 Jahren immer wieder geändert und anderen politischen Verhältnissen angepaßt werden konnten, sind die Formen so ziemlich die gleichen geblieben. Viele stehen auch gar nicht mehr zur Disposition, sondern werden von Personen und Behörden bestimmt, die mit Schule und Bildung gar nichts zu tun haben. Es gibt einen Hausmeister und Putzfrauen, die Baupolizei, das Gesundheitsamt, Versicherungen, außerdem Schulordnungen, die seit altersher Eltern und Schülern vertraut sein müssen, damit der »Betrieb« reibungslos läuft. Es sind viele Bestimmungen, die vor allem Kindern immer wieder in Erinnerung gerufen werden müssen, z. B. über das Betragen im Schulhaus, auf dem Pausenhof, in der Turnhalle, den Waschräumen. Neben den geschriebenen gibt es die ungeschriebenen Gesetze und Traditionen, die oft nur an einer Schule Geltung haben. Ich denke z. B. an Kleiderordnungen bei Abschlußfeiern und Abiturprüfungen, an die Feier von Lehrergeburtstagen und an die schöne Regel aus meiner Schulzeit: »Es ist schon immer so gewesen, am letzten Tag wird vorgelesen« – vor den Ferien nämlich. Der Vers »Der Himmel ist blau, das Wetter ist schön, Herr Lehrer wir wollen spazieren gehen« deutet mit seiner Anrede »Herr Lehrer« auf vergangene Dorfschulverhältnisse, wo man von einer Frau Lehrerin noch lange nichts gehört hatte. Auch setzt ein Spaziergang mit dem Lehrer an der Spitze, womöglich in Zweierreihen als höchstes Schulglück, bei den Kindern eine Anspruchslosigkeit voraus, die nur auf dem Boden des ödesten Schuldrills und einer materiell reizlosen Umgebung sich erhalten kann.

Wenn die Schule als Unterrichtsanstalt begriffen wird, zu deren effektivem Betrieb die Formen festgelegt sind, dann ist es nicht verwunderlich, wenn Schüler vor allem unter dem kritischen Gesichtspunkt behandelt werden, daß sie stören und andere Ziele als die Unterrichtsziele verfolgen. Verstärkt wird diese misanthropische Sicht durch eine Besonderheit, die die Schule mit anderen nichtmarktorientierten Dienstleistungsbetrieben gemeinsam hat. Sie ist zwar für die Kinder gedacht, befindet sich aber faktisch in den Händen derer, die dort ihren Dauerarbeitsplatz haben. Sich dort bequem einzurichten und nicht unaufhörlich mit ordnungswidrigen Kindern herumzuschlagen, ist ein verständlicher Wunsch, der sich über kurz oder lang bei den meisten Lehrern durchsetzt. Eine erziehungswissenschaftliche Ausbildung, gutes pädagogisches Wissen also, schützt vor der sogenannten Resignation nicht. Fast könnte man sogar das Gegenteil vermuten. Je liberaler und aufgeklärter die neuen Lehrer, desto schlimmer scheinen die Kinder, desto unwilliger und ungeschickter, die Wohltaten zu akzeptieren, die man ihnen so gern, ganz ohne Rohrstock und entehrende Strafen, unaufhörlich erweisen will.

Die Verkleidung, die der Haß bevorzugt, ist die Sorge. Die traditionelle Klage über die Jugend und die schlechter und schlechter werdenden Schüler schlägt auch bei uns immer öfter Töne an, die man nur apokalyptisch nennen kann. Es besteht eine verdächtige Bereitschaft, Katastrophenmeldungen ungeprüft für bare Münze zu nehmen, über die man einmal gründlich nachdenken müßte. Nicht nur aus den USA kommen die Schreckensmeldungen über Gewalt im Klassenzimmer, über den faktischen Analphabetismus von High School-Absolventen; auch bei uns scheint die Schulwelt aus den Fugen. Richtiger: die Schule ist in Ordnung, bloß die Schüler sind, wie der Titel einer *Spiegel*geschichte lautete, »Gestört und seelisch tot« (11. 4. 1988). »Gewalt und Gefühlsarmut verändern das Klima an den Schulen«, heißt es. Eine Bildserie über Schüler einer Hamburger Realschule beweist dort die Behauptung: »Die haben sich nicht im Griff, das sind entmutigte, zerfallene kleine Persönlichkeiten.« Zahlreiche Lehrer werden als Gewährsleute vor Ort herangezogen und sollen belegen, was ein Professor für Sonderpädagogik (Herbert Goetze) als »epochale Wende in der Schulgeschichte« bezeichnet. Der Leiter einer Bielefelder Gesamtschule will seit Jahren beobachtet haben, wie die Unterrichtsstörungen zugenommen haben, und benennt auch gleich die wichtigsten Krankheitssymptome seiner Schüler: »Mangelnde Konzentration, starke Motorik, fehlende Stabilität der Schülerpersönlichkeit, Verweigerungshaltung und Aggressionen.« Es wird sogar behauptet, daß das Niveau der Störungen und der Störer im Vergleich zu früher gesunken sei. Waren es früher, so meint sich eine Schulrektorin zu erinnern, »eigentlich ganz fröhliche Ruff-Buff-Typen«, so seien es heute ganz einfach schwer psychisch gestörte Kinder, die ihre Handlungen gar nicht mehr beurteilen können. Mehr oder weniger, so schätzt man, benimmt sich ein Viertel aller Schüler im Unterricht daneben.

Welche Hypothesen – bzw. Erklärungen, denn daß es sich um Mutmaßungen handelt, wird ja gern unkenntlich gemacht – bieten die Experten nun für ihre Beobachtung an, daß die Schule zum »Tollhaus« geworden ist? Deutet sich ein kultureller Wandel von Kindheit und Jugend an? Hinter diesem scheinbar neutralen Begriff verbergen sich lauter kleine und große Katastrophen, kein einziger Fortschritt. Wohin man blickt, Verlust und Verfall von Bindung und Struktur. Was neu ist, wie die erweiterten Konsumchancen oder die Verfügbarkeit elektronischer Medien, wird flugs mit Rausch und Sucht in Verbindung gebracht, womit in unserer puritanischen Kultur ja dann das letzte Wort schon gesprochen ist. Immerhin kommen in dem referierten Artikel auch die Schüler selbst einmal zu Wort. Eine Studie soll belegen, daß die Schulzufriedenheit der deutschen Schüler signifikant niedriger ist als die ihrer englischen, schwedischen und nordamerikanischen Kollegen. Die Schüler selbst machen für die häufigen Störungen im Unterricht seine Langweiligkeit und die Lehrer verantwortlich. Man darf natürlich auch diese Aussagen nicht überschätzen, obwohl mir alles kostbar ist, was von der Seite der eigentlich Betroffenen zu hören ist, schon wegen der Rarität der Wortmeldungen hier.

Nicht ganz so verbreitet wie die im Gewand der Sorge daherkommende Schülerkritik ist die Lehrerschelte. Auch sie steht in einer langen Tradition, die sich aus den Kränkungen und Ohnmachtsgefühlen endlich erwachsen gewordener Schüler speist. Häme läßt sich aber nicht in eine gesellschaftlich akzeptable Form bringen. Außerdem sind Lehrer Erwachsene, die sich wehren können. So kommt es, daß es in Analogie zu den grob-beleidigenden Jugend- und Schülerdiagnosen, die ganz ernsthaft verhandelt werden, auf Seiten der Lehrer nur Satiren gibt. Aber wie dem auch sei, meiner Überzeugung nach werden in beiden Fällen die falschen Probleme dramatisiert und in den Vordergrund gerückt, weil man an der Fiktion, Schule sei im besten Fall guter Unterricht, der sich nun einmal zwischen Menschen abspielt, unbedingt festhält.

Ehe ich nun mit dem Mittel der historischen Erinnerung erläutere, was Schule wirklich ist, möchte ich an einem weiteren Beispiel aus der Gegenwart die Einsicht in den Charakter der Schule als einer recht unvernünftigen Einrichtung vertiefen. In dem folgenden Vorschlag zur Minderung der Jugendarbeitslosigkeit wird nämlich wünschenswert deutlich, daß Schule den Unterricht zur Rationalisierung ihrer Existenz braucht und nicht umgekehrt der

Unterricht die Schule als Form seiner Durchführung. Die These ist nicht neu und stammt natürlich nicht von mir, sondern von Siegfried Bernfeld, der 1953 im amerikanischen Exil starb, in das er 1938 hatte fliehen müssen. Bereits 1925 schreibt er in *Sisyphos oder die Grenzen der Erziehung,* Schule sei »aus den politischen Tendenzen der Gesellschaft, aus den zweckirrationalen Anschauungen und Wertungen, die die psychische Beziehung alt–jung, die Bürgerschaft in einer bestimmten Gesellschaft, in einer bestimmten ihrer Klassen, unbewußt und unkorrigiert erzeugt« (Bernfeld (1925) 1967, 26). Weniger als wir gemeinhin unterstellen, ist die Schule, die öffentlich-allgemeinbildende Schule, ein Kind der Aufklärung. *Sie ist ein ununterbrochen zelebriertes Ritual zur Fixierung des Generationsgegensatzes,* wie es erwachsenen Interessen je länger je mehr entspricht. Ein Generalstreik aller Lehrer würde das heute ziemlich klar machen. Ebenso wie die bürgerliche Gesellschaft Misogynie und Idealisierung des Weiblichen verschränkt und gesellschaftlicher Ohnmacht überläßt, hat sie mit der Erfindung von Kindheit und Jugend und den beiden zugedachten Einrichtungen einen tiefen affektiven Widerspruch auf Dauer gestellt. Angst und Neid sind zusammen mit Fürsorge und Neugier unaufhörlich am Werk. Insofern ist Kinderfeindlichkeit noch etwas anderes und sehr viel mehr als die gedankenlose Durchsetzung erwachsener Lebensformen im Alltag. Sie ist ja gerade auch dort wirksam, wo sie nicht vermutet wird, in Schule und Kindergarten. Die widersprüchliche Funktion, welche alle eigens für Kinder erdachten Schutz- und Bildungsmaßnahmen haben, müßte noch viel besser erforscht und im Zusammenhang mit den Problemen der Gegenwart verstanden werden. Dabei stoßen Beispiele aus dem historischen Horrorkabinett heute kaum noch auf relativierende Abwehr. Schwieriger ist es mit Beispielen aus der Gegenwart. Ich will es trotzdem versuchen.

Zweimal, im März und im Juni, berichtete die Süddeutsche Zeitung über einen Vorschlag der CDU-Bundestagsabgeordneten Renate Hellwig, der Arbeitslosigkeit besonders junger Menschen zu begegnen. Frau Hellwig, auch Mitglied des Bundesvorstandes ihrer Partei, fordert für alle bis zum 25. Lebensjahr eine »Beschäftigungspflicht«. Nach ihrem Vorschlag soll keiner auch nur einen Tag Arbeitslosenhilfe, Sozialhilfe oder Arbeitslosengeld erhalten, wenn er sich nicht wenigstens halbtags beschäftigen oder weiterbilden läßt. Nur so lasse sich einem Vergammeln Jugendlicher mit allen seinen negativen Folgeerscheinungen vorbeugen. Zu denken ist an Drogenmißbrauch, Kriminalität und Nichtseßhaftigkeit. Mit dem gängigen, aber keineswegs klaren Argument, daß eine qualifizierte Ausbildung angesichts des neuen Technologieschubs immer wichtiger werde, ergänzt sie das polizeistaatliche Argument mit einem bildungspolitischen. Die Alternative »Beschäftigung« oder »Bildung« verrät etwas über ihre funktionale Äquivalenz in unserer Gesellschaft, von der natürlich gerade Erziehungswissenschaftler am wenigsten wissen dürften. Nach wie vor gilt ja die Dauer der Schulpflicht und die durchschnittliche Verweildauer in Bildungseinrichtungen als Index für das Niveau einer Gesellschaft. Wenn die Schulpflicht, wie Renate Hellwig zur rechtlichen Absicherung ihrer Vorschläge anregt, bis zum 25. Lebensjahr ausgedehnt wird, stünde die Bundesrepublik wieder einmal, wie Preußen im 19. Jahrhundert an der pädagogischen Spitze – ein inzwischen sehr fragwürdiger Ruhm.

Ein zweites Beispiel, das dem abgehandelten scheinbar widerspricht. Der Wissenschaftsrat hat, nachdem lange über eine wünschenswerte Studienzeitverkürzung nur diskutiert worden ist, endlich eine Studie vorgelegt, in der nach Fächern und Hochschulen aufgeschlüsselt, die Semesterzahl errechnet wird, die die Studenten im Schnitt bis zur ersten Prüfung brauchen. Was ist so bedenklich an der angeblich allzu langen Studienzeit unserer Studenten? Haben wir es hier nicht vielleicht auch mit sozialen Ausweichmanövern vor einer nicht unerheblichen akademischen Arbeitslosigkeit zu tun? Mit dem Unterschied allerdings, daß die Betroffenen selbständig improvisieren und nicht bürokratisch kontrolliert werden. Der Wissenschaftsrat rationalisiert sein Interesse an der Studienzeitverkürzung mit dem Hinweis auf den europäischen Binnenmarkt ab 1992. Man will den deutschen Hochschulabsolventen dann Wettbewerbsnachteile ersparen, die sie gegenüber ihren jüngeren Kollegen aus der EG haben könnten.

Das klingt plausibel, aber nicht in meinen durch die viel ältere Debatte über das Jugendproblem mißtrauisch gemachten Ohren. Es wäre ja auch erst zu beweisen, daß ein oder zwei Jahre Altersunterschied, um mehr handelt es sich ja nicht, nachteilige Folgen haben. Ich denke, daß im Interesse des Wissenschaftsrates an einer Studienzeitverkürzung die Beunruhigung über das vergleichsweise unkontrollierte Leben junger Erwachsener rationalisiert wird, die man doch ganz traditionell so bald wie möglich dem

Philisterium einverleiben will. Die Sorge bezieht sich dabei auf den bürgerlichen, den »eigenen« Nachwuchs, wie ja auch die Begründung, Stichwort »Karriere«, zeigt. Im Unterschied dazu ist der Vorschlag von Renate Hellwig Ausdruck der Angst vor etwas, eine Abwehrmaßnahme, die dem Schutz der »guten Gesellschaft« dienen soll, der Mentalität durchaus vergleichbar, die im 19. Jahrhundert die Volksschule und die Schulpflicht hervorbrachte. Das vorbürgerliche Konzept der Zwangsarbeit war nicht nur anrüchig, sondern vor allem kostspielig, wie der Bankerott immer neuer Waisenhausprojekte und das Scheitern der Industrieschulbewegung zeigen. Die Bildungsidee dagegen war neu und konnte so gut wie kostenlos in die Praxis umgesetzt werden. D. h. die Kosten trugen zum guten Teil und auf lange Zeit die Betroffenen selber, die Kinder, ihre Eltern, die auf die Arbeitskraft der Heranwachsenden verzichten mußten, die außerdem Schulgeld zu zahlen hatten, die schlechtbezahlten Lehrer, die Gemeinden.

Nun ist vielleicht – um auf das bayrische Beispiel zurückzukommen – eine Weiterbildungsmaßnahme der Zwangsarbeit vorzuziehen, da aber in beiden Fällen etwas an sich Schönes bedenklich funktionalisiert wird, darf man sich nicht wundern, wenn auch in Bildungseinrichtungen jene vielfältigen Formen von Widerstand und Motivationsentzug zu beobachten sind, die im Artikel des *Spiegel* als eine Art Dekadenzphänomen beschrieben werden, so, als könnte man feststellen, daß Kinder heute keine richtigen Kinder mehr sind, oder Schüler keine Schüler. Zur Frage »Warum wollen Schüler heute nicht mehr lernen?« fand kürzlich ein Seminar für Lehrer, Psychologen und interessierte Eltern statt, eine Frage, die voraussetzt, daß Schüler früher hätten lernen wollen und nicht müssen, als hätte es früher eben richtige Schüler gegeben wie sauberes Wasser und reine Luft.

Das war nicht der Fall, und im 19. Jahrhundert, der Pionierzeit der Schule, in der alle Grundentscheidungen gefällt wurden, wußte man noch ganz gut, daß aus Kindern erst Schüler, aus ein bißchen Unterricht erst Schule gemacht werden mußte. Ganz langsam verlagert sich das Interesse vom richtigen Schulehalten, als dem organisatorischen Drumherum, der Form, auf den Unterricht, gar die Didaktik einzelner Schulfächer.

II. Was Schule wirklich ist

Die pädagogische Literatur, die meinen Ausführungen zugrunde liegt und meine Auffassung von der Schule bestimmt hat, ist kaum bekannt und noch weniger in ihrer Bedeutung gewürdigt. Es sind Bücher wie die Zellersche *Schulmeisterschule* von 1807, deren Titel schon zeigt, daß nicht nur die Kinder, sondern auch die Schule selbst noch die Elemente zu lernen hatte: *Anleitung für Schullehrer zur geschickten Verwaltung ihres Amtes, in Frage und Antwort, Gleichnissen, Geschichten und Gesprächen. Mit einer Schulgesetztafel.* Mehrfach gibt es die *Grundsätze der Schuldisziplin*, z. B. von Zerrenner 1826 und von Dobschall 1841. Es gibt Autoren, die von »Zucht« oder »Haus- und Schulpolizei« statt von Schuldisziplin reden. Andere bevorzugen als Oberbegriff die Worte »Gehorsam« oder »Sittlichkeit«, handeln aber darunter auch die Formen der Schule ab. Ein gewisser Abel legte 1820 den Entwurf eines Schuldisziplinsystems vor, viele andere folgten mit den Schulgesetzen, über deren Handhabung immer wieder diskutiert wurde. Neben den vielen unberühmten, bzw. heute längst vergessenen Verfassern gibt es auch berühmte, wie etwa Diesterweg, der 1830 fragte: *Was fordert die Zeit in betreff der Schulzucht?* oder F. W. Förster, dessen *Pädagogik des Gehorsams und die Reform der Schuldisziplin* 1907 erschien. Nach der Revolution erschienen 1920 noch je eine *Schulzucht* für die Höhere und die Volksschule. Ein ganz später Ausläufer dieser Literatur ist Walter Horneys *Schule und Disziplin* von 1964. Das Gros der Veröffentlichungen liegt aber im 19. Jahrhundert, wobei die erste Hälfte sich am häufigsten mit dem Thema beschäftigt zu haben scheint. Es soll bis 1840 70 Einzelpublikationen gegeben haben, die schon im Titel das Wort *»Schuldisziplin«* führten (Flissikowski et. al. 1980; Bibliographie).

Gar nicht erforscht sind aber darüber hinaus auch die zahlreichen pädagogischen Wörterbücher, Enzyklopädien und Schulkunden, weder in bezug auf ihren Inhalt noch hinsichtlich ihrer Bedeutung für den Schulalltag und das Bewußtsein der Lehrer. Es gibt überkonfessionelle und viele konfessionell orientierte. Die Verfasser sind oft Direktoren der überall neu gegründeten Lehrerseminare, und man wird von daher doch gewisse Rückschlüsse auf die Verbreitung ihrer Bücher und der darin behandelten Probleme und pädagogischen Ratschläge ziehen können. Auch in diesen Handbüchern und Ratgebern, von Zerrenner (1792) über Wörle

(1835), Hergang (1847), Münch (1842), Rolfus & Pfister (1863–66), Petzoldt (1874), Kehrein (1876), Lindner (1891), Rein (1895–99) zu Loos (1906–8), um nur einige zu nennen, werden Dinge pädagogisch abgehandelt, deren Bedeutung heute kaum noch zu erkennen ist. Sie sind zu bloßen Konventionen geworden oder haben den Charakter von juristischen Gesetzen angenommen. In beiden Fällen ist die Pädagogik, die in sie investiert wurde, unsichtbar geworden. Es geht bei der Schuldisziplin ja nicht nur um Belohnungen und Strafen, sondern auch um Sitz- und Pausenordnungen, um die Regelung des Hofgangs, das richtige Melden, Grüßen, den Unterrichtsbeginn und das Unterrichtsende, die Ferien und die Vor- und Nachteile des Zertierens bzw. der Lokation, um das Führen von Schultabellen (Klassenbüchern), Versäumnislisten und Entschuldigungszettel.

Mir ist zweierlei aufgefallen: Erstens: Das Wort Schuldisziplin hat eine Bedeutungsverengung durchgemacht. Es meint, je früher es gebraucht wird, desto mehr alles, was wir heute unter Schulorganisation behandeln würden. Zweitens: Als Thema verliert die Schuldisziplin an Ansehen und Interesse, nachdem es im wilhelminischen Kaiserreich noch einmal einen ausgesprochenen Boom gegeben hat. Er steht in erkennbarem Zusammenhang mit dem Erstarken der Arbeiterbewegung und den gegen sie gerichteten Sozialistengesetzen. Speziell die plötzlich aufflammende Diskussion um die Zulässigkeit der Körperstrafen in der Volksschule spiegelt auf dem Terrain der Pädagogik den politischen Kampf um das Recht auf autoritär-absolutistische Bevormundung, dessen sich der »Schulmonarch« im letzten Viertel des 19. Jahrhunderts nicht begeben wollte. Während vorher die Stimmen überwiegen, welche die Körperstrafe kritisch sehen und als überholtes Mittel einer unvollkommenen Erziehungsweise eingeschränkt wissen wollen, berufen sich wilhelminische Lehrer auf das ihnen in Analogie zur Todesstrafe zustehende Recht auf Gewalt. Sie ist, wie einer von ihnen treffend sagt, die »ultima ratio regis« (G. Fröhlich [3]1873). Als der preußische Kultusminister Robert Bosse 1895 in einer Verfügung die Züchtigungsregeln in Erinnerung rief (nicht mit Linealen und Büchern, nicht auf den Kopf und ins Gesicht), und außerdem diese Strafe von der Genehmigung des Rektors bzw. des Hauptlehrers abhängig machen wollte, kam es zu so lebhaften Protesten aus der Lehrerschaft, daß der Erlaß zurückgenommen wurde.

Trotzdem wird die Schuldisziplin teils überflüssig – weil das

Schulehalten nicht mehr neu, sondern normal geworden ist – teils unfein und der Aufmerksamkeit bedeutender Geister unwürdig. Sie wird aus einem Ziel zu einem Mittel, zur Voraussetzung für den eigentlichen Zweck der Schule, den Unterricht. Es dürfte heute kaum noch Lehrer geben, von Erziehungswissenschaftlern ganz abgesehen, die ihre Arbeit mit Erziehung in Verbindung bringen. Es wird gelehrt und gelernt, u. U. auch soziales Verhalten, aber das ganze Pathos, mit dem im 19. Jahrhundert die Schule erfunden, begründet und durchgesetzt wurde, ist verschwunden. Sie scheint eine ganz profane Angelegenheit, kein heiliger Ort, wie man damals wünschte (Hergang 1847).

Das heißt aber nicht, daß Erziehung nicht stattfindet und die Inhalte wirklich wichtiger geworden wären als die alten Formen, in denen sie nach wie vor transportiert werden. Von ganz wenigen Anfängen abgesehen – ich erinnere an die Arbeit von Peter Fürstenau *Zur Psychoanalyse der Schule als Institution* (1964) und an Franz Wellendorf *Schulische Sozialisation und Identität* (1973) – fehlt es an dem, was Siegfried Bernfeld unter dem Titel einer »Instituetik« forderte. Das wäre die Erforschung der Schule als einer Institution, die erzieht, die Menschen prägt, welche 10 oder 13 Jahre lang ihr aufnahmefähigstes Alter in ihr verbringen. Die deutsche Schulgeschichte lehrt mich gewisse Korrespondenzen zwischen Schülern und Bürgern zu sehen: eine gewissenhafte Diensterfüllung verbindet sich bei den einen wie den andern mit einer infantilen Erwartungshaltung. Es gibt während der ganzen langen Schulzeit keine Prämien auf Selbständigkeit und Originalität, und man kann sich schwer vorstellen, daß das keine weiteren Folgen über das Ende der Schulzeit hinaus hat. Konservative vermuten gern einen Zusammenhang zwischen Leistungsforderungen in der Schule und Leistungsbereitschaft im Arbeitsleben; andere sehen kritisch Schülerkonkurrenz und Auslesedruck als Einübung in die Ellbogengesellschaft der Erwachsenen. Man könnte aber auch kühlere, d. h. politisch weniger vorbelastete Vermutungen zum Ausgangspunkt von Untersuchungen machen.

Dabei liefert eine psychoanalytisch orientierte Sozialisationstheorie immer noch die meisten Anregungen und Interpretationshilfen. Ebenso wichtig sind aber genetisch Längsschnitte, d. h. also historische Analysen der Schule und der Formen, die sie entwickelt oder auch abstößt. Sie werden aber nur dann über die konventionelle Schul- und Erziehungsgeschichte hinausführen, wenn das hier so besonders plausible Paradigma vom allmählichen Fortschritt aufgegeben und andere konventionelle Erklärungsmuster der chronischen Befremdung weichen.

Was für ein aufregender Schritt in zivilisatorisches Neuland die Erfindung der Schule und ihrer Umgangsformen war, will ich nun an einem Beispiel zeigen. Es kam mir darauf an, die vernünftigen Überlegungen zusammen mit den beteiligten Affekten deutlich zu machen. Das ist am einfachsten, wenn man eine ganz triviale Umgangsform erläutert und gerade keine große Zeremonie wie die Exekution der Körperstrafe etwa.

1831 übernahmen zwei mir nicht weiter bekannte Volksschullehrer in ihren Ferien eine Fußwanderung zur privaten pädagogischen Fortbildung in die Nachbarstaaten ihrer schleswig-holsteinischen Heimat. Die Reise führte sie also nach Preußen, Hannover und Sachsen. In Hannover lernten sie in einer dem Lehrerseminar angeschlossenen Übungsschule eine pädagogische Erfindung kennen, von der sie schon viel gehört hatten, das sogenannte *Zeichengeben*. Was war davon zu halten?

»Unangenehm ... berührte uns das Zeichengeben der Kinder, welches wir hier, so wie in allen Hannöverschen und Braunschweigischen, ja zum Teil auch in den Preußischen Schulen fanden. Es bsteht nämlich dieses Zeichengeben darin, daß, sobald der Lehrer die Frage gemacht hat, diejenigen Kinder, welche glauben, diese beantworten zu können, die Hand in die Höhe heben. Doch damit begnügten sich die Kinder hier nicht, vielmehr erhoben sie sich, während der Lehrer umherblickte, um die Wisser von den Nichtwissern zu unterscheiden, auch von ihren Plätzen, streckten die Hand, mit der sie eine winkende Bewegung machten, nebst dem Oberteile des Körpers vorwärts, und einige riefen voll Verlangens zum Antworten aufgefordert zu werden: ach bitte! ach bitte! Einige sogar warteten gar nicht einmal die Beendigung der Frage ab ... Nirgends zwar ward von diesem Zeichengeben ein so arger Mißbrauch gemacht wie in Hannover; aber wenn es auch gar nicht gemißbraucht, d. h. wenn bloß die Hand in die Höhe gehoben wird, so will uns der Nutzen desselben doch nicht einleuchten. Das, was die Vertreter und Freunde desselben davon zu rühmen wissen, läßt sich füglich unter ... drei Punkte bringen. 1. Der Lehrer lernt dadurch seine Schüler besser kennen. 2. Es bringt Leben und Aufmerksamkeit in den Schüler hervor. 3. Es gewährt den Kindern einen angenehmen Genuß, indem es ihnen Gelegenheit gibt, das was sie wissen, auch kund zu tun« (Feddersen u. Klindt 1831, 13 f.).

Auf vollen drei Seiten werden dann die Gründe zerpflückt, die für das Zeichengeben zu sprechen scheinen. Könnten die Kinder sich nicht bloß einbilden, die richtige Antwort zu wissen? Könnten sie nicht in betrügerischer Absicht den Finger heben, den Lehrer über nicht vorhandenes Wissen zu täuschen?

»Ob Kinder eines solchen Betruges unfähig sind? Ach, wer das glaubt, der kennt sie nur, wie das fromme Herz sie wünscht ... nicht aber, wie sie leider so häufig hervorgehen aus den Mördergruben kindlicher Reinheit, worunter wir die Häuser schlechter Eltern, die Gassen in Städten und Dörfern, und Tanz- und Saufgelage allerlei Art verstehen. Und sind sie auch unverderbt den Händen des Lehrers übergeben, so kann diese Einrichtung (des Zeichengebens – K. R.) sie zur Lüge, Falschheit und zum Betrug hinführen.« (ebd., S. 15)

Leben wird vielleicht erzeugt durch das Zeichengeben, aber, so meinen die beiden Reisenden, gewiß nicht das rechte. Es ist »äußeres«, nicht »inneres« Leben; denn »wenngleich die Hand nach oben gerichtet ist, (könnten) die Gedanken bei niederen Gegenständen« verweilen. Es gebe außerdem träge Kinder, die sich nie melden – und gerade die müßte der Lehrer doch viel eher aufrufen als die andern. Schließlich ist selbst die Freude der Kinder an dieser Unterrichtsbeteiligung verdächtig: Sie fließt aus der trüben Quelle des Egoismus und der Ehrsucht und erzeugt im Schüler leicht die Ansicht, er lerne bloß, um sein Wissen zur Schau zu stellen. Die Zahl geschwätziger Großsprecher und Prahlhänse, von denen es ohnehin schon in jedem Stande wimmelt, noch durch eine übelverstandene Schuleinrichtung vermehren zu wollen, wäre mehr als Torheit. Dann ziehen die strengen Experten das Resümee:

»So also kann das hochgefeierte Zeichengeben nirgends vor dem Richterstuhle einer gesunden Kritik bestehen. Sein geringer Nutzen ist unerweislich, mindestens zweifelhaft und zweideutig; der Schaden dagegen liegt hell am Tage, und daher wird jener Mechanismus von dem Ideal einer Schule gestrichen« (ebd., S. 18).

Wir wissen, daß trotz dieser peniblen Beweisführung das Zeichengeben in den Kanon schulischer Kommunikationsformen aufgenommen worden ist. Uns befremdet heute der moralische und intellektuelle Aufwand, den die beiden Reisenden mit ihrer Argumentation gegen einen so nebensächlichen »Mechanismus« betreiben. Eigentlich wirkt er lächerlich, wie so vieles aus der schulpädagogischen Literatur, die hier zur Debatte steht. Kann man sich noch vorstellen, daß es zwischen den Erfindern verschiedener Schulbänke, man sprach von Schulbanksystemen, und ihren jeweiligen Anhängern zu erbitterten Diskussionen kam, mit denen man einen Ordner füllen könnte?

Beim Konstatieren der Lächerlichkeit darf man es nicht bewenden lassen. Es bietet sich hier die Parallele zu den Tischzuchten an, die Norbert Elias in seinem *Prozeß der Zivilisation* benutzt hat, um die Veränderung der Trieb- und Affektregulierung der frühen Neuzeit zu beschreiben. Auch da gibt es Beispiele, wo der Gebrauch eines Taschentuchs oder eines Eßbestecks als Gotteslästerung oder als ungesund und lebensgefährlich abgelehnt wurde. Umgekehrt kommt es auch vor, daß Gewohnheiten kritisiert und außer Kraft gesetzt wurden, die lange in hohem Ansehen gestanden hatten. Solche strukturellen Ähnlichkeiten legen es nahe, die Schuldisziplin des 19. Jahrhunderts, die genauso weggeräumt wurde wie die alten Benimmbücher, nachdem die umstrittenen Punkte geklärt und die Ergebnisse selbstverständlich geworden waren, in ihrer Bedeutung für die Schulgeschichte zu erkennen und zu entschlüsseln.

Die beiden skrupulösen Reisenden aus meinem Beispiel geben zu erkennen, *daß die Schule eine moralische Anstalt ist* und nur moralische Verkehrsformen zuläßt. Kinder sind noch keine moralisch gefestigten Personen, unter Umständen sind sie sogar anderswo verdorben, unmoralisch gemacht worden. Um so unzweideutiger müssen alle Verhaltensangebote bzw. -gebote sein, die der Lehrer erläßt. Das Richtige versteht sich von selbst und es zu tun, trägt seinen Wert in sich.

Jede Spekulation auf einen äußerlich sichtbaren Gewinn hatte zu unterbleiben. Wie mokierte man sich überall über die Philanthropen mit ihren Meritentafeln, wie über das auf äußerlichen Glanz und Schülerehre und -auszeichnung so viel Wert legende Jesuitengymnasium! Die ganze breite Diskussion über Belohnungen und Strafen in der öffentlichen Erziehung (nicht in der privaten) versandet, wie die öffentliche Schulprüfung verschwindet, ob als Lernvorführung oder nur noch als Preisverleihung, weil alle Äußerlichkeiten der Moral der Schule schaden. Faktisch heißt das natürlich, daß aus der Schule und dem Unterricht die positiven Anreize verschwinden, die Strafen aber bleiben. Diese konsequente, aber recht kinderfremde Entwicklung ist spezifisch deutsch. Die Übertreibungen der Vernunft sind wissenschaftssoziologisch aus der Tatsache zu erklären, daß die Pädagogik als Maßnahme zur Rationalisierung der Schule sich in einem staatsgeschützten Raum entwickelt hat und sich deshalb um die Widerständigkeit ihrer Objekte wenig zu kümmern brauchte. Die englische Elementarbildung mußte unter anderen Voraussetzungen viel konkreter mit den Bedürfnissen von Eltern und Kindern und den dadurch beschränkten Handlungsmöglichkeiten der Lehrer rechnen. Positive Anreize wie Prämien für Schüler und Lehrer bei nachweislichem Schulerfolg, Stiftungen für Schulfeste und karitative Gaben für Bedürftige blieben deshalb Bestandteil einer anderen, vielleicht »unmoralischen«, aber liberaleren und menschenfreundlichen Schulerziehung. Das Problem der Volksschule bestand nur zur Hälfte daraus, daß sie Staatsschule in einer Monarchie ohne Konstitution war; die andere Hälfte hat mit der Entwicklung des pädagogischen Expertentums und seiner Eigeninteressen zu tun.

Wie puritanisch die Schuleinrichtung für die Volksschulkinder gemacht wurde (die Höheren Schulen folgten nach), mag im Kontrast die Beschreibung eines *Schulaktes* zeigen, die der Schriftsteller Heinrich König in seinen Erinnerungen gibt. Es handelt sich um die Schule beim Fuldaer Dom; König war dort 14jährig im Jahr 1804 Stipendiat.

»Da stand gegen den Herbst, nach den strengen Prüfungen, der feierliche Akt der Preisverteilung bevor. Große Zettel waren gedruckt... worin die Preisempfänger mit großer – die bloß lobenswert befundenen Schüler mit eingerückter kleinerer Schrift namhaft gemacht waren... Der Zweck des Aufwandes ist durch des Zettels Motto aus Ovid angedeutet: Munter erweckt ein Zeuge den Fleiß / die gepriesene Tugend wächst / und es prüft der Ruhm seinen allmächtigen Sporn. – Mit solchen Zetteln wurde die Stadt eingeladen... Nun drängte sich am heitern Nachmittag des 7. September die Menge im großen Speisesaale des Konvents am Dom zusammen. Eine Bühne stand errichtet mit einem Tische, worauf die lange Reihe der zu verteilenden Bücher ihre prunkenden Goldschaumrücken dem Publikum zukehrte. Der Direktor in der Mitte der vier Professoren, alle in ihren schwarzen Talaren... Pauken und Trompeten hatten im Hintergrund einen erhöhten Platz eingenommen zu donnern, so oft der Direktor zur Verherrlichung eines Namens mit dem weißen Tuche winkte... Ich verließ die Bühne mit drei Prämien...« (König 1852, 176 ff.).

Auf lange Sicht tritt an die Stelle solcher öffentlicher Akte, in deren Mittelpunkt Kinder gefeiert werden, das immer nüchterner werdende *Zeugnis*. Zuerst ist es ein sprachlich formelhafter, aber doch noch auf den einzelnen zielender Text für die Gymnasiasten. Die Volksschüler erhalten lange nur eine Art Bescheinigung darüber, daß sie ihrer Schulpflicht genügt hatten. Da die Volksschule nicht am Berechtigungswesen teil hatte, brauchten sie ja auch nicht mehr. Warum dann das Ziffernzeugnis im Halbjahresrhythmus und das ganze Notenwesen dazwischen zum Rückgrat der Schulbildung wurde, wäre in einem Kapitel der Instituetik erst noch zu erforschen. Jedenfalls ist die Leistungsmessung in Form von Zensuren und Zeugnissen ein spätes Medium, in dem Schüler und Schule, Eltern und Lehrer miteinander scheinbar rein sachlich verkehren. Lange bleibt der Lehrer in der Volksschule des 19. Jahrhunderts ziemlich allein mit den vielen Kindern, hin und wieder vom Pfarrer oder einer anderen Schulaufsicht überprüft. So öffentlichkeitsscheu und elternfern oder sogar elternfeindlich wie die deutsche Schule ist kaum eine andere gewesen. Viele Seltsamkeiten der Schule erklären sich aus der sozialen Situation vieler einsamer Männer, denen man es als Experten überließ, Kindheit in Schulform zu organisieren, ohne daß ihnen intermediäre gesellschaftliche Kräfte zu Hilfe kamen, diese Macht zu gestalten – auch wenn es nur Macht über Kinder war.

Die Schulgeschichtsschreibung hat lange die hemmenden Kräfte untersucht, die dem Schulausbau im Wege standen: Staat und Gemeinden knauserten mit Geld; Kirche und Staat suchten die Pädagogen zu bevormunden usw. usf. Dabei hat man die Prozesse übersehen, welche diese Kunstwelt bestimmt und sie mit allen Fehlern und Schwächen auf lange Sicht zur natürlichen Umwelt von Kindern und Jugendlichen gemacht haben, über deren Einfluß wir sehr wenig wissen. Plausibel schien lange die Vermutung von der preußischen Schule der Untertanen. Nun hat aber jüngst eine Untersuchung des Wahlverhaltens ihrer Absolventen gezeigt, daß sie dennoch den »vaterlandslosen Gesellen«, den Sozialdemokraten ihre Stimmen gaben ... (Wölk 1980). Kein Grund zur Entwarnung, aber doch zu mehr Vorsicht und vielleicht zu mehr Phantasie bei der Entwicklung von Hypothesen.

III. Unteilbare Schulmacht

Treten wir ein paar Schritte zurück und fassen die Schule als den Ort ins Auge, wo Kindheit täglich organisiert wird, lange nun auch schon das Jugendalter für immer mehr Nachwachsende, dann unterscheidet sich dieser Ort in der Monarchie nicht von dem in der Demokratie, jedenfalls sehr viel weniger, als wir uns gern einbilden.

Ich habe schon angedeutet, daß Schule bei uns stärker als in England unter dem Vorzeichen von Zwang und Gewalt zustande gekommen ist. Auch wenn ich konzediere, daß Schulzwang und Schulpflicht sich nicht nur in repressiver Absicht gegen die Unterschichten wandten, die der guten Gesellschaft Angst machten (obwohl dieses Motiv sehr unterschätzt wird), sofern von Anfang an auch liberale und menschenfreundliche Absichten eine Rolle spielten, auch dann muß man sich immer wieder fragen, wie die Schule unabhängig von Veränderungen zum Guten bis heute von der seltsamen Ausgangssituation geprägt ist, in der sie sich Anfang des 19. Jahrhunderts sah.

Man kann sie sich leicht als Bild vorstellen: Ein Mann und Kinder verschiedenen Alters und Geschlechts. Man konzediert ihm in dieser Lage wohl einen Stock oder die Rute; aber mit Gewalt allein kann man nicht einmal Kühe hüten. Es ist also die Aufgabe des einzelnen Mannes, die Konfrontation nur als Ausnahme zu suchen, ansonsten aber Gewalt in Regierungsmacht zu transformieren – zumal ihm ja ein höherer Zweck, der Unterricht, vorgeschrieben ist. Was wird er als erstes tun wollen? Er sorgt für Stille und Aufmerksamkeit, ein großes Thema der Schule bis heute. Das zweite Problem: er muß sich selbst Überblick in dem Durcheinander der Personen verschaffen. Nach den sinnfälligsten äußeren Merkmalen werden sie also gruppiert: nach Alter und Geschlecht. Das Ordnungssystem, das mit so viel Kraft installiert wird, hat die Eigenschaft zu wuchern; denn da es nicht funktional auf einen Zweck bezogen ist, ist es abhängig von der immer idiosynkratischeren Wahrnehmung der Lehrperson. Auf die Sitzordnung folgt die richtige Sitzhaltung. Strittig ist während des 19. Jahrhunderts, inwiefern nicht auch schon der Schulweg der Kinder zu pädagogisieren ist, vielleicht nach dem Vorbild des Militärs? Ein unendlicher Katalog von Vorschriften wird entwickelt, vom richtigen Zeichengeben, der richtigen Schreibhaltung, bis hin zur richtigen Schiefertafel, den richtigen Schreibwerkzeugen: Stahlfeder oder Gänsekiel? Füller oder Kugelschreiber? Waren das funktionelle Notwendigkeiten, und wenn ja, wem haben sie genutzt? In meiner Schulzeit war das Antreten in Zweierreihen noch obligat (1947 ff.). Davon ist man fast überall abgekommen wie vom Wickeln der Kleinkinder. Untersuchungen haben ergeben, daß nur bei extremem Drill dieses Schulritual funktioniert. Wenn man Kindern lockeres Marschieren gestattet, ist es gefährlicher und unfallträchtiger als jede individuelle Mobilität.

Man versteht diese Vorgänge besser, wenn man die Ausgangssituation im Auge behält, in der es immer wieder die Aufgabe der Erwachsenen war, die Schulmacht zu gestalten. *Warum schoß man aber immer über das Ziel hinaus und an der Realität vorbei?* Das ist die *soziologisch* und *pädagogisch* interessante Frage.

Sicher ging es zuerst einmal darum, einen Verhaltenskodex für den Ort Schule, für den Lehrer und die Schüler, gewissermaßen aus dem Nichts heraus zu erfinden; denn man konnte und wollte auf nichts zurückgreifen, was die alte Schule bot. Man gedenkt ihrer nur noch als Satire mit Hohn und Spott – was ihr keinesfalls gerecht wird. Der pompöse Schulakt, den König beschreibt, wird im 19. Jahrhundert obsolet, weil er einer Gesellschaft entstammt, die den Generationsgegensatz von Kindern und Erwachsenen noch nicht als natürliches Machtgefälle zu nutzen wußte. Kindern stand es jetzt nicht mehr zu, öffentlich Ruhm und Ehre zu empfangen. Sie hatten eine Hierarchie anzuerkennen, in der sie nichtswürdig, aber mit hoffnungsvoller Perspektive unten standen und nach oben sahen. Die Schule tat also mehr, als einen Verhaltenskodex für ihre Bedürfnisse zu entwickeln: sie nahm der Gesellschaft die Kinder ab und lieferte gleichzeitig damit die Gründe für ihre Absonderung: Sie können ja noch nicht, was in der Schule verlangt wird. Auch die radikalste Neuerung kommt natürlich ohne Anleihen anderswo nicht aus. Die Schule versuchte z. B. die kirchliche Frömmigkeit durch eine Schulfrömmigkeit zu beerben. »Einem guten Schüler ist die Schule ein Heiligtum«, behauptet 1877 Johannes Böhme in seiner *Lehre von der Schuldisziplin.* Das Militär lieferte die »Kommandoworte«, mit denen manche die Kindermasse in gleichförmiger Bewegung zu halten gedachten. Heinrich Stephani entwarf eine Schülerverfassung, in der ein Schülerrat bei Verstößen gegen sie über Sanktionen mitentscheiden sollte. Natürlich war diese Verfassung oktroyiert und nur um den Preis zu haben, daß jeder Schüler einen Eid auf sie ablegte: »Ich gelobe ein guter Schüler zu sein.« Ähnliche Absichten standen hinter den Schulgesetzen, von denen unzählige entworfen wurden. Es waren durchsichtige Versuche gerade fortschrittlicher Pädagogen, Kinder an der Schulherrschaft zu beteiligen und sich selbst dadurch ein wenig moralisch zu entlasten. Etwas anderes ist es ja nicht;

denn die *Schulmacht* ist nicht zu teilen, ohne daß eine ganz andere Schule dabei herauskommt.

Heute kann der einzelne Lehrer machtlos scheinen und sich auch so fühlen. Wie andere Bürokraten muß er sich an seine Vorschriften halten, auch wenn er von ihrer Nützlichkeit nicht immer überzeugt ist. Darum ist die Schulmacht aber nicht weniger geworden. Schule ist schon lange nicht mehr nur auf Schule beschränkt. Sie ist ganz allgemein die legitime Form, in der gelernt wird. Auch hier kann man die Anfänge im 19. Jahrhundert finden.

Adolf Diesterweg unternahm 1836 eine Reise nach Schleswig, teils zum Vergnügen, teils um die am dortigen Seminar praktizierte »Wechselseitige Schuleinrichtung« zu studieren. Sie ist auch als System »Bell-Lancaster« oder als »Eckernförder Schuleinrichtung« in den Handbüchern der Zeit abgehandelt. In England Anfang des 19. Jahrhunderts entwickelt, zielte sie darauf ab, mit wenig Kosten viele Kinder zu belehren. Die Pointe des Systems war, daß ein guter Lehrer den zerlegten Stoff von Helfern, also Kindern, an kleine Gruppen unter seiner Oberaufsicht weitergeben konnte. Die Geschichte ist bei uns (nicht so schnell in England) über dieses System ebenso hinweggegangen wie über die weniger radikalen Helfersysteme, die ab und zu in Anleitungen zum Schulehalten auftauchen. Ob der naheliegende Gedanke, ältere Kinder am Unterrichten zu beteiligen, nicht über die etwas puppenhaften Anfänge hätte hinausentwickelt werden können, ist mir gar nicht zweifelhaft. Warum wurde es nicht versucht? Es ist nicht legitim, wenn Kinder von Kindern lernen. Die Hierarchie wird in Frage gestellt, an deren Spitze die Erwachsenen stehen, genauer: die männlichen Erwachsenen. In aller Unschuld spricht das Diesterweg aus. Warum ist dem Lehrer das Reisen zu empfehlen?

»Ich verhalte mich auf Reisen ... im ruhigen, mehr passiven als aktiven, im aufnehmenden Zustande. Ich lasse auf mich einwirken, ich öffne die Sinne, um Eindrücke aller Art zu empfangen, lasse zu allen Toren die Welt in mich einziehen und freue mich ihrer Kraft. Es gibt Personen, die es anders halten ... aber für den Lehrer ... eignet sich jenes (Reisen) am besten. Von früh bis spät ... ist er der schaffende, zeugende, erregende Geist. Seine Tätigkeit ist ein männliches Geschäft. Er weckt die schlafenden Keime, treibt Knospen und Blüten hervor und befruchtet die Keime. Natürlich muß auch ihm die Zeit des Aufnehmens kommen ... Auch der Mann soll in dieser Beziehung eine weibliche Seite in sich entwickeln, sich anregen, bestimmen lassen. Dazu bieten die Reisen die geeignetste Zeit ...« (Diesterweg 1836, 14).

Die phallokratische Auffassung von der Unterrichtstätigkeit legt den Gedanken nahe, daß der Lehrer jede Einschränkung seiner Tätigkeit, jede Konkurrenz als Kastrationsdrohung aufgefaßt hat. Auch aus diesem Grund mußte die Schulmacht *unteilbar* bleiben. Was kritisiert Diesterweg nun an der »Wechselseitigen Schuleinrichtung«? Eben genau das, daß die Kinder sich gegenseitig unterrichten:

»Denn was bildet, erzieht, entwickelt, veredelt, unterrichtet das Kind, den unreifen Menschen? Doch nichts anderes als der gebildete, erzogene, entwickelte, veredelte, unterrichtete, gereifte Mensch, d. h. der Lehrer und Erzieher, nicht aber ein anderer, unreifer, folglich kein Kind.« (ebd.)

Wie vorauszusehen, stört sich Diesterweg an den Ehrenämtern, die Kinder erhalten, an der Tabelle, auf der, für alle sichtbar, also öffentlich, die Fortschritte verzeichnet werden. Das sind doch bloße Äußerlichkeiten, befindet Diesterweg. Trotzdem bleibt ihm nicht verborgen, daß in der »Wechselseitigen Schuleinrichtung« ein gewisses konstitutionelles Leben herrscht. Der Gemeinsinn wird durch das Helfen der Kinder untereinander entwickelt. Andererseits – schränkt Diesterweg die Beobachtung ein – gibt es denn in der Gesellschaft eine Konstitution? Nein – also braucht auch die Schule kein Lernen in Solidarität. Und dann heißt es noch einmal: »Hauptantrieb ist und soll sein die Achtung und Liebe zum Lehrer«, und »wo die da ist, ist das Kind selig, für ihn und die Schule zu wirken« (ebd. 169). Nun sind Schul- und Unterrichtsverhältnisse zwischen Lehrern und Kindern kein Liebesverhältnis – in Diesterwegs Version davon zumindest keins, das uns heute noch genügen könnte.

Literatur

Siegfried Bernfeld, *Sisyphos oder die Grenzen der Erziehung,* Frankfurt/ M. 1967.
Adolf Diesterweg, *Bemerkungen und Ansichten auf einer pädagogischen Reise nach den dänischen Staaten im Sommer 1836,* Berlin 1836.
Friedr. Feddersen, Joa. Klindt, *Freimütige Bemerkungen über einige Gegenstände des Volksschulwesens, veranlaßt durch eine Reise...,* Altona 1831.
Renate Flissikowski, Karl-J. Kluge, Klaus Schauerhammer, *Vom Prügelstock zur Erziehungsklasse für »schwierige« Kinder,* München 1980.

Gustav Fröhlich, *Pädagogische Bausteine*, Bd. 1–2, hier Bd. 2, Eisenach ³1873.

Karl Gottlob Hergang (Hg.), *Pädagogische Real-Encyclopädie oder encyclopädisches Wörterbuch des Erziehungs- und Unterrichtswesens und seiner Geschichte*, Bd. 1 1843, Bd. 2 1847: Art. »Schuldisziplin«, S. 630–635.

Heinrich König, *Auch eine Jugend*, Leipzig 1852.

Monika Wölk, *Der preußische Volksschulabsolvent als Reichstagswähler 1871–1912*, Berlin 1980.

Wilfried Lippitz
»Ich glaube, ich war damals ein richtiger verschüchterter kleiner Kant...«
(Zorn 1987, 32)
Moralische Erziehung – autobiographisch gesehen

»Die Kindheit der Kinder gehört den Erwachsenen. Erwachsene Hände drücken die Kinder zurecht, unabweisbare Hände, Tast- und Tätschelpfoten fremder Leute, Kleideranzieh- und Kleiderausziehhände, Ohrfeigenhände und streichelnde Fingerspitzen. Gichtige, krumme Hände der Großmütter und fade, weiche, weiße Tantenhände... Es gab die harten und feuchten, mühsam gepflegten Hände des Dienstmädchens und die zu allem berechtigten Hände der Eltern... Aus den Händen der Erwachsenen kam das Bonbon, das Taschengeld und die schlecht gemeinte Dressur. Kindheit – Widerwillen gegen erwachsene Hände, Protest gegen jede Hand, die nicht kinderleicht war, gegen alles, was Hand war und sich nicht abschütteln ließ« (Meckel 1980, 53 f.).

Gibt es einen größeren Gegensatz, sieht man einmal von dem autobiographischen Kontext ab, zwischen Kant als radikalem Verfechter einer rigoristischen Begründung von Moral und der Erfahrung einer materialen, sinnlich-leiblich in den Händen verkörperten Sittlichkeit, deren Geltung für den moralischen Diskurs einer der großen Kant-Antipoden, Max Scheler, in seiner materialen Wertethik herausgestellt hat? Und doch liegt dieser Gegensatz nahe, schaut man auf die gegenwärtige Theorielandschaft erziehungswissenschaftlicher Diskussionen über Moral, Werteerziehung und moralische Entwicklung. Hält man einerseits in den kognitionspsychologischen Untersuchungen zur Entwicklung der Moral am Kantischen Konzept einer universalen, deontologischen und entkontextualisierten Moral fest, die man zudem auf die stufenförmige Entwicklung von Urteilskompetenz bezüglich der Einschätzung zwischenmenschlicher Konflikte restringiert (Kohlberg 1987), so wird auf der anderen, gewissermaßen gegenaufklärerischen Seite Moral kontextualisiert und entformalisiert. Traditionelle Tugendlehren und von substantieller Sittlichkeit geprägte Lebensformen werden beschworen (Brezinka 1987).

Auf den zweiten Blick mildert sich jedoch der Kontrast zwischen den Konzeptionen formaler Moral und substantieller Sittlichkeit erheblich. In der selbstkritischen Rezeption und Revision der Kohlberg-Tradition führt ein Weg von der reinen Moral direkt in den »moralischen Kontext als Sumpfbeet möglicher Entwicklungen« (Oser/Althof 1986), in die »Alltagsmoral« (Althof u. a. 1988). Mit dieser zunehmend komplexer werdenden Sichtweise auf Moral ändern sich auch die Methoden ihrer empirischen Erfassung (vgl. Bertram 1980). Geraten die Kontexte der moralischen Erziehung und Entwicklung in den Blick, ist das Individuum nicht mehr fern und damit auch die (auto-)biographische Sicht auf Moral (vgl. Althof u. a. 1988), für die es jedoch bis heute kaum Forschungsarbeiten gibt.

Dieser neueren Entwicklung zu einem komplexeren Verständnis von Moral kommt die sozialphänomenologische Tradition entgegen. Ohne es in einem detaillierten Vergleich näher ausführen zu können: diese Forschungstradition, der ich mich verbunden fühle, überwindet nicht nur die Zentrierung und Engführung moralischer Phänomene auf die Regulation zwischenmenschlicher, meist konfliktträchtiger Handlungsprobleme, wie sie bis heute in der Kohlberg-Tradition vorherrscht. Sie bringt neben weiteren zentralen Gesichtspunkten auch ein theoretisches Konstrukt zur »Bändigung« der vielfältigen Erscheinungsformen, Bedingungen und Faktoren des Moralischen und moralisch Relevanten in die Theoriediskussion ein, deren Komplexität man ansonsten recht hilflos ausgeliefert wäre: den Milieu-Begriff (vgl. Scheler 1980, Grathoff 1987, in der gesellschaftskritischen Variation Bourdieu 1982). Schon unser anfängliches Hände-Beispiel kann anschaulich die sozialphänomenologische Lesart der milieuhaft verankerten, *erlebten und praktizierten Wirksamkeit von Moral*, für das Kind handgreiflich spürbar, vorstellen: Moral ist nicht nur das mentale Gebilde formulierter Prinzipien und Maximen, Verbote und Gebote. Sondern sie verkörpert sich, u. a. in den Händen, im sichtbaren und spürbaren Ausdruck gesellschaftlicher Ordnungsstrukturen. Sie praktizieren Gerechtigkeit und Ungerechtigkeit, Lohn oder Strafe, können wehtun oder Wohlbehagen verschaffen. Als Hände der Eltern und Miterzieher sind sie dazu mehr oder weniger berechtigt. In eins damit machen sie die Generationenfolge, das Verwandtschaftssystem, die soziale Hierarchie sinnlich-ästhetisch für Kinder erfahrbar. Sie strafen oder schmeicheln nicht nur, sie verkörpern auch das gesellschaftliche Ordnungselement affektiv-ästhetischer Distinktionen: sie ziehen an oder stoßen ab, erregen Ekel oder Begehrlichkeit usw. In der sich so verkörpernden Moral spielen also viele, analytisch zwar unterscheidbare, praktisch jedoch sich mischende Phänomene, hinein: ethische, ästhetische und soziale, kognitive und emotional-affektive (vgl. auch Kiewitz 1986, 186 ff., Waldenfels 1985, 129 ff., 1987, 73 ff.).

Nicht nur Hände und ihre Träger, Personen, verkörpern moralisch Bedeutsames. Wie ich anderenorts ausführlicher dargestellt habe (Lippitz 1989, 117 ff.), sind es nach Scheler auch die Milieudinge, die das ästhetisch-moralische Wertempfinden des in der Alltagspraxis befangenen handelnden Subjekts motivieren. Weit entfernt von dem Zerrbild eines in desengagierter Urteilshaltung verharrenden moralischen Subjekts ist das konkrete Subjekt in einem schon vorgegeben qualitativen Ordnungsgefüge eingelassen, in einem »Reich abgestufter und qualitativ gesonderter Wirksamkeiten«. Sie bestimmen sein Handeln mit, bevor es explizit dazu, d.h. urteilend, Stellung bezogen hat (Scheler 1980, 153). Man zieht, wenn man der emotionalen, motivationalen und performativen, d.i. der Handlungsdimension moralischen Urteilens Rechnung trägt, von der kritischen Kohlbergrezeption als Forschungsdesiderat beklagt (so Bertram 1980), das moralische Subjekt nicht bloß in ein »Sumpfbeet« hinab. Die Formulierung von Bourdieu, daß letzte Werte »nichts weiter... als erste und ursprüngliche Dispositionen des Körpers, der Geschmacks- und Ekelempfindungen« seien (1982, 740), mag vielleicht zu apodiktisch klingen. Die Plausibilität dieser für die Genealogie gesellschaftlicher Ordnungen und Ordnungsvorstellungen fundierende anthropologischen Schicht des Leibes und der Sinne aber wurde durch eine Vielzahl historisch-anthropologischer Studien erhärtet (u. a. Elias 1976, Vohwinkel 1980).

Statt auf ein »Sumpfbeet« stoßen wir auf unterschiedliche, durchaus strukturierte, historisch sich wandelnde, sich in unterschiedlichen Milieus artikulierende, explizite oder habitualisierte Ordnungen. Nicht *der* Mensch ist Mitglied *der* Wertwelt, *des* Milieus. Als jeweils bestimmter Mensch gehört er zu einem bestimmten soziokulturellen und berufständischen Milieu, das seine Wertauffassungen, Einstellungen, Neigungen, Geschmacksrichtungen mitprägt: »Der Spießbürger bleibt Spießbürger, der Bohemien Bohemien... Menschen einer Standeseinheit, einer Rassen- und Volkseinheit, einer Berufseinheit usw., und schließlich jedes Individuum tragen so die Struktur ihres Milieus mit sich herum. Derselbe Wald ist dem Förster, dem Jäger, dem Spaziergänger auch ein anderes ›Milieu‹« (Scheler 1980, 157). Deren Ordnungen, manifest nicht nur in Sitten und Gebräuchen, auch in Kleiderordnungen, Möblierungen, in als moralisch höher- oder niederwertig empfundenen bzw. etikettierten Herkunftsorten (vgl. dazu bes. Behnken u. a. 1989), drängen sich vor jeder persönlichen Wahl dem Individuum auf, sie sind »auferlegt« (Schütz 1974, 186 ff.). Ob sie jedoch, wie es Scheler ausdrückt und wie die doch relativ starre Architektonik des Bourdieus'schen Milieuanalysen es nahelegt (vgl. dazu kritisch Müller 1986, 162 ff.) den Charakter einer »stahlharten Wand« (1980, 161) haben, mag bezweifelt werden.

Phänomenologische Studien zur Genealogie menschlicher Ordnungssysteme (Waldenfels 1987) weisen darauf, daß sie in sich gebrochene Gebilde sind, mit Rändern, Übergängen, Überlappungen, durch Selektions- und Exklusionsprozesse sich differenzierend und flüssig gehalten. Einen Blick dafür gewinnt man dann, wenn man ihrer Genealogie nachspürt und dabei die in ihnen mitwirkenden konkreten Subjekte thematisiert. Diese werden keineswegs durch vorgegebene Ordnungen determiniert. Gegenüber dieser in manchen soziologischen Theorien grassierenden Hypostasierung des Systemischen betont der Phänomenologe die *Responsivität* (Waldenfels 1987, 115 ff.), die Mitwirkung und Mitgestaltung der Subjekte an ihren Ordnungen und Normen, ohne sie jedoch – idealistisch überhöht – zu deren Urhebern zu machen. Unverzichtbar für die Milieuforschung ist also die Einbeziehung der Subjekte. Damit habe ich den theoretisch legitimierten Ort erreicht, von dem aus eine Untersuchung moralischer Milieus aus (auto-)biographischer Perspektive möglich und sinnvoll erscheint. An (Auto-)Biographien kann man dieses Phänomen der *Responsivität* am deutlichsten studieren, und zwar in einer doppelten Verschränkung, auf die schon Sartre in seiner überwältigenden Flaubert-Biographie aufmerksam gemacht hat: wir erleben das Werden eines Ich im sozialen Ordnungsgefüge als Ermöglichungsgrund und zugleich auch die individuelle Variation, womögliche

Alterierung dieses Kontextes durch seine Individualisierung (vgl. dazu Lippitz 1991). Daß sich in dem autobiographischen Material, das ich im folgenden heranziehe, Erwachsene an ihre Kindheit erinnern, kann nicht automatisch die Authentizität ihrer Erinnerungen in Zweifel ziehen. Diese Behauptung hier zu belegen, bedürfte einer weitergehenden Untersuchung, die von unserem Thema wegführen würde. Ich habe sie andernorts zu belegen versucht (Lippitz 1991).

Autobiographische Untersuchungen sind besonders dann ergiebig, wenn sie Vergleiche ermöglichen. Für meinen Zweck wähle ich Autobiographien aus unterschiedlichen Milieus: einem hochbürgerlichen, einem bildungsbürgerlichen und einem ländlichen Unterschichtsmilieu. Schon die Tatsache, daß Autoren/innen aus diesen Milieus über ihr Leben berichten, hat zur Voraussetzung, daß sie – im Sinne der oben angesprochenen Responsivität – sich soweit aus dem Milieu befreiten, daß sie darüber schreiben konnten. Gewissermaßen personalisieren sie die Brüche, die Veränderungen dieses Milieus. Wieweit diese Veränderungen – über die lebensgeschichtliche Perspektive hinausgehend – von den geschichtlich-sozialen Umwälzungsprozessen mitbedingt worden sind, ist eine Frage, der man leichter nachgehen kann, wenn man eine Vielzahl von Autobiographien miteinander vergleicht. Mir genügt es hier, im begrenzten Umfange die Produktivität sozialphänomenologischer Milieustudien aufzuweisen. Wie ich dargelegt habe, liegt sie darin, den Bedeutungsreichtum moralischer oder moralisch relevanter Phänomene und ihren wichtigen Stellenwert in der individuellen Kindheitsgeschichte zu dokumentieren.

Moralische Erziehung im ästhetizistischen Stil

»Ich glaube, ich war damals ein richtiger verschüchterter kleiner Kant, der immer nur so handeln zu können glaubte, daß es durchaus dem allgemeinen Gesetz entspräche.«

Dieses Fazit zieht Fritz Zorn in seiner autobiographischen Schrift *Mars* (1987). Fritz Zorn ist das Pseudonym eines früh an Krebs gestorbenen Philologen. Als Todkranker versucht er, sein kurzes Leben als Exemplum für die krankmachende Wirkung seines Herkunftsmilieus, einer begüterten schweizerischen bürgerlichen Familie, darzustellen. Suchte man für Bourdieus kultursoziologische Theorie klassenspezifischer Distinktionspraktiken einen konkreten Fall, so würde man ihn in Fritz Zorns Familie finden. Nach Bourdieu bedingen diese Praktiken die soziale Identität des Individuums. Erlernt werden sie in der alltäglichen Lebensführung und gehen dann als Gewohnheiten, als »doxa«, in Fleisch und Blut über: »Wer in einem Milieu aufwächst, in dem legitime Kultur so präsent ist wie Luft, die man einatmet«, der entwickelt ein relativ sicheres »Gespür« für den milieuspezifischen Lebensstil: für die angemessene Haltung, den richtigen Umgang, wie man sich kleidet, spricht, wie man und was man ißt, was gefällt oder mißfällt, was gut oder böse, häßlich oder schön ist usw. (Bourdieu 1982, 160). Diese begriffslose, gelebte Doxa seiner Klasse, konkretisiert im familiären Milieu seiner Kindheit, bringt Fritz Zorn mitunter polemisch vereinfachend und im beschwörenden Ton zur Sprache. Er *ist* – existentiell – mit ihr zerfallen, er ist ihr Opfer, das sein Leiden auf den Begriff zu bringen versucht, indem es sich von ihr distanziert – zu spät. Denn die scheinbar vollkommene Anpassung an dieses Milieu in der Kindheit – ein Produkt »erfolgreicher« Erziehung – ist die Ursache dieses Krebsgeschwürs – so die Deutung des Autors.

Wie sah diese Erziehung aus? Seine Familie kennt keine ökonomischen Zwänge. Sie kann es sich leisten, ihr innerfamiliäres und gesellschaftliches Leben »ästhetisch« zu stilisieren. Die Formen der Kommunikation und Interaktion nach Innen und Außen sind wichtiger als ihre Substanz. Die Weise, wie über Probleme, Konflikte und Bedürfnisse gesprochen wird, ist wichtiger als ihr manifester Gehalt. Diesen für das finanziell abgesicherte Bürgertum typischen Lebensstil, diese Verdrängung substantieller Fragen zugunsten ästhetischer Stilfragen, die auch die Behandlung moralisch relevanter Probleme betrifft, bringt Bourdieu plastisch zum Ausdruck:

»Der Gegensatz von Quantität und Qualität, von ausladendem Teller und kleiner Platte, Substanz und Form... deckt sich mit der – an ungleiche Distanz zum Notwendigen gebundenen – Opposition zweier Varianten von Geschmack: dem aus Not und Zwang geborenen, der zu gleicherweise nahrhaften und kostensparenden Speisen greifen läßt, den aus Freiheit – oder Luxus – geborenen Geschmack, der anders als beim Drauflos-Essen der populären Kreise das Hauptaugenmerk von Substanz auf die Manier (des Vorzeigens, Auftischens, Essens, usw.) lenkt und dies vermittelt über

die Intention zur Stilisierung, die die Form und den Formen eine Verleugnung der Funktionen abverlangt« (Bourdieu 1982, 26).

Nicht so drastisch sinnennah, aber in ihren Auswirkungen auf die
Lebensgeschichte verhängnisvoller, schildert Fritz Zorn diese Stilisierung. Resultat ist der »kleine verschüchterte Kant«, in dem
sich die Identitätskrise des Jungen manifestiert. Er wird daran
gewöhnt, seine Wünsche, Begierden, sexuellen Regungen, Mei-
nungen, kurz das ganze sinnlich-leibliche und geistige Konfliktpotential eines sich entwickelnden Kindes, als innerfamiliär nicht
diskursfähig zu betrachten. Der familiäre Diskurs ist auf unver-
brüchliche Harmonie ausgelegt. Konfliktträchtige Fragen des Religiösen, Politischen, der Sexualität werden zu bloßen Ge-
schmacksfragen umstilisiert, verharmlost und so verleugnet. In
den Sprachregelungen der Familie ist nicht etwas falsch, richtig,
gut oder böse, schön oder häßlich, sondern einfach »schwierig«.

»Schwierig‹ war das Zauber- und Schlüsselwort, um alle offenstehenden
Probleme hintanzustellen und somit alles Störende und Unharmonische
aus unserer heilen Welt auszusperren... Man brauchte bloß dahinter zu
kommen, daß eine Sache ›schwierig‹ war, und schon war sie tabu... Ich
möchte das Wort ›schwierig‹ als nahezu magisch bezeichnen: man sprach
›schwierig‹ über eine Sache, als sagte man einen Zauberspruch darüber,
und die Sache war verschwunden« (Zorn 1987, 34).

Ein anderes »Zauberwort«, über das der Vater allein zu verfügen
hatte, hieß »unvergleichlich«. »Auf diese Weise ließ sich eine Diskussion über den Wert oder Unwert der Dinge leicht vermeiden,
denn einen wirklichen Wert kann eine Sache nur im Vergleich zu
anderen haben...« (ebd. 36).

Die Reaktion des Kindes darauf: Fritz Zorns »Kant« ist nicht
der, der sich seines eigenen Verstandes bedient, er ist stattdessen
klein und verschüchtert, ängstlich auf die Aufrechterhaltung der
herrschenden Ordnung, auf Konfliktvermeidung bedacht und
darum – stufenmoralisch gesehen – konventionell. Er gewöhnt
sich daran, »über nichts mehr nachzudenken«. Gedankenlos eignet er sich die herrschenden Geschmacksstandards seiner Klasse
an und die mit ihnen verbundene ästhetisierende Haltung der Welt
gegenüber. Letztere ist nicht unähnlich dem interesselosen Des-
engagement der kantischen Ästhetik: einer von allen empirischen
Trübungen des Leibes und materiellen Substanz der Dinge gerei-
nigten, einem fiktiven sensus communis verpflichteten ästhe-

tischen Einstellung. »...wir brauchten uns nie zu engagieren, wir brauchten uns nie festzulegen oder gar bloßzustellen; wir brauchten bloß immer alles ›schwierig‹ zu finden« (ebd. 36). Zugleich verliert der Junge damit die Fähigkeit zu »spontanen Gefühlen und Vorlieben«. Des guten Geschmacks in den Gebieten der Musik, der Kunst sicher, bedient er sich der erworbenen Einstellung ganz funktional als Vehikel sozialer Distinktion: Er schaut auf seine Schulkameraden herab. »Ich hatte... ein bißchen das ›Höhere‹ für mich gepachtet und konnte auf die noch nicht so Hohen herunterblicken, ohne zu ahnen, wie hohl meine scheinbare Höhe in Wirklichkeit war« (ebd. 31). Er praktiziert also bewußtlos soziale Distanz, die ihn von den Gleichaltrigen isoliert und lebensgeschichtliche Folgen hat: Verlassenheits- und Einsamkeitsgefühle, im Jünglingsalter massive Depressionen, mangelnde Intensität zwischenmenschlicher Kontakte. In der oben geschilderten familiären Harmonie geht das individuelle Ich des Fritz Zorn unter: Er entwickelt nicht die Fähigkeit, die beispielsweise Sartre für das Werden eines unverwechselbaren Ichs für notwendig erhält: sich den Erwartungen und Identifizierungen der Anderen als Nicht-Identisch entgegenzustellen (vgl. Lippitz 1988). Fritz Zorn spricht anklagend von der »Vergewaltigung« seiner »damaligen kleinen – oder besser gesagt: schon klein gewordenen – Persönlichkeit, in der es nichts Eigenes geben durfte, weil sich alles an den Gesetzen des Richtigen und Allgemeingültigen auszurichten hatte« (ebd. 32). Dazu bedarf es keineswegs einer reflexiven Urteilskompetenz. Es funktioniert ein prälogischer Schematismus, der nach Scheler primäres Wertempfinden und -erleben kennzeichnet und der einer vorrationalen, emotional-affektiv verankerten Milieueinbindung des Subjekts aufliegt (Scheler 1980, 182, 197, 206).

Nun war eingangs einleitend die Rede davon und sogar als eine wichtige Untersuchungsthematik dieser kleinen Studie benannt worden, daß die sozialphänomenologische Sichtweise auf die Genealogie sozialer Ordnungen die Responsivität des Subjekts nicht unterschlägt. Wo ist sie hier? Ist der kleine Fritz Zorn nur ein Spiegel seiner Umgebung? Versteht man unter Subjekt nicht bloß ein kognitives Bewußtsein, sondern den lebendigen Menschen in seiner sinnlich-leiblichen und sozialen Ausstattung, dann fallen an dem kleinen, scheinbar angepaßten Kind responsive Reaktionen auf. Die ästhetizistischen Verleugnungsstrategien der Familie gehen buchstäblich auf Kosten der materiellen Substanz des Kindes.

Nicht der Intellekt revoltiert, sondern sein Leib. Er ist das Ziel der Verleugnung. In ihm schlummert ein Konfliktpotential, das in den Sprachregelungen und vorherrschenden Standards sozialmoralisch als minderwertig, niedrig eingestuft wird: die unterdrückten Wünsche, sexuellen Begierden usw. Sein Leib zwingt das Kind, sich ihm gegenüber wie auch immer zu verhalten, zwingt ihm ein mit moralischen Qualitäten durchsetztes affektives Selbstverständnis auf:

»Der Körper an sich war mir schon fremd ... Ich war sehr bewandert in der Welt des zweifelhaften ›Höheren‹, aber vor der geahnten Brutalität und Primitivität der körperlichen Welt hatte ich Angst. Ich bewegte mich nicht gerne, ich empfand mich als häßlich und ich schämte mich meines Körpers. Der Körper war immer einfach da, es gab für ihn keine Ausflüchte in die Welt des ›Schwierigen‹ und Lebensabgewandten. Diese von mir als störend empfundene mangelnde Erdverbundenheit meines Körpers äußerte sich als übertriebene Schamhaftigkeit. Ich vermied nicht nur jede körperliche Bemühung, ich vermied sogar die Wörter, die sich auf den Körper und auf seine Schamhaftigkeit bezogen« (Zorn 1987, 60).

Schämen in der Turnstunde vor den Blicken der anderen, zwanghaftes Erröten, panikartige Reaktionen, wenn er Blut sieht – das sind dem desengagierten, ästhetisierenden Lebensstil diametral entgegengesetzte leiblich-ausdruckshafte Praktiken. Ihnen kann sich das Kind nicht einmal mehr reflexiv nähern, da ihm die Worte dazu fehlen. Der Heranwachsende wird später dazu die Hilfe der Psychoanalyse benötigen. Sie schlägt fehl. Sie erreicht den sich heranbildenden Krebs nicht mehr. Der Leib äußert sich autonom: als Krankheit. Brechen wir hier unsere Interpretation der Autobiographie ab.

Individualgeschichtlich gelingt die ästhetizistische Stilisierung des bürgerlichen Lebens nicht. Das Individuum leidet unter der Verleugnung des Substantiellen, genauer: es leidet darunter, weil es in der Familienöffentlichkeit nicht kundtun darf – es später überhaupt nicht mehr vermag –, daß es darunter leidet. Die Reinhaltung ästhetisch-moralischer Diskurse von dem »Anderen der Vernunft« (Böhme/Böhme 1985, 427 ff.) bewirkt nahezu zwangsläufig seine Rückkehr in den lebensgeschichtlichen Diskurs: als verhängnisvolles aufgezwungenes Thema der Krankheit, des Todes.

»*Aber der Herr sieht das Herz an...*« (Rehmann 1988, 25) Der Vater als moralisches Vorbild – autobiographisch betrachtet

Auf die bedeutende Rolle der signifikanten Anderen, besonders der Väter in der Erziehung der Kinder, hat in mehreren Schriften Loch immer wieder aufmerksam gemacht (Loch 1979, 1988). Eine beträchtliche Anzahl autobiographischer Schriften rückt die Auseinandersetzung mit dem Vater in den Mittelpunkt der Erzählung (u. a. Meckel 1980, Plessen 1985, Rehmann 1988, Härtling 1987). Um den Vater wird geworben, er wird bekämpft, geliebt und gehaßt, von Söhnen und Töchtern gleichermaßen – sicherlich auch, weil er die nur langsam zurückweichende patriarchalische Ordnung verkörpert. Erstaunlicherweise wurde die für die moralische Entwicklung des Kindes zentrale Rolle der elterlichen Vorbilder in den kognitionspsychologischen Forschungen kaum beachtet. Sie kam eher auf der Gegenseite, in der verhaltenspsychologischen Tradition unter dem Stichwort der Modellbildung zur Sprache (vgl. Bertram 1980, 725).

Autobiographisch gesehen ist die Rolle des Vaters komplex und zwielichtig zugleich. Dem Kind, dem Jugendlichen und auch dem Erwachsenen steht keine festgefügte Vaterrolle gegenüber. Das Vorbild gleicht eher, wie es Meckel nennt, einem Suchbild. Der Vater bleibt das lebensgeschichtliche Thema des Ringens um die eigene Identität. Ihn besser zu verstehen, ihm gerechtzuwerden, ist zugleich der Weg, sich selbst besser zu verstehen. Nicht selten wird dann in die eigene Autobiographie die Biographie des Vaters, die Schilderung seiner Lebensgeschichte und Herkunft eingeflochten. Die Rede vom »Vorbild« suggeriert die Personifikation von Werten, Überzeugungen, Lebenshaltungen usw. Das ist jedoch zu einfach. Adäquater ist es, vom väterlichen Milieu zu sprechen. Bis in die Winkel des Hauses, in die Hierarchie der Dinge, in die Sprachregelungen hinein kann der Vater – gleichsam atmosphärisch – omnipräsent sein. Besitzt er überdies eine sozial herausragende Stellung (z. B. als Gutsherr bei Plessen oder als Dorfpfarrer bei Rehmann), dann begegnet das Kind ihm auf Schritt und Tritt: indirekt in der Art und Weise, wie die Leute auf der Straße sich dem Kind gegenüber verhalten. Gewissermaßen ist der Vater öffentlich präsent.

Pastorentochter wie Ruth Rehmann in einem Dorf in den dreißiger Jahren unseres Jahrhunderts zu sein, bedeutet, einem hohen gesellschaftlichen Erwartungsdruck bezüglich vorbildlicher christlich-moralischer Lebensführung ausgesetzt zu sein. Gibt es auf der einen Seite berufsständische Vorrechte: das Kind darf im Umkreis der Berufspraxis des Vaters, z. B. bei kirchlichen Feiern, Dinge tun, die es gegenüber Gleichaltrigen heraushebt (Rehmann 1988, 32 f.), so gibt es auf der anderen Seite einengende Zwänge. Das Kind hat, wie die Eltern, christlich-moralische Tugenden zu verkörpern, buchstäblich vor den Augen des Dorfes als moralischer Maßstab zu leben. Das hebt es aus dem dörflichen Milieu heraus und macht sein Außenseitertum aus.

»Pfarrers Kinder – man kennt den Spottvers – werden mit Müllers Vieh verglichen, das selten oder nie gedeiht... Zwar ist der Vater ›Akademiker‹ und zählt zu den ›Besseren‹, aber sie (die Kinder, W. L.) haben die Auflage, sich bescheiden zu geben, den Stand nicht heraushängen zu lassen, sich mit den ›Niedrigen‹ einzulassen... Auslachen, beschimpfen, verulken, belügen, verhauen kommt nicht in Frage. Der Anspruch der Lehrer ist hoch, ihre Leitung zu Vater direkt. Was für andere ein Spaß, ist für sie ein Vergehen, Pfuschen ist Betrug, Kohlen ist Lügen... Das Mitlaufen mit Moden hat ihnen verächtlich zu sein. An ›äußerlichen‹ Vergnügungen nehmen sie nicht teil. Sie kriegen nur gute Bücher geschenkt und haben nur gute Musik und wahre Kunst schön zu finden... Sie sollen kein Ärgernis geben, sondern ein Vorbild sein... (ebd. 32).

Erlebten wir mit Fritz Zorn ein großbürgerliches Milieu, das sich durch die Entmoralisierung der Moral auszeichnet, so finden wir hier das Gegenteil: die Moralisierung fast aller Verhaltensweisen und Einstellungen bis in die ästhetische Wertschätzung der »guten« Kunst und Kultur. Das geschieht jedoch nicht blindlings, wie bei Fritz Zorn. Für alles gibt es eine explizite, ausgefeilte christliche Theorie der Lebensführung, die den zu erwerbenden Habitus der Kinder legitimiert:

»Es wird ihnen gesagt, daß die Werte, die sie besitzen, eben wegen ihrer Immaterialität allen greifbaren Werten überlegen sind. Aus dem Besitz verborgener Werte wachsen Dünkel und Selbstgerechtigkeit, die sich rasch und nahtlos mit der geforderten Demut vermischen. Das kann ihnen niemand wegnehmen, nicht einmal sie selbst. In allem, was sie tun und lassen, haben sie es außer mit den leibhaftigen Eltern mit dem allgegenwärtigen Übervater zu tun, den sie nicht kränken können, ohne mit schlechtem Gewissen zu bezahlen. Schmerzloser ist es, sich zu fügen: lieb sein...« (ebd. 33).

Das individuelle Gewissen, in ihm internalisiert und durch den »Übervater« nahezu unangreifbar gemacht: der Vater, scheint mit Hilfe seiner Regelungsmechanismen: den Schuldgefühlen und Gewissensbissen die nahezu bruchlose Verkörperung der christlichen Moral anzuzeigen. Alles ist moralisch relevant und unterliegt moralischen Maßstäben, die die singuläre soziale und auch *politische* Wahrnehmung imprägnieren. Die Mutter ist dafür ein nicht nur für die damalige Zeit typisches Beispiel. Das Böse erscheint auf der politischen Dorfszene der Weimarer Zeit physiognomisch anschaulich und persönlich greifbar – in der hageren, durchaus agilen Gestalt des linken Dorfschullehrers, dem politischen und moralischen Antipoden des rechtskonservativ eingestellten Pfarrers, der jedes Jahr »seinem« exilierten Kaiser einen Brief schreibt.

»Sieht man ihm doch an, sagt die Mutter, das Fanatische, Radikale, das Rote! Düstere Blicke, scheu, hintenrum. Kann einem nicht frei in die Augen sehen. Kann einem nicht richtig die Hand geben. ›Widersacher‹, nennt sie ihn. ›Böser Geist der Gemeinde‹« (ebd. 14).

So gibt es zur gelebten guten Moral des Pfarrhauses das manifest auftretende Böse, an dem sich das Gute um so deutlicher abheben kann. »Vorbildlich« für die Kinder praktizieren die Erwachsenen hier die soziale Technik der Dichotomisierung der Welt. Sie ist nicht nur in den Märchen oder den moralischen Geschichten des 18./19. Jahrhunderts zu Hause (vgl. Richter 1987, bes. 41 ff.).

Die bis jetzt geschilderte moralisch imprägnierte, von der väterlichen Atmosphäre beherrschte soziale Umgebung des Kindes scheint hermetisch zu sein. Selbst die Widersacher der Moral dienen ihr als Stütze und Bekräftigung. Auch hier stellt sich wieder die Frage nach dem »responsiven« Subjekt. Wie macht es sich bemerkbar? Es höhlt die herrschende Ordnung von innen heraus aus. Es nistet sich als das Abweichende in sie ein. Bei Fritz Zorn ist es das vorpersonale Subjekt, der Leib, der Widerstand leistet und das wache Ich zu einem wenn auch vorreflexiven, eher auf der Ebene des Verhaltens und der körperlichen Befindlichkeit spielenden Selbstverhältnis treibt. Ruth Rehmann erfährt ebenfalls in sich Widerstände. Sie erwachsen ihr u. a. dort, wo es zwischen ihr und dem Vater die größtmögliche Vertrautheit gibt: im Arbeitszimmer z. B. während der Mittagspause, wenn sie beim Vater liegt, im Kinderzimmer, wenn es dunkel wird. Sie erscheinen in ihr – *un-*

willkürlich – als Gebilde der Phantasie, des Tagtraumes, in ihrer leiblichen Befindlichkeit, sich des im Pfarrhaus allgegenwärtigen »Materials« christlich-moralischer Geschichten, Bilder und Rituale, ja sogar Gegenstände bedienend.

Beispielsweise beschäftigen das Kind besonders die zum Teil grausamen Geschichten des alten Testaments. Wie kann ein Vater seinen Sohn opfern wollen, wie können Josephs Brüder ihn verkaufen wollen? Die bildermächtige Grausamkeit und Ungerechtigkeit dieser Geschichten schleichen in die Tagträume des Kindes, motivieren seine kritischen Nachfragen beim Vater:

> »Sieht Isaak das Messer nicht, das Abraham in der Rechten hält, während er ihm mit der Linken zärtlich den Nacken stützt? Schau dich um Abraham! Der Widder hängt schon im Strauch. Warum sagt Gott ihm nicht, daß es nur eine Prüfung sein soll?«
>
> »Die bösen Brüder verkaufen Joseph für Geld, weil er einen bunten Rock und Träume hat. Was kann er für seine Träume?... Das Kind besprüht die bösen Brüder mit Spucke, zerkratzt mit den Nägeln ihre Gesichter. Gemein seid ihr, gemein, gemein, gemein! Was war mit Potiphars Frau? ›Sei nicht so vorwitzig‹, hat der Vater gesagt. ›Kinder müssen nicht alles wissen‹« (ebd. 22f.).

Schon diese wenigen Zeilen machen auf das im Kind rumorende Konfliktpotential aufmerksam, für das es in der offiziellen Familienmoral keine Ausdrucksmöglichkeiten gibt: Das biblische Geschichtenmaterial wird herangezogen, um – verschlüsselt – die Aggressionen des Kindes zu den signifikanten Anderen: zum Vater, zu seinen Mitgeschwistern tagträumerisch zu artikulieren. Der Vater ist nicht nur gut, die Geschwister sind nicht nur lieb. Es gibt nicht nur Gerechtigkeit. Und das, was unter das Tabu der Familie fällt, die erwachende Sexualität des Kindes, kann, wenn auch nicht mit Erfolg, in biblischer Verkleidung thematisiert werden. Hier schon, in diesen Tagträumen und Fragen, kommt die »andere Tochter«, die nicht brav ist, zum Vorschein. Später, in der Pubertät, sind es die sexuellen Erfahrungen der Tochter, die sie zwingen, eine Doppelrolle zu spielen: gegenüber dem Vater und der herrschenden Familienmoral ist sie das brave, angepaßte Mädchen; draußen jedoch und im Inneren ist sie das Gegenteil. Diese doppelte Lebensführung, dieser Verrat am Vater, bereitet sich schon im Kindesalter vor: als hochverschlüsselte doppelte Realität. Im Dämmerzustand des Einschlafens erwacht das Böse: erwachen die Aggressionen gegen den Vater, praktiziert das Kind zur Beschwichtigung seiner Schuldgefühle magische Beschwörungen – mit den Mitteln der *anderen* Religion: des Katholizismus.

»Mit ›Gute Nacht!‹ und ›Gott behüte‹ geht die Tageszeit des Vaterzimmers zu Ende. Türen knarren... Mit leisem Knurren kündigt der Böse sich an.

Immer ist es das Vaterzimmer, in dem die bösen Träume ihr Unwesen treiben. Über dieses Linoleum mit den abgetretenen Blumenmustern schleift der Schinderhannes das Kind an den Haaren. Diesen Amtsschrank muß es mit dem gestohlenen Schlüssel aufschließen, die heiligen Geräte ausliefern, den Herrn verraten wie Petrus, wie Judas.

Unter dieser blauen Decke liegt der Vater und wehrt sich nicht, wenn oben das blitzende Metallblatt niedergeht und seinen Kopf in dünne, sachte zur Seite sinkende Scheiben schneidet...

Das Kind hat sein eigenes Rezept, von dem keiner wissen darf: Nach dem Abendgebet und Gutenachtkuß heimlich aus dem Gitterbett steigen, drunter schauen, Kreuzschlagen, Sünde fühlen, weil Kreuzschlagen katholisch ist, katholisch vor dem Gitterbett knien, zum katholischen Gott und der Jungfrau Maria beten, sie möchten die bösen Träume nicht kommen lassen. Manchmal hilft es, manchmal auch nicht.

Am Morgen weicht es dem Vater aus, damit er die Sünde in seinen Augen nicht sieht.

Aber der Herr sieht das Herz an...« (ebd. 26).

Vielleicht liegt die Bedeutung des signifikanten anderen für die moralische Entwicklung der Kinder nicht zuerst darin, daß sie distanzlos in die Fußstapfen ihres großen, sakrosankten Vorbildes treten. Sie kann eher darin wirksam werden, daß sich die Kinder mit ihren Vorbildern buchstäblich aus-einander-setzen, sich gegen sie profilieren, zwischen Anerkennung und Nichtanerkennung balancieren. Unsere beiden Beispiele zeigen auf unterschiedliche Weise mit unterschiedlichen Ergebnissen: Das Kind revoltiert, weil es brav sein muß; es ist brav und gut, weil es dagegen – wie verhalten auch immer – revoltiert. Im Kinde selbst wird die Rissigkeit der vorherrschenden Ordnung sichtbar – nicht deswegen, weil es außerhalb der Ordnung steht, sondern weil es in ihr lebt. Der Widerstand bezieht sein Material aus der durchaus nicht hermetischen Geschlossenheit einer solchen Ordnung und kehrt sie gegen sie.

»Und wie sollte ich die Zahl der Sünden einigermaßen
treffend angeben« (Johannimloh 1983, 104)
Moralische Erziehung auf dem Lande

Manche, besonders mit biographischem Material und der Methode der oral history arbeitende Studien zum ländlichen Milieu
(vgl. u. a. Mutschler 1985; Ilien/Jeggle 1978) vermitteln den Eindruck, daß das Dorf, bzw. der ländliche Raum, paradigmatisch für
die relative Geschlossenheit eines sozialen Raumes ist. Die Kirche
steht noch im Dorf, in der Dorfmitte, sichtbarer Ausdruck der fast
alle Lebensbezüge durchdringenden religiösen Moral. Die Größe
des landwirtschaftlichen Grundbesitzes definiert die soziale
Rangstellung des Besitzers: Wer nichts hat, ist nichts. Die Herkunft aus den unterschiedlichen Örtlichkeiten ländlicher Orte
klassifiziert auch moralisch die Bewohner, ein nicht nur auf dem
Land verbreitetes Phänomen, sondern auch ein städtisches, wie es
die Quartierstudien von Behnken u. a. (1989) gezeigt haben. Wer
vom Dorfrand kommt, in einer Kate wohnt, in geflickten Kleidern
daherkommt, ungewaschen usw., kann nichts taugen, ist faul, hat
keinen akzeptablen Charakter. Die zur Sicherung von Besitz nötigen Arbeitstugenden: Fleiß, Strebsamkeit, Genügsamkeit, Aus-
dauer, Selbstdisziplin werden den Kindern schon im frühesten
Alter eingeimpft – nicht durch Worte, sondern nachhaltiger durch
die frühestmögliche Beteiligung an der landwirtschaftlichen Arbeit. Welche Arbeit das Kind verrichten darf, bzw. muß, daran
kann es selbst seine Rangfolge in der Geschwisterschar, sein Älter-
werden, die Zu- oder Abneigung seiner Eltern ablesen. Strafen
diese, dann gleichsam unpersönlich: nicht das Kind soll diszipliniert werden, sondern seine Arbeitsmoral. Registriert wurden in
diesen Studien auch die subversiven Taktiken und Praktiken, die
die Kinder entwickelten, um sich zumindest zeitweise der rigiden
Kontrolle der Erwachsenen zu entziehen. Verbreitet ist die außen-
geleitete, konventionelle Einstellung der Strafvermeidungspraxis:
Erlaubt ist, was nicht Gefahr läuft, bestraft zu werden.

Die Interpretation biographischer Selbstzeugnisse von auf dem
Lande Aufgewachsenen führt zu Ergebnissen, die sich gegen eine
allzu glatte Schilderung des ländlichen Milieus sperren. Es treten
gleichsam »Sollbruchstellen« im Milieu auf. Eine ist in zahlreichen
Autobiographien die kindliche Sexualität, die trotz zum Teil harter, religiös motivierter Sanktionspraktiken Konflikte schafft (vgl.

u. a. Katzenbeisser 1986, 103 ff.; Johannimloh 1983, 32, 41, 43, 55, 98; Fuhrmann 1988, 35, 48 f.; Christ 1987, 11 ff., 49, 68). Dazu gehören Doktorspiele oder, mit größerem Alter der Kinder, darüber hinausgehende sexuelle Kontakte. Wichtig ist auch die durchaus ambivalente Rolle, die die moralisch-religiöse Erziehung und damit die moralische Autorität des Pfarrers im Leben der Kinder spielen. Diesen Tatbestand wollen wir uns abschließend an der Autobiographie von Johannimloh näher ansehen.

Norbert Johannimloh wächst im ländlichen Westfalen als Sohn eines Bauarbeiters auf, der eine Nebenerwerbslandwirtschaft betreibt. Er kennt seinen Vater nur als einen im Alltagsleben fast stummen, von finanziellen Sorgen geplagten Mann. Nur ab und zu bricht er aus und trinkt, damit seine Familie in Furcht und Schrecken versetzend, wenn er heimkommt und unkontrolliert zu schlagen anfängt. Dennoch bewundert der Junge ihn, denn sein Vater scheint alles zu können und gewaltige Kraft zu besitzen. Als Gesprächspartner fällt der Vater aus. Auch die Mutter hat keine Zeit. Neben der Familienarbeit arbeitet sie noch beim Bauern als Hilfskraft. Schon früh regen sich in der Phantasie des Jungen Wünsche, sein Milieu zu verlassen – kirchlich motivierte Phantasiebilder:

»Ich wollte Papst werden. Daß das nicht so leicht sein würde, Papst zu werden, war mir wohl klar. Aber aus der Bibel und aus den Heiligenlegenden hatte ich so viele wundersame Dinge gehört, daß mir die Verwirklichung meines Berufswunsches durchaus möglich schien ... Und wenn es mit der Papstlaufbahn nicht klappen sollte, dann konnte ich ja immer noch Bischof von Münster werden. Jedenfalls wollte ich nicht immer in einem so kalten Haus wohnen und wollte auch nicht so ein Schlächter werden wie Willem ...« (Johannimloh 1983, 26).

Es sei kurz angemerkt, daß der Autor nach einem mißglückten Besuch einer Klosterschule tatsächlich sein Milieu verläßt. Er wird Akademiker. Wichtig für uns ist hier, daß offensichtlich »die« Kirche, die im Ort fest etablierte, die öffentliche Moral bestimmende Instanz, vorerst irreale Fluchtvorstellungen zum Verlassen dieses Ortes motiviert. Diese sich subversiv auswirkende Rolle der Kirche behält weiterhin ihre biographische Bedeutsamkeit, zum Beispiel im Beichtunterricht und der Beichtpraxis des katholischen Vikars. Dessen Obsession ist es, die Jungen und Mädchen durch hartnäckiges Nachfragen dazu zu bringen, ihre sexuellen Verfehlungen möglichst detailliert zu schildern, was schon beim Jungen den Argwohn gegenüber der kirchlichen Autorität weckt. Auch neigt der Vikar dazu, höchst plastische Berichte von den Höllenqualen zu geben. Sie findet man in den Phantasien des Jungen dann wieder, wenn er gesündigt hat, z. B. beim Doktorspielen (ebd. 45 f.). Sie amalgamieren mit abergläubischen Tantengeschichten und bevölkern die erlebte Umwelt besonders dann, wenn der kleine Sünder – allein gelassen – sich irgendwo verkrochen hat: Teufel und die »böse Roggenmuhme« im Getreidefeld – eine Angstmachefigur, um die Kinder am Betreten des Feldes zu hindern – vereinigen sich zu einer einzigen Bedrohung. So wie der Autor es schildert, hindern ihn die Vikargeschichten und Ängste nicht daran, weiterhin sündig zu werden und sexuellen Erlebnissen nachzulaufen. Im Gegenteil, der Junge bemüht sich um die Verbindung dieser heterogenen Elemente. Was er nach der Erstkommunion mit seinem schönsten Geschenk, dem Taschenmesser, nicht wagt: eine Madonnenfigur zu schnitzen, bei der er große Lust verspürt, »gerade der himmlischen Madonna einen molligen Bauch und schöne große Brüste herauszumodellieren«, das verkleidet er intellektuell in die Frage nach der Vereinbarkeit von Jungfräulichkeit und Muttersein. Vom Priester, dem er diese Frage stellt, erntet er nur mühsam unterdrücktes Gelächter, Unverständnis und die Vertröstung auf später. Das verstärkt noch die Zweifel des Kindes an der kirchlichen Autorität:

»Statt den schwerwiegenden Glaubenszweifel bezüglich der Jungfräulichkeit Marias losgeworden zu sein, zweifelte ich nun auch noch daran, ob die Priester wohl die richtigen Stellvertreter Gottes auf Erden sein könnten. Leise Zweifel hatten sich schon öfter gemeldet, wenn der Vikar im Beichtunterricht hauptsächlich vom sechsten Gebot und von der Höllenstrafe und vom Weltuntergang mit dem Jüngsten Gericht erzählte« (ebd. 56 f.).

Besonders die Beichte, die systematische Gewissenserforschung, erweist sich, von der kirchlichen Intention her gesehen, als kontraproduktiv. Sie bekräftigt noch das Bemühen des Jungen, intellektuell mit der kirchlichen Moral zu Rande zu kommen. Sein Maßstab ist durch und durch realistisch, sein Mittel: der Kalkül bezüglich Umfang, Anzahl, Schwere, Folgewirkungen seiner Vergehen, bezüglich der Erinnerungsfähigkeit usw.

»Schon bei den harmloseren Sünden – Anrichten von Schäden in Wald und Flur – war es schwierig, Ausmaß und Gewicht der Verfehlungen genau anzugeben. Wieviel Roggenkörner weniger hatte zum Beispiel Bauer Ottovordemgentschenfeld geerntet, weil ich quer durch sein Roggenfeld gelaufen war, als der bissige Harro hinter mir her war? . . . Jede unnötige

Berührung unkeuscher Körperteile ist schwere Sünde, hatte der Vikar gesagt. Aber wo genau fingen die unkeuschen Körperteile an? Die Knie durfte man noch anfassen. Das war klar. Zumindest seine eigenen. Aber wie war das mit den Knien eines Mädchens? Durfte man die auch noch anfassen oder begann bei den Mädchen die unkeusche Zone schon tiefer als bei den Jungen etwa an den Waden? . . .« (ebd. 104 f.).

Realistisch und konkretistisch zählt und rechnet der Junge. Und doch bewegt er sich schon im Vorfeld prinzipieller Überlegungen zur Gültigkeit und Reichweite der moralischen Vorschriften: er erkennt zunehmend die Aussichtslosigkeit dieser Berechnungen. Wo er auch immer zu kalkulieren anfängt, die Sünde hat schon vorher begonnen. Sie ist nicht aus der Welt zu schaffen, da man sie im einzelnen nicht sühnen kann. Mit anderen Worten, sie ist omnipräsent – wie das göttliche Auge. Als kirchliches Symbol, als »lidloses Dreieck-Auge« beginnt es, den Jungen bis in sein Jugendalter hinein zu verfolgen: es wird zum Symbol für die Internalisierung der Prinzipien kirchlicher Moral. Dadurch wird er ständig in seinem »Seelenfrieden« gestört (ebd. 126), den er mit exzessiven Buß- und Beichtpraktiken zu heilen versucht. Nur dominierten sie nicht seinen weiteren »sündigen« Lebenslauf, der ihn schließlich auch aus dem Klostergymnasium herausführte.

Brechen wir hier unsere Interpretation ab. Wir sahen, daß die kirchliche Moral lebensgeschichtlich eine durchaus zwielichtige Rolle spielt. Am Jungen Johannimloh können wir verfolgen, daß sie in einer Hinsicht versagt, indem sie in anderer Hinsicht an Bedeutung gewinnt. Sie versagt als die das konkrete Leben der Kinder regulierende Instanz. Dem moralischen Kalkül des Kindes halten ihre konkretistischen Regeln und Verdikte nicht stand. Damit ist sie jedoch nicht außer Kurs gesetzt. Vermutlich im Gleichschritt mit der emotionalen und kognitiven Entwicklung des Jungen manifestiert sich ihre Autorität abstrakt und wandert in das Innere des an ihr zweifelnden Jungen. Er internalisiert offensichtlich den strafenden Blick Gottes. Dessen Autorität trennt sich damit von der der kirchlichen Amtsträger. Sie wird so wie jede Prinzipienmoral gewissermaßen empirisch unangreifbarer. Jedoch schafft sie damit die Quelle ständig neuer Verfehlungen, die leiblich-sexuellen Begierden des Jungen, nicht aus der Welt. Anscheinend vermag der Junge mit beiden heterogenen Elementen zu leben, mit schlechten Lösungen sozusagen, ohne daß eine glatte Lösung lebensgeschichtlich, bis ins Jugendalter hinein, gelingt.

Wir sehen also im dritten Beispiel wie in den beiden anderen, daß der leitende Interpretationsgesichtspunkt dieser kleinen Studie, nämlich die individuelle moralische Entwicklung in ihrer milieuspezifischen Einbettung zu betrachten, durchaus nicht zum Bild eines durch und durch determinierten Subjekts führt. Seine *Responsivität* wird vielfältig gestützt und genährt: angefangen vom Konfliktpotential des Leibes und den mit ihm verbundenen psychosexuellen Reifeprozessen, die das Kind mit sich selbst und seiner Umgebung uneins werden lassen, über die widersprüchlichen Ordnungen und Normensysteme, von denen das Kind das Material für seinen oftmals nur vor-intentionalen, präreflexiven Widerstand gegen die Ansprüche und Zwänge des Milieus bezieht, bis hin zur zunehmenden kognitiv-moralischen Kompetenz, die das Kind an der Stringenz und Legitimation zu enger Moralvorschriften zweifeln läßt. Prozesse der Internalisierung der Moral: der Übervater bei Ruth Rehmann, das Augensymbol des omnipräsenten Blickes bei Norbert Johannimloh, verlaufen nicht gradlinig. Die hier gewählten Autobiographien vermitteln eher den Eindruck, daß die Internalisierung sozusagen »schief und schlecht sitzt«. Sie tilgt die Widerständigkeit der Subjekte nicht. Auf die Länge der Zeit gesehen wendet sich der Heranwachsende sogar prinzipiell gegen sie und versucht im Ringen um die eigene Identität generell Abstand zu ihr zu gewinnen.

Literatur

Althof, W./Garz D./Zutavern, M., *Heilige im Urteilen, Halunken im Handeln? Lebensbereiche, Biographie und Alltagsmoral*, in: Zeitschrift für Sozialisationsforschung und Erziehungssoziologie, 8 (1988) H. 3, S. 162–181.

Behnken, I./du Bois-Reymond, M./Zinnecker, J., *Stadtgeschichte als Kindheitsgeschichte*, Opladen 1989.

Bertram, H., *Moralische Sozialisation*, in: Hurrelmann, K./Ulich, D. (Hg.), *Sozialisationsforschung*, Weinheim/Basel 1980, S. 717–741.

Brezinka, W., *Erziehung in einer wertunsicheren Gesellschaft*, in: *Lehren und Lernen* 13 (1987), H. 8, S. 1–12.

Böhme, H./Böhme, G., *Das Andere der Vernunft. Zur Entwicklung von Rationalisierungsstrukturen am Beispiel Kants*, Frankfurt/M. 1985.

Bourdieu, P., *Die feinen Unterschiede,* Frankfurt/M. 1982.

Christ, L., *Erinnerungen einer Überflüssigen,* München 1987.

Elias, N., *Über den Prozeß der Zivilisation,* Bd. 1 und 2, Frankfurt/M. 1976.

Fuhrmann, M., *Zeit der Brennessel. Geschichte einer Kindheit,* Frankfurt/ M. 1988.

Grathoff, R., *Milieu und Gesellschaft,* in: Orth, E. W. (Hg.), *Handlungssinn und Lebenssinn,* Freiburg, München 1987, S. 36–68.

Härtling, P., *Nachgetragene Liebe,* Darmstadt/Neuwied 1987, 9. Aufl.

Ilien, A./Jeggle, U., *Leben auf dem Dorf,* Wiesbaden 1978.

Johannimloh, N., *Appelbaumchaussee. Geschichten vom Großundstarkwerden,* Zürich 1983.

Katzenbeisser, A., *»Kleiner Puchermann lauf heim…« Kindheit im Waldviertel 1945–1952,* Wien/Köln/Graz 1986.

Kiewitz, P., *Lebenswelt und Lebenskunst,* München 1986.

Kohlberg, L., *Moralische Entwicklung und demokratische Erziehung,* in: Lind, G./Raschert, J. (Hg.), *Moralische Urteilsfähigkeit,* Weinheim/ Basel 1987.

Lippitz, W., *Das Werden eines Ich. Biographische Rekonstruktion frühkindlicher Sozialisation am Beispiel von Sartres »Idiot der Familie«,* in: *ZSE* 8 (1988) H. 1, S. 40–53.

ders., *Das Milieu,* in: Lippitz, W./Rittelmeyer, Chr. (Hg.), *Phänomene des Kinderlebens. Beispiele und methodische Probleme einer pädagogischen Phänomenologie,* Bad Heilbronn/Obb. 1989, S. 117 ff.

ders., *»Weil es schwerfällt zuzugeben, daß jenes Kind da… dir unerreichbar ist« (Ch. Wolf). Das Problem der Authentizität in Autobiographien,* in: J. Schütze (Hg.), *Philosophie der Endlichkeit. Festschrift f. E. C. Schröder zur Emeritierung,* Würzburg 1991.

Loch, W., *Lebenslauf und Erziehung,* Essen 1979.

ders., *Die Konstellation des bedeutungsvollen Anderen im lebensgeschichtlichen Gespräch des Individuums,* in: *Bildung und Erziehung* 41 (1988) H. 3, S. 245–255.

Meckel, Chr., *Suchbild. Über meinen Vater,* Düsseldorf 1980.

Müller, H.-R., *Kultur, Geschmack und Distinktion. Grundzüge der Kultursoziologie Pierre Bourdieus,* in: *Kultur und Gesellschaft. Kölner Zeitschr. f. Soziol. u. Sozialpsych.* 27 (1986), S. 162–190.

Mutschler, S., *Ländliche Kindheit in Lebenserinnerungen,* Tübingen 1985.

Oser, Fr./Althof, W., *Der moralische Kontext als Sumpfbeet möglicher Entwicklung. Erziehung angesichts der Individuum-Umwelt-Verschränkung,* in: Bertram, H. (Hg.), *Gesellschaftlicher Zwang und moralische Autonomie,* Frankfurt/M. 1986, S. 322–357.

Plessen, E., *Mitteilung an den Adel,* München 1985, 6. Aufl.

Rehmann, R., *Der Mann auf der Kanzel. Fragen an einen Vater,* München 1988, 4. Aufl.

Richter, D., *Das fremde Kind. Zur Entstehung der Kindheitsbilder des bürgerlichen Zeitalters*, Frankfurt/M. 1987.

Scheler, M., *Der Formalismus in der Ethik und die materielle Wertethik*, in: ders., *Gesammelte Werke*, hg. v. M. Scheler, Bd. 2, Bern/München ⁶1980.

Schütz, A., *Der sinnhafte Aufbau der sozialen Welt*, Frankfurt/M. 1974.

Vohwinkel, G., *Von politischen Köpfen und schönen Seelen. Ein soziologischer Versuch über die Zivilisation der Affekte und ihres Ausdrucks*, München 1980.

Waldenfels, B., *Die Herkunft der Normen aus der Lebenswelt*, in: ders. (Hg.), *In den Netzen der Lebenswelt*, Frankfurt/M. 1985, S. 129–152.

ders., *Ordnung im Zwielicht*, Frankfurt/M. 1987.

Zorn, Fr., *Mars*, Frankfurt/M. 1987.

Über die Autoren

Dr. Imbke Behnken, Wissenschaftliche Angestellte an der Universität – Gesamthochschule Siegen

Dr. Christa Berg, Professorin für Allgemeine Pädagogik unter besonderer Berücksichtigung der Sozialgeschichte der Erziehung an der Universität zu Köln

Dr. Manuela du Bois-Reymond, Professorin an der Rijksuniversiteit te Leiden

Dr. Ernst Cloer, Professor für Allgemeine Pädagogik an der Universität Hildesheim

Dr. Ulrich Herrmann, Professor für Allgemeine und Historische Pädagogik an der Universität Tübingen

Dr. Bettina Hurrelmann, Professorin für Didaktik der Deutschen Sprache und Literatur an der Universität zu Köln

Dr. Dorle Klika, Hildesheim, freiberuflich tätig

Dr. Edith Lerch, Dipl.-Päd., Pädagogische Mitarbeiterin der Volkshochschule Köln, Lehrbeauftragte der Universität zu Köln

Dr. Wilfried Lippitz, Professor an der Universität Tübingen

Hans Malmede, Dipl.-Päd., Wissenschaftlicher Mitarbeiter an der Universität zu Köln

Renate Mühlbauer-Hülshoff, Dipl.-Päd., Familientherapeutin in der Schulpsychologischen Beratungsstelle Wuppertal

Barbara Rosenthal, Dipl.-Päd., Universität zu Köln, Arbeit an einer Studie zur Generations- und Biographieforschung im Kontext der subjektorientierten historischen Sozialisationsforschung

Katharina Rutschky, Berlin, freiberuflich tätig

Dr. Michael Seyfarth-Stubenrauch, Dipl.-Päd., Hochschulassistent an der Universität Gießen

Dr. Ingeborg Weber-Kellermann, em. Professorin für Europäische Ethnologie und Kulturforschung an der Universität Marburg

Dr. Hartmut J. Zeiher, Dipl.-Psych., Wissenschaftlicher Mitarbeiter im Max-Planck-Institut für Bildungsforschung in Berlin

Dr. Helga Zeiher, Dipl.-Soz., Wissenschaftliche Mitarbeiterin im Max-Planck-Institut für Bildungsforschung in Berlin